教育部人文社会科学重点研究基地

华东师范大学课程与教学研究所

教师教育课程发展中心

荣誉出品

华东师范大学

"985 工程"二期哲学社会科学

"教师教育理论与实践"创新基地建设成果

作者名单

本书是团队合作的结果,也体现了团队合作的力量。

前言,崔允漷;第1章,崔允漷;第2章,崔允漷、洪志忠;第3章,丁念金;第4章,崔允漷、邵朝友、周文叶;第5章,郑东辉、白益民;第6章,吴刚平、朱伟强;第7章,余进利;第8章,王少非、胡惠闵;第9章,柯政、王志林;第10章,崔允漷、申宣成、林荣凑、吴江林。

全书由崔允漷、洪志忠负责统稿。

鸣谢

在本书出版之际,我们要特别感谢钟启泉教授、张华教授、陈桂生教授、陈时见教授、王建军博士在本书的形成过程中提供的宝贵建议!感谢肖成全、唐江澎、蒋军晶、符爱琴、张亚飞、孙飒、郎明仙、夏雪梅、张斌、李锋、刘辉、杨璐、何珊云、秦冬梅、兰璇、付黎黎、许志毅等同志为本书提供了重要的案例和修改建议!感谢华东师范大学出版社朱杰人社长、王焰副社长以及高等教育分社翁春敏社长、责任编辑赵建军和朱建宝等同志为本书的出版所做的大量工作!

"十二五"普通高等教育
本科国家级规划教材

教师教育课程标准新教材

有效教学
Effective Teaching

崔允漷◎主编

华东师范大学出版社

上海

图书在版编目(CIP)数据

有效教学/崔允漷主编.—上海：华东师范大学出版社，2009
（教师教育课程标准新教材）
ISBN 978-7-5617-7041-2

Ⅰ.有…　Ⅱ.崔…　Ⅲ.中小学-教学研究　Ⅳ.G632.0

中国版本图书馆 CIP 数据核字(2009)第 049953 号

教师教育课程标准新教材

有效教学

主　　编　崔允漷
策划编辑　王　焰
责任编辑　赵建军
审读编辑　吴海红　朱建宝
责任校对　赖芳斌
装帧设计　卢晓红

出版发行　华东师范大学出版社
社　　址　上海市中山北路 3663 号　邮编 200062
网　　址　www.ecnupress.com.cn
电　　话　021-60821666　行政传真 021-62572105
客服电话　021-62865537　门市（邮购）电话 021-62869887
地　　址　上海市中山北路 3663 号华东师范大学校内先锋路口
网　　店　http://hdsdcbs.tmall.com

印 刷 者　上海商务联西印刷有限公司
开　　本　787 毫米×1092 毫米　1/16
印　　张　21.25
字　　数　437 千字
版　　次　2009 年 6 月第 1 版
印　　次　2024 年 2 月第 25 次
书　　号　ISBN 978-7-5617-7041-2/G·3941
定　　价　43.00 元

出 版 人　王　焰

（如发现本版图书有印订质量问题,请寄回本社客服中心调换或电话 021-62865537 联系）

目录

致学习者

我们为什么要写这本书？

25年前，美丽的西子湖畔，一个小教室里。21位学生静静地坐着，教授认真地讲授着他自己参与编写的《教学论》内容。学生们只是记着教授讲的内容，抄着黑板上的条条框框，印象中好像都是些教学规律、教学原则与教学方法之类的。学期结束时，考试的内容基本上就是课上讲的、笔记上有的内容。我就是其中的一位学生。

18年前，我有了机会给本科生上这门课，尽管用的是另一本教材，但基本上还是重复我老师的做法，只是在方式上添加了点笑话、幽默、案例之类的"糖衣"而已。

10年前，我将几年来准备的讲稿与一帮博士生们分享，大家一起修改，利用施良方教授的一个课题的机会，出版了《教学理论：课堂教学的原理、策略与研究》(1999年)一书。承蒙大家的厚爱，该书发行了近15万册。出版社多次催促我修订，结果都没有如愿。但我还是为这次修订思考了三年。其间我想过的主要问题有：

——当初我上这门课程的时候，我没有觉得原先在该门课程中学的东西与我的教学有多大关系。那么，我现在要写这样一本书，怎么能够写得与你今后的工作有关呢？能够帮助你解决你将要面对或已经面对的一些问题呢？

——21世纪初，中国教育界的话语首先是课程话语。那么，如何将教学置于课程话语下讨论？不至于让课程与教学当作两张皮而割裂开来或对立起来？还有，将教学置于课程话语下思考的意义又何在呢？

——有关教学论课程应该给予学习者什么？是记住几条规律、原则或几种方法吗？以我自己的经历证明，答案是否定的。那又该是什么呢？好几本《经济学原理》都说能使学习者"像专家一样思考"经济活动或经济现象，那么教学论是否也可以做到呢？

秉承前期的思考，在完成并递交《教师教育课程标准》之际，我忽然有了修订此书的冲动和开拓创新的勇气——如何开发基于课程标准的教师教育新教材，于是我又重组一个团队来编写这本赋予了新生的书。

这本书想与你分享什么？

尽管本书的书名是《有效教学》，从目录上看还是与《教学理论：课堂教学的原理、策略与研究》的框架相似。然而，本书的指导思想、组织方式与内容结构已经发生了很大的变化，甚至可以说是全新的内容。

1

本书的指导思想是让学习者"像专家一样思考"。本书的单元组织、各章内容、正反信息、练习设计、参考文献/网站的选择等都体现了如下思考：如何把问题还原到原点来思考？如何将教学问题置于课程、教育、社会大背景中综合地思考？如何促使学习者将中小学的课程标准、教材、教学、学习、评价进行一体化的思考？如何促使学习者形成教育领域的大观念（big idea），而不至于去记去背书中提供的那些条条框框的东西？

本书的组织架构按学习单元的方式来呈现：什么是教学——怎样教得有效——怎样教得更好、更有意思。

第一单元，为了使你加深对教学的理解，我们首先从各种教学活动的现象入手，分析教学活动的逻辑必要条件，再从汉语和英语两种语言的语义上分析教学的规定性定义，然后总结了至今为止关于该领域的主要研究路径或成果，特别是该领域的最新进展。

第二单元，为了贴近老师的教学经验，我们把教学活动相对地分成准备、实施与评价三块内容来探讨。教学准备着重讨论了基于课程标准/目标的教学设计；教学实施部分是基于分析的需要，将老师在课堂中所发生的所有行为分解成教学（主要教学行为和辅助教学行为）与管理两类来探讨；教学评价着重讨论了当前评价领域的最新发展——评价文化，即基于课程标准的学生学业成就评价，以及基于合作、技术与研究的课堂教学评价。

第三单元，为了让你理解如何使自己的教学变得更好、更有意思，我们探讨了教师、教学与研究的关系，让你正确理解教师即研究者、教学即研究的真正涵义，以及教师从事教学研究的路径——自我反思、同伴互导与专家引领。

你应该怎样使用这本书？

请你把这本书当作一张认知地图。教学活动尽管古老，但教学研究领域是一个充满神奇的迷宫，还有许多待开发或重新发现的未知领域。我们借用本书向你展示我们是如何认识教学的，打个比方，单元是省会，章是县城，节是乡镇，目是村落。希望你沿着这张认知地图去独立地思考，合作地探索。

请你带着自己的经验与体验来旅游。学习本来就是一次旅程，我们在每章的开头首先告诉你本章的目的地（目标），接着有一段唤起你的经验或体验的导语（希望你不要忽略），然后跟着我们的认知地图游完这一章，最后提供的"讨论与思考"想让你留下点思考与体会。

请你把这本书当作一块你用来造房的砖。本书与你分享的是我们的认识与思考，我们的旨趣不是让你去记去背、去考试（我们是这样过来的，事实证明这没多大意义），而是让你形成自己的教学判断或教学理论（这就是我所说的房子）。因此我们恳请你，就把我们的东西当作一砖半瓦，拿去造自己的房子吧！

致教师教育者

您应该怎样用好这本书？

请您充当导游的角色。老师们，千万不要以这本书为主要内容，结合自己找的资料，在讲台上读自己的讲稿，这是我18年前玩过的东西，现在还在后悔。如果您不想后悔的话，那就借用网络或复印机来代替您这部分的工作。现在，您的工作重点应该是介绍大观念（结构性的知识）、乐于与学生分享自己的观点、善于发现学生的问题并尽自己所能提供支持。

请您充当主持人的角色。尽管本书做得也许还不够好，不是主持人的好脚本，但我们确实已经努力过了。假如我们在电视上看到一位主持人在读稿子，我们会怎么做？走人——免得无聊，关机——节省电力，骂人——恕不可取……其实，教学也是一样。因此，希望您将我们提供的东西进行改编或自编成您要实施的学习活动（第4章第3节有介绍），让学习活动成为我们课堂的主基调，这样您就是主持人、组织者。

请您充当研究者的角色。为了节省篇幅，请您自行阅读本书的第三单元。值得一提的是，您可以根据您的目标或需要对本书的内容进行重新组合。如果您的教学对象是师范生，可以先指导学习"第9章教师、教学与研究"，再来学第1—8章；也可以先学第1章和第3—8章，第2章教学理论流派可以让学生自学或最后来讲。如果您的教学对象是在职教师，可以先指导学习第9—10章，再来学第4—8章；也可以选择先学第1章和第3—10章，再学第2章。

您应该怎样规划这门课程？

如上所述，本书可以有不同的组合，课时、学分也可因不同的组合而不同。重要的是，不管您选择哪一种组合，都需要编制一份《课程纲要》（本书第4章第4节有介绍）。这份纲要是课程计划、认知地图，也是交流工具，很能体现教师的专业素养。也许您是第一次知道要做这件事，因此，我们将在下面提供一份供您参考的《课程纲要》。

课程名称：有效教学
课时与学分：36课时，2个学分
对象：教师教育专业本科生
班级规模：40人
教室要求：投影仪、可灵活组合的课桌椅

课程目标：(1)能用自己的话解释本书涉及的关键术语，并能够学会使用一些重要的专业技能；(2)能把所学的知识应用于新的情境，分析、解决一些实际问题或形成自己

的判断;(3)能结合第二单元的学习,尝试小组合作开发一项学习活动方案,并向全班同学展示;(4)通过这门课程的学习,思考进而养成有效教学的意识,不断反思自己的教育理念;(5)在与同伴学习的过程中,体验合作、分享、尊重、互惠的教育意义。

评价任务:(1)小组合作设计一项学习活动方案;(2)纸笔测试;(3)个人作业。

学习活动:

进度/课时	内　　容	关键学习目标	组织与实施
1/2	分享《课程纲要》	清楚本课程的要求	集中听讲;检测学生是否清楚
2/2	第1章教学与教学理论	明确教学活动的逻辑必要条件	讲授/课堂讨论
3—4/4	第2章教学理论的形成与发展	了解各流派主要观点	自学/展示某流派的主要观点与评论(个人作业,至少1000字)
5—6/4	第3章教学的基本问题	评论教学的4对主要关系	2课时讲授/2课时分组讨论
7—8/4	第4章教学准备	熟悉基于标准/目标的教学设计	可以分成5个小组,每组8人,有明确分工,保证人人都有任务。结果要求:(1)提供本章的PPT并由学生讲解;(2)每章必须有一次组织全班学生学习的分组活动;(3)每组有1名评价员,按提供的小组学习表现标准(另定)进行评价;(4)递交小组学习记录表
9—11/6	第5章主要教学行为	知道9种主要教学行为	
12—13/4	第6章辅助教学行为	理解辅助教学行为的意义	
14/2	第7章课堂管理行为	了解预防与管理课堂问题行为的策略	
15—17/6	第8章教学评价	学会使用促进学习评价的常用技术	
	第9章教师、教学与研究		视您的需要与时间而定,或组织教学,或让学生自学。可以告诉您,这部分的内容非常具有"邀请性"
	第10章教师开展教学研究的路径		
18/2	纸笔测试	按试题要求完成	结合平时出勤表现、小组学习表现与个人作业,得出个人总评分

评价与作业细则　(略)。

我们还打算为您做些什么?

我们深有体会:教师教育者不那么好当,学生期望值很高,教学内容没那么出彩,何况我们自己还有好多不足。在此,我们只能教您一招:把学习还给学生,把讲授降到最低限度,我

们把更多的努力放在引起、维持与促进学生的学习上。为此,我们计划开设网站,与您一起建设本课程的资源库,并提供每章的 PPT、案例、学习活动方案以及进一步学习与研究的路径,建立我们自己的"E-课程"共同体,让我们有个平台可以交流观点、分享经验,以求共同进步。

　　教得有效,学得愉快,考得满意——这是教育的光荣与梦想。感谢您与我们,与我们的学生一起圆梦。

华东师范大学课程与教学研究所

崔允漷

2009 年 3 月 1 日

什么是教学

亲爱的朋友,当你翻开本书时,你至少已有十多年的课堂生活体验了,给你上过课的老师也有很多。这些老师的教学行为、教学风格或多或少给你留下了一点印象。但你是否想过这个问题:什么是教学?请你用一句话或几个关键词写下你对这个问题的看法。然后与周围的同伴们分享自己的观点。你们答案的相同点是什么?不同点又是什么?你能说说为什么吗?

通过本章的学习,你能够

● 正确理解教学的本质是教师引起、维持与促进学生的学习;

● 明确教学活动的逻辑必要条件;

● 了解教学规定性定义的研究意义;

● 了解教学理论与课程理论、学习理论的关系。

本章内容导引

● 教学活动的现象分析
　一、从一场教师间的对话说起
　二、从现象来分析教学活动
　三、教学活动的逻辑必要条件
　　（一）引起意向
　　（二）明释内容
　　（三）调适形式
　　（四）关注结果
● 教学的语义演变
　一、汉语"教学"及其语义的发展
　　（一）教学即学习
　　（二）教学即教授
　　（三）教学即教学生学
　　（四）教学即教师教与学生学
　二、英语"教学"及其定义

● 三、教学的规定性定义
　　（一）教、教学经常是通用的
　　（二）教与学在理性思维中是可分的
　　（三）教的行为是教学理论的中心问题
　　（四）教学的本质是什么
　　（五）教学即探究
● 教学理论的范畴
　一、教学理论与学习理论
　二、教学理论与课程理论
　三、教学理论:我们的探索
　　（一）教学理论主要是一种规范性、实践性的理论
　　（二）我们的问题框架与主要内容
　　（三）我们的理想与知识呈现方式

　　当你看到这里,你可能会有个疑问:这本书到底将如何展开对教学的讨论? 我们现在就告诉你,重点讨论三个最简单的问题:什么是教学? 怎样教得有效? 怎样教得更好、更有意思?

　　本章主要是回答"什么是教学"的问题,它有助于你更加专业地理解教学的概念和内涵。我们将从一些与教学有关的案例谈起,揭示"教学之所以为教学"的条件;然后,从学术专业的角度为大家呈现"教学"一词的历史、涵义,提供一种关于教学的规定性定义,为进一步探索教学理论打下概念化的基础。最后,我们将与大家分享本书在教学理论建设方面所作的一些探索。

第1节　教学活动的现象分析

　　"教学"这个词存在于学校的日常生活方方面面,每个教育工作者每天都在课堂上

从事所谓的"教学"。如果说教育工作者不知道教学为何物,那是不可思议的。但是,并非所有课堂上的活动都可以理所当然地称为"教学"。请你思考以下几个问题:

你是否认为有些课堂行为可以称为教学,而另外一些行为不能称为教学?你的依据是什么?

你是否认为教学仅仅是教师把已知的东西教给未知的学生?

为什么课堂上的活动效果千差万别,有的学生兴趣盎然,而有的学生无动于衷呢?

为什么现在很多的课堂活动看似热热闹闹,但到最后学生一无所获,成绩一塌糊涂呢?

……

在阅读本书以前,也许你已经有阅读其他林林总总教学理论类书籍的经验。以往的教学研究在教学规律、教学原则、教学过程、教学内容、教学方法、教学环境等方面早已做过了深入细致的探讨,这无疑推进了教学理论和实践的发展。但当过于关注把教学行为解剖成精致的细节或抽象的原则的时候,你是否会有这样的困惑:"哦,不错,我知道了许多教学的原则、注意事项,但我不知道什么样的行为是教学,什么样的行为不是教学。"这就好像在一开始出发的时候找错了站台,在连"什么是教学"都无从判断之时,再多的后续的研究都会给人"云深不知处"的感觉。

其实,这些繁芜的问题归根到底在于判断何种行为可称之为教学的标准,或者说是教学自身的"逻辑必要条件"的内涵。

教学活动的逻辑必要条件指的是构成"教学之所以为教学"而非其他活动的,并按一定的逻辑顺序组织的若干基本元素。简言之,判断教学的依据要恪守必要性与逻辑性相结合的原则。因此,我们首先要探讨的问题就是"教学之所以为教学"——教学的逻辑必要条件。让我们悬置条分缕析的哲学思辨,先回到教学活动的现象分析吧。

一、从一场教师间的对话说起

让我们先听听三位老师的对话:

三位中学教师聚在一起用餐,在闲聊天气与当地政治话题后,话题转向了这个学期的教学和学生身上。

王老师问道:"你们今年七年级的学生怎么样?我发现他们的心思都没放在学习上!"

陈老师皱着眉回答:"我今年要教三个班的代数课,结果我花了两个月的时间帮他们复习他们本来应该要知道的东西!他们似乎不想开动脑筋思考问题。"他给了同事一个懊恼的表情。

冯老师则回答:"我的学生没那么糟,事实上,前几天我们才对'中国是不是要建造航空母舰'的话题进行了很热烈的讨论。学生们显得可兴奋了,各抒己见。即使是几个学习比较慢的学生,也都做得很好,我对他们的评论印象深刻。"

陈老师很挫折地说:"可是当他们连乘除都不知道时,那怎么去引导他们思考呢?"

王老师补充道:"我明白你的意思。我应该要教他们作文的,但是他们连基本的文法都不懂,名词跟动词都分不清楚,我怎么教他们修辞方法的运用?"

陈老师附和:"就是啊!我们在教其他如问题解决或思考技巧前,得先教他们基础的知识、技能!"

冯老师说:"这我倒是不那么确定。跟你说,先前我刚好去研习,主题是怎么利用分组写作的方式来上作文课,于是有天我就将成绩好与成绩差的学生放在同一组,他们得针对先前我们读过的短文写一篇短评。他们可以以电视、电影评论的模式来撰写。我们先讨论基础的内容,如情节与行动,并看了两段电影短评。然后,我就放手让他们自己去讨论、写。我自己都不敢相信,有些从来不参与课堂活动的学生居然也变得很兴奋!"

陈老师:"这些花哨的形式能保证学生写作水平的提高吗? 我以前也试过各种各样的方法,课堂上学生也是热热闹闹的。但一做数学题,学生好像把课堂内容抛到九霄云外了。考试的成绩更是让人灰心,一看他们的答案就知道上课时教的东西没在他们脑子里留下印象。"[①]

这是一幅在学校中常见的真实场景。三位教师的对话始终围绕有效的教学行为展开,可以看出他们判断教学行为的观点是聚焦的。

王老师的困惑来自于如何激发学生学习动机的问题。当学生根本无心致力于学习时,他认为教学无从谈起。如何把学生的心思拉回到学习上来,被他视为最迫切的工作任务。他也极力赞同陈老师的观点,教学是要有知识、技能作支撑的,脱离了必要的教学内容,教学的效果是虚浮的。

而陈老师的关注点则在于学生所学的内容和结果。在他看来,教学行为的一大特征就是要掌握基础的知识、技能,如何将教学内容展开并清晰地传达是十分重要的,因为这关系到学生学习的连贯性。如果课堂活动缺少了这些必要的活动结果,那么它就是失败的,不能称之为教学,不能为学生的后续发展奠定基石。同时对冯老师采取的教学行为,他持有保留的意见。他的理由也在于教学的考量点是学生能否切实地掌握学习的内容,而不仅仅是场面的热闹喧哗。

与前两者的悲观情绪不同,冯老师积极地尝试着各种各样的教学策略和组织形式,如主题辩论、分组活动、短评写作。很明显,这些活动方式产生了积极的效果,学生对教学的内容喜闻乐见、参与的情绪高涨。原本静态的教学内容显得活灵活现,这与冯老师采用适于学生学习的方式分不开的。

从上述情景的对话及分析中,我们可以看出,教师在判断"教学活动"时是有着潜在的标准的。概括起来,其主要的内涵是引起意向、明释内容、调适形式、关注结果。这四个元素渗透在每一个教学片断中,是一个教学片断从实践起始到结果产生的行为链,形成了一个环环相扣的结构。对教学的逻辑必要条件的思考是隐藏在教师日常的课堂行为、观念与态度之中的。那么,这四个元素具体是怎样渗透到教学活动中,并构成其逻辑必要条件的呢?

二、从现象来分析教学活动

在了解了教师对于"什么是教学"的基本判断之后,让我们再回到课堂层面的教学

---

① [美]Donald P. Kauchak, Paul D. Eggen 著,丘立岗主译:《教学原理》,学富文化事业有限公司 2006 年版,第2—3页。

行为分析,解释"引起意向——明释内容——调适形式——关注结果"这四个元素为什么能够作为教学的逻辑必要条件。

教学行为根据不同维度有着各式各样的分类。在此,我们把教师行为作为参照系,将教学行为归类为三种形式:(T代表教师,S代表学生)

(1) T告诉S(T为主要行为主体);

(2) T与S对话(T和S为共同行为主体);

(3) T指导S学习(S为主要行为主体)。

这三者的侧重点各有不同:"T告诉S"侧重于T传授知识和技能,T把知道的教给不知道的S,主要行为主体是T;"T与S对话"侧重于T与S之间的互动生成,T有可能知道的,也有可能是不知道的,而S将已知的东西带入教学活动,共同的行为主体是T和S;"T指导S学习"侧重于S在有T指导下的自主学习,这与S个人的自主学习是有别的,主要行为主体是S,T扮演指导者的角色。这三种形式抽取了"教师-学生"两个行为主体之间典型的行为关系,可以涵盖所有的教学行为。[①] 因此,如果这三种形式的教学行为都能为上述四个基本元素提供必要性和逻辑性的佐证,那么我们就可以认定"引起意向——明释内容——调适形式——关注结果"作为"教学之所以为教学"的判断标准得以确立。

接下来,我们将以课堂案例加旁注(加粗)的方式,分析"引起意向——明释内容——调适形式——关注结果"这四类基本元素在不同教学形式中的体现。

案例 1-1

"老师,苦胆是什么?"

讲《卧薪尝胆》前,我查阅了大量资料,经过一番精心准备。正当我在课堂上引经据典、慷慨激昂之时,突然一个小女孩怯怯地举起手来,似乎有什么疑问,我示意她说话。

"老师,苦胆是什么?"

"是啊,苦胆是什么,我们不知道!"(**引起意向——学生想知道**)

我一时语塞。

我怎么也没料到学生会提出这样的问题,课前我查阅的所有资料中都没有介绍"苦胆"的环节,都认为学生知道"苦胆"是什么。可学生实际上并不知苦胆为何物。是呀,他们吃的是经过加工的肉食,怎会知道苦胆的样子? 更不用说尝过苦胆的苦味了,那又怎能体会越王卧薪尝胆的一片苦心呢? 这样我前面所讲不都成空谈了吗?

我迅速调整了一下思路,问:"同学们,大家谁见过苦胆?"

全班同学摇头。

"苦胆是动物的一个消化器官,它能分泌胆汁,胆汁有很强的苦味。"我简单地介绍苦胆。从学生的表情可以看得出,学生对苦胆的苦味还是没有切身的体会。

[①] 我们并非认为,现实中存在纯粹的、截然分明的三种教学形式。相反,在具体教学实践中,这些教学形式往往是相互渗透,你中有我,我中有你。在这里,只是基于逻辑分析的需要做出相应的区分。

（明释内容——教师告诉学生）

"大家没见过苦胆没关系。想想,你吃过的啥东西最苦?"

"苦瓜!"

"苦菜!"

"中药!"

这一下,学生们活跃起来。

"对! 苦胆就像大家说的这些食物一样苦,应该说比这些苦东西的味道还要苦得多! 越王勾践每天都来品尝这么苦的东西,为的是提醒自己不忘耻辱,光复国家。"（调适形式——教师告诉学生）

学生们这才有了恍然大悟的神情……（关注结果——学生知道了）

在"T告诉S"的形式中,学生出于学习的本能,在兴趣的驱使下,想知道某些未知的知识。教师利用自身在知识经验上的丰富性,在预设和生成中,主要通过呈现、示范的方式,将特定的知识或技能传递给学生,帮助他们获得知识或学会技能。而在这过程中,教师调动了学生的积极性,采用了联系生活实际的方式,将教学内容呈现给学生,获得较好的教学效果。

案例 1-2

海因茨偷药

海因茨美丽善良的妻子不幸得了绝症。只有该镇一位药剂师最近发明的一种药可以救她,但该药以10倍于成本的价格出售。这对海因茨来说是个天文数字。

海因茨亲自到药剂师处恳求:"您就发发慈悲吧,按成本价卖给我,好吗? 我的妻子眼看就没救了!"

药剂师瞪大了眼睛:"你说什么? 按原价卖给你? 那我还做药干什么?"

海因茨继续求他说:"要么我把手头上的钱全给你,就请您先把药给我,剩余的钱我随后还,您看行吗?"

药剂师一口回绝了。海因茨无奈之下只好在深夜里偷走了那种药。

老师讲到这里,问道:"同学们,你们认为海因茨应该偷药吗? 偷一个人的药用来拯救另一个人的生命错了吗? 他应受惩罚吗?"

早已被老师充满情感的讲述感染的学生,听到这一问题,纷纷举手发言。

（引起意向——学生有兴趣）

"海因茨不应该偷药,因为爸爸说,偷东西不是好孩子!"一个学生大声地说,"不过,那个药剂师应该把药卖给海因茨。因为他的妻子就要死了!"

"可是药剂师不肯卖药啊!"教师提醒了他。（调适形式——教师与学生对话）

另一个学生站了起来,"我认为,海因茨偷药是不对的,但他为了妻子的病又必须这样做。不过,最好在他妻子用药后,他主动到药商处告诉真相,接受责罚。"

"为什么呢?"老师问。

"因为偷东西是不对的。既然偷了东西,他应该为自己行为的后果负一切责任。"

> "很好。"老师说,"每个人都应该为自己的行为承担责任。我们在做任何事之前,都应该考虑到可能的结果。这一点,希望大家能永远牢记。"(明释内容——教师与学生对话)
>
> 大家纷纷点头,觉得明白了很多道理。(关注结果——学生理解了)

在"T与S对话"的形式中,教师引入了富有教育价值的话题或问题,激发学生的兴趣,通过交流、讨论等教学形式的灵活运用,富有技巧地展开特定的教学内容,让学生在情境中加深对意义的理解。

案例1-3

一 堂 篮 球 课

上课了,球场上同学们大都在玩投篮,似乎不知道上课铃响了。

"来!来!来!"我用哨子把大家召集起来,"把球拿好了,让我们把球从球场这边运过那边,看谁运的方法最好,速度最快。"

"好。"

一、二、三声令下,所有的同学带球冲向目标。有推着跑的,抱球跑的,有滚着球跑的,其中也有拍球跑的,球与男女生混成一团。

"怎么我的球带不走的?"

"我的球怎么拍不起来?"

"球不跟我走。"

我心里窃喜,看来同学们发现各种错误和问题了,有戏了。(引起意向——学生想学习)

"谁来为大家表演运球技巧?我们给他们打分,然后我们请最高分的人当我们的老师。"(调适形式——教师指导学生学习)

"好!"

表演者更加积极热情地展示水平,观摩的同学不时给他们送上掌声与喝彩。看来同学们心目中的老师确定了。学习过程是分组形式来组织的,我让学生教学生,把练习出现的问题推回给同学自己相互帮助来解决了,由学生自己主动去练习与发现。

"是不是这样?"

"要用手指运球。"

"我怎么老把球运丢了?"

"手腕放松!运球高度不要超过腰部!"(明释内容——教师指导学生学习)

教得认真,学得积极,练得开心。每个人都是老师也是学生,老师和学生相互学习。教师巡视各组情况,不时和同学们交谈,交换意见和看法,认真听取同学们的观点和见解,参与了同学们学习的整个过程。几节课下来,虽然和NBA球星相差尚远,但和刚开始的手忙脚乱相比,孩子们的动作竟也开始有模有样、有板有眼了。阳光的笑容洋溢在每个人的脸上。(关注结果——学生学会了)

在"T指导S学习"的形式中,教师运用灵活的教学策略,充分挖掘学生的学习潜能,针对学习内容,适时地加以组织或点拨。学生在自主学习和合作学习中,学会自己处理学习任务的技能,提高了学习的能力。

纵观这些课堂实录,我们可以清楚地看到不同教学形式中相似的内部结构,即"引起意向——明释内容——调适形式——关注结果"。(见表1-1)

教学形式＼逻辑必要条件	引起意向	明释内容;调适形式	关注结果
(1)	S想知道	T告诉S	S知道了
(2)	S想参与	T与S对话	S分享了
(3)	S想学会	T指导S学习	S学会了

表1-1

教学形式与逻辑必要条件

这种结构贯穿于所有教学行为的始终。教学行为的起点在学生,学生的意向性很大程度上影响了教学行为效果的优劣,而拒斥的态度会使教学流于空谈。在活动进行的过程中,教学内容的展示是达成教学目标的关键,而适当的教学形式会配合教学内容,调动学生的积极性,能为有效教学打下良好的基础。教学行为都是基于一定的教学目标,若是缺少了最后结果反馈的环节,那么教学是否有效就无从判断,它的合法性是不成立的,因此关注学生的结果也是教学行为的题中之义。可见,引起意向、明释内容、调适形式、关注结果这四个元素如影随形,共同支撑起有效教学行为的主体框架。正因为在所有的有效教学形式中都或明或暗地潜伏着这一主体框架,我们就能够把教学的逻辑必要条件落实到这四个基本元素上,以此来判断何种行为为教学,何种行为不是教学。

三、教学活动的逻辑必要条件

在经过若干教学活动的现象分析之后,相信你对教学有了更深一步的了解。现在,我们可以开始深入地讨论教学活动的逻辑必要条件。根据上述的讨论,我们把教学活动逻辑必要条件的主体框架确定为四个元素,如图1-1所示。

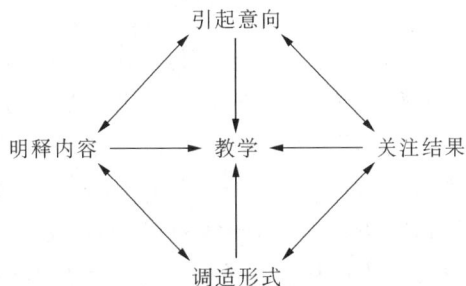

图1-1

教学活动的逻辑必要条件模型

在必要性方面,你可以设想当缺乏这四个元素时,我们的教学将会呈现怎样的一幅图景:

死气沉沉的课堂,只是教师的独唱,学生毫无学习欲望,昏昏欲睡;

内容的讲述毫无条理、思维混乱,学生不知所云、一头雾水;

教师一味地念课本,学生一心地记笔记,一黑板爬满密密麻麻的符号;

课堂上热热闹闹,实则空洞无物,测验下来凄凄惨惨……

无疑,任何一个元素的缺省都无法使课堂行为发生效应,教学行为不可能成立。

在逻辑性方面,首先围绕教学的目标,"引起意向——明释内容——调适形式——关注结果"构成了一个完整的时间逻辑,如图1-2所示。引起意向可视作教学起始,明释内容和调适形式视作过程,关注结果则是反馈的环节。如果说课堂教学行为的展开有程序性的话,那么这些教学步骤在很大程度上是依循这四个元素进行的。更进一步地讲,这种时间逻辑只是外在的形式。其内在的逻辑是遵循一种问题解决的路径,具有一种"处方"的性质。英国教育哲学家穆尔(T. W. Moore)将这种逻辑表示为:①P 作为一种目的是希望达到的。②既然这样,Q 是达到 P 的最有效方式。③因此,从事有关 Q 的任何活动。[①]

图 1-2

教学的时间逻辑

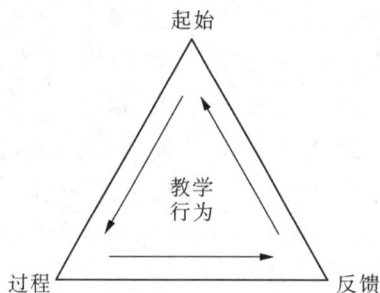

任何教学都是以有效性为目的的,摒弃有效性的教学是不存在的,我们可以将其视为 P。"引起意向——明释内容——调适形式——关注结果"这四个条件则是将课堂行为引向有效性的最关键途径,可视为 Q。没有 Q 的实质性支持,P 只能是空中楼阁。由此,这四个条件的逻辑性便得以确认,它是一种时间逻辑和问题解决路径的统一。

接下来,我们将具体阐述作为教学的逻辑必要条件的四个元素。

(一)引起意向

在所有教学活动的背后,都存在着引起学习意向的问题。教学不再仅仅是指人们必须学习某种东西,更意味着教师有目的地引起学生投入积极的学习状态。

把教学的起点定位于关注学生的学习动机上,对于我们从"把教学只当作传授知识或演示技能"这种传统观点中解放出来,无疑是很重要的。因为,学生各种学习任务在性质上是极不相同的,而在不同的领域(如概念、信仰、技能、习惯、态度等)的学习特点差异明显,学习过程也各不相同。但万变不离其宗,只有引起学生

<hr>

[①] [英]穆尔著,崔允漷等译:《教育理论的结构》,瞿葆奎主编:《教育学文集·教育与教育学》,人民教育出版社 1993 年版,第 490 页。

的学习意向,如此众多的学习形式、教学活动才能产生效果。再者,在某些场合,我们所要求的学习任务适合于学生通过自己的摸索、体验来完成。给学生自行决定活动程序的机会,或让他们先自己发现问题,然后再加以条理化的机会理应成为教学活动的一部分。引起学生的学习意向,意味着把学生置于教学活动的中心,将立场拉回到作为教学活动出发点和落脚点的学生身上。换言之,没有学生的参与,教学无从谈起。只有切实满足了学生在认知、情感等方面的需求,我们才能使教学活动具有不竭的动力。

(二) 明释内容

这里的明释是指教师的说明与解释。教学除了要引起学习的意向之外,还与"学习什么(内容)"与"如何传达(明释)"相关。教学活动必须有一定的内容载体,表现为学生学习某种特定内容的活动,其中必然也包括学生自身的经验。在考虑教学时,必然也会考虑怎样把某些或隐或显的经验传达给别人。如果有个人并没有通过某种手段确切地呈现要学习的内容,却说自己正在教学,这将是令人费解的。因此,为了将学生的意向引向实现教学目的,教师必须以某种形式向学生描述、说明、解释、演示、示范学习内容。

(三) 调适形式

正如特定的教学活动必须说明特定的内容一样,教学活动还必须用易于学生理解的方法,也就是适合学生发展水平的方式明示学生所学的内容。一方面,不同的学生有不同的学情,他们的发展水平不同,对已有知识基础的掌握程度不同,同时每个学生也有各自的学习方式。教学如何把握学生的特点,强烈影响着教学的效果。另一方面,不同的教学内容适宜采用不同的教学方式,就像学习游泳不能只是纸上谈兵的理论讲解,必须让学生下水操练。因此,坚持采用不易于学生理解和不适合教学内容的呈现方式就不是教学,在任何情景中,都必须考虑到这一点。因此,教学必须综合考量教学内容和学生需求的结合,以学生已有的认知/情感状态为根据,考量学习内容的呈现形式。这是教师作为专业人员的专业智识的体现。

(四) 关注结果

教学行为的目的是促进学生的全面发展,其落脚点在于让每位学生学有所得,各有所获。因此,教学必然是有意向性的行为,指向任务的达成,这就需要对教学目的、教学过程进行评价。教学目标的设定、教学内容的选择、教学设计的安排,这些活动若游离于对学生学习效果的评定之外,它们的合理性就无从谈起。当前,我们会经常发现有些教师一味地在形式上出奇出新,追求热烈的课堂氛围,力图调动学生的参与积极性,但实际的教学效果并不理想。最典型的例子就是有些"虚假"的公开课——上完看似轰轰烈烈的公开课后,还要老老实实地把教学内容按传统的方式重新教授一遍。这些课堂行为只是为了形式而形式,舍本逐末地脱离了最初教学的意向性,忽视了基础知识和基本能力的掌握,忽视了教学最实质的内容在于学生得到了什么。这种课堂呈现的只是一种"假性参与",学生得不到基本的知识,思维能力也得不到锻炼,发展也无从说起。

当然,学生学习所得的范畴是广泛、丰富的,而并不仅仅只是纸笔测试所得到的成绩。知识和内容的掌握只反映了学习所得的一个重要方面,我们更应该看到,教学带给学生的是全方位的发展情境。学生从教学中获得的还可能是审美体验的升华或思维方式的改进,这些在学生成长途中的作用亦至关重要。因此,需要立体、综合地关注学生学习所得,这理应构成教学逻辑必要条件的一维。

第 2 节　教学的语义演变

概念的清晰,对于一门学科来说是必不可少的前提条件。教学既是指日常语言中所使用的普通名词,也是指作为专业术语使用的科学概念。在第 1 节中,你对教学的逻辑必要条件已经有了清晰的印象。这里,我们仍需在运用与教学有关的概念时有一定规范的界定。因此,我们将对这一问题进行语义学上的考察,旨在为我们对作为科学术语的"教学"做进一步的规定。

那就请你跟随我们的脚步,一同去探访一下"教学"一词的前世今生吧。

一、汉语"教学"及其语义的发展
(一) 教学即学习

我们考察汉语中的"教学",首先必须对汉字"教"与"学"的起源有所了解。商代甲骨文中"教"、"学"二字都已出现,并且有多种写法。

"学"字有 ✗、✗、✗、✗、✗、✗、✗ 等。这些字从最简单的 ✗ 演变到较复杂的 ✗,一方面说明了汉字结构不断变化,正是文字本身概念的不断充实,另一方面也反映了事物本身的发展过程。甲骨文"教"字有 ✗、✗、✗ 等。从甲骨文看,教与学显然具有同源性,是对同一人类社会活动的指称。进一步分析"教"字的结构,更可看清这一点。几乎在每一种写法的"教"字里,都是首先包含了一个写法与意义最简单的"学"字(✗),然后再添加上些新笔画部首。根据汉字的造字特点,这种新的添加就表示了这个字又增加了一些新的涵义。①

比较这两个字的构成,可以说"教"字来源于"学"字,或者说教的概念是在学的概念的规定性中加上了又一层规定性。"教学"二字连用在一起,最早见之于《尚书·兑命》:"斅學半"。孔颖达的解释是:"上学为教,音 xiào;下学者,学习也。言教人乃是益己学之半也。"《学记》引用它作为"教学相长"的经典依据,指出"学然后知不足,教然后知困,知不足然后能自反,知困然后能自强也。故曰:教学相长。"宋人蔡沈对此作注:"斅,教也……始之自学,学也;终之,教人,亦学也。"说明其词义只是一种教者先学后教、教中又学的单方向活动,因此,这里所说的"教学"并不是现代意义上的教学。确切地说,在古代个别教学的组织形式前提下,教与学不分,以学代教。教学即学习,是指通过教人而学,以提高自己。这是汉字"教学"一词最

---

① 杜成宪:《早期儒家学习范畴研究》,台北文津出版社 1994 年版,第 2—3 页。

早的语义。

（二）教学即教授

一直到 19 世纪末 20 世纪初，由于光绪皇帝宣布废除科举制度，兴办新式学校，各地新式学校如雨后春笋般地出现。在 1903—1909 年间，"学校数由 719 所增加到 52348 所，增加 73 倍"。[①] 学校猛增，而教学"苦于善策"，临时召集来的教师，没有受过培训，"素重背诵而不讲解"。鉴于班级授课制兴起对教师提出的这种客观要求，加上留学日本回国的学生对当时日本非常流行的"五段教学法"（源于德国教育学家赫尔巴特）的介绍，人们自然会对教师的"教"重视起来，"怎样教"的问题成了当时的热门话题。于是，与此对应的"教授"这一词就被人们所接受。如 1912 年教育部公布的《师范学校规程》和 1913 年公布的《高等师范学校规程》都规定教育学科包含"教授法"。从而"教学"就有了第二种语义：在近代班级集体教学的组织形式前提下，"教学"的语义演变为"教授"。如《中国教育辞典》（1928）把"教学法"释为"各种教授方术者"。

（三）教学即教学生学

"教学"词义再度发生变化，这与我国著名的教育家陶行知有关。1917 年，他从美国学成回国后，考察了许多学校，对当时学校教育的状况极为不满，因为"先生只管教，学生只管受教"。"论起名字来，居然是学校，讲起实在来，却又像是'教校'。这都是因为重教太过。"在他看来，"教的法子必须要根据学的法子，……先生的责任不在教，而在教学，教学生学"。[②] 因此，他极力主张把"教授"改为"教学"，并将南京高等师范学校全部课程中的"教授法"改为"教学法"，这样"教学"又有了一种特别的语义，即第三种语义为"教学生学"。这种语义的确定显然受美国教育哲学家杜威"学生中心"思想的影响。

（四）教学即教师的教与学生的学

解放后，我们在全面学习苏联教育学家凯洛夫主编的《教育学》时，了解到苏联教育学家对"教学"所下的定义是："教学过程一方面包括教师的活动（教），同时也包括学生的活动（学）。教和学是同一过程的两个方面，彼此不可分割地联系着。"[③] 于是就接受了这样一种定义：教学是教师教和学生学的统一活动。我国的教育学或教学论教科书以及教育方面的辞典大多是这样解释的，一直沿用至今，这可作为"教学"的第四种词义。

图 1-3

陶行知

---

① 陈翊林：《最近三十年中国教育史》，上海太平洋书店 1930 年版，第 166 页。
② 方与严编：《陶行知教育论文选辑》，生活·读书·新知出版社 1947 年版，第 10 页。
③ ［苏］凯洛夫总主编，陈侠等译：《教育学》，人民教育出版社 1957 年版，第 130 页。

汉语"教学"语义例举

所谓教学,乃是教师教、学生学的统一活动;在这个活动中,学生掌握一定知识和技能,同时,身心获得一定的发展,形成一定的思想品德。

王策三:《教学论稿》(1985),第 88—89 页。

教学就是指教的人指导学的人进行学习的活动。进一步说,指的是教和学相结合或相统一的活动。

李秉德主编:《教学论》(1991),第 2 页。

教学是以课程内容为中介的师生双方教和学的共同活动。

顾明远主编:《教育大辞典》(1990),第 178 页。

二、英语"教学"及其定义

在英语世界,涉及教学所对应的单词有 teach(教、教导)、learn(学、学习)和 instruct(教导)。teach 与 learn 最早表达的是同样的意思,也是可以通用的。

learn 来自中世纪英语中 lernen 一词,意思是学习或教导。lernen 来源于盎格鲁-撒克逊语言中 le°rnian 一词,其词干是 lar,lar 是 lore 一词的词根。lore(经验知识)本来的意思是学习或教导,但现在被用来指所教的内容。因此可以说,learn 和 teach 是由同一词源派生出来的。在古英语中,"I will learn you typewriting"(我要教你打字)的说法是正确的。派生词"learn"与所教的内容相联系。

"teach"一词还有另一种派生形式。它来源于古英语中 taecan 一词,taecan 又是从古条顿语中 taikjan 一词派生来的。taikjan 的词根是 teik,意思是拿给人看,它又可以通古条顿语以前的 deik 一词,一直追溯到梵语中的 dic。与 teach 一词有关系的还有 token(符号或象征)。token 来源于古条顿语 taiknom,这与 taikjan 是同源词,古英语中 taecan 的意思是教。所以,token(符号或象征)与 teach(教导)从历史上看是相互联系的。根据这一派生现象,教学就是通过某些符号或象征向某人展示某事物,利用符号或象征唤起某人对事件、人物、观察、发现等等的反应。在这一派生现象中,teach 与使教学得以进行的媒介相联系。[1]

与我国古代汉语不同,汉语中的"教"源自于"学",而英语中的 teach 与 learn 是同一词源派生出来的,learn 与所教的内容相联系,teach 与使教学得以进行的媒介相联系。后来,语义的发展是基于分析的逻辑,即不是两者兼取(both-and)而是两者择一(either-or),就没有像汉语涵盖教与学两方面的"教学"的概念,教与学指的是两种不同的活动,两个不同的概念。不过,我们有时会在一些英文文献中见到 teaching-learning 一词,这一合成词与我国通常所理解的教学(即包括教又包括学)

---

[1] Smith, B. O., Teaching: Definitions, In T. Husen et al. (eds), *The International Encyclopedia of Education: Research and Studies*, Vol. 9, 1985.

形式可以等同。

至于 teach 和 instruct 这两个词的释义,确实还有分歧。如有人认为,前者多与教师的行为相联系,作为一种活动;后者多与教学的情景有关,作为一种过程。但绝大多数学者还是把它们当作同义词,可以互相替代。

美国教育学家史密斯(B. O. Smith)把英语国家对教学(teaching)的涵义的讨论作了整理,并把它们归为 5 类:[1]

(1) 描述式定义,即传统意义上的教学。由于词义本身就有一个发展的过程,随着时间的推进,人们对它观察、认识、体验的不断深入,它的外延、内涵、含义都会发生或多或少的变化。如早期的教与学是同义的;15 世纪时教学指的是提供信息,向某人演示如何做某件事情,就某一问题授课;今天,传统意义上的教学并不是与此截然不同,教学的描述性定义可作如下表述:教学是传授知识或技能。

(2) 成功式定义,即将教学作为成功。它表明教必须包含学这样一种思想。在大量的英语教学文献中,可以发现"教-学"这一表达方式,预示这两者之间的联系,表明教与学是相互牵连、不可分割的,教必须保证学。依据这一观点,教学可定义为 X 学习 Y 所教的内容的一种活动。如果 X 没有学会,则 Y 没有教。杜威曾用一个公式将教学的这一概念简洁地表示出来:教与学犹如卖与买。既然没有人买,也就无所谓卖。当没有人学会时,也就无所谓教。"教学"意味着不仅要发生某种相互关系,它还要求学习者掌握所教的内容。

(3) 意向式定义,即将教学作为一种意向活动。它表明,尽管教学在逻辑上可以不包含学,但人们可以期望教导致学。一个教师可能并不成功,但人们期望他或她尽力争取教学成功。尽力争取搞好教学,并不仅仅是从事这一活动,还要注意眼前所发生的事情,作出判断以及改变自己的行为。尽力争取做好某件事情在一定程度上就是有意向地做这件事情。从这个意义上说,教学是一种有意向的行为,其目的在于诱导学生学习。教师的行为表现是受自身的意向所左右的,而意向是以教师自身的信念体系和思维方式为基础的。

(4) 规范式定义,即将教学作为规范性行为。它表明,教学的活动符合特定的道德条件,也就是说,只要符合一定的道德规范的一系列活动都是教学。这种道德条件主要是使教学得以进行的活动中的理智的数量——事实根据与推理运用的数量。据此判断,在教学及其相关的活动中[2](如图 1-4),训练、教导居于教学内涵的中心地区,是教学的最基本活动;灌输和条件反射则居于教学内涵的边缘地带,与教学密切相关。训练与条件反射由养成行为和培养技能的活动构成,教导和灌输则由发展知识与形成信念的活动组成。而恐吓、蛊惑、生理威胁和说谎则完全不是教学。因为蛊惑、说谎都有夸大、失真,缺乏事实依据,其目的在于骗人;恐吓与生理威胁伤害了受教育者的心身,是

[1]　Smith,B.O.,Definitions of Teaching, In Dunkin,M.(Ed.),*The International encyclopedia of Teaching and Teacher Education*,1987.

[2]　Green,T.F.,*The Activities of Teaching*,1971.

一种反教育的行为，更谈不上是教学。

图 1-4

教学及其
相关的活动

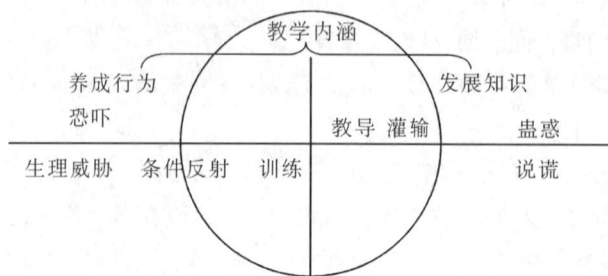

（5）科学式定义。前面所分析的各种教学的定义，都来源于日常的语言。尽管它们在一定程度上阐明了"教学"一词在用于论述教育问题时的各种含义，但还没有精确到在运用这些概念时，每个人都有一致的看法。为了使这一专业的研究变得更科学，有必要在某种程度上作进一步的探索。关于教学的一个专门性定义将由用"和"、"或"、"含义为"等词连结起来的一组句子构成，即以 a＝df(b，c，…)来表示的命题组合定义或并列建议式定义。其中 a 表示"教学是有效的"，(b，c，…)表示"教师作出反馈"、"教师说明定义规则并举出正反两方面的实例"等等命题的组合，＝df 表示随着命题之间的微小变化，a 将发生变化。

三、教学的规定性定义

在古今中外的"教学"世界里走了一遭，你是不是对"教学"的前世今生有了一个框架性的了解呢？那么通过上述从汉语与英语两种语言对"教学"一词的词源及语义的分析，我们可以得到什么样的启示呢？在今天，我们又该如何给"教学"下一个规定性的定义呢？

理论的发展需要科学语言。每一种科学研究领域，在开始时都有一些最初的观察和经验，并在向前发展中不断地从日常语言中借用一些词语。如物理学中的"功"、"力""马力"等都有精确的定义，概念化程度较高。但是，力学在定义这些词之前，它们都有一个概念化的进程，也就是从日常语言上升为科学语言的渐进的过程。现在我们无法从它们的日常用法中引申出其力学上的含义。

汉语"教学"一词的发展，主要是语义本身发生了变化，这种变化的原因是由于教学的前提条件不同或外部某种思想的传播与介入，使得部分有识之士抛弃原有的语义，去寻找一种新的语义。从语义本身来看，都可归结为描述性定义，词义不是十分清晰，概念的内涵、外延都没有明确的范围，比较接近日常语言，抽象程度不高。英语 teach 一词的演变主要是人们界定的方式不同。从语义来看，后面四种的定义都可归为规定性定义，概念的内涵、外延都有比较明确的规定，并尝试用公式来描述，比较接近科学语言。我国的教学理论要进一步发展，不能停留在日常语言的描述性定义上，需要一种精确的、不易产生歧义的规定性定义。只有这样，不同观点展开对话、争鸣，才会有意义，一门学科的发展才会有希望。基于这样的考虑,我们尝试在下面对"教学"的语义进行规定。

如何给"教学"下一个规定性定义,这是一件并非容易但又是非做不可的事情。我们只是作一种尝试,以便于将本书的讨论置于一种比较清晰的范围之中,也就是说,对话的前提是话题本身必须明确,不能含糊其词、模棱两可。我们经常发现,有些讨论、争鸣、对话的过程很精彩,参与者很当一回事,但是没有结果,也没有意义,原因是"我所说的不是你所想的",话题本身不清晰,争论了半天,以误解告终。因此,在讨论"教学理论"之前,对"教学"一词进行规定是很有必要的。

这里的规定主要依据约定俗成的用法与讨论便利的需要,而且是在理性思维层面上的,它不是对教学实践活动的规定。

(一) 教、教学经常是通用的

从汉字来看,"教"、"教学"这两词的词义是不同的,或者严格地说,它们有着各自所指称的东西,有着两种不一样的定义。但是,我国教育话语系统中的约定俗成,所谓的"教学理论"实质上就是"教的理论"或称"教论",尽管有些人声称自己反对把教学理论分解为教论和学论,但实际上他们讨论的依然是教论。因此本书经常把它们当作同义词来看,这样做也是便于讨论时的表达与陈述。只是在进行概念分析与比较时,才不得不作一些必要的说明,以免引起误解。此外,我们关注的主要是课堂教学中的教的行为,因此有时所说的"教"、"教学"指的就是"课堂教学"。

(二) 教与学在理性思维中是可分的

教学实践确实是由教和学两种活动所构成,没有教师和学生的参与就无所谓"教学"了。但是出于理性思维的需要,从局部和微观出发,以便更深入地认识统一的、整体的客观对象。正如人们把一个完整的人分解成身、心两部分,并据此才有生理学和心理学一样,然后再按二分法,把人的心理分成认知与情感两部分,才有认知心理学与情感心理学。实践中的教学活动必须至少从教与学两个方面来认识与研究,否则就无法深入地分析,并抽象地升华为理性认识。因此教与学在理性思维中不仅是可分的,而且必须分。于是就有两种理论形式,即关于教的理论与关于学的理论,我们讨论的教学理论就是关于教的理论。

(三) 教的行为是教学理论的中心问题

每一种理论都包含着它自己固有的研究对象与中心问题。当把教学实践分解成教师的教与学生的学两部分之后,教师教的活动就是教学理论所研究的对象。在教的活动中,教师教的行为就是教学理论的中心问题。围绕这一中心问题展开有这样两大问题:一是"怎样教得有效",二是"怎样教得更好"。这两个问题是教学理论无法回避的、必须回答的问题。

(四) 教学的本质是什么

教学理论关注的主要是教师行为,而不是学生行为。那么,"教"的本质特征是什么? 或者说如何提炼教的行为的本质特征呢? 我们认为,作出这样判断的依据主要是弄清"在教师指导下的学习与没有教师指导下的个人学习"的区别。这种区别就是"教"的本质所在。我们知道,在有教师在场的情况下,教师为了让学生想学、会学与学好,会作出种种尝试与努力,教师通过这些尝试与努力使不想学的学生想学,使想学的学生持续地学。相对学生自学而言,教师的尝试与努力也能使学生学得更多、更快、更好,我们把教师的这些尝试与努力称之为教学。因此,我们就把"教学"规定为"教师引起、维持或促进学生学习的所有行为"。

(五)教学即探究

教学本质上就是一种探究。因为教师从事教学专业的工作对象是有生命的、健康的、正在成长中的人,而不是相对静止的物,而且教师的社会责任是不断希望这样的人都"学有所得"、"学有所长",这是教师专业与其他专业的区别所在。这种专业特性决定了教师的专业工作生活方式必须面对教育情景中的不确定性,而且必须不断地探寻这种不确定性。教师每时每刻所面对的情景都具有即时性、可变性,需要面对、处理这种特性。也就是说,教学工作需要教师每时每刻去解决、探究所面对的情景中的问题。例如,从理论上说,上课之前的备课或者说计划是不可缺少的。然而,这并不是说实施就是贯彻执行计划,而是要根据课堂情景进行调整。研究表明,计划充分的教师对学生反倒不敏感,较多地关注自己的预设,较少关注到教学过程中学生的观点和学习进展,可能导致计划详尽的教师所教的学生比计划简略的教师所教的学生在学习态度上的分数要低。这就说明,如果教师不随机应变,计划就有可能起副作用。计划毕竟是带有主观性的设计蓝图,在实施时的灵活性非常重要,新教师与熟练教师的差别往往就在于此。因此,可以说,教学即探究,教师即研究者。

第3节　教学理论的范畴

在明晰了教学的现象分析和语义分析之后,也许你还会有这样的疑问:教学经常和学习、课程联系在一起,那么教学理论和学习理论、课程理论的关系是怎样的呢?基于上述对教学活动的逻辑必要条件的分析和"教学"的规定性定义的讨论,我们将在本节探讨这三种理论之间的关联和差异,并在此基础上展现我们关于教学理论的新的思考和探索。

一、教学理论与学习理论

相对于学习研究而言,教学研究在20世纪60年代以前的英语国家一直处于失宠状态。在行为科学家的讨论和研究中,很少见到"教学理论"这一术语。《心理学和心理分析术语详解词典》中有关学习的条目有50条,占53页,但有关教学的条目只有一条"教学",共5行字。这种不同的待遇代表了心理学家对这两个术语关注程度上的差异。

随着学习理论的不断发展,20世纪60年代,美国发生了一场关于教学理论与学习理论的大讨论。这场争论的导火线是1959年春《哈佛教育评论》发表专辑,倡议讨论"学习法则能否在课堂中运用"。美国教育学家史密斯(B. O. Smith)率先从逻辑上论证,教学理论应该完全独立于学习理论之外,而不是对学习理论的补充。这一判断的依据是学与教是可分的,学习理论不能告诉我们怎样教。他说:"教与学的宽度不同,教只是影响学的条件之一。学生不用教也能学,这就是学生自己教自己。何况,教师即使有能力教,倘若学生不注意,无动力,或认知准备不足,教也不一定能导致学。"①教育心理学家盖奇(N. L. Gage)则从历史上论证,学习理论对教育实践很少有用,也没有什么影响。学习理论和教学问题并无内在的、固有的联系,因此,教学理论需要与学习理论平等地发展,而不是学习理论的推论。他还认为,教学理论可以有两类:一是承担解释教师为什么以他们作为教师的角色方式行动;另一类是试图解释教师们怎样影响学生的行为。②

著名的教育心理学家布鲁纳(J. Bruner)认为,教学理论是一种处方性和规范性的理论,而学习理论是描述性的。教学理论所关心的是怎样最好地教会学生想学的东西,它所关心的是促进学习而不是描述学习。教育心理学家奥苏贝尔(D. P. Ausubel)继续发展了这种思想。他认为,从约定俗成的意义上说,有效的学习理论并不能告诉我们如何教学,但是它确实给我们提供了最可靠的起点,从中可以发现按师生的心理过程和因果关系两方面来阐明教学的一般原理。对于一门完整的教学科学来说,两者缺一不可,学习理论不足以替代教学理论,教学理论也不足以替代学习理论,教学理论必须建立在学习理论之上,而且还需要把焦点对准实用。也就是说,教学理论一定要在更大程度上关心教学的程序与技术方面。教育心理学家加涅(R. M. Gange)认为,教学是一种外部事件,教学设计的目的是要影响学习的内部过程,因此,学习的阶段以及学生内部活动过程都是与教学阶段相吻合的。

值得一提的是,在教学理论与学习理论进行独立研究的同时,对这两种理论相互渗透的关注,也已经成为一种世界性的潮流。在我国,邵瑞珍教授及其同事们经过多年的研究,出版了《学与教的心理学》(1990;第五版,2009),施良方教授出版了《认知学习与优化教学》(1991),冯忠良教授出版了《结构—定向教学的理论与实践》(1993)等。在欧洲,1985 年成立了"学习与教学研究协会"(The European Association for Research on Learning and Instruction,EARLI),其宗旨是要促进学习过程、发展过程与教学过程的理论研究与实验研究。这种潮流代表了一种新的地平线的出现,预示着教学科学进入了一个新的时代。

二、教学理论与课程理论

课程作为一个独立的研究领域,对课程进行系统研究并从理论上加以概括是 20 世纪以后的事。一般认为,美国课程专家博比特(F. Bobbit)和查特斯(W. W. Charters)是课程研究的先驱。博比特在 1918 年出版的《课程》一书,标志着课程作为专门研究领域的诞生,这也是教育史上第一本课程专著。博比特深受当时美国工业界盛行的"科学管理"的影响,坚信科学管理有助于教育者在课程设计和实施上更精确、更有效。他把

① Smith,B. O.,Critical thinking,In *Recent Research Development and Their Implications for Teacher Education*,13th-yearbook,AACTE,1960.
② Gage,N. L.,*Handbook of Research on Teaching*(1st ed.),1963,pp. 133 - 134.

人类活动分析成具体的、特定的行为单位,作为课程的基础,这就是著名的"活动分析法"。

在随后的几十年中,课程理论是在实用主义哲学和行为主义心理学的背景下发展的,这为科学的课程理论的诞生奠定了基础。值得一提的是,美国进步教育协会发起了一项对美国乃至世界教育极有影响的"八年研究",从 1934 年到 1942 年。参与这项研究的,除了专业人员之外,还有横贯美国的 300 所大学、学院和经过挑选的 30 所实验中学。这项研究不仅对美国大学入学要求和中学课程产生了深远影响,而且还孕育了泰勒(R. W. Tyler)的课程原理。他在 1949 年出版的《课程与教学基本原理》,被公认为是现代课程理论的奠基石,是现代课程研究领域最有影响的理论构架。这个构架就是:

(1) 学校应该达到哪些教育目标?

(2) 提供哪些教育经验才能实现这些目标?

(3) 怎样才能有效地组织这些教育经验?

(4) 我们怎样才能确定这些目标正在得到实现?

这一原理对整个世界的课程产生影响。不管人们是否赞同"泰勒原理",也不管人们持什么样的哲学观点,如果不探讨泰勒提出的四个基本问题,就不可能全面地探讨课程问题。

到了 20 世纪 60 年代,美国最大的课程研究组织即督导和课程编制协会(ASCD),受布鲁纳的著作《教育过程》的影响,开始关注建立教学理论的问题。1963 年,该协会邀请布鲁纳参加年会,布鲁纳以"需要一种教学理论"为题发表了讲话。1964 年,该协会专门成立了"教学理论委员会",并掀起了一股教学研究的浪潮,出版了许多有影响的论著,如盖奇的《教学研究手册》(1963)、希尔加德(E. R. Hilgard)的《学习与教学的理论》(1964)、麦克唐纳德(MacDonald)等人的《教学理论》(1965)、布鲁纳的《教学理论探索》(1966)、戈登的《教学理论的标准》(1968)等等。这一时期提出了许多极有价值的问题,如麦克唐纳德提出应该正确地区分课程、教学(teaching)、教导(instruction)这三个术语,引发了一场课程与教学、课程理论与教学理论关系的讨论。讨论的结果是,在当代的课程理论家中,课程与教学是两个独立的领域,这种论点已经获得广泛的认可。具体说来,下列几点似乎已经达成了共识:

(1) 课程与教学虽然有关联,但又是各不相同的两个研究领域。课程强调每一个学生及其学习的范围(知识、活动或经验),教学强调教师的行为(教授、对话或导游)。

(2) 课程与教学肯定存在着相互依存的交叉关系,而且这种交叉不仅仅是平面的、单向的。

(3) 课程与教学虽是可以进行分开研究与分析的领域,但是不可能在相互独立的情况下各自运作。

(4) 鉴于课程与教学有着胎联式的关系,"课程—教学"一词也已经被人们接受,且被广泛采用。

教 学 理 论

教学理论是研究教师引导、维持或促进学生学习的行为,构建一种具有普遍性的解释框架,提供一般性的规定或处方,以指导课堂实践的一门学科。中国古代的《学记》是世界教育史上最早论述教学的专著。西方学者认为,捷克夸美纽斯的《大教学论》(1632)是第一本最有系统地总结了欧洲文艺复兴以来的教学经验的著作,奠定了该学科的基础。德国赫尔巴特的《普通教育学》(1806)确立以实践哲学和心理学为理论基础,才使教学理论成为一门独立的学科。之后,教学理论朝着哲学和心理学两个方向发展:一是欧洲(尤其是德国和苏联)与日本、中国以伦理学和认识论为理论基础来构建教学理论的体系,如苏联达尼洛夫等编的《教学论》(1957),斯卡特金主编的《中学教学论:当代教学论的几个问题》(1982),我国王策三的《教学论稿》(1985)等。确定教学理论的研究范围是:教学的目的和任务、教学过程(规律与原则)、教学内容、教学组织形式、教学手段与方法以及教学效果的检查与评价等。二是英语国家(尤其是北美)以心理学为理论基础来构建教学理论的体系,如美国布鲁纳的《教学理论探索》(1966),奥苏伯尔的《教育心理学:认知观》以及加涅的《学习条件和教学理论》等。认为教学理论是一种处方性的和规范性的理论,它所关心的是促进学习而不是描述学习。20世纪50、60年代以来,由于社会生产力和科学技术的飞速发展,出现了世界性的教学改革潮流,产生了许多新的教学论主张。如美国斯金纳的程序教学理论,布鲁纳的认知教学理论,罗杰斯的非指导性教学理论,苏联赞可夫的"小学教学新体系",巴班斯基的"教学过程最优化"理论,保加利亚洛扎诺夫的"暗示教学",德国瓦根舍因等人的"范例教学"等等。

学 习 理 论

学习理论是指描述或说明人和动物学习的性质、过程和影响学习的因素的各种学说。心理学家从不同的观点,采用不同的方法,根据不同的实验资料,提出了许多学习的理论。一般分为两大理论体系:刺激-反应(S-R)理论和认知理论。刺激-反应理论又称联想主义(或行为主义),是继承英国联想主义心理学派的一种理论体系,哲学上受洛克经验论的影响。主要有桑代克的联结主义(connectionism)、赫尔的系统行为理论(systematic behavior theory)、斯金纳的操作条件反射(operant conditioning)以及格斯里的邻近条件反射(contiguous conditioning)等学习观。认知理论来源于德国格式塔心理学派,哲学上受理性论的影响。有代表性的见解或理论主要有以韦特海墨、考夫卡、苛勒为创始人的格式塔理论和勒温的场论(field theory)以及一些认知学家如布鲁纳和奥苏伯尔的认知结构论(theory of cognitive structure)等的学习观。后来的发展是两派理论有逐渐接近的趋势,如在托尔曼的符号学习论(theory of sign learning)中已有联结主义和认知理论的因素;加涅的累积学习论(theory of accumulative learning)和班杜拉的社会学习论(social learning theory)对联结和认知两种理论均兼收并蓄,社会学习论也被称为认知-行为主义。另外,现代认知心理学用信息论的观点把学习看作是信息的输入、编码、加工、储存、输出和反馈的过程,并提出一些模型。近年来,学习理论的最新进展主要表现在建构主义心理学和多元智能理论对此所作的贡献。

课 程 理 论

课程理论是研究课程的编制/开发和课程改革的理论。课程编制/开发理论包括研究课程编制的各种模式,如课程的目标、内容、实施与评价等方面的问题;课程改革理论包括研究革新的要点,交流革新的意见,用教育学的观点分析其合理性和确切性,衡量对个人实践的影响,检验适应地方情况的程度等。中国先秦即有关于课程方面的论述,如《学记》中"比年入学,中年考校;一年视离经辨志,三年视敬业乐群,五年视博习亲师,七年视论学取友,谓之小成。九年知类通达,强立而不返,谓之大成。"元代程端礼《程氏家塾读书分年日程》可视为中国古代课程理论的著作。美国博比特(Bobbit)的《课程》(*The Curriculum*,1918)和《怎样编制课程》(*How to make a Curriculum*,1924),杜威(J. Dewey)的《儿童与课程》(*Children and Curriculum*,1923),查特斯(Charters)的《课程建设》(*Curriculum Construction*,1924),庞锡尔(Bonser)的《小学课程》(*The Elementary School Curriculum*,1923),中国程湘帆的《小学课程概论》(1923)是近代最早的课程理论专著。现代美、英等国,此类著作很多,体系繁杂。较著名的有美国泰勒(Tyler)的《课程与教学的基本原理》(*The Basic Principles of Curriculum and Instruction*,1949),坦纳夫妇(Tanners)的《课程编制的理论与实践》(*Curriculum Development*:*theory into practice*,1975,1980,1995),派纳(W. Pinar)的《理解课程》(*Understanding curriculum*,1995),英国劳顿(Lawton)等的《课程研究的理论与实践》(*Theory and Practice of Curriculum Studies*,1978),苏联克拉耶夫斯基和莱纳主编的《普通中等教育内容的理论基础》。20世纪中期以来,西方教育界涌现了各种各样的课程理论流派,其中影响比较大的有:强调以学术为中心的学科课程论;强调以社会问题为中心的社会改造主义课程论;以及强调学生自由发展的人本主义课程论。

三、教学理论:我们的探索

对"教学理论是什么"的研究凝聚了无数前辈学者不懈的努力与宝贵的智慧。对此,我们将在第2章详细介绍这方面的内容,包括我国学者对教学理论如何进行"中国化"的探索。这里,着重讨论本书对教学理论所作的探索。我们的探索主要在以下几个方面:

(一) 教学理论主要是一种规范性、实践性的理论

教学理论主要关心两大问题:一是怎样教才是有效的,对教学行为进行一定的规范,并给教师提供一系列使教学有效的建议或处方;二是怎样保证这样教就是有效的,或者进一步说怎样才能教得更好。这两个问题既是关联的,也是递进的。作为一种专

业活动,首先要学会基本的规范行为,然后再来超越规范,只有超越了规范,才能到达"有即无"的"忘我也可以说是唯我"境界,即艺术的境界。教学理论不排除对学生学习的关注与研究,然而它会把关于学生学习的研究让位给学习理论,并作为学习理论的核心问题。因为一种理论既要解决对教师的教的规范,又要解决对学生的学的描述,在这两者本身的研究还不是很深入的前提下,对一种理论或一门学科而言,这种"双肩挑"是很难的。因此,我们不想在自己还没有完成能做的事之前,又去承担自己不能做或难以承担的任务。毫无疑问,这种教师行为是相对于学生的学习行为而言的,教与学是教学实践中两种既相互联系又相对独立的活动,离开学生的学习谈教师的行为是没有意义的。

正如布鲁纳在 20 世纪 60 年代所言,教学理论从本质上说主要是一种规范性的、处方性的理论,尽管它也不排除一定程度上的描述,然而这种描述是规范理论所不可或缺的,它是规范之前所必需的描述。因此,我们关注的是为教师的行为提供一种解释或描述的框架,并在这种框架内为教师的行为设置一定的规范,提供必要的处方。

(二) 我们的问题框架与主要内容

我们集中讨论教学领域中的三个问题,并组成三个单元:什么是教学? 怎样教得有效? 怎样教得更好?

"什么是教学"讨论的是关于教学的一般性知识,主要涉及教学是什么,教学理论是什么,作为一种实践活动的教学,它的基本问题是什么等方面的知识。因此这部分的内容包括教学与教学理论;教学理论的形成与发展;教学理论的基本问题。

"怎样教得有效"讨论的是教师为实现教学目标或教学意图(指难以明确或无需明确的目标)所采用的一系列问题解决行为。本书按照目标管理的教学流程,把有效的教学划分为三个阶段:教学准备、教学实施与教学评价,并据此来划分教师在处理每一阶段的过程中所表现出来的种种具体的问题解决方式。

教学准备发生在课堂教学前,讨论的是教师制定教学方案所采用的策略。它涉及如何分解课程标准以便确定学习目标,如何设计与学习目标相一致的评价以及如何设计学习活动,最后提供课程纲要与教案的一般类型。

教学实施发生在课堂教学中,讨论的是教师为实现上述教学方案所采用的策略。它又分为主要教学行为、辅助教学行为与课堂管理行为三种策略(详见表 1-2)。主要教学行为是指教师作为教师角色在课堂中发生的主要行为,这种行为是以目标或内容为定向的,它包括教师的呈示、对话与指导三类行为。辅助教学行为是指使主要教学行为产生更好的教学效果而在课堂中发生的教师行为,它是以学生或具体的教学情景为定向的,包括学生学习动机的培养与激发、课堂强化技术的应用、教师期望效应的实现和良好课堂气氛的营造等。课堂管理行为是为教学的顺利进行创造条件,是教师实现教学所不可或缺的一种行为,它主要涉及课堂问题行为的管理与预防。

表 1-2	教学实施行为				
	教　学　行　为				课堂管理行为
教学实施行为分类表	主要教学行为			辅助教学行为	
	呈示行为	对话行为	指导行为		
	语言呈示	问答	自主学习指导	学习动机的激发与培养	课堂问题行为
	文字呈示	讨论	合作学习指导	课堂强化技术的应用	课堂问题行为的管理
	声像呈示		探究学习指导	教师期望效应的实现	课堂问题行为的预防
	动作呈示			良好课堂气氛的营造	

教学评价发生在课堂教学之后,讨论的是教师或他人获取与处理学习过程中的评价信息并作出价值判断的策略。它主要涉及如何基于"评价文化"开展学生学业成就的评价与教师课堂教学的评价。

"怎样教得更好"讨论的是教师只有通过"研究"的方式才能使自己教得更好。教学研究是教师从事教学专业的一种生活方式,它是由教师所从事的这种专业的特性所决定的。教学本质上不仅是一种意向性(有目的)的行为,同时它又是一种探究性的行为。因此这部分主要讨论的是教师研究是什么样的,为什么说"教师即研究者"、"教学即研究",以及教师开展教学研究有哪些路径。

(三) 我们的理想与知识呈现方式

我们的理想,或者说隐含在本书的一种深层思想是,真正对教学实践产生直接影响或意义的教学理论,是教师自己头脑中产生的,而不是靠专家讲授的。专家讲授的教学理论至多是为那种内发的教学理论作准备,或提供概念及其框架,或体验到"像专家一样"的思维方式,但它不可能对教学实践产生直接的、实在的意义。只有把外授的教学理论内化为教师自己的品格,并成为教师自己生命的一部分,指导教师自己日常的教学言论与行动,这种教学理论才是真正有实践价值或意义的教学理论。我们的最高目标,就是帮助读者尤其是教师开展"像专家一样思考"并尝试形成自己的"教学理论"。基于这样的思考,我们不追求完美的定论性的知识,更多的是强调开放性的问题与"一种"解释框架,相信肯定还有其他的解释框架等待读者自己去探索。

有这样一件事情值得我们思考,在我国的教师培训计划中,往往想当然地认为,专家只要把各种课堂教学方法,或者有人觉得更时髦的概念如"教学模式"讲给教师听,让教师记住,似乎就学会了,于是教师素质就得到提高,许多教学问题也就迎刃而解。实际上,据美国1970年的一项重大研究表明,大多数教师从未问过为什么他们正在做他们所做的事情或问过目前自己所做的一切是哪一种教学方法或教学模式。鉴于此,我们一反以往教学理论教科书的传统,不刻意介绍哪一种具体的教学方法或教学模式,而改用课堂教学行为的一种分析框架,为教师分析自己的日常行为提供一种概念框架。10年来的经验证明,我们的设想是行得通的。

考虑到读者群主要是未来的教师与在职的教师,因此在知识的呈现方式上作了一定程度的探索,采用了一些方框图,集中呈现补充材料、典型的案例、正反两面的信息

（辩护与批判）、经典实验、给教师的建议（处方）等，并在每一章的开头列上本章的学习目标，随后是联结学习者的经验，并在每章的末尾列上本章小结、关键术语、讨论与思考，以及进一步阅读的文献/网站等，为教师的教学、学习者自学提供思考的材料以及进一步学习的便利。同时，坚信教育学主要是一种经验科学，因此，我们尽可能结合在职教师或未来教师已有的经验，要求学习者结合自己的经验来学习教学理论。只有这样，才能有助于教学理论的内发，有助于教学风格的形成。因为教学风格是一种个性化的教学艺术，要对教学理论进行个性化的改造，每一个教师必须要把外授的教学理论与自己的经验进行充分的整合，进行持续的对话，以形成自己的"教学理论"。

本章小结

教学活动的逻辑必要条件或者说判断"教学之所以为教学而非其他活动"的标准是引起意向、明释内容、调适形式与关注结果；教学是教师引起、维持与促进学生学习的所有行为；从理性思维上，教学是可以分为教与学两种相对独立的活动的，教学理论是关于教的理论，它与学习理论、课程理论有着天然的、复杂的关系；本书提供了我们着力建构的"一种"教学理论：教学是什么，怎样教得有效，以及怎样教得更好、更有意思。

关键术语

教学　教学理论　课程理论　学习理论

讨论与探究

1. 讨论：教学的专业属性有哪些？
2. 结合你自己的经验，请你独立或合作完成下列表格，看看谁列出的条目最多。

功能指向	引起学习	维持学习	促进学习
教师行为举例	1. 2. 3. ……	1. 2. 3. ……	1. 2. 3. ……

3. 试述教学理论与课程理论、学习理论的关系。
4. 根据教学活动的逻辑必要条件，请分析案例 1-4。

案例 1-4

俯拾皆是好文章

圣诞节即将来临，孩子们早已经欢欣雀跃。叽叽喳喳地凑在一起谈论圣诞联欢的事情。因为此前我曾经答应他们在 24 日那天，和他们一起搞联欢活动。怎么样让他们过得快乐而有意义，并且在过程中得到体验，这是我一直在思考的事情。

提前一周,我们开了个讨论会。会上,孩子们表现踊跃,自告奋勇报上了许多游戏和表演项目。

郑煜:横笛演奏

廖文倩:竖笛演奏

朱海磊:说笑话

……

一下子,节目多达二十多项。

差不多是时候了。我抛出了今天的主要话题:"孩子们,你们想过这个问题吗?这么多节目,活动的时候,谁先谁后?该怎么决定?你的理由是什么?"一问激起千层浪。

"我想把成语接龙放在活动最初几分钟,用于稳定情绪。"

"我觉得横笛演奏放在第一个节目比较好,郑煜的横笛吹得挺棒的。一开场肯定技压群芳。"

"我也有个建议,把踩气球这个游戏放在最后,大家快快乐乐结束这次活动。"

……

孩子们你一言我一语,说得还挺在理。

排好了节目单,接下来还缺少什么?当然是主题喽。来看看孩子们自己取的题目:

好玩圣诞联欢会

开心一刻圣诞联欢会

哈哈圣诞联欢会

……

活动的讨论似乎可以结束了,不过,我的正题才刚刚开始。

"那么,谁来写串联词呢?"

5个孩子主动请缨。于是,全班一起讨论串联词的写作要领。

"既然是班级活动,谁来书面向班主任申请?"

4个孩子举了手。于是,大家开始讨论申请书的写法,直到这四位同学满意为止。

"这次活动,我们也欢迎其他班级的同学前来观摩。谁愿意向别人介绍我们这次活动,吸引他们前来观摩?"

9个孩子表示愿意承担此任务,并且保证一定新颖。

"这一期的班报,打算把这个活动报道一下,报道稿由谁负责好呢?"

2个孩子接下了这个事情。

剩下来的15个孩子,2个是节目主持人。3个负责黑板报,4个组成后勤服务部,负责列出所需物品的清单并且预算开支,还有6个起草教室环境布置方案。

主动承担了任务,孩子们各自组成小组,讨论去了。

两天后,所有的书面材料都送到了我这里。我诧异于孩子们惊人的能力。

一周后,联欢活动按时开展,活动获得巨大成功。

活动之后,他们写了活动体会。

郑煜说:"经历这次活动,想不到我们还有那么大能耐,竟能自导自演这么有趣的活动。"

虞群群说:"以后遇到这样的事情,我会安排得更有计划。"

旁观的赵老师和孩子们打趣,说:"嘿,这次活动最大的赢家是郎老师,因为她借这次活动,做了一次习作训练。"

我是最大的赢家吗? 孩子们是否看出了我的良苦用心? 借这次活动,我抓住了教育的契机,让孩子们在主动积极的参与中,既掌握了几种文体的写作方法,又锻炼了习作能力,更重要的是孩子们体验到的是节日的氛围和自主学习的乐趣,尝到的是成功的喜悦。

其实最大的赢家,是孩子们!

进一步阅读的文献/网站

1. 张华:《课程与教学论》,上海教育出版社 2000 年版。

2. 裴娣娜主编:《教学论》,教育科学出版社 2007 年版。

3. 余文森等主编:《解读教与教学的意义》,华东师范大学出版社 2005 年版。

4. 杨小微等:《教学论》,人民教育出版社 2007 年版。

5. 施良方、崔允漷主编:《教学理论:课堂教学的原理、策略与研究》,华东师范大学出版社 1999 年版。

6. [日]佐藤正夫著,钟启泉译:《教学原理》,教育科学出版社 2001 年版。

7. [德]克罗恩著,李其龙等译:《教学论基础》,教育科学出版社 2005 年版。

8. [美]鲍里奇著,易东平译:《有效教学方法》(第四版),江苏教育出版社 2007 年版。

9. 网站:http://www.isatt.org/

　　　http://www.learning-theories.com/

　　　http://ktjx.cersp.com/llwz/

　　在学习本章前,请你思考几个问题:为什么学年大都是秋季开始而不是春季? 为什么教室里要那么多不同的学生排排坐、一起读同一本书? 而不是不同的人有不同的进度或读不同的书? 为什么不同的课都有基本相同的教学环节或结构? ……你在不同的课堂生活了那么多年,想过这些有趣的问题吗? 你想知道课堂教学经过了怎样的演变吗? 又有多少不同的声音? 到底有没有改进的余地? 改进什么? 相信你读完本章后,一定会有自己的想法。

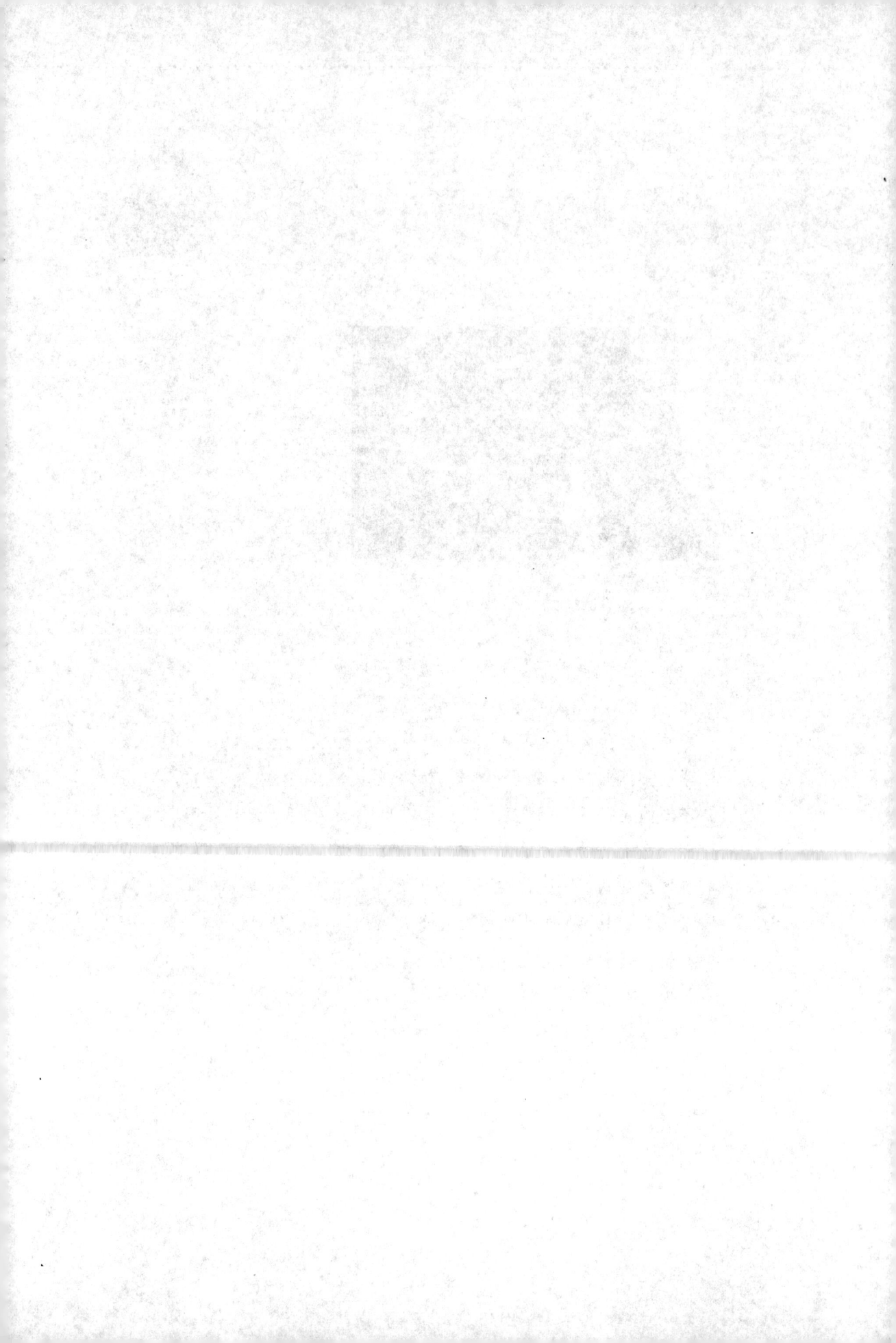

通过本章的学习，你能够

● 描述教学理论发展的历史线索及代表人物；

● 评述赫尔巴特在教学理论发展中的历史贡献；

● 知道中国学者在教学理论研究方面取得的成就及存在的局限性；

● 理解建构主义/多元智能的教学观点及其现实意义；

● 应用某种理论的核心思想分析具体的教学现象。

本章内容导引

● 教学理论的形成

　一、拉特克和夸美纽斯的 didactica

　二、赫尔巴特的 pedagogy

　　（一）教育目的

　　（二）教育手段

　　（三）教学形式阶段

● 教学理论的发展

　一、赫尔巴特学派教学理论的形成

　二、赫尔巴特学派教学理论的发展线索

　　（一）哲学取向教学理论的发展

　　（二）心理学取向教学理论的发展

　三、苏联教学理论的发展

　四、教学理论的"中国化"进程

● 教学理论的流派

　一、哲学取向的教学理论

　　（一）知识-道德本位的目的观

　　（二）知识授受的教学过程

　　（三）科目本位的教学内容

　　（四）语言呈示为主的教学方法

　二、行为主义心理学教学理论

　　（一）预期行为结果的教学目标

　　（二）相倚组织的教学过程

　　（三）程序教学的方法

　三、认知心理学教学理论

　　（一）理智发展的教学目标

　　（二）动机、结构、序列、强化原则

　　（三）学科知识结构

　　（四）发现法

　四、情感心理学教学理论

　　（一）充分发挥作用的人

　　（二）非指导性教学过程

　　（三）意义学习与非指导性教学

　　（四）师生关系的品质

● 教学研究的最新进展

　一、你给学生搭"脚手架"了吗？

　　（一）什么是建构主义？

　　（二）建构主义的教学理念

　　（三）自上而下的教学过程

　　（四）学习环境的设计

　　（五）建构主义教学的经典项目

　二、爱因斯坦和乔丹都是聪明的吗？

　　（一）多元智能理论对传统智力理论的批判

　　（二）多元智能理论与教学

　三、你的教学"适于脑"了吗？

　　（一）大脑研究的发展

　　（二）基于脑的教学要义

　　（三）脑科学视野中的教学设计

通过第 1 章的学习,你对教学的概念、内涵一定有了相当的理解。其实,和其他的学科、理论发展的规律一样,教学理论有一个漫长的形成与发展过程。本章将带你回到历史长河中,去领略前师先贤关于教学的真知灼见。同时,你还将在本章中了解到当前教学理论最新的研究进展。这些将有助于你在脑海中形成关于教学理论脉络的清晰的全景。但请你注意,记住一两个结论或者前人的观点并不重要。重要的是你要学会分享大师的智慧,学会站在他们的角度去分析教学的现象。

第 1 节   教学理论的形成

或许,你在以前的学习中就对"学而不思则罔,思而不学则殆"、"学而时习之,不亦乐乎"等一些与教学有关的话耳熟能详了。的确,丰富的教学经验和教学思想是前人留下来的一份宝贵遗产,它们是教学理论形成的实践基础和概念基础。如我国二千多年前出现的《学记》,是对教学经验的精辟概括与总结,是我国古代教学思想之大成。不过,作为一种理论形态的教学理论的产生与发展,我们着重考察的是西方的教学理论,简单地说,就是从 didactica 到 pedagogy。

一、拉特克和夸美纽斯的 didactica

在西方教育史上,第一个倡导教学理论的是德国教育学家拉特克(W. Ratke)。他在 1612 年《改革学校和社会的建议书》中,自称是"教学论者"(didaticus),称自己新的教学技术为 didactica。拉特克要求一切国民应获得一定程度的教养,因此,他致力于探求"教授之术",开拓教学理论。他的教学论重点在于探讨如何使所有的人最容易、最有效地获得知识和教养,是以教学的方法、技术问题为中心的。

图 2-1

夸美纽斯

夸美纽斯(J. A. Comenius)是 17 世纪捷克的教育学家,他进一步发展了拉特克的观点,对教育或教学理论的发展作出了杰出的贡献。他在《大教学论》(Didactica Magna)申明自己的目的是:寻求并找出一种教学的方法,使教员因此可以少教,但是学生可以多学;使学校因此可以少些喧嚣、厌恶和无益的劳苦,多具闲暇、快乐和坚实的进步;并使基督教的社会因此可以减少黑暗、烦恼、倾轧,增加光明、整饬、和平与宁静。[1]

夸美纽斯在吸取当时的哲学成果基础上,提出"自然适应性原则"。他已经有意识地要使教学活动按法则的支配力量运作,开始思考和寻找支配教学活动的法则,这便是"自然的秩序"。根据这一原理,他划分了儿童的学龄阶段,主张建立全国统一的学校制度。夸美纽斯对现代教育发展最大的贡献无疑是倡导学年制和班级授课制。他提出,一切

---

[1] [捷克]夸美纽斯著,傅任敢译:《大教学论》,人民教育出版社 1984 年版,第 2 页。

公立学校每年秋季招生一次，同时开学，同时放假；把学生按年龄或学力分成年级和班级；每班专用一个教室，由一位教师同时教导全班学生，全体学生在教师指导下做同样的功课；为每个年级制定统一的教学计划和课时表，使每年、每月、每周、每日、每时都有一定的教学任务；除平时考查外，学年结束时举行一次隆重的考试，使全体学生（除心智缺乏者外）能同时达到一定程度，升入高一年级。

在"自然适应性原则"这一方法论指导下，夸美纽斯努力寻求支配教学活动的一般法则/原理，从而使教学活动这一工具自身进入了理性的确证阶段，并使教学经验总结开始向教学理论过渡。具体表现在以下三个方面：

（1）直观原理。教学不应始于对事物的语言说明，而是始于对事物的观察。他反对经院主义引经据典、咬文嚼字的"文字教学"。他认为，知识的开端永远必须来自感官。如果得不到实物，就用图象、模型等直观教具代替。

（2）活动原理。教学不仅要使学生理解事物，同时还要使学生参与活动。活动是学生自身参与实践，可以借助练习来进行。他认为，各种活动全部应当凭借实际地采取行动来进行学习。

（3）兴趣与自发原理。对于儿童来说，求知的欲望是很自然的，因此不能用强制和惩罚的方法来强迫他们学习，应当使教学成为一种轻松愉快的事情；应当采取一切可能的方法，来激发儿童对于知识和学习的强烈愿望。学习应当符合年龄与理解力的发展阶段进行；知识的教学是基础工程，应当按照一定的顺序一步步地教学。

二、赫尔巴特的 pedagogy

拉特克和夸美纽斯使用的 didactica 主要涉及教学的技术或艺术，这也是最早的教学涵义。实际上，这个词是人为构造的，很难准确地翻译出来，相当于普通教育学或者说教育概论（通论）①。

因此，到了 18、19 世纪，只有说德语的国家和与德国有文化关系的国家使用这个词。后来，赫尔巴特把它置于教育学的中心地位，提出教学形式阶段和教学的教育性原则，并用 pedagogy 来替代它。

图 2-2

赫尔巴特

pedagogy 的词源是希腊语中的"教仆"（pedagogue），由"儿童"（ped）、"指导者"（agogue）与"……学"的后缀 ogy 合成而来。赫尔巴特的 pedagogy 涉及的主要问题集中在教学方法和学生管理两方面，把它译成"教学理论"也是比较合适的。只是这里的"教学"已经不仅仅包括知识与技能的传递，还包括道德的养成。

赫尔巴特的代表作是 1806 年出版的《从教育目的演绎出来的普通教育学》（通称《普通教育学》）和 1835 年出版的《教育学讲授纲要》，这标志着独立的"教学理论"的形

---

① Kansanen, P., The Deutsche Didaktik, *The Journal of Curriculum Studies*, 1995, Vol. 27, No. 4.

成。在此之前，都属于教学的前理论时期；在此之后，就是教学理论的丰富与发展时期。下面我们就来讨论赫尔巴特教育学的体系以及主要观点。

（一）教育目的

赫尔巴特把教育学置于实践哲学（即伦理学）和心理学之上。他提出，教育学作为一种科学，是以实践哲学和心理学为基础的。前者说明教育的目的，后者说明教育的途径、手段与障碍。关于教育的目的，赫尔巴特继承欧洲教育个人道德本位的传统，认为"教育的唯一工作与全部工作可以总结在这一概念之中——道德"，"道德普遍地被认为是人类的最高目的，因此也是教育的最高目的"。[①] 为了达到德行，教学必须特别包含较近的目的，这个较近的目的可以表达为"多方面的兴趣"。教学首先在于培养学生具有多方面的兴趣，使学生具有能正确地决定意志的思想范围。同时，赫尔巴特主张为成长着的一代将来能从事某种职业实施一定教育，帮助他们发展能力与兴趣。他针对多方面的兴趣，安排不同的学科，并认识到了同一学科可以培养多种兴趣。

（二）教育手段

在赫尔巴特看来，教育手段主要涉及管理、训育、教学三个部分。

管理就是要克服儿童的"不服从的烈性"，以维持教学与教育秩序，为实施教学创造条件。管理的主要措施是威胁、监督、命令、适度的体罚、权威和爱。

训育是指"有目的地进行的培养"，目的在于培养"性格的道德力量"。他把训育的措施分成两大类：激发与抑制，即赞许与奖励、压制与惩罚。有些措施与管理相同，但在运用中却有区别，管理主要着眼于当前的作用，而训育注重儿童的未来。

教学是赫尔巴特教育学体系的核心概念。他在教育学史上第一个明确提出"教育性教学"的概念，把道德教育与学科知识教学统一在同一个教学过程中。他认为，不存在"无教学的教育"，正如没有"无教育的教学"。要使知识影响道德品质的培养，学生必须对知识发生强烈的兴趣，从而产生坚强的行动意志。这种兴趣还必须是多方面的和平衡的，道德的培养才能是多方面的。在赫尔巴特看来，兴趣既是教学目的，同时又是教学手段。基于这样的思考，他努力摈弃以往教学中仅仅强调发展学生接受能力的做法，主张给予学生自己活动的自由，让他们充分发挥自己的创造性；除了课堂教学，还应重视让儿童进行其他各种活动，利用各种力量和场合对儿童开展教育。

（三）教学形式阶段

对"教学过程"的分析，是赫尔巴特对教学"手段"的本质揭示。赫尔巴特认为，观念是人们认识世界最基本、最简单的要素，它是通过统觉——旧观念对新观念的同化作用而获得的。因此，教学过程是观念被统觉的过程，是从清楚明确的感知到与旧观念的联系以及扩大到应用的过程，即清楚、联想、系统和方法四个阶段，俗称"教学四阶段论"。每一阶段既明确地提出教师"教"的具体任务和活动方式，也清楚地规定学生"学"的具体要求和活动范围。尤其是每个教学阶段都围绕着观念心理学的论点，详细划定学生心理活动的范围和内容，使各个教学环节与各种必要的心理活动巧妙地配合，形成严密的教学步骤，如表2-1所示。这是教育史上第一次在班级授课制背景下对教师的教学

①　张焕庭主编：《西方资产阶级教育论著选》，人民教育出版社1979年版，第259—260页。

行为进行了规范,极大地提高了教学效率。

教学阶段	清楚	联想	系统	方法
掌握知识环节	钻 研		理 解	
观念活动环节	静态	动态	静态	动态
兴趣阶段	注意	期待	探求	行动
教学方法	叙述	分析	综合	应用

表 2-1

赫尔巴特教学
形式阶段表

　　总之,赫尔巴特在追求教育学或教学理论的科学化时,试图在"教育目的"(实践哲学)和"教育手段"(心理学)的基础上把教育学理论系统化。这种双重基础的构想反而使他本来所追求的那种教育学在科学上的独立性落空了,导致教育学从诞生之时,就蕴含着二元取向。结果,使得其后的教学理论走向思辨的哲学和实证的心理学这两个方向。

第 2 节　教学理论的发展

　　赫尔巴特的教学理论首先经过他的弟子席勒(T. Ziller)、莱因(W. Rein)的补充与修正,形成了赫尔巴特学派的教学理论。此后的发展主要可以归为两条线索:哲学取向与心理学取向。这一节首先讨论教学理论的哲学取向,并以苏联和中国为例。关于教学理论的心理学取向问题将在下几节讨论。

一、赫尔巴特学派教学理论的形成

　　曾经听过赫尔巴特课的席勒信奉赫尔巴特的目的观和兴趣论,但是,就教学手段问题,他提出了自己的意见。其中最重要的是文化阶段说、中心统合法与五段教学法。他认为,人类文化发展阶段与儿童心理发展的程序相当,教学应根据这种理论,并把它作为教材选择与编排的准则,主张采用以从古到今的文化为中心的教材,来陶冶儿童的情操。中心统合法是关于教材之统合的意见。他还将赫尔巴特四阶段中的"清楚"分解为"分析"与"综合",而成为分析、综合、联想、系统、方法五个阶段。

　　席勒的学生莱因继承了赫尔巴特和席勒的思想,但是在教学阶段上,认为席勒所用的名称不适合实际,故改用预备、提示、联合或比较、总括与应用五个阶段。这就是曾经或正在继续影响世界各国教师的"五段教学法"。

　　应该说相对于赫尔巴特本人,席勒、莱茵对赫尔巴特教学理论的理解是有出入的,至少是不全面的。但他们的宣传使其更为简单易懂,于是就形成了在世界教育史上具有重要影响的赫尔巴特学派教学理论。从此,一种相对独立的教学理论诞生了,它对以后的教学理论的发展具有重要的影响和意义。

二、赫尔巴特学派教学理论的发展线索

　　赫尔巴特学派教学理论在世界各地的传播与继续发展,主要沿着哲学和心理学这样两条主线来实现的。

(一) 哲学取向教学理论的发展

哲学取向教学理论的习惯称谓就是"教学论"。它的特征是关注教学的目的(伦理学)或内容(认识论)上的问题,并坚持哲学的思辨与理论化的建设。这主要发生在德语国家以及相关国家,如民主德国、南斯拉夫、苏联、日本等。特别是赫尔巴特学派教学理论在苏联和中国的传播及改造之后,尽管就其内容而言,由于马克思列宁主义的诞生,以及在社会主义社会的背景下,教学研究共同体对赫尔巴特学派的教学理论从内容上作了根本的改造,但是就其对教学现象的观察与解释方式而言,仍是哲学取向的(详见下文)。

(二) 心理学取向教学理论的发展

心理学取向教学理论的习惯称谓是"教学理论"。它的特征是关注教学的程序、方法与心理的问题,并坚持采用心理实验或实证的方法。

赫尔巴特学派教学理论,经毕业于德国莱比锡大学与耶拿大学的美国年轻博士的介绍和传播,如德加尔谟(C. Degarmo)的《方法要素》(1889)以及麦克默里兄弟(C. & F. McMurry)的《一般方法要素》(1892)的发表,把美国学者对赫尔巴特思想的研究推向高潮,形成了赫尔巴特学派运动。1895 年,美国成立了全国赫尔巴特教育研究会(1910 年改名为全国教育研究学会)。以致"在 19 世纪 90 年代期间,对这个精心建立的体系的兴趣,像浪潮一样,席卷了美国教育界的教师和学生"。[1] 美国教育局在 1894—1895 年度报告中也提到:"在今天,美国比德国更信奉赫尔巴特学派的教育学。"[2]到了 20 世纪初,"每一个好教师都应该为每一节课准备一份教案,五个形式阶段都非常明显。"[3]后经实用主义哲学和行为主义心理学、认知心理学、人本主义心理学的继承与改造,导致心理学取向的教学理论在美国的产生与发展,如新行为主义心理学家斯金纳的程序教学理论、布鲁纳的认知教学理论、罗杰斯的非指导性教学理论等(详见本章的第 3 节内容)。

三、苏联教学理论的发展

在 19 世纪后半叶,俄国把赫尔巴特学派的许多论著译成了俄文,当时所写的有关教学论的很多著作,或多或少反映了赫尔巴特学派的影响。[4] 然而,有关教育和教学的先进思想,主要是在俄国进步思想家的著作中真正地发展起来的,其中教育学家乌申斯基的贡献尤为突出。在谈到教育思想中的唯物主义倾向的时候,他说:"……这种哲学给科学和思维带来了并且继续带来很多积极的东西,就是教育这种艺术也正应当特别归功于研究工作的唯物主义方向。"[5]他的这种思想在 20 世纪初继续得到发展。真正使得苏维埃教育学变为"一种在质量上全新的教育学"的原因,是它的理论基础发生了质的变化。苏维埃教育学的理论基础是:作为科学一般方法论基础的马列主义哲学,以及

① Eby, F. & C.F. Arrowood, *The Development of Modern Education*, 1934, p.786.
② Connell, W. F., *A History of Education in the Twentieth Century World*, 1980, p.61.
③ Kilpatrick, W. H., *Dewey's Influence on Education*, 1939, p.465.
④ [苏]达尼洛夫等著,刘彦等译:《教学论》,人民教育出版社 1961 年版,第 19 页。
⑤ 同上注。

马、恩、列、斯关于文化和教育的学说；经过批判地改造过了的教育学的历史遗产，学校及其他教育机构的工作与发展的历史经验，特别是俄国进步的教育学对于科学的贡献；苏联学校及其他教育机构的现代工作经验，以及家庭教育的经验。①

教学论的伦理学基础是马克思列宁主义关于人的全面发展学说，教学论的认识论基础是马克思列宁主义的辩证认识论，心理学基础是建立在巴甫洛夫关于高级神经活动的生理学说的基础上的唯物主义心理学。这样，赫尔巴特学派目的—手段范式的教学理论实现了内容上的根本改造。"教学法所研究的问题有：关于教学过程的本质及实施教学时所依据的原则，关于教学的内容、方法及组织形式。"②

如果上述分析有理由的话，我们可以说，属于目的—手段范式的演绎的教学论体系在凯洛夫时期已经初步形成，以后的教学理论发展大致也是循其思路而实现的。如达尼洛夫等编著的《教学论》(1957)、斯卡特金主编的《中学教学论》(1982)，甚至于赞可夫的实验教学论、巴班斯基的教学过程最优化理论等。

四、教学理论的"中国化"进程

赫尔巴特学说最早传入我国是在 20 世纪初。当时正值清末废科举、兴学校之际，由于采用班级授课制，对课堂教学的规范化要求非常迫切。一批力图从西方寻找真理、学习西方经验的有识之士，"取法日本"（当时日本的教育著作都在宣扬赫尔巴特学派的教育思想和教学方法），通过文章、书刊把赫尔巴特学派的理论介绍到中国。如 1901 年《教育丛书》初集第三、四册都介绍了赫尔巴特（原译为海鲁伯尔或费尔巴尔图）的教学论；京师大学堂译书局 1903 年译有《独逸教授法》③一册等。但是，对我国的教学理论发展影响最深的还是赫尔巴特范式的"苏联版"。这与解放初期，我国全面引进苏联教育学是分不开的。当时，正如 19 世纪末美国的教师比德国的教师更信奉赫尔巴特一样，中国的教师比苏联的教师更信奉凯洛夫。每堂课必须按教案进行，5 个阶段非常清晰，甚至规定好时间，如以一堂综合课为例：

组织教学	1—2 分钟
复习旧知识	5—10 分钟
讲授新知识	15—30 分钟
巩固新知识	10—15 分钟
布置作业	2—5 分钟

直到 20 世纪 50 年代中期，在反思"中国教育＝社会主义教育＝苏联教育"这种简单的类推逻辑时，曾经有学者提出教育学的"中国化"问题，认为教育学的中国化就是"马克思列宁主义教育学与中国教育实践相结合"。④ 在认真学习马、恩、列、斯、毛关于

① ［苏］凯洛夫主编，沈颖等译：《教育学》（上、下册），人民教育出版社 1951 年版，第 44—45 页。
② 同上书，第 73 页。
③ 独逸，即德国(Deutsch)的旧译名
④ 瞿葆奎：《关于教育学"中国化"问题》，《华东师范大学学报（人文科学版）》1957 年第 4 期。

教育的学说的同时,尝试总结中国教育实践的优秀的经验。这种努力也表现在"可以反映当时'中国化'探索和教学论水平的代表性之作"——刘佛年教授及其周围学者编著的《教育学》中,这为"探索教学论中国化的研究方法作了良好的开端"。[①]

20世纪80年代初,教学理论"中国化"探索进入了第二个阶段,这一阶段的标志就是对研究方法的关注。以董远骞教授等人的《教学论》为例,该书"用马克思主义观点系统地阐述了教学过程的基本规律……批判地总结了我国古代优秀的教学历史经验,注意吸收现代外国先进的教学理论,更能反映我国当前广大优秀教师的丰富的教学经验。"该书所揭示的6条规律是:教学相长;循序渐进;知识技能与认识能力;教学的教育性;教学与学生生理;因材施教。可见,这种探索超越了以前"重视教学实践经验的总结",转而重视研究方法,尤其推崇古今中外法。

教学理论"中国化"探索的第三阶段,表现在综合或概括以及理论体系的改造方面。如王策三教授的《教学论稿》(1985),在"教学论的科学化"方面进行了"一定的清理和探索"。吴杰教授的《教学论》(1986)围绕着"历史的回顾与总结和科学技术在各个发展阶段对教学理论和实践的影响"两条主线,对教学理论的知识进行了一定程度的清理。吴也显教授的《教学论新编》(1991)希望"对原有的教学论从概念到范畴进行必要的调整和突破",把原先凯洛夫的教学论框架改造成为5篇:引论、教学过程论、教学构成论、教学实施论、教学艺术论。李秉德教授的《教学论》(1991)"力求运用辩证唯物主义和历史唯物主义观点,结合我国实际,反映国内外教育研究的新成果,来阐述本门学科的基本理论,使其成为一个比较完整的体系。"该书把教学论分解为"十论":绪论,过程论,目的论,原则论,主体论,课程论,方法论,环境论,反馈论和余论。由此可见,教学理论"中国化"探索第三阶段的重心在于理论体系的改造。

教学理论"中国化"探索的第四阶段,表现为更加多元地吸收欧美最新的研究成果,并在综合传统教学论的基础上,通过实践摸索适合本土特点的理论体系。第二、三阶段共同点在于深受苏联影响,以其为主调。随着国际教育研究交流的增多,欧美一些心理学取向的教学理论著作大量地涌入中国。这种现象从20世纪80年代布卢姆等人受追捧就已开始,但规模化的引进在21世纪显得尤为明显。后现代主义、建构主义、脑科学研究、多元智能理论等开始影响着人们看待传统教学理论的眼光。而我国第八次基础教育课程改革为这些教学理论在中国的操演提供了实践的平台,形成百花齐放的局面。这一阶段教学理论是多元的、实验性质的,但其走向如何仍有待进一步观察。

我们查阅了1985—2007年期间出版发行的、有一定影响的教学论教科书(共14种),从研究的课题与相关的章数中可以看出,讨论的问题比较集中,几乎每本教科书都涉及教学目的与任务、教学过程、教学规律与原则、教学内容或课程与教材、教学方法与手段、教学组织形式、教学效果检查与评价等(见表2-2),这些就是我国近年来教学理论的核心问题。值得注意的是,随着课程话语的兴起,许多学者尝试着将教学论和课程论结合起来,进行综合研究,这也是日后的研究趋势之一。

[①] 董远骞:《一条曲折的路——教学论发展四十年》,《华东师范大学学报(教育科学版)》1989年第3期。

研 究 课 题	涉及章数	涉及教科书种数
绪论、研究对象、方法	20	13
教学论产生、发展、流派	18	14
教学目的、任务、目标	12	12
教学过程(理论)	18	14
教学规律、原则	15	13
教学内容、课程、教材	20	13
教学方法、手段、媒体	21	14
教学组织形式	15	12
教学效果检查与评价	14	14
学习过程、方法	10	7
教学艺术	7	7
教师与学生	8	7
教学模式	6	6
教学环境	7	7
教学管理	6	6

表 2-2

1985—2007 年
14 种教学论教科书
内容概况

第 3 节　教学理论的流派

如上所述,教学理论的发展主要是沿着哲学和心理学两种取向来实现的,因此我们也按这两条线索来梳理 20 世纪教学理论的知识,并描述对各种理论流派的核心主张。需要说明的是,这里的介绍只是提供了一种关于 20 世纪教学理论流派的分析路径或解释框架。

一、哲学取向的教学理论

哲学取向的教学理论关注的问题主要是教学目的与手段的层面,也就是说教育要培养什么样的人,或者说受过教育的人意味着什么,以什么方式呈现什么内容才能实现这一目的,这是该理论的核心问题。它的研究方法离不开哲学的思辨和理论体系的构建。苏联和我国的教学理论大致可以归于这一类。其代表性的著作,如苏联教学论专家达尼洛夫等人的《教学论》(1957)、斯卡特金的《中学教学论》(1982)和王策三教授的《教学论稿》(1985)。这种教学理论的基本主张如下。

(一)知识-道德本位的目的观

这种教学理论涉及的目的观源于古希腊的苏格拉底和柏拉图的"知识即美德"之传统。这种理论的假设是"对于人进行道德教育是有意义的。正因为如此,德行是可以教出来的。因为一切教育都要应用知识。因为人可以通过教育知道什么是善,所以(也只有用这种方法)他能被带到正确的道路上来。如果德行不是知识,它就是不可教的了。"①在这种文化传统的前提下,知识就是教育的直接目的。

赫尔巴特从个人本位的道德出发,主张教育的目的是培养学生的5种道德观念,即内心自由、完善、仁慈、正义和公平,并强调通过传递知识来实现这些道德观念。

苏联的教育学家们主张,教育和教学目的应该是使学生确立以社会为本位的道德。他们根据马克思列宁主义关于人的全面发展的学说,提出教育应该"培养共产主义社会全面发展的积极建设者"。同时指出,教学的任务是,依照共产主义教育的一般目的与具体任务,在学校中有计划地实现下列的工作:以知识、技能和熟练技巧来武装学生,建立他们的共产主义世界观和有计划地发展他们的智力与道德;在教师领导之下,组织学生积极活动,以实现这种工作。

我国学者对教学的目的和任务的陈述,与上述极为相似。如刘佛年教授等人的《教育学》对"教学任务"的表述是"教师指导学生学习课程中所规定的基础知识和基本技能,发展学生的认识能力,并在此基础上,形成学生的辩证唯物主义世界观,培养共产主义的道德品质"。后来,王策三教授在《教学论稿》中把我国对"教学目的和任务"的种种表述概括为三句话:第一,传授和学习系统的科学基础知识和基本技能;第二,在这个基础上发展学生的智力和体力;第三,在这个活动过程中培养学生共产主义世界观和道德品质。②

(二) 知识授受的教学过程

这种理论的前提假设是:知识即美德,教人以知识即教人以美德。因此,知识授受是这种教学过程的本质。对这一本质的揭示主要是依据列宁关于认识过程的观点:"从生动的直观到抽象的思维,并从抽象的思维到实践,这就是认识真理、认识客观实在的辩证的途径。"③我国学者对这一问题的认识,与苏联学者的认识有点类似。较有代表性的陈述是:(1)启发学生的积极性是教学过程的条件;(2)提供学生必要的感性认识;(3)使学生形成概念,掌握规律;(4)巩固学生的知识;(5)形成学生的技能与技巧;(6)指导学生在实践中应用知识;(7)对学生知识、技能和技巧的检查。④

(三) 科目本位的教学内容

自制度化教育产生之后,教学内容一直是学校教育的核心问题。古希腊时期,希腊人创造了分科形式的"七艺":文法、修辞、辩证法"三艺"和算术、几何、天文学、音乐"四艺"。到中世纪,欧洲进入封建社会,教育带有浓厚的宗教性,学校课程为基督教教会所垄断,以教义问答、赞美诗、早期教义的著作等宗教教条为主要教材,因而课程集中在宗教和道德方面,忽视和排斥世俗课程。文艺复兴时期是欧洲封建社会向资本主义社会过渡的时期。由于工商业的发展,带来了科学、文学和艺术的繁荣,宗教对学校课程的垄断被打破,人文学科兴起,自然科学知识得到发展,学校的课程范围相应地得以拓展,教学内容不断丰富起来。到18世纪已发展到文法、文学、历史、修辞学、伦理学、算术、

① [德]文德尔班著,罗达仁译:《哲学史教程》上卷,商务印书馆1987年版,第113页。
② 王策三:《教学论稿》,人民教育出版社1985年版,第101页。
③ 《列宁全集》第55卷,人民出版社1990年版,第142页。
④ 上海师范大学《教育学》编写组:《教育学》,人民教育出版社1979年版,第129—144页。

代数、几何、三角、地理、植物、动物、天文、机械、物理、化学、音乐等 20 种学科。19、20 世纪,随着社会的发展、科学技术的长足进步、心理与教育科学研究的深入,教学内容又发生了前所未有的变化,如自然科学进入了学校课程;学校课程又增设了本国语、现代外国语、公民等新人文学科;还有生理学、心理学、卫生学、营养学等健康教育学科也已进入了学校课程领域。

这种教学理论在教学内容方面主要有这样一些特征:(1)强调以书本知识为主,以讲授间接经验为主,沿袭了“百科全书式”的课程传统;(2)学科或分科课程占主导地位,如直到 20 世纪 90 年代后期我国的中小学课程计划才列入“活动类课程”;(3)以学科逻辑来组织教材,强调教材的系统性,强调知识点的联系,因此重视了教学的知识目标,而忽视了其他目标;(4)课程的规范程度较高,从教学计划、教学大纲,到教科书,并以教科书为课程的范本,其负面效果就是过于封闭;(5)课程内容考虑得最多的是学生的过去世界,很少考虑到学生生活着的现在世界以及将要进入的未来世界。

20 世纪中叶以来,面对无限的知识激增与有限的学生学习时间/容量的矛盾,一些人士对教学内容的选择与组织方式也提出过各种改革的设想,如德国教学论专家瓦根舍因的范例教学,我国学者提出的“少而精”等。

(四) 语言呈示为主的教学方法

尽管在理论陈述上,哲学取向的教学理论也涉及其他方面的呈示方式,如讨论、实验、参观、实习指导等,但是研究者的兴趣以及教师在课堂中的习惯做法还是集中在语言和文字的呈示上。因此可以说,语言呈示即讲授的方法是这种理论特别关注的。

讲授法是教师通过口头语言向学生系统地传授知识的教学方法,包括讲述、讲解、讲演等 3 种基本方式。这种方法是教学史上最古老的和教学实践中最基本的教学方法。

它的最大特点是:教师可以由易到难、由浅入深地传递信息,并且教师容易控制所传递的内容,利于教师充分发挥主导作用;在短时间内传递大量具有系统性的信息,经济而系统地传授人类文化遗产;一位教师可以同时教许多学生;教师在讲授过程中也锻炼了自己的多种教学能力。

它的局限性在于:教师要有较强的语言表达能力和组织听讲的能力,或者说学生要有较高的自觉性和听讲能力;它不易发挥学生的主动性、独立性、创造性;局限于教材系统性强的学科,局限于中学或较高年级的课堂;过于强调学科知识的结论性和接受性,易束缚学生的思维;易削弱实用知识和技能的教学,这样就会影响学生适应社会生活的实际能力;课堂交流局限于师—生,沟通方式单调,课堂气氛沉闷;学生动手、动口、动脑的实践机会较少;难以顾及学生的个别差异。

同样是赫尔巴特学说,传到美国之后,对美国的教育理论与实践产生过一段时间的重大影响,但随后的发展完全是顺着心理学的方向了。

二、行为主义心理学教学理论

20 世纪初,以美国心理学家华生(J. B. Watson)为首发起的行为革命对心理学的发展影响很大。他在《行为主义者心目中的心理学》一文中指出,心理学是自然科学的一个纯客观的实验分支,它的理论目标在于预见和控制行为。因此,他们把刺激—反应作为行为的基本单位,学习即刺激—反应之间联结的加强,教学的艺术在于如何安排强化。这种理论在教学上的应用是程序教学、计算机辅助教学、自我教学单元、个别学习法和视听教学等多种教学模式或方式。本节主要讨论最具代表性的斯金纳的程序教学理论。

(一)预期行为结果的教学目标

斯金纳从一开始就把行为作为基本的研究对象,并把重点放在对行为的实验分析上。斯金纳认为,"学习"即反应概率的变化;"理论"是对所观察到的事实的解释;"学习理论"所要做的,是指出引起反应概率变化的条件。他还认为人类与动物的行为,可能取决于前提性事件(antecedent events),也可能取决于结果性事件(consequent events)。所以我们可以安排各种各样的反应结果,以决定和预测有机体的行为,教学目标就是对学生学习结果在个体行为上的变化的一种预期。

(二)相倚组织的教学过程

斯金纳认为,学生的行为是受行为结果影响的,若要学生作出合乎需要的行为反应,必须形成某种相倚关系,即在行为后有一种强化性的后果。倘若一种行为得不到强化,它就会消失。根据这一原理,形成了一种相倚组织的教学过程,这种教学过程对学习环境的设置、课程材料的设计和学生行为的管理作出了系统的安排。所谓相倚组织,就是对强化刺激的系统控制。这种教学过程包括以下 5 个阶段:

(1)具体说明最终的行为表现:确定并明确目标行为,具体说明想要得到的行为结果,制定测量和记录行为的计划。

(2)评估行为:观察并记录行为的频率,如有必要,记录行为的性质和当时的情景。

(3)安排相倚关系:作出有关环境安排的决定,选择强化物和强化安排方式,确定最后的塑造行为的计划。

(4)实施方案:安排环境并告知学生具体要求,维持强化和塑造行为的强化安排方式。

(5)评价方案:测量所想得到的行为反应,重现原来的条件,测量行为,然后再回到相倚安排中去。

简单看来,行为主义者似乎关注的是"怎样教",而不是"教什么"。事实上,根据行为科学的原理设计的程序,直接涉及要教什么,不教什么,他们侧重的是行为,并要以一种可以观察到的、可以测量的形式来具体说明课程内容和教学过程。

程序教学的设计需要按照教材内部的逻辑程序,既保证学生在学习中把错误率减少到最低限度,同时,又要合理地设计教材,使每个问题(即每一小步)都能体现教材的逻辑价值。如斯金纳的一种教学程序,其流程如图 2-3 所示。

图 2-3

教学程序流程图

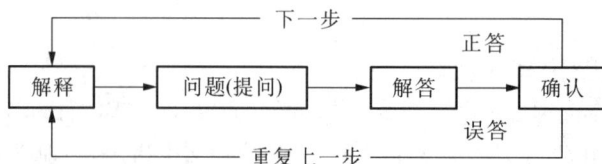

在这一流程里,教师把材料分成一系列连续的小步子,每步一个项目,内容很少,整个系列由浅入深、由简到繁地进行安排。

一个典型的程序教学材料(以"电流"教学内容为例)可设计成如下问题:

(1) 电灯泡发亮的原因是灯丝——(发热)
(2) 电灯灯丝发热的原因是灯丝通过——(电流)
(3) 电灯变亮的原因是电流强度——(增大)
(4) 电灯变暗的原因是电流强度——(减少)
(5) 当电压增大时,电流强度就——(增大)……

括号里是正确答案,一个学生如能作出正确答案,教学机器就能显示出来,并可以启动开关进行第二步学习。如此一步一步地展开学习,直至达到学习目标。

(三) 程序教学的方法

程序教学法是根据强化作用理论而提出来的。斯金纳认为,对有机体与其环境相互作用的一种适当的陈述,始终必须具体说明三件事:反应发生的场合;反应本身;强化结果。这三者之间的相互关系便是"强化相倚关系"。根据强化相倚关系,斯金纳设计了两种促使有机体行为变化所采用的技术:塑造(shaping)和渐退(fading)。塑造是指通过安排特定的强化相倚关系使有机体做出他(它)们行为库中原先不曾有过的复杂动作。渐退是指通过有区别的强化,缓慢地减少两种(或两种以上)刺激的特征,从而使有机体最终能对两种只有很小差异的刺激作出有辨别的反应。因此,程序教学有这样 4个要素:

(1) 小步骤进行。给学习者少量的信息,并从信息中的某一条目或某一项,依次进入另一条目或另一项,每位学生均须按照相同的顺序学习。

(2) 呈现明显的反应。学生的反应能为他人所观察到,如是正确的反应,才能得到强化;不正确的反应,则需要改正。

(3) 及时反馈。学生反应之后,立即告知其反应是否正确,如果答案是正确,反馈就是一种强化物,如果答案错误,反馈就是一种更正的方法。

(4) 自定学习步调,即学生按自己定的步调,进行程序学习。

程序教学的材料除了以书本形式,还可用教学仪器或计算机呈现,如"计算机辅助教学(CAI)"。

案例 2-1

程序教学的范例

约翰是个聪明而又善于言词的二年级学生,他也许有些过于好动。约翰学习不错,阅读能力较强,但学数学有些困难。约翰的教师琼·米德斯一直都在努力鼓励他保持学习成绩。上课时,约翰总是站起来,在教室里游荡。这些行动常常分散了其他同学的注意力。当约翰遇到不懂的数学题时,他便大声抱怨,"我不明白"、"这题没有意思",或者就把铅笔抛向空中,吹口哨,与旁边的人聊天休息。

有几天,米德斯小姐在数学课上密切地注意了约翰的行为。她观察到,在40分钟的学习时间里,约翰通常平均要叫嚷或跑到她的助手那里10次左右,他独自专心学习大约只有10分钟。了解到约翰需要而且希望得到成人的大量强化,琼便和他协商了一个办法。

她把观察到的情况讲给约翰听,并说她要建立一个新的制度。她让约翰试着先解决至少3个问题,然后再请求别人帮助。如果确实需要帮助,应该先举手,那么琼或她的助手便会尽快地赶去。在此期间,约翰可以画画(他是一个美术爱好者,喜欢画着玩)。约翰每次按照这个程序就得1分;如果他真能正确地做出3道题,就能得2分。到周末,把约翰的总分加起来,然后根据积分的多少,由他选择自己喜欢的活动。最初,米德斯小姐坚持要求约翰在数学课上只把一部分时间用于学习算术或是做9道题。随着时间的推移,琼不断调整她的奖赏计划来增加约翰的学习时间和作业。

在开始执行这个计划之前,琼先告诉约翰怎样对待陌生的题目。她教给约翰一个最普通的三步解题法来解任何数学问题。约翰的困难之一是:当他遇到一个问题时,一旦看不懂就放弃了。琼试图教给他一种一般的解题方法来提高他的思考能力。此外,这个程序中的每一步都配有一个相应的带颜色的标记,在一段时间里,琼用这些标记提醒约翰按步进行。这些标记开始是在右边,每做完一步,便把相应的标记移至左边。这种操作活动能帮助减缓由于"头脑空白"所引起的焦虑,它确实把约翰的心思与他的情感分离,然后集中在他的数学和双手的活动上。

琼还做了另一件事。她或她的助手在最初阶段,经常从约翰的书桌旁走过,表扬他在寻求答案(如果他确实是在解题),而且不等他要求就给他批改作业。

相倚性管理计划就这样建立了。约翰花了几天的时间才遵守商定的程序,而琼和她的助手不断提醒约翰遵守这些规则。过了一段时间,约翰注意力分散的现象减少了。约翰试着做题和连续作业的能力显著地提高。事实上几周以后,在请求帮助之前,约翰做题的数目已增加到5个。另外,当真需要帮助的时候,他也并非束手无策。他能告诉琼他所采用的步骤,已经想出了哪些,在什么地方卡住了。琼还注意到,约翰不仅在数学方面,而且在其他活动中保持注意的时间和静坐不与他人讲话的能力都有所提高。

三、认知心理学教学理论

认知心理学家批判行为主义是在研究"空洞的有机体",在个体与环境的相互作用上,认为是个体作用于环境,而不是环境引起人的行为,环境只是提供潜在刺激。至于这些刺激是否受到注意或被加工,这取决于学习者内部的心理结构。所谓心理结构,就是指学习者知觉和概括自然社会和人类社会的一种方式。当新的经验改变了学习者现有的心理结构时,学习就发生了。因此,学习的基础是学习者内部心理结构的形成和改组,而不是刺激—反应联结的形成或行为习惯的加强或改变,教学就是促进学习者内部心理结构的形成或改组。这种理论的代表人物是美国教育心理学家布鲁纳和奥苏伯尔。这里着重介绍布鲁纳的认知结构教学理论。

(一)理智发展的教学目标

布鲁纳认为,教学目的应符合社会发展的需要。在他看来,当时美国科技空前发达,人们业已处在以急剧变化为特征的社会,个人和国家要想有更好的生存机会,有赖于年青一代智力的充分发展,因此,发展学生的智力就成了教学的主要目的。他在《教育过程》中开宗明义地指出,教育不仅要培养成绩优异的学生,而且还要帮助每个学生获得最好的理智发展。具体包括:鼓励学生发现自己猜想的价值和可修正性,以实现试图得出假设的激活效应;培养学生运用心智解决问题能力的信心;培养学生的自我促进;培养学生"经济地运用心智";培养理智的诚实。

(二)动机、结构、序列、强化原则

布鲁纳认为,教学理论必须考虑三件事:学生的性质;知识的本质;知识获得过程的性质。学生的心智发展,虽然有些受环境的影响,并同时影响他的环境,但主要是独自遵循他自己特有的认识程序。教学的目的就是要帮助和形成学生智慧或认知的发展,因此,教育工作者的任务,是要把知识转化为一种适应正在发展着的学生的某种心智形式。布鲁纳根据上述的理解,提出了相应的四条教学原则:

(1) 动机原则。学习取决于学生对学习的准备状态和心理倾向。儿童对学习都具有天然的好奇心和学习的愿望,问题在于教师如何利用儿童的这些自然倾向,激发学生参与探究活动,从而促进儿童智慧的发展。

(2) 结构原则。要选择适当的知识结构,并选择适合于学生认知结构的方式,才能促进学习。这意味着,教师应该认识到教学内容与学生已有知识之间的关系,知识结构应与学生的认知结构相匹配。

(3) 序列原则。要按最佳顺序呈现教学内容。由于学生的发展水平、动机状态、知识背景都可能会影响教学序列的作用,因此,如果发现教学效果不理想的话,教师需要随时准备修正或改变教学序列。

(4) 强化原则。要让学生及时知道自己学习的结果。但需要注意的是,教师不应提供太多的强化,以免学生过于依赖教师的指点。另外,要逐渐从强调外部奖励转向内部奖励。

(三)学科知识结构

在布鲁纳看来,任何学科的知识,都具有这样三个特征:知识结构的表征方式;知识结构的经济性;知识结构的效力。这三者是随学生年龄的差异、学习风格的差别和学习内容的不同而变化的。知识结构的表征方式有三种:适合于达到某种结果的一组行动(动作表征);代替概念的一组映象或图解(肖像表征);从一种符号系统中推导出来的一组符号或命题(符号表征)。知识结构的经济性,是指学生必须具有的信息量,以及为达到理解而必须加工的信息。例如,把自由落体的特征归纳为"$S = \frac{1}{2}gt^2$",比列出一系列数字,或用文字表述更为经济些。知识结构的效力是指学生掌握的种种命题具有生产性价值,即能够在学生头脑里得到一些并没有告诉过他们的信息。例如,告诉学生"甲比乙高,丙比乙矮"。有些学生能够得出"甲比丙高"的结论,这说明学生掌握的知识具有效力。

为什么要学习学科知识的基本结构? 布鲁纳认为,它有四个好处:第一,学生知道了一门学科的基本结构或它的逻辑组织,就能理解这门学科;第二,学生了解了学科的基本概念和基本原理,就有助于把学习内容迁移到其他情境中去;第三,教材组织成结构的形式,有助于学生记忆具体细节的知识;第四,给予学生适当的学习经验和对结构的合适的陈述,即便是年幼儿童也能学习高级的知识,从而缩小高级知识与初级知识之间的差距。

(四) 发现法

布鲁纳认为,学习包括三个几乎同时发生的过程:习得、转换和评价。学生的心智发展虽然有些受环境的影响,并同时也影响环境,但主要是独自遵循他自己特有的认识程序的。学生不是被动的知识接受者,而是积极的信息加工者。教师的角色在于塑造可让学生自己学习的情境,而不是提供预先准备齐全的知识。因此,他极力提倡使用发现法。布鲁纳的发现法有以下特征:

(1) 强调学习过程。在教学过程中,学生是一个积极的探究者。我们教一门学科,不是要建造一个活着的小型藏书室,而是要让学生自己去思考,参与知识获得的过程。"认识是一个过程,而不是一种产品。"

(2) 强调直觉思维。直觉思维与分析思维不同,它不是循着仔细规定好了的步骤进行的,而是采取跃进、越级和走捷径的方式来思维的。直觉思维的本质是映象或图象性的,它的形成过程一般不是靠言语信息,尤其不是靠教师指示性的语言文字。所以,教师在学生的探究活动中要帮助学生形成丰富的想象,防止过早语言化。与其指示学生如何做,不如让学生自己试着做,边做边想。

(3) 强调内在动机。学生的内部动机在学习过程中尤其重要。发现活动有利于激发学生的内部动机,如好奇心等。学生容易受好奇心的驱使,对探究未知的结果表现出兴趣。同时,发现法还能激发学生的胜任动机(competence motivation)。布鲁纳认为,与其让学生把同学之间的竞争作为主要动机,还不如让学生向自己的能力提出挑战。所以,他提出要形成学生的胜任动机,通过激励学生提高自己才能的欲求,从而提高学习的效率。

(4) 强调信息提取。人类记忆的首要问题不是贮存,而是提取。提取信息的关键在于如何组织信息,知道信息贮存在哪里和怎样才能提取信息。所以,学生如何组织信息,对提取信息有很大影响。学生亲自参与发现事物的活动,必然会用某种方式对它们加以组织,从而对记忆具有最好的效果。

案例 2-2

认知教学的范例

先给8岁儿童摆弄一些扁平的积木,形状如图所示。告诉儿童大的正方形边长还不知道,可以用 x 表示;长方形的长为 x,宽为1;小正方形的边长为

1。在开始时,教师要使学生相信,大正方形的面积确实不知道,而且不必关注它到底有多大,用 x^2 表示很有趣。如果用尺子去量,下面的游戏就没什么意思了。然后问学生,能否搭出一个比"x 正方形"更大的正方形。这对学生来说并不难。他们早已有许多搭积木的经验。学生很快就会搭出一系列正方形(如图)。在搭积木的同时,要求学生记下每个大正方形需用多少块积木,每边有多长。学生在作记录时,一般也不大会有困难:x^2+2x+1;x^2+4x+4;……。有些学生还能用另一种方式来表示:$(x+1)(x+1)$;$(x+2)(x+2)$;……。这样的表述比实际采用的程序简化多了。

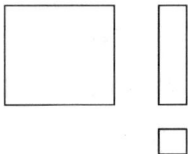

学生继续拼搭更大的正方形,并记下推导出来的方程式。教师耐心地让学生自己去操作、探究、对照。到了一定的时候,学生逐渐会领悟到隐藏在其中的重要规则或结构:

$$x^2+2x+1=(x+1)(x+1)$$
$$x^2+4x+4=(x+2)(x+2)$$
$$x^2+6x+9=(x+3)(x+3)$$
$$x^2+8x+16=(x+4)(x+4)$$
……

学生终于发现了其中的规则:在右边的方程式中,长方形是以 2,4,6,8,10……递进的;小正方形是以 1,4,9,16,25……递进的;右边的方程式中的数字则是以 1,2,3,4,5……递进的。等到学生悟出其中的规则后,他们无需再动手搭更大的正方形了,仅凭视觉映象就能列出方程式。最后,当学生熟练掌握规则后,仅凭符号就能运算了。

四、情感心理学教学理论

20 世纪 60 年代以来,人本主义作为心理学的第三势力的崛起,批评认知心理学把人当作"冷血动物",即没有情感的人。主张心理学要想真正成为关于人的科学,应该探讨完整的人,而不是把人分割成行为、认知等方面。人本主义心理学家认为,研究人的心理的真正方式不是从第三人称的角度来考察人的行为,而是通过一个人自己来考察自己,即要从第一人称的角度来考察行为。行为与学习都是知觉的产物,一个人大多数的行为都是他对自己看法的结果。真正的学习涉及整个人,而不仅仅是为学习者提供事实。真正的学习经验能够使学习者发现他自己独特的品质,发现自己作为一个人的特征。从这个意义上说,学习即成为(becoming),教学即促进,促进学生成为一个完善的人。美国人本主义心理学家罗杰斯(C. Rogers)的非指导性教学就是这一流派的代表。

(一)充分发挥作用的人

罗杰斯认为,最好的教育就像最好的疗法一样,目标应该是"充分发挥作用的人(full functioning person)"。这样的人已经经历过最好的心理生长,机体的所有潜能都充分地、自由地发挥作用;他们的具体行为的构成是难以预言的;他们经常变化、经常发展,在每次成功的时刻,总会发现新的自我。他在《患者中心的治疗》中指出,学校要培养的人就是能从事自发的活动,并对这些活动负责的人;能理智地选择和自定方向的人;是批判性的学习者,能评价他人所作贡献的人;获得有关解决问题知识的人;更重要地,能灵活地和理智地适应新的问题情景的人;在自由地和创造性地运用所有有关经验时,灵活地处理问题的人;能在各种活动中有效地与他人合作的人;不是为他人的赞许,而是按照自己的社会化目标而工作的人。

(二) 非指导性教学过程

罗杰斯把心理咨询的方法移植到教学中来,为形成促进学生学习的环境而构建了一种非指导性的教学模式。他认为,在教学过程中,教师的角色是一个促进者。教师通过与学生建立融洽的个人关系,促进学生的成长。这种教学过程以解决学生的情感问题为目标,通常包括以下 5 个阶段:(1)确定帮助的情景,即教师要鼓励学生自由地表达自己的感情;(2)探索问题,即鼓励学生自己来界定问题,教师要接受学生的感情,必要时加以澄清;(3)形成见识,即让学生讨论问题,自由地发表看法,教师给学生提供帮助;(4)计划和抉择,即由学生计划初步的决定,教师帮助学生澄清这些决定;(5)整合,即学生获得较深刻的见识,并作出较为积极的行动,教师对此要予以支持。

(三) 意义学习与非指导性教学

罗杰斯按照某种意义的连续,把学习分成无意义学习和意义学习。无意义学习(如记忆无意义的音节)只与心智(mind)有关,它是发生在"颈部以上"的学习,没有情感或个人的意义参与,与全人无关。意义学习不是那种仅仅涉及事实累积的学习,而是一种使个体的行为、态度、个性以及在未来选择行动方式时发生重大变化的学习。这不仅仅是一种增长知识的学习,而且是一种与每个人各部分经验都融合在一起的学习。例如,当一小孩的手碰到取暖器时,他就学会了"烫"这个词的意义;他同时也学会了以后对所有类似的取暖器要当心;他会以一种不会马上就遗忘的、有意义的和投入的方式保留所学到的内容。

这种意义学习主要包括四个要素:(1)学习具有个人参与(personal involvement)的性质,即整个人(包括情感和认知两方面)都投入学习活动;(2)学习是自我发起(self-initiated)的,即使在推动力或刺激来自外界时,但要求发现、获得、掌握和领会的感觉是来自内部的;(3)学习是弥散性(pervasive)的,也就是说,它会使学生的行为、态度,乃至个性都会发生变化;(4)学习是由学生自我评价(evaluated by the learner)的,因为学生最清楚这种学习是否满足自己的需要,是否有助于导致他想要知道的东西,是否明了自己原来不甚清楚的某些方面。

这种意义学习实际上就是一种非指导性教学。非指导性教学既是一种理论,又是一种实践,它是一种教学模式。它的理论假设是,每个人都有健康发展的自然趋向,有积极处理多方面生活的可能性,充满着真诚、信任、理解的人际关系会促成健康的发展和潜能的实现。它的基本原则是:教师在教学中必须有安全感,他信任学生,同时感到学生同样信任他,不能把学生当作"敌人",备加提防。课堂中的气氛必须是融洽的、真诚的、开放的、相互支持的,以使学生自由地表达个人的想法,自己引导个人的思想、情绪,自然地显示症结所在的情绪因素,并自己调整这种情绪的变化和决定变化的方向,从而改变相应的态度与行为。

（四）师生关系的品质

罗杰斯从"患者中心疗法"推演出"促进者"一词，以区别传统意义上的"教师"。促进者在教学过程中的作用表现为四个方面：第一，帮助学生澄清自己想要学习什么；第二，帮助学生安排适宜的学习活动与材料；第三，帮助学生发现他们所学东西的个人意义；第四，维持着某种滋育学习过程的心理气氛。

在罗杰斯看来，要发挥促进者的作用，关键不在课程设置，不在教师知识水平及视听教具，而在"促进者和学习者之间的人际关系的某些态度品质"。这种态度品质包括三个方面：真诚、接受与理解。真诚是第一要素，是基本的。所谓真诚，就是要求教师与学生坦诚相见，畅所欲言，不要有任何的做作和虚伪，喜怒哀乐要完全溢于言表。所谓接受，有时也称信任、奖赏，要求教师能够完全接受学生碰到某一问题时表露出来的畏惧和犹豫，并且接受学生达到目的时的那种惬意。所谓理解，罗杰斯常用"移情性的理解"一词，它是指教师要设身处地站在学生的立场上考察或认识学生的所思、所言、所为，而不是用教师的标准及主观的臆断来"框套"学生。

案例 2-3

情感教学范例

学生玛丽安是一名具有强烈写作冲动的人，她写作功课极好，能创作绝妙的短篇小说和诗歌，但她却不愿与班上其他同学共同欣赏她的那些作品。丹勃洛老师认识到对此不能强迫，但他想使玛丽安明白她为何不愿当众展示自己的才能。至于她是否与大家交流思想，则将由她自己决定。

一天下午，她请丹勃洛读她的几篇新作，并请他发表意见。

玛丽安：丹勃洛先生，您能看一下这些作品吗？

丹勃洛：噢，玛丽，当然喽。是新创作的诗吗？

玛丽安：是啊。

丹勃洛：（看了几分钟然后抬起头）玛丽安，这些诗确实写得很好。

玛丽安：丹勃洛先生，什么才算好诗呢？

丹勃洛：噢，评判诗歌有种种方法。有些方法是技巧性的，它与表达的质量和一个人运用暗喻、比拟及其他文学手法的方式有关。有些是主观感受方面的因素，也涉及到表达的质量，也就是语词本身真正的美。

玛丽安：写的时候，我感觉很好，但事后朗读时，觉得很难启口。

丹勃洛：什么意思？

玛丽安：哦，我不知道。不过我猜想主要是因为如果别人见到这诗，我会难为情的。

丹勃洛：难为情？

玛丽安：我确实不知道。我只知道，如果大声朗读，比如朗读给班级同学听，我会羞死的。

丹勃洛：你真的觉得同学们会笑话吗？

玛丽安：哦，当然，他们不会理解的。

丹勃洛：你的短篇小说怎么样？你感到如何？

玛丽安：您知道。我不要任何人看我写的东西。

丹勃洛：你真想把它们搁置一边，不让人见到？

玛丽安：是的，我确实这样想。我不能确切知道为什么，但我可以肯定，我们班没人能理解我写的东西。

丹勃洛：您能想到其他人能够理解你写的东西吗？

玛丽安：我不知道，我似乎感到远在别处的人可能理解，但可能这儿的人不会理解。

丹勃洛：你父母呢？

玛丽安：哦，我写的东西他们都喜欢。

丹勃洛：那就有我们 3 个人了。你还能想出别人吗？

玛丽安：我猜大人能理解，可真的不相信其他孩子会理解。

丹勃洛：在这方面，小孩与大人有些不同吗？

玛丽安：嗯，小孩似乎对这类事情不感兴趣。我心想他们会讥笑任何想写作的人。

丹勃洛：你认为他们对我们课堂上阅读的作家的作品也是采取这样的态度吗？

玛丽安：哦，有时是，但我想他们常常欣赏这些小说。

丹勃洛：那么，你为什么认为他们会不喜欢你的作品呢？

玛丽安：我想我确实不知道，丹勃洛先生。我想我真的很害怕，但我又无法确切地说出这是什么缘故。

丹勃洛：有些什么障碍使你不敢把作品给同学看？

玛丽安：在很多方面，我真想知道是否有人真正赏识我的作品。不过我不知道怎么办。

丹勃洛：如果我念一篇你的短篇小说，但不告诉他们作者是谁，你觉得怎么样？

玛丽安：您能保证吗！

丹勃洛：当然喽，然后我们就能够谈论每个人的反应。你放心，他们不知道作者是谁。

玛丽安：我不知道，但这听来很有趣。

丹勃洛：根据那时的情况，我们再设计下一步的策略。

玛丽安：哦，我想您不会让我丢脸。

丹勃洛：我希望我们永远让你处于无所损失的境地，玛丽安。但表露自己总要冒险。

玛丽安：这是什么意思，表露自己吗？

丹勃洛：我想我现在该走了——我要选你的一篇小说。下星期朗读一下，然后一起谈论出现的情况。

玛丽安：好，您保证不说出名字的。

丹勃洛：我保证。下星期三课后见。

玛丽安：好，丹勃洛先生，谢谢您。周末愉快！

第 4 节　教学研究的最新进展

目前我国正在进行建国以来的第八次基础教育课程改革。在这次改革的浪潮中，你一定或多或少听到过建构主义、多元智能、脑科学等一系列新颖的名词。那么，这些观点和教学理论有什么关系呢？它们是怎样影响课堂教学行为的呢？通过本节，你将找到你自己的答案。

一、你给学生搭"脚手架"了吗？

你肯定看过工地上的脚手架。工人们正是凭借它，平稳有序地完成一系列高空作业的工作。但你是否想过，教学不也是给学生提供"脚手架"（scaffolding）的过程吗？这个脚手架，从学生已有的经验出发，给他们提供了具有一定认知难度的学习项目，一步一步引导学生，学习新内容，并内化为自己新的经验。搭建脚手架就是建构主义教学理论一个很好的比喻。

图 2-4

搭脚手架

（一）什么是建构主义？

建构主义的兴起对行为主义和认知主义所秉持的客观—理性主义的教学理念提出了深刻的挑战。建构主义并不完全是新东西，它在哲学、心理学方面有诸多来源，特别是杜威、皮亚杰和维果茨基的理论。当代建构主义流派众多，其中最具代表性的有六种：激进建构主义（radical constructivism）、社会建构主义（social constructivism）、社会文化认知观点（socio-cultural cognition）、社会建构论（social constructionism）、信息加工建构主义（information-processing constructivism）和控制论系统观（cybernetic system）。其中，又以社会建构主义影响最大，不仅影响了教育领域，还辐射到其他社会学科（如政治学）。

补充材料
2-1

社会建构主义的主要观点

1. 知识的基础是语言、约定和规则，而语言则是一种社会的建构。

2. 人类知识、约定和规则对某一领域知识真理的确定和判定起着至关重要的作用。

3. 个人的主观知识经发表而转化为他人有可能接受的客观知识，这一转化需要人际交往的社会过程，因此，客观性本身应被理解为社会性。

4. 发表的知识须经他人的审视和评判，才有可能重新形成并成为人们接受的客观知识，即主观知识只有经过社会性接受方能成为客观知识。

5. 个人所具有的主观知识就其本质而言是内化了的、再建构的客观知识，即客观知识获得了主观的内在表现。

6. 无论是在主观知识的建构和创造过程中，还是参与对他人发表的知识进行评判并使之再形成的过程中，个人均能发挥自己的积极作用。

图 2-5

维果茨基

行为主义和认知主义的哲学观主要都是基于客观主义，认为世界是真实的，存在于学习者外部的。因此，它们的教学目标是将世界的结构与学习者的结构相匹配。建构主义并不否认真实世界的存在，但却强调对于世界的理解和赋予意义是由每个人自己决定。我们以自己的经验为基础来建构现实，或者至少说是在解释现实，知识只是"个体依据自己的经验来创造意义的结果"，由于我们的经验以及对经验的信念不同，我们对外部世界的理解便也迥异。

（二）建构主义的教学理念

在 20 世纪末，建构主义对教学、学习以及学校课程的影响与日俱增。但尽管存在着分歧，大多数建构主义者对学习有四点共识：

（1）学习者建构自己的理解；

（2）新的学习依靠现有的理解；

（3）社会性的互动可以促进学习；

（4）意义学习发生在真实的学习任务之中。

因此，教学的目的"并不是试图为学习者勾画一个外部现实的结构，而是帮助学生建构出他们自己的对外部世界的有意义的、概念的、功能的描述。"建构主义强调，意义是学习者通过新旧知识经验间反复的、双向的相互作用过程而建构成的。斯皮罗(R. J. Spiro)认为，建构包含两方面的含义：其一，对新信息的理解是通过运用已有经验，超越所提供的信息而建构成的；其二，从记忆系统中所提取的信息本身，也要按具体情况进行建构，而不单是提取。因

图 2-6

皮亚杰

此，与 S-R 联结不同的是，学习者主动创造着意义而不是获得意义，而教学的作用则是向学习者展示如何建构知识，促进互相合作，分享交流不同认识，以及合理坚持个人的独特看法。

表 2-3	传 统 课 堂	建构主义课堂
传统课堂与建构主义课堂比较	课程展示由部分到整体	课堂展示从整体到部分，重点为重要概念
	高度重视是否严格遵循固定的课程	高度重视学生提出的问题

续　表

传 统 课 堂	建构主义课堂
课程活动主要依赖于教科书和练习册	课程活动主要依赖于直接的资料来源和可操作的资料
学生被认为是"白板",教师在上面刻下信息	学生被视为思考者,提出关于对这个世界的看法
教师通常采用说教方式的教学,传递信息给学生	教师常常与学生保持互动,为学生协调环境
教师寻求正确答案,来证实学生的学习	教师寻求学生的观点和现有的理解,为日后的课程教学做准备
学生学习的评价和教学分离,几乎全部采用测验和考试的方式	学生学习评价和教学相结合,教师通过观察学习状态中的学生,以及学生的展示及个人作品档案来进行评价
学生单独学习	学生以小组方式学习

（三）自上而下的教学过程

建构主义教学强调自上而下地进行教学。他们认为,在以斯金纳的操作性条件反射理论和加涅的学习层级说等为基础的传统教学中,基本上是自下而上地展开教学进程,而这是学生无法建构知识的根源。

自上而下意味着学生首先从复杂的问题入手,然后在教师的帮助下找到或发现所需要的子任务,进而学到相关的基本技能。在自上而下的加工中,学生遇到的问题是完整的、复杂的、真实的。这一原则应用到课堂教学中,经常表现为课题、模拟、社区中的探究活动、用于交流的真实写作等等。

在自上而下的教学过程中,所呈现的问题应具有足够的复杂性。这可能大大超出学生原有的知识水平,使学生的建构活动面临困难,因此教师需要及时提供支架。对学生解决问题和建构意义起辅助作用。支架应是一个完整的概念体系,起点概念不是学生已经掌握的知识,而应略高于学生已有的知识水平。在实践中提供支架就意味着,在课程的开始阶段,教师要给学生更多的结构框架,然后逐渐将责任转移给学生,让学生自己进行活动。比如教师让学生就阅读材料提出问题,教师可以先给学生示范如何提问,逐步过渡到让学生自己提出问题。

一年级学生学数学

案例 2 - 4

在一节一年级的数学课上,孩子们学习测量与相等这个概念。教师要求孩子们使用一个天平来确定几个塑料环的重量与一个金属垫圈的重量相等。教师发现一个叫安娜的小孩子有着强烈的学习欲望,于是抓住这个机会,帮助她建构比率和比例的基本概念。

　　教师：几个塑料杯与一个垫圈保持平衡？

　　安娜：（试了几秒钟后）四个。

　　教师：如果我这边多放一个垫圈，你认为还需要增加几个塑料杯才能保持平衡？

　　安娜：一个。

　　教师：试一下。

　　安娜又把一个塑料杯放在了天平托盘上，发现天平两边没有平衡。她看上去有些迷惑不解，于是又放了一个，紧接着又放了第三个，仍不平衡。最后在托盘上又放了一个塑料杯，终于平衡了。她笑着望着老师。

　　老师：几个塑料杯与一个垫圈保持平衡？

　　安娜：四个。

　　老师：几个塑料杯与两个垫圈保持平衡？

　　安娜：（数了数）八个。

　　老师：如果我在这边再放一个垫圈，还需要几个塑料杯才能保持平衡？

　　安娜：（思考了一会儿）四个。

　　老师：试试吧。

　　安娜：（加了四个塑料杯，成功地取得平衡）每一个垫圈的重量等于四个塑料杯。

　　老师：现在，我要出个难题。如果我从天平上拿走四个塑料杯，我还得拿走几个垫圈才能保持平衡？

　　安娜：一个。

（四）学习环境的设计

　　建构主义教学理论十分注重为学生的学习创造支持性的环境。因此，教学内容要选择真实性任务，不能对其做过于简单化的处理，使其远离学生的经验。目前，比较有代表性的设计主要有珀金斯（Pekins）的五要素学习环境、奥利弗（Oliver）等人的开放性学习环境设计、乔纳森（D. Jonasson）的建构主义学习环境等。这里主要介绍乔纳森的观点。[①]

　　（1）问题/项目，强调要以问题驱动学习，不是先从理论或原则出发，而是要运用有趣的、投入性的和真实的问题，帮助形成学习者的问题意识或主人翁感。为此，问题的结构应该是不良的，有一些方面或部分必须由学习者去定义或建构的。

　　（2）相关案例，运用相关的案例来支持学习者的相关经验。新手在解决某种特定问题的时候，往往缺乏的是相关的经验，而相关的案例能帮助学习者对学习内容进行多元表征。因此，给学习者提供相关的案例作为"支架"，是非常重要的。

　　（3）信息资源，给学习者提供相关的信息，以帮助学习者理解和解决问题。乔纳森认为，信息能使其在情境中的应用产生相关的意义，他强调选择相关的、适当的材

---

① Jonasson, D., K. Peck & B. Wilson. *Learning With Technology：A Constructivist Perspective*，1999，p. 194.

料的重要性,认为对学习者提供的信息库和知识库应当是及时的,并能让学习者自行选择。

(4)认知工具,指能承担和促进特定认知过程的工具,包括视觉工具、知识建模工具、绩效支持工具和信息收集工具。它们能帮助学习者完成问题解决任务。

(5)交流与协作工具,指能培育协作的学习环境,以社会性的方式实现知识的社会建构的工具。

(6)社会/情境支持,包括物质基础设施、教师和学习者的训练准备情况。它们对于成功地实施学习活动来说是必要和重要的因素。

(五)建构主义教学的经典项目

建构主义的教学方法有很多类型,例如抛锚式教学(anchored instruction)、支架式教学(scaffolding instruction)、随机访问教学(random access instruction)等。在此介绍建构主义教学的一种主要范型——抛锚式教学。

抛锚式教学是由布朗斯福特(Bransford)领导的温德比尔特认知与技术小组(Cognition and Technology Group at Vanderbilt,CTGV)开发的。抛锚式教学要求让学生在真实的或类似于真实的情境中探究事件、解决问题,并自主地理解事件、建构意义。这些真实事件或问题被称为"锚",一旦这类事件或问题被确定了,整个教学内容和教学进程也就确定了,故这种方法称为"抛锚式"教学。它有以下两条重要的设计原则:[①]其一,学习与教学活动应围绕某一"锚"来设计,所谓"锚"应该是某种类型的个案或问题情境;其二,课程的设计应允许学习者对教学内容进行探索。抛锚式教学大致由以下几个环节构成:

(1)创设情境。根据学生的发展需求,提供与真实情况基本一致或类似的情境。

(2)抛锚。从情境中选择出与当前学习主题密切相关的真实事件或问题,这一步的作用就是"抛锚"。不过,虽然抛锚式教学以专门的锚作为支持物以启动教学,但同时它也鼓励学生自己生成项目。

(3)主动学习。学生各自独立地解决问题,包括考虑多种可能的解决方案、确定完成每项方案所必需的子目标、识别相关资料、对多种解决方案进行评估等。教师的任务是搭建脚手架,向学生提供解决该问题的有关线索,如需要搜集哪些资料、从何处获取有关的信息资料以及现实中专家解决类似问题的探索过程等。

(4)协作学习。在这种情境教学中,问题往往存在多种可能的解决方案。通过不同观点之间的讨论与交流,协作学习能让学生主动、深入地探索问题的多种可能解答。

(5)效果评价。抛锚式教学的基本目的不是提高学生在测验中的分数。GTCV认为评估的关键在于考察学生解决问题的能力,包括学生是否能够定义某一问题,生成解决问题所必需的子目标,以及在此过程中能否与他人有效地交流思想。因此,教师需要在教学过程中随时观察并记录学生的表现,并引导学生进行自我评价和相互评价。

---

① 高文、王文静:《抛锚式教学模式(一)、(二)》,《外国教育资料》1998 年第 3、4 期。

案例 2-5

面 积 计 算

　　某小学的一个班级正在学习面积的计算。一天教师宣布教室内计划铺设一条地毯，希望同学们帮助计算到底需要多大的地毯。问题本来不难，但是该班级所在的教室形状不规则，有的地方装有壁橱，而墙角也不是直角，所以问题有些麻烦。教师把学生分成几个小组，然后各组讨论到底教室需要铺设多大的地毯。

二、爱因斯坦和乔丹都是聪明的吗？

　　在你小的时候，老师或者邻居肯定会时不时向你父母夸奖："这孩子真聪明！"那时的你可能还没有意识到，他们所说的聪明经常就是指昨天你的语文拿了100分，今天你在数学竞赛中获了奖。相反，那些体育成绩顶呱呱、画画很棒的孩子，就"配"不上"聪明"二字了，还可能被说成"不务正业"。换言之，人们很容易理所当然地把爱因斯坦归为天才，而把飞人乔丹打入冷宫。其实，这种根深蒂固的观点是和人们对智力的偏见分不开的。对此，多元智能(Multiple Intelligences，或译多元智力)理论对智力和教学进行了新的阐释，并为教学理论开辟了新的视野。

图 2-7

爱因斯坦
和乔丹

（一）多元智能理论对传统智力理论的批判

　　传统智力测验理论认为，智力具有单一的性质，而且语言和逻辑-数理智力起决定性的作用。因此，通过考试就可以测出每个学生语言和逻辑-数理方面的水平，也就可以断定智力的高低。教育的作用就在于使学生获得高分，以博取一种可以表示聪明程度的智商分数(IQ)。于是，教室就成了一个"加工厂"，教学的内容和规格都统一了，所有的儿童接受的是单一的、狭隘的课程。如何来判断儿童的聪明与否呢？最好的手段就是统一的标准化考试。这些考试集中在语言、数学或逻辑等少数几门学科。通过这些考试，教师可以得到标明学生进步或退步的成绩，从而甄别出好学生和差学生。而那些在标准化考试中难以实施的学科，如艺术、音乐、体育等在学校教育中是无关紧要的、可有可无的。这种智力观和教学观无疑只能导致一种恶果,即学校教育里只有一部分学生在学习上是会成功的,而大部分学生的学习注定是要失败的。成功的学生往往是那些语言和数理-逻辑智力占主导的学生。

与传统智力理论大相径庭,哈佛大学心理学家加德纳(Howard Gardner)给智力下了一个新的定义,"智力是在特定的文化背景下或社会中,解决问题或制造产品的能力"。[①] 他认为人类的智能是多种多样的,各有区别的。考试、测验仅仅强调了语言和数理-逻辑智能以及一部分空间关系智能,而其他形式的智能则被完全忽视了。就智能的结构来说,智能不仅仅是传统学校所重视的语言和数理逻辑能力,它应该是多元的。[②] 多元智能理论的要点可以归纳为:

- 每个人同时拥有多种智能;
- 大多数人是有可能将其中一种智能发展到令人满意的水平;
- 这些智能之间通常以复杂的方式共同起作用;
- 每一种智能类别存在多种表现方式。

补充材料
2-2

加德纳多元智能模型

加德纳将智能分为三大组:与物有关的智能(the object-based intelligence),包括视觉-空间智能、身体-运动智能、自然观察者智能、逻辑-数理智能;与物游离的智能(the object-free intelligence)包括语言-言语智能、音乐-节奏智能;与人有关的智能(the personal intelligences),包括人际交往智能和自知自省智能。

视觉-空间智能(spatial intelligence):是指人们以三维的方式进行思考的能力,如航海家、飞行员、雕刻家、画家和建筑师都具有较强的视觉-空间智能。空间智能是人们能够感知外部的和内部的形象,能够再造、转换或改变表象,能够使自己和物体驰骋于一定的空间,并且能够形成和解释图形信息。

身体-运动智能(bodily-kinesthetic intelligence):是指人们操作物体和精准调整自己身体动作的能力。身体-运动智能在运动员、舞蹈家、外科医生和手工艺者身上表现明显。

自然观察者智能(naturalist intelligence):是指人们辨别生物(植物和动物)以及对自然世界(云朵、石头等的形状)的其他特征敏感的能力。这种智力在人类的进化过程中很有价值,如狩猎、采集和种植等,同时这种智力在植物学家和厨师身上有重要的体现。

逻辑-数理智能(logical-mathematical intelligence):是指计算、量化、思考命题和假设及进行复杂的数学运算的能力。科学家、会计师、工程师、计算机、程序设计员都显示了较强的逻辑-数理智能。

---

① [美]加德纳著,沈致隆译:《多元智能》,新华出版社 1999 年版,第 16 页。
② 加德纳认为多元智能理论是一个不断扩展的模型,最早他提出了言语-语言、逻辑-数理、视觉-空间、身体-运动、音乐-节奏、人际交往七种智能,后来他又将自然观察者智能、自知自省智能纳入了考虑的范围。

言语-语言智能(verbal-linguistic intelligence)：包括用语词思维、用语言表达及洞察复杂内涵的能力。作家、诗人、记者、演讲家、新闻播音员都表现出高水平的语言智能。

音乐-节奏智能(musical-rhythmic intelligence)：该智能在那些对音调、旋律、节奏和音色具有敏感性的人身上表现显著。那些能够表现出较高音乐智能的人包括作曲家、指挥家、音乐家、音乐评论家、乐器制造者及对音乐敏感的听众。

人际交往智能(interpersonal intelligence)：指能够有效地理解他人并有效地与他人交往的能力。这种智能在成功的教师、社会工作者、演员或政治家身上表现明显。

自知自省智能(interpersonal intelligence)：是指人们建构准确的自我感知以及应用这种知识规划和指导自己生活的能力。神学家、心理学家和哲学家是具有较强的自知自省智能的典范。

(二) 多元智能理论与教学

1. 教学理念

多元智能的教学观可以归纳为"为多元智能而教"、"用多元智能来教"和"围绕多元智能来教"。

多元智能的教学理念是多元的，以往被边缘化的学科同样被视为是有助于学生的个性发展的。教学要基于每个学生不同的学习风格，教师需要认识到每个学生不同的认知方式，针对教学内容的特点，为学生提供最有利的、丰富的学习环境。

可以看出，多元智能的教学观是围绕学生需求而建构起来的。教学的起点不在于学生天生有多么聪明，而在于教师怎样使学生变得聪明，在哪些方面变得聪明。教师要不断反思自己的教学方法以及理解为什么要使用这些方法。教学活动应该为学生提供更多的选择机会，创造更加丰富的学习环境，让他们可以依据个人的认知历程，有创意地探索个人在学习历程中所具有的特质与能力，有效学习各种基本的能力和概念。[①]

2. 教学内容

在教学内容方面，多元智能理论重视学生学习的综合性和情境性。其教学内容主要是以专题的形式呈现的，主要包括了问题式学习、案例学习、主题学习、项目学习、服务学习、操作性学习。在此，仅对主题学习和项目学习作简要介绍。

在进行主题学习时，教学内容整合了学生多元的发展趋向，通过跨学科教学，让学生在实际情境中主动探索、应用多元智能，获得参与真实生活的经验。主题教学的内容组织根据实际情况可长可短，例如"为什么钟表滴答作响"可以作为一个全年的主题，每个月的内容可以分解为"时钟、时间、电力、运输"等，每周的主题则为"季节变化和地理时间"。

---

① 　林进材：《有效教学——理论与策略》，台湾五南图书出版公司 2000 年版，第 303 页。

小 树 的 成 长

一、二年级的小学生躺在教室的地板上,把自己的身体蜷曲成一只只小小的皮球。教室里正在播放着令人心旷神怡的乐曲。教师告诉学生他们现在是一颗颗幼嫩的树苗,渴望成长为参天大树。这时,乐曲中出现了轻微的节拍声。突然,小小的皮球开始动起来,慢慢地舒展自己的身体。音乐的节奏变得更加明快活泼,孩子们站起身来。然后,教师告诉学生这项活动结束,大家回到自己的座位上。学生的课桌上放着黏土块。教师教孩子们用黏土块把树苗长成参天大树的旅程雕刻下来,小树成长过程中所经历的每个阶段的图片指导着他们的创作。在这一段时间里,教室里还在进行着一个植物种植项目。在教室后面的日光灯底下,放着若干盛满泥土的纸杯。学生在纸杯里播下了种子。写有单词"发芽"的卡片就贴在纸杯上方的墙上。随着种子发芽出土,贴在墙上的单词就会随着植物生长的不同阶段而发生变化,换上与植物生长阶段相吻合的单词。

项目学习是让学生进行创作、验证、完善,并制造出某种东西的活动。在这个过程中,教师将指导学生自己选择项目、制定工作目标,并形成项目的方案;在此基础上,学生积极地搜集信息、处理学习过程中碰到的问题,最后在展示活动中,表演、陈述或演示他们的产品。通常,多元智能教学的项目分为结构式项目、主题式项目、体裁式项目、模板式项目、开放式项目。

经典的项目学习

"落蛋"(egg drop)。此项目要求学生设计一个箱子,箱子里放着一颗生鸡蛋,当箱子从 1.8 米高度落下时,要使鸡蛋不破裂。学生可以用任何材料来做这个箱子,箱子里也可以用任何垫子来垫,但箱子、垫子、鸡蛋加起来的重量不得超过 500 克。教师要明确告知学生该箱子的最大尺寸,如每边的长度不得超过 30 厘米。而学生要在规定的时间内完成箱子的设计,并把产品带到班上进行展示。到了规定的这天,所有的"落蛋"箱子都要进行展示和检验。如果某个箱子从 1.8 米高度落下时,箱子和鸡蛋都完好无损,就判定该箱子具有"专业水平",如果箱子破了而鸡蛋没破,则判定要对箱子进行重新设计,如果箱子和鸡蛋都破了,那么就判定箱子不合格。

另外,"弹射器"(the catapult)项目要求学生构造发射系统,在相同的距离下(1.8 米)投掷相同的物体。"桥梁建筑"项目要求学生在造桥时利用杠杆的功能,所有的桥要有相同的跨度和高度,必须能够在规定的时间内承受住相同的重量。

3. 教学策略与设计

多元智能理论的教学体系中融合了丰富多彩的教学方法。这些风格各异的教学适应于不同智能的教学内容,超越了传统的以单纯口授、大量练习为主的教学方式。(见表2-4)

表2-4 多元智能教学 方式概要①	智能	教学活动	教学方法	教育活动范例	教师呈现技巧
	视觉-空间	视觉表演、艺术活动、想象游戏、心理图像、隐喻、视觉化	看、画、目测、涂色、心理图像	整体艺术设计	绘画、对概念进行心理图像
	身体-运动	动手学习、戏剧、舞蹈、体育活动、放松练习	建造、演出、触摸、内心感受、舞蹈	动手学习	用手势、戏剧表演
	自然观察者	自然学习、生态意识、动物照管	与生物和自然现象联系起来	生态研究	带一种有趣的植物或动物引发主题讨论
	逻辑-数理	智力题、问题解决、科学试验、心算、数字游戏、批判性思维	定量、批判性思维、将它放入逻辑结构用它做试验	批判性思维	苏格拉底式问答
	言语-语言	讲座、讨论、单词游戏、讲故事、齐声朗读、刊物写作	读、写、听、说	整体语言	通过讲故事进行教学
	音乐-节奏	韵律学习、打拍子、运用歌曲	唱歌、打拍子、听	暗示教学法	当学生进入教室时播放一段音乐
	人际交往	合作学习、同伴教学、融入群体、社会聚会、模拟	教(别人)、合作、带有尊敬的相互影响	合作学习	课堂开始活动范例、转身和邻座同学分享
	自知自省	个性化学习、独立学习、任选学习课程、建立自我评价	与个人生活实际相联系、做出选择、考虑	个别指导	闭上双眼思考:在你的生活中当……的时候

那么,针对特定的教学内容,如何将这么多的教学方法设计成一个整体呢? 多元智能理论在教学设计上表现为一种松散的、多种多样的教学策略的集合。教师可以从他们以往的教学活动中挑选出与教学风格、教学哲学相适应的教学策略,来建构自己的教学设计。

阿姆斯特朗(T. Armstrong)提出了一种可供借鉴的教学设计程序:(1)聚焦一个具体的目标或主题;(2)提出各项智能的主要问题;(3)考虑所有的可能性;(4)头脑风暴;

---

① [美]Armstrong, T. 著,张咏梅等译:《课堂中的多元智能》,中国轻工业出版社2003年版,第66—67页。

(5)选择合适的活动;(6)制定一个有序的计划;(7)完成计划。①

可以看出,多元智能的教学设计实际上并未跨越传统教学设计的范式。但在设计的过程中,它更多地考虑到如何满足学生多元的学习需要,采用了多种多样的教学方法,设置了丰富的学习环境,充分发挥了学生的积极性。这是多元智能教学理论最大的亮点之一。

4. 多元智能评价

多元智能的教学评价告别了频繁的正规的考试、测验,而是以增强学生学习信心、强化学生学习动力、提供学生学有所成的机会为目的的。

首先,它认为传统的纸笔测验并不能反应教师所教、学生所学的全部。相应的作为真实性评价表现之一的"智能本位评价"(intelligence-based assessment)能弥补标准化考试的不足。测验是形成性的(formative),重视学生的自我评价和同伴评价。

其次,在评价方式上,它广泛运用各种各样的测试工具,运用真实性评价(authentic assessment),试图用接近"真实生活"的方式来评价学生的学业成就水平,以求描绘出学生进步的完整图像。教师提供了各种情境机会,允许学生用自己擅长的方式表现出自己的最好水平。以言语智能为例,书面论文、词汇问答比赛、诗词创作、演说、辩论、日记等形式都可以成为表现学生学业成就的工具。

再次,档案袋评价(protfolio assessment)在多元智能评价中得到了广泛的运用。这种高度个别化的评价方法,关注学生成长历程,为个别化学习以及智能发展的持续努力提供了可行的方案。②

三、你的教学"适于脑"了吗?

如果评选近半个世纪以来教学领域最重要的新突破和新发展,那么脑科学毫无疑问能跻身前列。那么你知道脑科学的具体内容吗? 它对教学的影响体现在哪几个方面? 这里,我们将做简要介绍。

(一)大脑研究的发展

从古希腊的希波克拉底和古罗马的盖伦开始,人类对脑的研究一步步地深入。随着近代科学的兴起,关于脑的研究更趋于科学化。1861 年,法国医生布洛卡通过失语症病人的大脑解剖证实了大脑皮层语言区的存在。而 20 世纪 60 年代,斯佩里(Roger Sperry)通过癫痫病人的左右脑切离,发现了左右脑功能的分工。

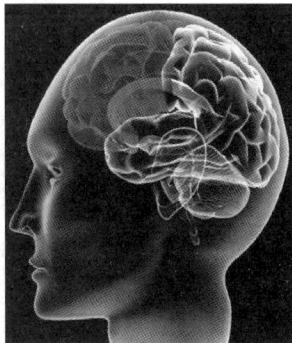

图 2-9

人脑

伴随着分子生物学和计算机科学的日新月异,正电子发射层描技术(PET)、单光子发射层描技术(SPECT)、功能性磁共振技术(fMRI)等手段陆续进入了脑科学研究的领域,人们也能更全面地了解脑的复杂性。当前,脑研究的前沿和主要趋势是在分子、细胞和整体水平上对脑功能

---

① ［美］Armstrong, T. 著,张咏梅等译:《课堂中的多元智能》,中国轻工业出版社 2003 年版,第 75—77 页。
② ［美］Lazear, D. 著,郭俊贤等译:《落实多元智慧教学评量》,台湾远流出版公司 2000 年版,第 152—153 页。

和疾病进行综合研究,并从脑的发育过程了解脑的构造原理。目前,国际上研究大脑的趋势是"了解脑"、"保护脑"、"开发脑"。就具体内容而言,研究主要集中在:(1)视觉、听觉、触觉、知觉的脑生理机制,以及学习记忆、情绪、认知神经活动过程;(2)神经元的结构、功能、联系、信息处理以及语言、思维、行为的原理;(3)大脑神经生长过程中所需要的物质与条件,以及神经建构对环境刺激的关键期与可塑性;(4)大脑神经对外界信息应答中的生化反应规律;(5)研究对大脑的保护,疾病的防治和治疗。

而脑科学对教育的影响也日益加深。20世纪60年代以来,认知神经科学研究发展迅猛,人们对脑的活动机制有了越来越深的了解。20世纪80年代末与90年代初,美国与欧洲分别提出了各自的"脑的十年"计划,日本也于1996年出台了"脑科学时代"计划,各国投入了巨大的人力和财力。在这风起云涌的浪潮中,如何根据脑发育及其活动规律进行教育,在充分了解和认识脑的认知功能、情感功能和自我意识等高级功能的前提下建立适应学生认知能力发展特点的教学方法、组织策略和评价方式,日渐成为教学研究领域追踪的热点和研究的重点。

**补充材料
2-3**

对脑科学的误读

诺贝尔奖金获得者斯佩里通过裂脑人实验,提出了大脑半球优势理论,认为大脑两个半球的认知风格不同。

但在教育领域,人们将左右脑的差异无限地夸大,割裂了大脑功能的整体性,盲目地进行左右脑开发。其主要观点:大脑左右两个半球完全以不同的方式进行思维,左脑是语言的脑,是阅读、记忆、书写和逻辑思考的脑,演绎推理、抽象思维、数学运算、形成概念的能力较强;右脑有许多高级功能,诸如形象的学习和记忆、图形识别、几何学方面的空间感觉,是音乐、美术、空间知觉的优势系统。因此,左脑是理性的脑、知识的脑,右脑是感性的脑、创造的脑。于是,就有了五花八门的全脑教育、右脑开发等商业操作。

但是芝加哥大学的Jerry Levy的后续研究证实,大脑的两个半球都卷入了几乎每一个脑的活动;卷入的时间与程度是重要的因素。在一个脑半球出现的实践能够影响同时在另一个半球非常遥远部位上出现的发展事件。尽管每一个半球确实有着某些清晰的特性,每一个脑半球依然要求另一个半球协助其整体功能。因此,在教育上只看到大脑半球的差异,而忽视了它们的关联性。

同样,人们对"人类大脑只开发了10%"的论断也存在相应的误读。

(二) 基于脑的教学要义

重视脑科学研究成果在教学领域的运用,不仅可以为以往有效教学的经验提供生物学的诠释和支持,而且有助于教师利用大脑学习的规律,在日常教学中做出更好的实践决策。因此,基于脑的教学有若干基本的要义:

(1)教学的合理性在于大脑的可塑性和个体性。脑神经细胞的增殖与环境是密切相关的。大脑在不断适应内外部环境变化时,自身的结构和功能也经历着调节和塑造。教学是提供环境刺激、促进个体发展的过程。同时,因为每个大脑拥有自己偏好的运作方式,因此每个学生都应获得与其认知方式相适应的适性教学。

(2) 教学活动应该尊重大脑的活动规律。学习的主要承担者是大脑。根据大脑学习的规律来进行教学,形成"适于脑"(brain-compatible)的教学而不是"对抗脑"(brain-antagonistic)的教学,就能避免"满堂灌"、"填鸭式"的做法,优化教学过程,提高效率。同时,脑的学习涉及到人体生理各个方面,基于脑的教学必须考虑到压力、调节、营养学、锻炼、药剂学以及学习过程中的其他健康因素。[①]

(3) 教学是为大脑创设丰富学习环境的过程。基于脑的教学是一个通过多样选择,要充分调动学生的听觉、视觉、运动感觉等全方位的学习方式的过程。高效的教学要确保学习环境的挑战性、新异性并能得到及时的反馈。丰富环境的途径多种多样,阅读和语言、动作刺激、思维和问题解决、艺术活动、物理环境等条件的创设都能提高教学的有效性。[②]

(4) 学生主动的意义建构对教学尤为重要。脑科学强调脑的学习是镶嵌在环境中意义获得的基础之上的,而单项教学法的教师忽视了学习社会性的法则。"这是可悲的,因为大脑必须建构自身的意义。有意义的学习是在创造基础上的学习,这也是学生在教育中可以体验到的快乐源泉。"在信息爆炸的时代,学生在教学情境中能否进行学习,组织自己的知识结构,影响着教学的深度和质量。

不难看出,脑科学视野下的教学观与建构主义、多元智能等教学理论存在着千丝万缕的联系。此外,脑科学视野中的教学将情绪、动机、运动、记忆等心理要素纳入了考虑的范畴,同时与信息加工模式、目标分类学进行了不同程度的融合,[③]这些足以证明脑科学在为教学提供生理学基础的前提下,尝试着对传统的教学研究领域进行整合。

颜 色 的 力 量

　　红色是参与和情感的颜色。最适合餐馆。红色使焦虑的被试更为烦躁,使安静的被试更加兴奋。触发脑下腺和肾上腺,释放肾上腺素。可提高血压和加快呼吸,刺激食欲和嗅觉。

　　黄色是脑易于辨认的第一颜色。与紧张、谨慎和理解相联系。黄色刺激乐观、希望与平衡的整体感觉。极适合用于教室。

　　橙色具有介于红色和黄色之间的特性。它是一种刺激学习的最佳颜色。

① Caine, R. N. & Caine, G., Understanding a Brain-based Approach to Learning and Teaching. *Educational Leadership*, October, 1990, pp.66-70.
② [美]Jensen, E. 著,北京师范大学"认知神经科学与学习"国家重点实验室脑科学与教育运用研究中心译:《适于脑的教学》,中国轻工业出版社 2005 年版,第 39—47 页。
③ [美]Sousa, D. A. 著,北京师范大学"认知神经科学与学习"国家重点实验室脑科学与教育运用研究中心译:《脑与学习》,中国轻工业出版社 2005 年版,第 32、194 页。

蓝色是最使人宁静的颜色。它使被试者感到安静,增加生存状况良好的感受。当看到蓝色时,你的脑释放 11 种放松身体的神经递质,可导致体温降低,出汗减少,胃口降低。蓝色可使大多数学习环境稍微有点过于安静。

绿色也是一种安静的颜色。可引起血液组胺水平升高,导致对于厌恶食物的敏感性降低。可刺激抗原使免疫系统总体较好地康复。

深色降低紧张,增加平和感。

棕色促进安全感,放松,减少疲劳。

亮色如红色、橙色和黄色激发精神和创造力。它们也能增加攻击性和神经质行为。

灰色是最中性的颜色。

为了最佳学习,应选择黄色、亮橙色、米黄色或黄白色。这些颜色似乎可激发积极情感。

(三)脑科学视野中的教学设计

既然基于脑的教学涉及如此之多的要素和原则,那么如何在具体的教学实践中采取可行的手段,运用脑科学的成果,设计并落实有效的教学呢? 索萨(D. A. Sousa)为我们在课堂教学中实施与脑相宜的教学提供了具体的操作范例:[①]

(1)营造课堂氛围。威胁和恐惧的压力降低了教学的效果,民主、愉悦的情绪氛围有助于动机的提升、记忆的保存和学习意义的提炼。

(2)课堂教学内容忌多。学生工作记忆的容量是有限的,超越学生年龄阶段性的强制性灌输无疑会增加学生的负担,学习效果适得其反。

(3)有效地运用新颖性。通过增加音乐、幽默、技术等手段可以保持学生的兴趣和投入。调动学生全身心的参与教学过程。

(4)合理利用课堂时间的首因-近因效应(primacy-recency effect)。因为大脑对于最前面和最后面的学习内容印象最深,所以在时间的安排上不宜采用过长的长课时制。时间段的转换采用故事、笑话、休息等策略维持学生的兴趣。

(5)重视回顾(closure)的作用。教师给予学生充分的机会和时间,来对所学的内容进行心智加工,寻求意义。

(6)把想象作为保持的策略。想象作为一种课堂策略,可以运用于记笔记、合作学习小组、评价方法的选择中,其中画脑图是一种专门的想象形式。

(7)学生的讲述和运动。这两种策略有助于学生参与到教学过程中来,在情境中加强学习与自身经验的联系,调动学生的积极性。

(8)独立练习要在有指导的练习之后进行。教师的指导示范作用对于学生练习新学习的东西来说十分重要,缺少教师正确的指导,学生的学习在问题的处理上会出现困难。

---

① Sousa,D. A., *The Leadership Brain*:*How to lead today's school more effectively*. 2003,pp. 101 - 115.

（9）运用概念图。高效的大脑学习的一个特征是模块学习。运用概念图可以从课程内容中抽取出观点和细节,运用视觉图形的方式表达出来,建立事实与概念的联系。

（10）鼓励高层次思维。高层次的思维旨在处理学习的复杂性任务,要将知识、理解、应用、分析、综合、判断方面的不同层次的信息综合处理。教学在鼓励高层次思维方面,势必关注分析、创造与实践能力在课堂中的运用。

（11）课程满足所有学习者的需要。有效的教学必须充分考虑到不同学生在能力、认知风格等方面的差异。基于脑的教学是建立在学生兴趣的基础之上的,为学生提供可选择的内容、作业或评价,这将有助于学习效率的提高。

本章小结

本章从历史的角度梳理了教学理论的形成与发展,考察了拉特克、夸美纽斯的 didactica 和赫尔巴特 pedagogy,揭示了关于教学的经验、思想到理论形态的演变进程。赫尔巴特后的教学理论发展遵循哲学取向与心理学取向两条线索前进。苏联和我国传统教学理论属于前者,至今对我国的课堂教学影响深远。心理学取向的教学理论又分为行为主义、认知心理学、情感心理学等不同流派,斯金纳的程序教学、布鲁纳认知结构、罗杰斯非指导性教学分别代表了上述三种教学理论流派。近年来,建构主义、多元智能、脑科学等研究领域的新进展,开拓了教学理论的研究视野,势必影响到教学理论的发展走向,也影响到教学实践的改进。

关键术语

五段教学法　程序教学　学科结构　非指导性教学　抛锚式教学

讨论与探究

1. 讨论:我国 1949 年以来教学理论所取得的成就以及存在的局限性。
2. 讨论:脑科学的研究成果给我国当前中小学的教学提出了哪些挑战?
3. 试述赫尔巴特教学理论的历史贡献。
4. 斯金纳教学思想述评。
5. 布鲁纳教学思想述评。
6. 罗杰斯教学思想述评。
7. 试述建构主义的教学观点及其现实意义。
8. 案例分析:根据下述提供的案例内容,综合建构主义、多元智能、脑科学理论,分析情境教学的成功经验。

案例 2-8

李吉林的情境教学

当时,我开始接触中国的"意境说",古代刘勰的《文心雕龙》,近代王国维的《人间词话》,可谓是"意境说"的经典。刘勰在《文心雕龙》中提出了"情以物迁""辞以情发"。那么怎样的客观外物能激起儿童的情感呢？我便带着孩子走向大自然，走向社会，从中优选富有美感的、意境广远的场景。我和孩子们一起去寻找春姑娘的笑脸；到小河边观察小蝌蚪；秋夜看明月从天边升起；下雪了，和孩子们一起堆雪人、打雪仗，踏雪去寻梅，去欣赏松竹梅岁寒三友的风姿……概括起来，春夏秋冬，日月星辰，花草树木，山川田野，鸟兽虫鱼，我都带孩子们观察过，欣赏过；社会生活中那些美好的人和事，例如："我和妈妈逛市场""繁忙的交警叔叔""风雪中攀上高高的电线杆抢修电路的电工""阅览室里专注的读者"等等，我也都带孩子们感受过。他们投入大自然的怀抱，他们打开了社会生活的画卷，真切地感受到自然的美，社会的美。——那是小小的课堂上看不到、学不到的。情境中的音响、形象、色彩这些浸染着情感的表象，在刹那间与词汇碰撞在一起。一个个词汇、句式，连同修辞手法在那真实的情境中，似乎都有了生命，都活起来了。孩子们置身于此情此景中，按捺不住内心的激动，常常即兴描述他们的所见所闻。他们既在情境中学习语言，也在情境中运用语言，这是真正的语言的综合实践。例如，到现在我还记得孩子们在春天里看到孔雀开屏，就脱口而出"孔雀张开美丽的翅膀要和春姑娘比美"；看到蒲公英向四面展开的绿叶，说"那是二月的风伯伯剪裁的"；看初升的月亮，说"月亮悄悄地爬上树头""天边的树丛仿佛伸出长长的手臂托起一轮明月"……真正做到了让孩子用自己手中的笔，写出了自己的真情实感。他们写出了一篇又一篇精彩的习作，真所谓"情动而辞发"！

进一步阅读的文献/网站

1. 钟启泉等主编：《多维视角下的教育理论与思潮》，教育科学出版社 2004 年版。

2. 钟启泉等主编：《美国教学论流派》，陕西人民教育出版社 1993 年版。

3. 施良方：《学习论》，人民教育出版社 1994 年版。

4. [捷克]夸美纽斯，傅任敢译：《大教学论》，人民教育出版社 1984 年版。

5. [德]赫尔巴特，李其龙译：《普通教育学·教育学讲授纲要》，人民教育出版社 1989 年版。

6. [日]佐藤正夫著，钟启泉译：《教学原理》，教育科学出版社 2001 年版。

7. Bruner, J. S., *Toward a Theory of Instruction*, 1966.

8. Rogers, C., *Freedom to Learn for the 80's*, 1983.

9. 网站：http://www.learning-theories.com

　　当我们学了第 2 章后,你是否觉得
有点晕啦?本来好像对"教学是什么"
还是有点清晰的,现在越来越糊涂了。
其实,这是正常的。所有的理论都是对
教学实践活动的一种解释或描述,而且
只是基于"某个"立场或视角回答教学
实践活动的基本问题。现在,我们请你
换一个角度来看"教学",把教学的问题
推到原点来思考。请你用"关系"的方
式描述教学的基本问题,并写在本页的
空白处。学完本章之后,你再来尝试独
立或合作回答这些问题。

通过本章的学习,你能够

● 把握教学论意义上的师生关系;
● 理解知识、智力和能力的概念;
● 把握教学中掌握知识与发展智力的关系;
● 理解教学的认知过程、教学的情感过程;
● 把握认知与情感相互作用的教学论意义;
● 理解接受学习与发现学习及其关系。

本章内容导引

● 教师与学生
　一、认识论意义上的师生关系
　　(一) 主客体关系的含义
　　(二) 关于教师与学生主客体关系问题
　　　　的几种观点
　二、社会学意义上的师生关系
　　(一) 师生人际关系的含义、特点和
　　　　功能
　　(二) 师生人际关系的类型
　三、教学论意义上的师生关系
● 掌握知识与发展智力
　一、教学中的掌握知识目标
　　(一) 知识的概念
　　(二) 陈述性知识的范围和掌握陈述性
　　　　知识的意义
　　(三) 程序性知识的范围和掌握程序性
　　　　知识的意义
　二、教学中的发展智力目标
　　(一) 智力的概念
　　(二) 发展学生智力的意义
　　(三) 教学在促进学生智力发展方面的
　　　　作用
　三、掌握知识与发展智力的关系
　　(一) 掌握知识与发展智力是发展能力
　　　　的两个方面
　　(二) 如何处理掌握知识与发展智力的
　　　　关系

● 教学中的认知与情感
　一、教学的认知过程
　　(一) 什么是认知
　　(二) 影响教学的认知因素
　　(三) 教学过程中学生的认知活动
　二、教学的情感过程
　　(一) 什么是情感
　　(二) 影响教学过程的情感因素
　　(三) 教学过程中教师与学生的情感
　　　　活动
　三、认知与情感的相互关系
　　(一) 认知与情感构成一个整体
　　(二) 认知与情感的相互作用
● 接受学习与发现学习
　一、接受学习
　　(一) 什么是接受学习
　　(二) 有效的接受学习的心理学条件
　　(三) 接受学习的优点与局限
　二、发现学习
　　(一) 什么是发现学习
　　(二) 组织发现学习的策略
　　(三) 发现学习的优点与局限
　三、接受学习与发现学习的关系及其教学
　　　意义
　　(一) 接受学习与发现学习的关系
　　(二) 接受学习与发现学习关系的教学
　　　　意义

从第 2 章得知,教学的问题可以从多种角度去回答。然而,这些理论到底回答了哪些问题呢? 这些问题中哪些是最基本的问题? 我们以教学实践活动的结构和长期以来各种教学理论流派争论的焦点为线索,来揭示教学的基本问题。教学活动的结构主要包括活动的参与者、活动的目标与内容、活动过程与方法等方面。教学活动的参与者是教师与学生,因此师生关系一直是争论的焦点;在目标方面,争论的焦点主要集中在掌握知识与发展智力的关系上;教学的过程包括认知过程与情感过程两个基本方面;在教学方法上,长期以来的争论从根本上来说是接受学习与发现学习之争。因此,我们将一起探讨上述的四个基本问题。

第 1 节　教 师 与 学 生

教师与学生的问题是一个贯穿于教学内外的极端复杂的问题,这里主要探讨教学中的教师与学生问题。关于这一问题,人们探讨的焦点是师生关系。师生关系可以从多个角度来考察,以下探讨的是认识论意义上的师生关系、社会学意义上的师生关系、教学论意义上的师生关系。

一、认识论意义上的师生关系

认识论意义上的师生关系,即教师与学生的主客体关系。关于这一关系,长期以来有着激烈的争论。

(一)主客体关系的含义

主体与客体是认识论上的一对范畴:主体是指实践活动和认识活动的有目的的承担者;客体是实践活动和认识活动所指向的对象。主体与客体是一对关系范畴,是就具体的活动而言的,离开具体的、现实的活动,就无所谓主体与客体。

活动中的主体具有主体性,主体性包括自主性、能动性、主观性等。其中自主性是主体性的本质规定。所谓自主性是指活动的自我决定性,主要表现在三个方面:第一,活动者自己确定目的,为实现自己的目的而进行活动。换言之,个体进行的活动是有目的的,"这个目的是他所知道的,是作为规律决定着他的活动方式和方法的,他必须使他的意志服从这个目的"。[①] 第二,活动者在活动中自己选择活动的方式方法,自己掌握活动的进程。第三,活动者在活动过程中进行自我监督、自我控制、自我调节。活动的主体只能是人,而不可能是其他事物。但是从事活动的人未必是主体,只有自主地进行活动的人才是主体。

客体是与主体相对而言的,是作为主体的人的活动所指向的对象,是主体所欲认识、改造的对象。客体可以是人,也可以是其他事物。

(二)关于教师与学生主客体关系问题的几种观点

关于教师与学生的主客体关系问题,教育学界历来存在争论,观点各异。其中主要

---

① 《马克思恩格斯全集》第 23 卷,人民出版社 1972 年版,第 202 页。

的观点可以概括为以下四类：

1. "教师主体、学生客体"说

这类观点认为，教学过程是教师教授、影响学生的过程，教授、影响活动的执行者是教师，而学生是作为教授、影响的对象而存在，所以主体只能是教师，学生是客体。教师通过什么来影响学生呢？是通过教材，所以教材是教师作用于学生的中介。这类观点可称为"教师中心论"。

2. "学生主体"说

这类观点认为，教学过程是学生进行认识活动从而获得发展的过程，认识活动的承担者显然是学生，因此学生是教学过程中的主体；学生的认识活动所指向的对象是教材，因此教材是客体。那么，教师在教学过程中处于什么地位呢？对此，持这类观点的人又有两种不同的见解：一是认为教师起辅助作用，即辅助作为主体的学生，围绕学生转，这就是"学生中心论"；一是认为教师起主导作用，而学生所处的主体地位乃是教师主导下的主体地位，这就是在国内广为流行的"教师主导，学生主体"说。

3. "学生双重地位"说

这类观点认为，在教学过程中，学生是教师影响、教授的对象，就这个意义来说是客体；同时又是学习活动的承担者，就这个意义来说是主体，因此学生在教学过程中既是客体又是主体，处于双重地位。这类观点主要包括两种具体观点。第一种具体观点是：就教的活动而言，教师是该活动的承担者，因而是主体；学生是该活动的承受者，因而是客体；教材是中介；而就学的活动来说，学生又是主体，教材是客体，所以学生处于一种双重地位，而教师永远是主体。第二种具体观点是：教师与学生是互为主客体的，一方面，教师在影响学生，在此，教师是主体，学生是客体；另一方面，教师又是学生认识、影响和学习的对象，在此，学生是主体、教师是客体，至于教材，则是教师影响学生的中介，是学生学习、认识活动的客体。

4. "教师和学生都是主体"说

这类观点认为，教师和学生都是人，都是有目的地、能动地活动的人，都是教学过程中的主体；教材是客体。这类观点又主要包括三种观点：第一种观点认为，教学过程包括教与学两个方面的活动，在教的活动中，主体是教师，客体是教材；在学的活动中，主体是学生，客体是教材，所以教师与学生是两个平行性的主体，故称"平行主体"说。第二种观点认为，虽然教学过程中包括教师的教与学生的学两个方面，但教与学在目的、对象、手段上是共同的，因而是复合在一起的，教师与学生是复合主体，教材是客体。第三种观点认为，教师与学生都是教学过程中的主体，他们面对共同的客体即教材；教师与学生之间的相互作用是一种交往活动，他们在认识论上的关系是主体间关系，即主体与主体之间的关系，这就是近年来有些学者提出的"教师与学生之间的主体间性"观点。

二、社会学意义上的师生关系

社会学意义上的师生关系，即通常所说的人际关系。教师与学生都是社会的人，他们所参与的教学过程从某种意义上讲是一种社会过程，在此社会过程中他们形成的关系即社会学意义上的师生关系。为叙述方便起见,本章中社会学意义上的关系一般使用"师生人际关系"的称谓。

(一) 师生人际关系的含义、特点和功能

师生人际关系是指在师生交往活动中形成并在交往活动中遵循的"人—人"关系。什么是师生交往呢?师生交往就是教师与学生之间的相互作用。师生人际关系就是在教师与学生之间的沟通、接触等相互作用中形成并在这种过程中遵循的关系。

与师生主客体关系相比,师生人际关系具有以下几个方面的特点:一是直接性。教师与学生的主客体关系,尤其是教师教的活动中的主客体关系(在这一方面是教师为主体,学生为客体),往往是以教材为中介的,因而具有一定的间接性;而师生人际关系则由于是在教师与学生直接的交往中形成的,没有什么中介,因而是很直接的。二是强烈的交互性。在主客体关系中,虽然总的来说教师与学生互为主客体,但是仅就教师教的活动来说或仅就学生学的活动来说,主客体关系是单向的;而在师生交往中形成的人际关系则是完全双向的,具有强烈的交互性。三是情感性。教师与学生的主客体关系是认识论意义上的关系,因而虽然带有情感的性质,但主要是认知性的;而师生人际关系,则虽然也带有认知的性质,但主要是情感性的。

师生人际关系具有十分重要的教学功能。主要表现在以下几个方面:

第一,它是教师教的活动与学生学的活动发生的前提,教与学总是在师生交往的背景下进行的。如果没有教师与学生的相互接触、相互沟通、相互作用,怎能产生教与学的活动呢?

第二,它是制约教学效果的一个至关重要的因素。师生人际关系状况直接影响教师教、学生学的积极性,影响课堂气氛,从而影响课堂教学效果。例如,如果师生人际关系融洽,则往往会使教师热情高涨,使学生表现出好学、乐学,使课堂气氛积极、活跃。

第三,它对学生的人格发展起着重要的制约作用。社会心理学的研究表明,融洽、和谐的师生人际关系有助于学生人格的发展,并调适或消除心理健康问题;而冷漠、紧张的师生人际关系则不利于学生人格发展,久而久之甚至有可能造成人格障碍。

第四,它是师生进行交往活动从而满足情感需要的一个前提。教师和学生都有情感的需要,这种需要部分地是在教学过程中通过师生交往得到满足的,而师生交往是在一定的师生人际关系中进行的。融洽、和谐的师生人际关系能很好地满足师生的情感需要。

第五,师生人际关系还是影响学校风气的一个重要因素。良好的师生人际关系有助于形成良好的学校风气,而不良的师生人际关系则对学校风气有消极影响。

(二) 师生人际关系的类型

在现实的教学中,师生人际关系是多种多样的。从教师的领导方式来看,师生人际关系主要有专制型、民主型和放任型三种。在专制型中,教师主要依靠自己的权威,采用强制手段管理学生,只准学生服从,不许有不同意见,对学生不够尊重、不够热心甚至刻薄。学生对教师往往存在畏惧或敌意,或一味服从,或阳奉阴违,或当面抗拒。在放任型中,教师对学生既不苛刻、粗暴,也不热爱、关心,而往往采取不闻不问、放任自流的

态度。学生对教师不敌视、恐惧,也不喜欢、尊重、信赖。在民主型中,教师尊重、热爱、关心、信任学生,靠自己的德和才来吸引和影响学生,发扬民主。学生钦佩、尊敬、热爱教师。师生之间除正式交往外,非正式交往也较多。

沃贝尔斯(Wubbels)等人从师生交往中教师行为的风格,总结出八种师生交往类型:[1]

(1) 指导型(directive):教师的交往行为以任务为取向,对学生要求往往较严,对学生成绩有较高标准;师生间的关系不太密切,教师对学生的意愿和需要不太感兴趣;教师行为经常表现出友好、理解等特点,但不很明显。

(2) 权威型(authoritative):也是任务取向的,课堂上有明确的规则且教师时常提醒学生遵守;师生关系密切,课堂气氛令人愉快,教师十分关心学生的愿望和需要。

(3) 容忍和权威型(tolerant and authoritative):强调规则与学生自主相结合,比权威型较少运用规则,重视学生的自主性;师生关系比权威型更为密切,学生支持和配合教师。

(4) 容忍型(tolerant):不重视规则或没有明确规则,学生自由度大;教师能满足学生的愿望,学生配合支持教师;教师的容忍行为有时会引起轻微的秩序问题。

(5) 非决断/容忍型(uncertain/tolerant):强调师生合作,学生自由度较大,教师对学生十分关心,但教师领导力较小,有时会产生一些混乱,教师往往不能决断性地制止混乱。

(6) 非决断/挑衅型(uncertain/aggressive):教师与学生处于一种相互敌视、对抗的状况,学生常常挑衅性地制造混乱,教师无力制止混乱。

(7) 压抑型(repressive):课堂上有明确的规则,教师对课堂的控制很严格,对学生要求苛刻,不满足学生的愿望;学生表现顺从,但没有积极性,表现出对教师的恐惧,并不能专注于课堂活动。

(8) 辛劳型(drudging):是任务取向的,但课堂上的气氛时常变化:有时表现出有秩序,有时出现第六种类型的挑衅性混乱,有时又出现第五种类型的可接受混乱;教师常常努力于维持纪律,虽然成功地维持纪律,但常常显得筋疲力尽。

按照李威特(H. J. Leavitt)的小团体交往模式理论,可以把师生人际关系分为五种类型:链型、Y型、轮型、环型、全渠道型(见图 3-1)。[2] 在链型交往模式中,交往分为多个等级,交往只能纵向运行而不能横向运行,信息只能逐级传递,可见交往的渠道是单一的。在 Y 型交往模式中,交往也是分等级进行的,但所分的等级稍少,在部分等级之间有多渠道交往。在轮型交往模式中,教师处于显然的核心地位,教师与学生之间的交往是多方面的,但学生之间的交往较少,不能满足学生之间交往的需要。在环型交往模式中,教师与学生、学生与学生之间都存在较多交往,但都是单向度、依次进行的。在全渠道型交往模式中,教师与学生之间、学生与学生之间都是多向度的交往,教师不处于

---

① 甄德山等主编:《教学成效相关研究》,天津人民出版社 1997 年版,第 152—157 页。
② 卫道治等:《人·关系·文化——教育社会学观略》,湖南教育出版社与广东教育出版社 1988 年版,第107—109 页。

核心地位,缺乏有力组织,但师生关系亲密,课堂气氛活跃。

图 3-1

师生交往模式
类型图

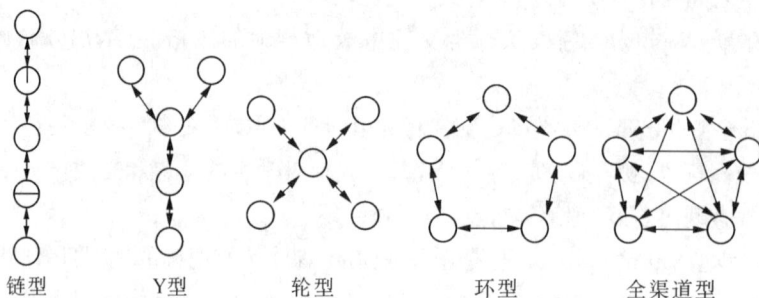

链型　　　Y型　　　轮型　　　环型　　　全渠道型

补充材料
3-1

消费主义对师生关系的影响

　　消费主义使师生关系由民主、平等而演变为契约、合同式关系。师生关系是随着社会的不断发展进步而发展变化的,旧式教育中师生之间是一种师道尊严的关系,现代教育中师生之间是一种民主、平等的新型关系,但是由于教育中消费主义倾向的影响,教师作为社会权威的力量正逐渐失去,教师正被学生所雇佣,学生往往以交了学费为由向教师提出有悖于教育规律的要求,比如讲课要针对考试、考前要适当点题、考不及格要求加分,甚至思想出了问题也想通过金钱来解决。正如吴康宁教授所指出的:“教师在学生面前都正在逐渐失去其作为社会权威的力量,例如教师对学生的讲话经常失灵,教师即便是按照社会期待对学生提出的要求往往也较难成为学生的行为准则,学生的向师特征渐趋减弱,教师对学生的影响力渐趋下降。”

　　资料来源:陈新文:《试析我国教育中的消费主义倾向》,《教育科学》2002 年第5 期。

三、教学论意义上的师生关系

　　在教学过程中,教师的教与学生的学的活动之间有着复杂的关系,教与学之间的关系即可视为教学论意义上的师生关系。理解和处理好教与学的关系,是教学活动有序而有效地进行的一个前提。

　　关于教与学的关系,我国学术界长期以来相当流行的看法是:教与学是合为一体的,这大致可以归纳为以下几点基本内容:第一,教与学属于同一种活动,是同一种活动过程的两个方面。第二,教与学从根本上说是一种对立统一关系,也就是说,教与学是同一事物中一对矛盾的两个方面,而矛盾的双方是既对立又统一的。第三,教与学之间是一种共存共变的关系,也就是说,教与学相互依存,没有教就没有学,没有学就没有教;同时,教的变化影响学的变化,学的变化也影响教的变化。这种把教与学合为一体的观点,在我国的教育理论与实践中产生了广泛而深远的影响。

这种观点在理论上的影响主要表现为三个方面。其一,以非此即彼的思维处理教与学的关系,容易走极端。过去,许多人往往以教为中心,以教否定学,或者没有重视学,看不到学的重要意义,学被教所笼罩和淹没。就是连在翻译西方的一些本来专门探讨学习问题的著作时,都存在用"教育"一词来代替"学习"一词的现象。而在当前新课程改革的背景之下,又出现一种以学来笼罩教、否定教的认识。其二,以这种观点为基础,在认识论上习惯于确定教师与学生中一方为主体,并以一方的主体地位来否定另一方的主体地位,因此出现了"教师主体论"、"学生主体论"等主张以及一些变相的主张。其三,在有关的理论建构上,往往将学生学的行为与教师教的行为合在一起来研究,以此构建"教学论",而缺少对教的专门研究或对学的专门研究。结果两者的研究都没有深入。

这种观点在实践上的影响主要表现为使学生的学习活动受制于教师的教。许多教师认为,没有教就没有学,有教才有学,教得越多也就学得越多,教师教的过程也就是学生学的过程。因此,为了使学生多学,许多教师常常采取种种控制措施。例如,教师规定学生的整个学习,要求学生必须根据教师的教来学习;在课堂上,教师不停地教,以此来"确保"学生不停地学;除了正式规定的上课之外,还无限制地补课。这也是当前学生的学习负担和教师教的负担过重的重要原因之一。虽然一些教师提倡所谓的"自主学习",但这往往是一句空话,而且是一句含义很不明确的空话,学生的学习实际上并没有达到自主。

可见,这种观点产生了重大影响的同时,也带来了不少需要重新思考的问题。为此,我们对教与学的关系进行了一些新的解释,基本观点是:教与学是性质不同但又密切关联的两种活动。具体地说,主要包含以下几层意思:

(1)教与学是两种本质上不同的活动。教与学至少有以下几个方面的区别:一是活动主体不同,教的主体是教师,而学的主体是学生;二是活动的直接目的不同,教的直接目的包括促进他人(学生)的发展和教师自身的发展,而学的直接目的是学生为了自身的发展;三是活动形态不同,教师教的活动形态主要有呈示、传递、阐释、引导、指导、激励、交流、评价等,而学的活动形态主要有观察、阅读、思考、记忆、交流、体验、表达、探索、创作、练习等;四是由于活动形态不同,因此活动过程和活动方法也必然不同;五是活动时空范围不同,一般而言,教的时空范围较小,而学的时空范围较大,有教必有学,有学未必有教,正如赫斯特(P. H. Hirst)和彼特斯(R. S. Peters)所说的:"许多学习的形式,是在没有'教学'的情况下进行的"[①]。有大量的学习是自主学习,即在没有教的情况下进行的学习,只有部分学习是在教的情况下进行的。

(2)学是教的依据,即教依据于学。教不是凭空的,而是依据学来进行。教是人的有自觉意识的活动。教的直接目的之一在于促进学生发展,而学生发展从根本上讲要通过自己的学习才能实现,教必须通过学才能实现其目的。建构主义学习理论认为,学习是学习者主动建构自己的知识、建构内部心理表征的过程,是在教师和他人的协助

---

① 瞿葆奎主编:《教育学文集·教学(上册)》,人民教育出版社 1988 年版,第 66 页。引文中的"教学"更准确地讲应该译为"教"。

下,通过独特的信息加工活动,建构自己的意义的过程。教正是在这个意义上促进学习者的自主建构,是以学为依据的。

具体来说,教依据于学主要表现为以下几点:一是教的功能在于引起、维持和促进学,这种"引起"、"维持"、"促进"是以学为依据,遵循学的特点和规律。二是教只有在引起学的情况下才发生,没有学就没有教。如果一名教师在讲台上讲了半天,学生却在做与教师的"讲课"无关的事情,则该教师不是在教,而是在独白。三是如何教受到如何学的制约,按照陶行知的说法就是"教的法子必须根据学的法子"。

(3)教对学有着多方位的影响作用,即教对学起着引起、维持、促进等作用,同时还可能起着消极的限制作用和环境性的制约作用。第一,虽然在没有教的情况下也可以发生学,但是在很多情况下,学又需要教来引起、维持和促进。通过教,往往可以进一步提高学的水平,这是众所周知的事实。第二,教有时会对学产生消极的限制作用。例如,在如下情况之下:所教的内容是错误的;所教的内容不适合于学的需要;教的方式不对,以致引起学生的对抗情绪、逆反心理;教得太多,以致学生缺少足够的独立学习时间,没有充足的机会去掌握和消化。"熟能生巧"的背后可能就是"熟能生厌"或"熟能生笨"。第三,教虽然从根本上来讲要以学为依据,但是又会反过来制约学。从学的角度来看,教是构成学的环境条件的一个部分,而一个人的活动总是要受其环境条件制约。例如,本来学的内容可能会有多种可能,但是教的行为一旦发生,就往往会规定学习内容,学也往往会适应这种规定;又如,教总是会采取一定的方式,这种方式不管是不是以学为依据,都会反过来影响学的方式,学的方式与教的方式存在一种互动的关系。

(4)教与学在时空上是部分重合的。这是指在一定范围内,教与学同时发生,在同一空间发生,甚至有可能同步进行。在这种情况下,教与学即为同一过程的两个方面的活动。需要注意的是,就是在这种情况下,教与学仍然是本质上不同的两种活动。

补充材料 3-2

"对话教学"中的师生关系

民主、平等是对话教学中的第一法则。没有民主与平等,师生之间是无法对话的。因为对话的现代意义不仅仅是狭隘的语言交谈,而且是师生双方各自向对方敞开精神和彼此接纳。民主与平等包括知与情两个方面。从知的角度看,教师和学生只是先知者与后知者的关系,并不存在尊卑关系。从情的角度讲,学生与教师一样,在人格上是独立的,每一个学生都有着自己丰富的内心世界和独特的情感表达方式,都需要教师的理解和尊重。民主平等的师生关系就成为伙伴式的师生关系。这样的师生关系,真正地具有人性,它自身就具有极大的教育价值。

人总生活在一定性质的人际关系中。人际关系的性质往往决定了一个人在关系中的思想和行为方式。教师和学生的关系是学校教学中最基本的人际关系,它的性质自然也制约着教师和学生的思想和行为方式。传统的师生关系,由于受传统社会政治和社会生活的规定,是一种不平等的权威依从关系。

如果遵循这种教学伦理原则,对话教学是无法进行的,培养能动的、创造的、富有对话理性和健康心理的人的教学目标也会化为泡影。古代的师道,其权威与专制自不必说,即便是新中国的"尊师爱生",仍是一种不平等的教学伦理原则。"尊师爱生"把教师的角色神圣化,规定了师生双方尊与从的地位,学生的批判性思维以及独立思考就被抑制,学生的独立人格就被无视。如此忽略学生权力的师生关系,与对话教学必然是风马牛不相及的。对话教学需要民主的、平等的、对话的师生关系。只有这样,师生才可能向对方敞开精神、彼此接纳,无拘无束地互动交流。在这种情况下,传统的"师道"自然之所以有"师道",是因为有特权的存在,是因为还存在着尊卑关系。所以,代替传统"师道"的并不是一种新的师道,而是"人道"本身。教师需要尊重,学生也需要尊重;学生需要爱,教师也需要爱。互尊互爱的师生关系,才是民主的、平等的、对话的师生关系,才是对话教学所要求的。

资料来源:刘庆昌:《对话教学初论》,《教育研究》2001 年第 11 期。

第 2 节　掌握知识与发展智力

　　掌握知识与发展智力都是学校教学的重中之重的任务。怎样处理这两者之间的关系呢?这一直是各派教学理论争论的一个焦点,也是当前教学理论与实践应该解决的一个基本问题。

一、教学中的掌握知识目标

　　我们首先讨论知识的含义,然后讨论两大类知识,即陈述性知识和程序性知识的范围及在教学目标中的意义。

(一)知识的概念

　　"知识"是一个十分常用、普通的术语,但人们对它的理解却存在很大的分歧。许多西方教育家、心理学家认为,知识不仅包括"知什么"(know what),而且包括"知如何"(know how to),即不仅包括客观事物的属性与联系反映所得的认识结果,而且包括知道怎样去操作、行动。日常语言哲学家赖尔(G. Ryle)就明确地把知识分为"知什么"和"知如何",分别称为命题性知识(prepositional knowledge)和程序性知识(procedural knowledge)。当代心理学家安德森(J. R. Anderson)主张把知识分为两类:一是"知什么"的知识,称为陈述性知识(declarative knowledge),这种知识包括我们所知道的事实,它可以用语言来表达和传递;二是"知如何"的知识,即知道如何进行的知识称为程序性知识,这种知识往往不能言传,它实际上包括当代心理学家通常所说的智慧技能、认知策略和动作技能。梅耶(R. E. Mayer)认为知识包括以下三种类型:语义知识,即关于"是什么"的知识;程序性知识,即用于具体情境的算法或操作步骤;策略性知识,即关于如何进行学习的知识,包括记忆、解决问题和自我控制的一般方法、策略。

　　综上所述,广义的知识包括两大类:一是陈述性知识,即"知什么";二是程序性知识,即"知如何",它包括理智技能和认知策略,此外还包括动作技能中的认知成分(动作技能包括认知成分即知道如何做和肌肉协调成分)。狭义的知识仅指陈述性知识。在本节所讲的知识,一般指广义上的知识。

(二)陈述性知识的范围和掌握陈述性知识的意义

根据心理学的研究,陈述性知识的范围包括:词语、名称、术语或标记;单一的命题或事实、事件;作为有联系的论述而组织起来的命题或事实的集合等。①

掌握陈述性知识具有很重要的意义。首先,每个个体都应该对人类社会的历史有足够的了解,对人类社会的文化有足够的吸收和继承,这是个体社会化中十分重要的内容,而人类社会的历史、文化中大量的知识是陈述性知识。其次,有许多陈述性知识在个体的一生中如日常生活、交流和职业生活等各个方面都发挥着重要的作用。例如,"我们每个人都需要知道一般物体的名称、数目的名称、一个星期中各天的名称、十二个月的名称,以及在日常生活和社会内部交流中所必需的许多其他事实……一个要成为木匠的人必须学会用于建造的木材和工具方面的许多名称和事实;一个要成为植物学家的人必须学会植物方面的许多名称和其他信息。"②再次,陈述性知识是一个人思想的运载工具。从微观上说,一个人的思维活动,是通过一系列的术语、概念、命题等多种陈述性知识来进行的,离开了这些,也就难以进行思维、产生思想。从宏观上说,那些具有丰富的思想的人都是具备了大量的陈述知识的人。最后,陈述性知识是程序性知识的重要组成部分或基础。程序性知识的核心成分实质上是概念和规则的运用,而概念和规则本身又是陈述性知识的核心成分,而且程序性知识的学习又往往要以一定的陈述性知识为基础。

(三)程序性知识的范围和掌握程序性知识的意义

作为关于"如何做"的知识,程序性知识主要包括智慧技能、动作技能中的认知成分、认知策略三类。

智慧技能是通过练习而形成的完成一定的智力活动的能力。根据加涅的研究,它包括五种类型:(1)辨别即区分事物之间的不同点的技能;(2)具体概念,即对事物进行归类,并能对该类事物中的任何一个事物作出反应;(3)定义性概念,又称抽象概念,即概念的定义对事物进行分类,并能对该类事物中的任何一个作反应;(4)规则,它是运用单一规则完成某一类智力活动,即对一类刺激情境作出反应;(5)高级规则,这是同时运用多条规则来完成一种或一系列智力活动。③

智慧技能在教学目标中占有很重要的地位。人类的各种活动中,大量的是智力活动,而智力活动主要地是直接依靠智慧技能来完成的。所以,智慧技能乃是人的能力中至关重要的组成部分。事实上,智慧技能一直在学校许多教学科目中占有十分重要的地位。

动作技能是通过练习而形成的完成一定的肌肉运动的能力,它以明显的行动表现

---

① [美]加涅著,傅统先、陆有铨译:《学习的条件》,人民教育出版社 1985 年版,第 207 页。
② 同上书,第 228 页。
③ 皮连生:《智育心理学》,人民教育出版社 1996 年版,第 247 页。

出来。而行动包括两种成分：一是描述如何进行运动的规则，这在行动中处于支配地位；二是因练习与反馈而逐渐变得精确和连贯的实际肌肉运动。前者属于程序性知识的范围。由于人类有大量的活动需要运动技能才能完成，有许多运动技能是学生必须学会的，如写字、操作科学器具、演奏乐器、体育运动等，而且具备一定的动作技能是顺利地进行其他各类学习的重要条件，因此，动作技能在教学目标中同样占有十分重要的地位。

认知策略是学生用来调节自己内部认知活动如注意、学习、记忆、思维等过程的技能。我们平常所说的学习方法，实际上主要是指认知策略；我们通常说要使学生学会学习，实质上主要就是使学生掌握有效的认知策略。心理学研究表明，认知策略是能够学会的，而且当学会了这些策略时，它们能迁移到新的问题情境中去。

显然，认知策略在教学的目标中占有特别重要的位置。首先，认知策略是制约教学效果的重要因素，因为学生只有通过自己的学，才能掌握教学内容。教学效果的好坏最终取决于学生是否会学习。其次，认知策略具有长远的甚至终身的价值，掌握了有效的认知策略，会使一个人终身受益。学校教学中不仅要引导学生掌握大量的现成的知识，更要引导学生形成有效的认知策略，使他们能够在走出学校之后，不断地、有效地学习。这一点，在当今要求人们终身学习的学习化社会中显得尤为重要。

建构主义知识观

建构主义认为，知识不是客观的东西，而是主体的经验、解释和假设。为了使大家认识到这一点，我们先反省一下自己头脑中的知识观。在学习和教学行为中，我们都隐含着一套对知识的理解。例如，当我们教授科学知识时会对学生说"牛顿发现了万有引力定律"。在这里，我们用"发现"而不是"发明"。

我们说"牛顿发现了什么定律"，言下之意，牛顿的理论就如同石油、煤矿、金矿、银矿一样隐藏在世界某处，在牛顿之前是客观存在着的，后来被牛顿找到而已。这意味着，我们在无形之中将牛顿的理论当作一个东西来看待。

为什么在教学中常常把知识当作无形的东西看待呢？那是由我们头脑中的一般认识论观念造成的。我们坚信世界是客观存在的。例如，我们面前的桌子是客观存在着的，不管我们在不在屋内，它都在这里。也就是说，这张桌子的存在是客观的、确定的。知识是什么？按照辩证唯物主义认识论，知识是人脑对客观世界的属性及其联系的能动反映。但是，我们在实际工作中，经常把"能动"两个字漏掉了，换成了"直接、被动、简单"。知识于是就变成了人脑对客观世界的被动、简单而直接的反映。人脑就好像一部照相机或一面镜子，有关桌子的知识，不过是人脑中映射的桌子的底片、镜像而已。由于外在的桌子是客观存在的，有关桌子的底片或镜像也是客观存在的，因而也是确定的、绝对的。根据这一隐喻来看前面所举牛顿的例子，牛顿的理论是一个客观的、确定的、绝对的东西。这实际上不过是一种形而上学的机械反映论。

建构主义理论与这种机械的反映论是相对立的。建构主义认为,知识不是客观存在的被人发现的东西,而是人在实践活动中面对新事物、新现象、新信息、新问题所作出的暂定性的解释和假设而已。牛顿的理论并不是事先存在着的东西,而是由牛顿通过实践和认识活动而发明出来的假设和解释而已,具有一定的客观性、相对性、暂定性和实用性。尤其是随着科学技术的迅猛发展,人们对同一个事物、现象或问题,存在各种不同的看法,到底哪个看法代表客观的东西?都不是。它们都不过是一种暂定性的解释、假设而已。

人类社会的公众知识如此,个体知识也是如此。公众知识在每个学习者头脑中的意义不是客观的,而是每个学习者通过主动参与认识活动而主观创造出来的,是每个学习者的一种主观经验、解释、假设。人脑不是电脑,同样一段程序在不同电脑中运行的结果可能是一致的,但同样一段以语言文字为载体的公众知识在不同个体的头脑中意义却是不一样的。总之,无论社会公众知识,还是个体知识,都不是客观的东西,而是人主观创造出来的暂定性的解释、假设。这种知识观对学习和教学都带来了巨大的冲击力。

资料来源:刘儒德:《建构主义的知识观、学习观和教学观》,《人民教育》2005 年第 17 期。

二、教学中的发展智力目标

关于教学中发展学生智力的目标,我们依次讨论下列三个具体的问题。

(一) 智力的概念

关于智力,历来界说不一,有代表性的定义如下:

(1) 指个体表现在推论、想象、领悟、判断以及生活适应等方面的能力;

(2) 指个体表现学习、抽象思考以及处理新情境的能力;

(3) 指个体在行为上所表现出来的综合性的普通能力;

(4) 指解决问题的综合能力;

(5) 指个体的一般能力,包括观察力、注意力、记忆力、思维力和想象力;

(6) 与体力相对,指一个人的心理能力,包括一个人的知识、技能和一般能力等;

(7) 指个体的综合性的认识潜能;

(8) 指对个体实施智力测验所测量到的分数;

(9) 指脑神经活动的针对性、广扩性、深入性和灵活性在任何一种神经活动和由它引起的并与它相互作用的意识性的心理活动中的协调反映。

综合各方面的理论研究和事实,应该把智力与一个人具体的知识经验区分开来,即不应包括具体的知识经验。我们可以综合上面第(7)、(8)、(9)种定义,把智力理解为一个人的神经活动的功能特性在人的一切认识活动中的表现,它是一个人的基本的、综合性的认识潜能,在日常生活中相当于通常所说的"聪明程度"。尽管"智商"的概念早就提出,但"智力"直到现在一定程度上仍然是一个抽象的、假设性的概念,人们还没有弄清它的实质。然而,它又确实是存在的,而且在人的生活中起着非常重要的作用。

这里需要提到的是,1983 年,美国著名心理学家霍华德·加德纳针对传统的智力概念提出了多元智力的概念。近年来,多元智力理论产生了日益广泛的影响。

(二) 发展学生智力的意义

教学中发展学生的智力具有重要的意义。首先,与知识相比,智力对人的认识有更为广泛的作用。它是各种认识活动的一个重要基础,如果在教学中大力促成学生智力的发展,那么就为提高他们各种认识活动的效率提供了可能性。其次,与知识相比,智力对人的作用更为长远,它一旦发展起来,就可使人终生受益。再次,智力是影响整个学习效果包括知识学习效果的一个重要因素。大量的研究表明,总体上说,学生各门学科的学业成绩与智力测验分数呈中等程度的正相关,为 0.5。① 也就是说,学生学业成绩的差异有约 25% 是由学生的智力水平的差异造成的。因此,如果能大力地发展学生的智力,那么就不但取得了发展智力本身的效果,而且为达成知识掌握的目标提供了良好的条件。

然而,智力只是为个体现实的能力、成就提供一种可能性。从这个意义上说,发展智力的意义又是有限的。理由有以下两点:第一,智力不能决定一个人的能力和成就。虽然一个人能形成怎样的能力,能取得怎样的成就,受其智力的影响,但是个体之间能力高低、成就大小的差异,主要地并非取决于智力的差异,而是取决于知识、性格等因素(就主观因素而言)。第二,智力也并不能决定学生的学业成绩,它仅仅决定成绩的25%。学业成绩还受到学生的知识基础、人格特点、学习动机、学习兴趣等多方面的影响。所以,不能过高地估计发展智力的意义。

(三) 教学在促进学生智力发展方面的作用

教学能否起到促进学生智力发展的作用? 能起到多大的作用?

有关研究表明,教学能够对学生智力的发展起一定的促进作用。这种促进作用对于文化环境不良的儿童来说,较为明显。例如,对文化环境不良的儿童实施补偿教育计划,让其提早入学,可以使他们的智商有一定的提高,尽管提高得不多。对于所处文化环境正常的儿童来说,教学对其智商提高的作用极小,但是延长的学校教育(如进入大学)能够促进智力中较复杂成分(如推理能力和抽象能力等)的进一步发展,这里显然包含了教学的作用。②

当然,教学在促进学生智力发展方面能起的作用,实际上是很有限的。心理学的研究表明,个体的智力差异主要受遗传决定,后天因素虽然也对之具有重要作用,但是在后天因素达到正常水平(而不是像狼孩那样缺乏正常的人类社会生活环境)的前提下,后天因素的差异对个体智力差异的影响很小。个体后天所处的家庭环境和社会环境、所受的学校教育和所进行的各种活动,都只能在一定限度内影响智力。关于遗传在个体智力差异中起主要作用的证据很多。一个方面的证据是,血缘关系越近的人,智商相关也就越高,其中同卵双生子之间的智商相关最高。例如,根据詹森(A. R. Jenson)的

① [美]奥苏贝尔等著,佘星南等译:《教育心理学——认知观点》,人民教育出版社 1994 年版,第 347 页。
② 同上书,第 337—339 页。

研究,同卵双生子在一起抚养的智商相关达 0.87,分开抚养的也达 0.75。[①] 其他许多研究也得出类似的结果。一些研究结果表明,个体的智力约有 80% 由遗传决定,而只有约 20% 由后天因素决定。第二个方面的证据是,个体到一定年龄(具体是什么年龄,不同研究的结论有差异,有一种结论是 16—18 岁)以后,虽然仍然在广泛地接受后天因素影响,但是智力发展却趋于停止。这是为什么呢? 主要地只能用遗传及其相应的成熟机制来解释。第三个方面的证据是,个体在各个年龄阶段,智商是保持相对稳定的,即其智力水平在团体中的相对地位保持相对稳定,而不管环境与教育条件以及从事的活动在团体中的相对地位如何变化。这也主要地要用遗传来解释。第四个方面的证据是,弱智儿童的教育经验告诉我们这样一个事实,我们对他(她)进行教育,主要是出于受教育机会均等的需要,让他们能够享受到与正常儿童同等的教育机会,让他们把自己的潜能充分发挥出来。没有一个成功的案例说明,通过学校教育把一个弱智儿童培养成为一个正常智力的儿童。

可见,后天因素在个体智力差异中所起的作用并不象我们所期望的那么大。当然,没有正常的后天条件,个体的智力是不可能成熟和发展的。但是,后天因素在达到正常水平的基础之上的差异,对智力差异的影响相当小。所谓后天因素的正常水平,主要是指正常的人类社会生活条件(包括文化环境),而这样的条件是大多数人都具备的,能进入学校的学生当然也绝大多数是具备的。整个后天因素对个体智力差异的影响尚且很小,作为后天因素之一的学校教学,影响就更小了,企图通过教学来使学生的智力获得大的发展,那是不现实的。所以,教学不能以发展智力为主要目标。

补充材料
3-4

对形式教育论及其变种的剖析

关于教学中掌握知识与发展智力的关系,历史上出现过一种广为流传的形式教育论。这种观点作为一个理论流派已经成为历史,但是它目前仍然在教学理论与实践中产生着广泛的影响,或者说,目前仍然存在着形式教育论的变种。为了在理论上更准确地理解掌握知识与发展智力的关系,在实践上防止那些似是而非的观点的误导,这里有必要对形式教育论及其变种加以剖析。

形式教育论是 18 世纪前后产生于西方的一种片面地重视教学的发展智力这一目标的教育理论,与实质教育论相对。形式教育论的理论基础是官能心理学。官能心理学认为,人的心智可以分为若干种官能,每一种官能都可单独训练而获得发展,这些官能有:知,即认识,它可分为感知觉、记忆、注意、想象、推理;情,即感情;意,即意志。基于此,形式教育论者认为,教学的目的就在于训练这些官能,学校课程的选择、开设完全取决于是否具有训练这些官能的价值,而知识本身是不重要的。用今天的话来说,关于教学的目标,形式教育论者只片面强调发展学生智力,而忽视掌握知识。

[①]　白学军:《智力心理学的研究进展》,浙江人民出版社 1996 年版,第 270—280 页。

到 19 世纪末 20 世纪初,形式教育论受到人们尤其是心理学家詹姆斯(W. James)、桑戴克(E. L. Thorndike)等人的严厉批判。詹姆斯进行了一项关于记忆力训练的可能性的实验,结果表明,所谓记忆力(保持力)的训练,并不能使被试的记忆力产生什么长进,即便使被试的记忆有所进步,那也是归功于更好的记忆方法。20 世纪早期,桑代克进行的"中学学科中的心智训练"和"中学学科中的心智训练研究之二"两项实验表明,用那些被形式教育论者认为特别具有心智训练价值的学科来训练被试的心智,所取得的效果极为有限,在心智训练上并不能比实用学科取得更好的效果。这些实验研究结果已经导致形式教育论作为一种理论流派的终结。但是它一直以种种新的形式表现在教学理论和实践之中,产生着广泛的影响。例如,当前我国教学理论界和实践界,有不少人主张教学的主要目标在于发展学生的智力,而掌握知识则是不重要的或次要的,其中一些人还把智力分为观察力、注意力、记忆力、想象力、思维力 5 种能力,认为这 5 种能力可以单独训练而获得发展。这种强调发展智力的主张,显然是形式教育论的一种新的表现形式,或者说形式教育论的变种,但它给人一种"进步"、"符合教学改革潮流"的印象,正产生着越来越强大的诱惑力。

我们在上文已经分析过,教学能对学生智力发展起到的作用是很有限的,想通过教学来使学生的智力获得大的发展,那是不现实的,因此,"教学的主要目标是发展学生的智力"这个口号虽然很诱人,但它在一定程度上只是一种幻想。

资料来源:瞿葆奎、施良方:《"形式教育"论与"实质教育"论》,瞿葆奎主编,施良方、唐晓杰选编:《教育学文集·智育》,人民教育出版社 1993 年版,第 449—450 页。

三、掌握知识与发展智力的关系

上面分别讨论了教学中掌握知识的目标与发展智力的目标。现在我们再来探讨教学中掌握知识与发展智力的关系。

(一)掌握知识与发展智力是发展能力的两个方面

掌握知识与发展智力的关系首先表现在,知识与智力是完整的能力结构的有机组成部分:智力是能力结构中的一般成分,知识是能力结构中的特殊成分。因此掌握知识与发展智力是发展能力的两个不可分割的方面。

什么是能力?对此,存在着多种不同的观点,这些观点可大致概括为三种类型:(1)把能力定义为一种个性心理特征,这种心理特征不包括知识在内,而只是掌握知识和运用知识来解决问题的一个条件。许多心理学和教育学文献中的定义或者与此相近,或者实际上仅限于其中的潜在能力。(2)把能力定义为在遗传的基础上获得的知识(此为广义上的知识,即包括陈述性知识和程序性知识)。(3)把能力定义为完成一定活动所需要的完整的本领、才能。

究竟应该怎样解释能力呢?应该把握以下几点:

第一,严格地说,能力无所谓潜在能力与现实能力之分,被称为能力的,就其本身来说都是现实的。我们说一个人有很强的能力,是指他已经能够顺利地完成一定的活动,而不是说他具备了将来在一定条件下达到能够顺利完成一定活动之现实能力的素质。所谓的"潜在能力"实际上是一种不妥当的说法,因为,假如在某个人身上存在某种被称为"潜在能力"的特征,那么这种特征事实上不但现在不是现实的能力,而且将来也未必会发展成为现实的能力,将来是否发展成为现实的能力以及发展为多大的能力,关键是将来的社会环境、家庭环境、学校教育条件和个体自己的活动如何,因而怎么也不能把它划入能力的范围。而且在心理学中另有一概念"能力倾向",所谓的潜在能力实质上就是能力倾向。

第二,不存在纯粹的一般能力。能力是在活动中形成并在活动中表现出来的,而活动是具体的,个人能力的强弱也是因具体活动领域而异的,所以能力总是带有具体的性质。虽然能力同时也包含一般的成分,但这只是成分而已,而非完整的能力。例如记忆力虽然包含有一般的记忆品质,但这些品质并不是完整的记忆力,完整的记忆力总是与具体的记忆材料联系在一起的。例如,我们经常看到这样的事实:在某一个方面记忆力好的人,在另一个方面的记忆力不一定好,有时甚至很差。不少人认为人的身上存在着一般能力,并将之划分为观察力、注意力、记忆力、思维力、想象力几种类型,这几种类型的能力可以分别加以训练而获得发展。现代心理学理论和事实都表明,这是一种虚构,这种虚构实质上就是历史上官能心理学的论点,而这种论点被许多心理学家的实验证明是站不住脚的。

第三,能力并非相对稳定不变的,而是不断发展的。例如一个学英语的人,只要他不断地以有效的方法进行学习,那么他的英语能力显然会以显著的速度不断地提高。不少人把能力解释为一种相对稳定的个性心理特征,这显然是不符合事实的。根据这三点,能力应该包含知识(陈述性知识和程序性知识)。

不过,能力又不仅仅包含知识,因为仅仅具有知识还不能保证个体"能"顺利地完成相应的活动。要"能"顺利地完成一定的活动,个体除必须具备有关的知识外,还必须具备一定的认识活动功能;同时,具备相同程度的知识但认识活动功能不同的人,完成活动的效率是不同的,这些都是事实。这种认识活动的功能就是智力水平。智力活动的功能特性不仅直接影响个体掌握知识的速度和质量,而且直接影响个体运用已有知识来完成活动的效率,故为能力的一种构成成分。

从这些分析看,上述关于能力的第三类定义较为合适。概括地讲,能力是保证个体"能"顺利地完成一定活动、直接影响活动效率的主观条件,是由知识和智力等构成的有机整体。

因此,智力和知识都是能力的有机组成成分。在能力结构中,智力是一般成分,知识相对于智力来说是特殊成分(不过,在知识之中又存在着一般知识与特殊知识之分)。这里所说的知识当然是广义上的知识,包括陈述性知识和程序性知识。智力和知识两者就构成完整的能力,缺乏其中的一个方面,都不足以产生能力。

我们经常说,教学要培养学生的能力,实际上,能力的培养包括很广泛的内容:一方面,要向学生传授知识,包括陈述性知识和程序性知识,其中尤为重要的是程序性知识,即智慧技能、动作技能和认知策略;二是要发展学生的智力,即提高学生的基本的认识潜力。只有这样,才能完整地发展学生的能力。

（二）如何处理掌握知识与发展智力的关系

在教学目标中处理掌握知识与发展智力这两个方面的关系时,应该做到以掌握知识为主,做到掌握知识与发展智力相结合。

掌握知识应该成为教学在智育方面的主要目标。主要原因有二:其一,知识不管是陈述性知识还是程序性知识,都对人生具有重要的现实价值。人的各种实际能力的形成和实际成就的取得,都以知识为重要的条件之一。其二,只要教学策略恰当,在教学中向学生传授大量的知识是完全可能的,而且只要学生把所学的知识很好地整合到自己的认知结构中去,那么这些知识是能够长久保持的,这些都有足够的理论依据,也都是事实。

发展智力则不能成为教学在智育方面的主要目标。最主要的原因是,如上所述,教学对智力发展实际能起的作用很有限,企图通过教学来使学生的智力获得大的发展,那是不现实的。另外,智力虽然对于一个人的成就和贡献起着重要的作用,但是它不能决定一个人的能力和成就。因此,虽然发展智力是教学的一个不可忽视的目标,但是不宜过分强调此目标。

作为能力结构的两个有机的组成部分,掌握知识与发展智力之间并不是彼此孤立、相互对立,而是相互制约、相互促进的。一方面,智力的发展水平制约着知识的掌握,这主要表现为两点:(1)一定的智力发展水平是知识掌握的前提条件;(2)智力发展水平的高低,制约着知识掌握的速度和质量。另一方面,知识的掌握又能促进智力的发展。智力作为一种认识活动的功能、基础,需要通过各种认识活动才能得到发展和成熟,知识的掌握作为一种认识活动,当然具有促进智力发展的作用。然而,知识掌握对智力发展的作用是有限的,因为在后天条件达到正常水平之后,后天条件之差异对个体智力差异的影响就较小了。

第 3 节　教学中的认知与情感

教学既是一种认知的过程,也是一种情感的过程。认知与情感的关系问题是教学中的又一个基本问题。

一、教学的认知过程

教学是一个认知的过程,这主要表现在:教学过程受各种认知因素的影响;在教学过程中,教师与学生进行着各种认知活动。

（一）什么是认知

关于什么是认知,迄今没有被普遍接受的看法。美国心理学家豪斯顿(J. P. Houston)等人对心理学界关于"认知"的定义进行考察后,归纳出具有代表性的五种。

(1)认知即信息加工,即转换、简约、加工、贮存、提取和使用感觉输入的所有过程;

(2)认知即心理上的符号运算,包括对言语符号、关于物质客体的符号等的心理运算;

(3)认知即问题解决,包括我们为了解决问题而选择、接收、运算和使用外部环境中的信息和自己内部贮存的信息的活动方式；

（4）认知即思维；

（5）认知是一组相关的心理活动,包括感觉、记忆、判断、思维、推理、问题解决、学习、想象、概念化和使用语言等。

我国心理学界较多的人从如下的广、狭两义来界定"认知"这一概念:广义上的认知即认识,指人们认识事物的整个心理历程,包括感知、记忆、想象、思维等一系列具体过程;狭义上的认知即再认,是记忆过程中的一个环节。一般所说的"认知",是就广义而言的,用信息加工的术语来说,即信息加工的过程。本章也取其广义。

（二）影响教学的认知因素

教育心理学的研究表明,认知因素是影响教学过程的一个十分重要的因素。学生个体的认知因素主要包括学生的认知结构、认知发展准备和认知风格等。有些教育心理学家将这些认知因素统称为"认知准备状态"。我们经常强调教学要因材施教,而因材施教的基本内容之一就是教学必须适应学生个体身上的认知因素。

1. 认知结构

认知结构是指学生已经具备的知识及其组织结构。从广义上说,它是指学生个体已经具备的全部知识及其组织结构;从狭义上讲,它仅指学生个体在某种特殊知识领域所已经具备的知识及其组织结构,即与新的学习直接相关的那些知识及其组织结构。

认知结构对教学(更确切地说是对教学过程中学生学习)有着至关重要的影响。因为学生的学习总是在已有的知识基础上进行的,尤其是有意义学习即通过理解而进行的学习,总是通过将新的知识与结构中已有的有关知识建立起联系而进行的。现代认知心理学家奥苏贝尔的一段话充分表明了认知结构在教学过程中的作用:"假如让我把全部教育心理学仅仅归结为一条原理的话,那么我将一言以蔽之曰:影响学习的唯一最重要的因素,就是学习者已经知道了什么。要探明这一点,并据此进行教学。"[1]

奥苏贝尔等人的研究表明,学生的认知结构中最重要的变量有三个:一是当学生要学习新的知识时,其认知结构中是否具有与新的学习有关的知识,以及这些知识的概括性程度。认知结构中已有的有关知识的概括性越高,包容范围越大,迁移的价值也就越大,即越有助于学习新的知识。二是认知结构中已有的相关知识与新教材中相应知识的可分辨度,两者可分辨度越高,则越有助于实现正迁移、避免干扰,从而有助于新知识的学习。三是认知结构中已有的有关知识的巩固程度,巩固程度越高,则越有助于新知识的学习。

2. 认知发展准备

认知发展准备是指学生在从事某种学习时,已经具备的认知功能和一般认知能力发展水平。这主要包括学生在感知、记忆、思维、言语等方面功能的发展水平。认知发展是遗传素质、生活经验、环境刺激、个体学习活动等方面因素作用的结果。它具有顺

---

① ［美］奥苏贝尔等著,佘星南等译:《教育心理学——认知观点》,人民教育出版社 1994 年版,扉页。

序性、阶段性等特点。学生的认知发展准备对其学习有着很重要的作用:任何学习都是在已有的认知发展水平的前提下进行的,已有的认知发展水平的高低制约着新的学习的水平(尤其是抽象性水平)和速度。

3. 认知风格

认知风格又称认知方式,是指学生个体在认知即信息加工过程中表现在认知方式方面的持久一贯的独特风格。学生在认知方式上是有差异的,这种差异一般用两极的方式来描述,主要有:场依存与场独立、整体性策略与系列性策略、求异思维与求同思维、冲动型思维与反省型思维等。[①]

认知风格是学生的理智特征,是表现在认知上的个性特点,它构成学习风格的主要方面。它是一种介于认知与情感之间的因素。它没有高与低、好与坏之分,但不同的认知风格适合于不同的认知情境,因此是影响教学过程的一个重要因素,它日益受到教育心理学家和一些教育实践工作者的重视。

(三)教学过程中学生的认知活动

20 世纪 70 年代以来,为了探讨如何促使教学取得最佳效果,认知心理学家们逐渐重视对课堂教学中学生的认知过程的研究。如图 3－2 表示的是教学中的认知模式。[②]

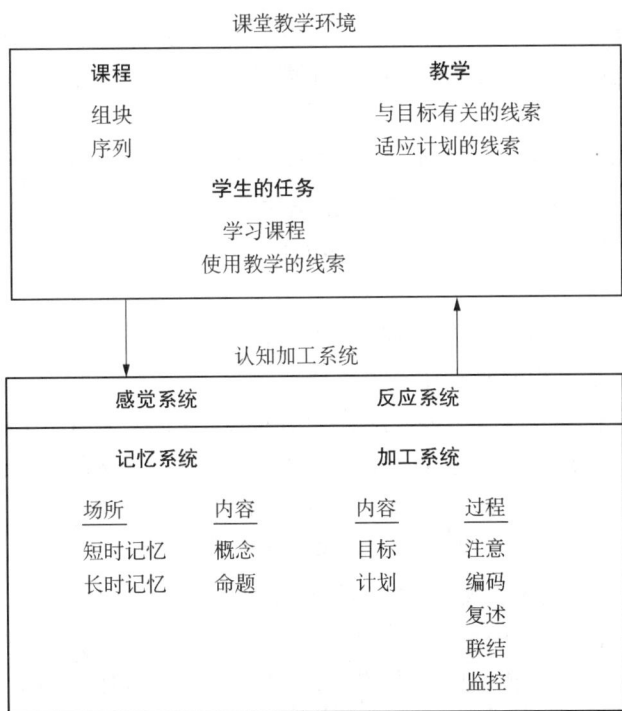

图 3－2

教学过程中学习的认知模式

---

① 施良方:《学习理论——学习心理学的理论与原理》,人民教育出版社 1994 年版,第 493—503 页。
② 施良方:《学生认知与优化教学》,中国科学技术出版社 1991 年版,第 13 页。引用时稍作了修改。

该图所表示的认知模式包括课堂教学环境和认知加工系统两个基本部分,其中核心部分是学生的认知加工系统。课堂教学环境包括课程、教学(即教师的教)和学生的任务三个方面。认知加工系统部分展示了教学中学生的认知过程。在认知加工的总系统中,有四个主要的子系统:感觉系统、记忆系统、加工系统、反应系统。感觉系统是来自环境的信息进入认知系统的通道。记忆系统是对输入信息的编码、贮存和提取活动。加工系统是在认知过程中对信息实际进行加工的处理系统,这是整个认知加工系统的中心,它包括五个基本的认知过程:注意、编码、复述、联结、监控。这五种基本过程可以有多种不同的组合,以适用于形成各种不同的概念、命题和图式。五种基本认知过程的不同结合,就构成教学中学生的各种认知活动。反应系统控制信息的输出。

二、教学的情感过程

教学同时也是一个情感的过程,这主要表现在:教学过程受各种情感因素的影响;在教学过程中,教师与学生都进行着各种情感活动;教学过程产生各种情感的结果。

(一) 什么是情感

"情感"是一个含义很广泛而且相当模糊的概念,它往往作为感情、内心体验、需要、愿望、价值追求等一系列心理现象的笼统称呼来使用。在我国心理学界,较多的人把情感界定为人对客观事物与自己需要的关系的反映,或把它界定为人对客观事物的体验。有些学者所说的"情感",既包括比较稳定的、主要与社会性需要相联系的态度、体验,即狭义上的情感,也包括情境性的、主要与生理需要相联系的体验即情绪;有些学者则认为情感仅指比较稳定的主要与社会性需要相联系的内心体验,而不包括情绪。

这里,我们从广泛的意义来理解"情感":一切态度体验包括情绪体验都属于情感的范围。它的核心意义是作为一种心理过程,这种过程与反映客观事物本身的认知不同,它是反映客观事物与人自己的需要之间的关系。同时,个体通过反映客观事物与自己的需要的关系,通过一系列的态度体验,形成各种性格特征,如态度、价值观、意志品质等,这些主要是情感过程的结果,也属于情感的范围。情感是与认知相对的。

(二) 影响教学过程的情感因素

在教学过程中,有种种情感因素在起着作用,对学生的学习活动从而也是整个教学活动的效果有着重要的影响。这些情感因素主要包括学生个体自身的情感因素和教师的情感因素、教材中的情感因素和教学环境中的情感因素。

1. 学生个体自身的情感因素

学生个体自身的情感因素主要包括人格因素和动机因素两类。

人格因素是个体固有的特质及行为倾向的统一体。对学习活动影响最为显著的人格因素有价值观、意志特征、理智特征等。价值观是个体据以对事物的意义或重要性进行评价和选择的原则、信念和标准,是推动并引导个体采取决定并行动的一种稳定的、持久的内在力量。它对个体的各种活动都起着推动、影响和调节的作用,对教学过程中的学习也不例外。例如,高度估价知识的价值并以知识为追求目标的学生,一般会有高度的学习积极性。学生个性中的意志特征对学习的作用也是很明显的。例如,有恒心、有毅力、自制力强等优秀意志品质很有助于学习,而虎头蛇尾、遇难而退、自制力差等意志品质则会成为学习的严重障碍。理智特征主要指认知风格。

学习动机是直接推动学生进行学习的内在力量,它是由多种因素组成的整体,包含的具体因素主要有学习的需要、内在动机与外在动机等。有关这一问题,我们将在第 6 章讨论。

2. 教师的情感因素

教学中教师的情感因素主要有教师的人格特征、教师对学生的态度、教师在教学中的情感投入、教学风格等。教师的人格特征对学生学习的影响是多方面的:不仅影响学生的人格形成,而且影响学生的认知学习,因为教师的人格特征必然影响教师的看法,从而影响学生的学习态度。例如,人格特征优秀的教师对学生具有一种无形的感召力;热情和善解人意的教师可以满足学生的附属需要,这些都有助于增强学生的学习动机。教师关于学生的态度对学生的学习有着很重要的影响。例如,若教师、信任、关怀学生,对学生寄予殷切的期望并严格要求学生,则有利于学生的学习。就情感投入说,如果教师在教学中全身心地投入、充满感情,那么会很有利于调动学生的学习热情;而如果教师仅仅把自己当作一个教书匠,缺乏情感的投入和表达,那么课堂将变得毫无生机,学生学习的热情就会减弱。

3. 教材中的情感因素

教材内容是人类在认识世界和改造世界的实践活动中的经验总结的一个侧面,直接或间接地反映了人类实践活动的情况。同时,教材是相关人员按照一定社会、阶级、时代的要求设计的,在不同程度上体现了设计者的意志。人们在实践活动过程中自然会产生喜怒哀乐的各种情感体验,教材设计者在设计教材时也必定有各种情感投入和流露,这样,教材必定蕴涵大量的情感因素。教材蕴涵情感因素有两种情况:其一,当教材内容涉及直接反映人类实践活动以及直接反映人在活动中的情感时,其间所蕴涵的情感因素,即为显性的情感因素;其二,有些教材内容主要在于反映客观事实,并不带明显的情感色彩,但在反映客观事实时,仍会不知不觉地使人感受到其中隐含的情感,这种情感因素可以称为隐性情感因素。[①] 由于教材中蕴涵有大量的情感因素,因此教教材和学教材的过程中可以而且应该相应带有情感。

4. 教学环境中的情感因素

教师的教和学生的学是在一定的教学环境中进行的。教学环境可划分为物质环境和心理环境两大类。相关人员在设计教学的物质环境时,总会流露出一定的情感,并在环境中渗入有关人的情感,如教室内外环境的设计就是如此。这就有意识或无意识地使教师与学生在教学中产生情感,尤其是情感回应。心理环境中蕴涵环境因素的情况更是普遍,课堂气氛就是一个突出的例子。课堂气氛是指课堂教学过程中所表现出来的公共情绪状态,它受校风、班风、班级集体发展、师生人际关系和教师对偶发事件的处理方式等的制约。课堂气氛是教学能否顺利进行的重要条件,是制约教学效果好坏的一个重要因素。

① 卢家楣:《情感教学心理学》,上海教育出版社 2000 年版,第 67—69 页。

总之,教学过程受到各种各样的情感因素的影响,在教学过程中必须全面地、深入地分析这些因素,最大限度地优化这些因素。

(三)教学过程中教师与学生的情感活动

教学过程中教师与学生情感活动受重视的程度,在不同历史时期是不一样的。在古代的学校教学中,教师与学生的情感活动占有十分重要的地位,甚至其重要性往往超过认知活动。在从近代开始到20世纪上半叶的学校教学中,由于科学知识猛增以及大力发展生产力的迫切需要,知识传递的需要使得认知活动占有绝对的优势地位,情感活动在很大程度上受到不公平的待遇。20世纪中叶以来,随着人们对人自身认识的日益全面,对人的身心全面发展包括情感发展的日益重视,以及重视情感作用的教学方法的研究与改革上的成功,教学过程中教师与学生的情感活动日益受到重视。

因此,我们看到,在当代大多数的课堂中,教师与学生都不仅进行着传递知识与掌握知识以及训练智力的认知活动,而且进行着各种情感活动。教师充满情感地教,学生充满情感地学,双方随时进行种种情感交流。在课堂上,教师与学生体验着成功、满足、欢乐、自尊、兴奋及其他种种情感;在整个教学过程中,认知活动与情感活动相伴进行。

三、认知与情感的相互关系

(一)认知与情感构成一个整体

人的心理活动是一个整体,每个人无论什么时候作出什么反应,都是作为"整个有机体"或"整个人"来作出反应的。个体的任何一种行为都既有认知的成分,也有情感的成分。认知与情感是密不可分的,它们构成一个整体。为便于分析起见,我们才作出认知与情感两个方面的划分。

认知与情感的划分是相对的,而且不可避免地带有人为的性质。认知与情感是相互伴随、相互渗透的:认知中有情感的成分,情感中有认知的成分。例如态度,虽然它一般归入情感的范围,但实际上它总是包含有认知的因素,即包含个体对态度所指向的对象的属性、这些属性与个体需要之间相互关系的认知。又如记忆,虽然它大体上是一种认知行为,但是这种行为本身必然包含个体的种种情感倾向,如记忆的动机、兴趣、态度以及与记忆有关的人格特征。所以,虽然我们在一定情况下可以而且有必要在观念中把认知与情感分开,分别进行分析,但我们应该始终明确,认知与情感实际上是构成一个整体的。

(二)认知与情感的相互作用

认知对情感的作用主要表现在以下两个方面:

第一,认知是引起情感产生的一个主导性因素。情感是人对事物与自己的需要之间的关系的反映,而这种反映是以认知为基础的。人只有在通过认知反映客观事物的属性,揭示客观事物对人的意义的基础上,才能产生相应的情感。首先,作为一种情境性的态度体验之情绪的产生,包括情绪的类型和强度,受到认知的重要影响,在一定程度上是以认知为基础的。例如,一个人在野外看见一条毒蛇会产生紧张或惧怕的情绪,而在动物园里看到很多毒蛇都不会产生这类情绪,其主要原因就在于对环境的认知和判断不同。许多心理学实验证实了认知因素在情绪产生中的重要作用[①]。其次,较稳定的、主要与社会性需要相联系的情感的形成,也是以认知为基础的,人的道德感、理智和美感等都是如此。例如,道德感就是以道德认识为基础而逐渐地形成的。又如,人们常说"世上没有无缘无故的爱也没有无缘无故的恨","知之深、爱之切",就表明了认知是情感形成的基础。

第二,认知发展是促进情感发展的一个重要因素。人的情感是不断发展的,这主要表现为在种类上不断地分化、增加,在层次上由低级向高级、由肤浅向深刻发展。影响情感发展的最重要的因素是认知。一方面,认知活动的各种各样的结果,使人产生各种各样的情感体验,而情感体验导致情感的分化;另一方面,作为主认知活动之结果的认知能力的发展,促进人的判断、评价能力和自我概念的发展,从而促进情感的发展。

同样,情感对认知也起着十分重要的作用。情感是认知活动的动力系统,是认知活动的组织者,对认知活动起着动力和组织的作用,决定趋近或逃避情境的趋向以及人们在不同领域愿意付出的认知努力程度。美国心理学家霍夫曼(M. L. Hoffman)根据各个心理学家的有关研究,把情感对认知的作用概括为以下几个主要方面:[②]

第一,情感可能引发、终止或中断信息加工。认知心理学家们常常把情感看作是引发认知加工过程的促动力量。因此,在不同的情境中,情感会对认知加工起不同的作用,有时是引发,有时是终止或中断。例如,在诸如从言语线索中提取意义这类复杂任务中,中等强度的情感能促进信息加工,高强度的情感则会中断或终止信息加工。又如,许多研究表明,积极情感有助于信息加工,而消极的情感则会阻碍信息加工。

第二,情感可能导致选择性加工,即决定对环境中的那部分信息进行加工,并影响以怎样的方式进行加工。

第三,情感可以组织回忆。心理学研究表明,情感对于认知起着重要的作用,最主要的表现是:人的情感状态有助于回忆与该情感一致的信息,在这方面,积极情感的作用尤为突出。消极的情感也有助于回忆与该情感状态一致的信息,但这种效应因为在某种程度上被维持积极内部状态的倾向所抵消。

第四,情感有助于带有情绪成分的归类的形成。由于人的各种活动过程总是与情感有联系,因此一个人的身体、心理各方面的特征都有情感因素,因而发展成为一个带有情感的类别系统。外在事件也总是与人的情感相联系的,当人们在对事件进行归类时,就会产生与这些事件有关的情感,情感体验可以导致赋予这些事件以相应类别的情感,从而有助于构建带有情感的类别。

第五,情感可以为社会认知提供输入信号。在人的情感反应上存在着模仿和条件作用,通过模仿和条件作用,一个人可以从自己的情感体验意识到别人的同样的情感体验,从别人的外在化的情绪反应判断其内心的情感体验,这就为人与人之间的社会认知提供了输入信号,这有助于观察和评价他人的行为。

第六,情感可以影响决策和问题解决。实验研究表明,当人们处于低到中等强度的

①　张述祖、沈德立:《基础心理学》,教育科学出版社 1987 年版,第 171—177 页。
②　瞿葆奎主编,施良方、唐晓杰选编:《教育学文集·智育》,人民教育出版社 1993 年版,第 548—555 页。

积极情感状态时,往往倾向于采用最简单的策略,而不大考虑选择的余地。其结果,或者是较快的、有效的决策,或者是有偏见的、草率的、不正确的决策。当然,是否产生这种简单化的决策,取决于当时任务的性质。当任务十分重要时,就不会出现这种带有草率性的情况。

教学过程的三维目标

"三维目标"是新课程的"独创",是新课程推进素质教育的根本体现,它使素质教育在课堂教学中的落实有了重要的抓手和坚实的操作性基础。可以说,"知识与技能"维度的目标立足于让学生学会,"过程与方法"维度的目标立足于让学生会学,"情感、态度与价值观"维度的目标立足于让学生乐学,任何割裂知识与技能,过程与方法,情感、态度与价值观"三维目标"的教学都不能促进学生的全面发展。

……

"三维目标"并没有把知识与技能的学习排斥在外,也没有轻视它们在教育、教学中的地位与作用。问题在于知识与技能的学习在教学中是如何完成的,学生在知识与技能的学习过程中处于什么地位。

……

关注"情感、态度与价值观"是以人为本思想在教学中的体现,其实质就是关注人,而关注人是新课程的核心理念——"一切为了每一位学生的发展"。在教学中应该具体表现为:第一,关注每一位学生。第二,关注学生的情绪生活和情感体验。第三,关注学生的道德生活和人格养成。教师要努力使教学过程成为学生的高尚的道德生活和丰富的人生体验,这样,学科知识增长的过程同时也就成为了学生人格的健全与发展过程。

当前,"情感、态度与价值观"的培养要特别强调以下两点:第一,教师要有"育人"的意识,要充分挖掘所教学科所特有的"情感、态度与价值观"因素,同时要注重自身的示范作用,把教学生学会做人作为自己的头等使命。第二,教师要掌握"情感、态度与价值观"培养的规律和特点。"情感、态度与价值观"具有主观性、体验性、内隐性等特点,它和"知识与技能"、"过程与方法"两个维度不一样,一般是难以明确、显性地表述出来的,更不可能一节课一节课具体地罗列出来。对"情感、态度与价值观"的培养既要有机地结合课程教材内容的性质和特点,又要把握课堂教学活动的情境和氛围,做到"随风潜入夜,润物细无声"。

资料来源:余文森:《"三维目标"就像一个立方体的"长、宽、高"》,《中国教育报》2007年4月20日第6版。

第4节　接受学习与发现学习

教学总是通过一定的方法进行的,而教学方法的直接基础是学生学习的方法。在学生学习的方法上,历来有多种多样的主张和做法,但所有的主张和做法大体上可以划分为两大类型:接受学习和发现学习。所以从教学方法的维度看,教学的一个基本问题是接受学习与发现学习及其关系问题。

一、接受学习
（一）什么是接受学习

接受学习即学生通过教师呈现的材料来掌握现成的知识的一种学习方式。与发现学习相对。在接受学习中,所学东西的全部内容都是以确定的方式由教师传授给学生的,学生无需进行任务独立发现,而只需接受,即只需把教师呈现给他的材料,如一组无意义音节、一组配对联想、一首诗、一条定理加以内化或组织,以纳入到已形成的认知结构之中,以便在将来的某一个时期可以运用它或把它再现出来。这里所说的内化,是指将新的学习内容通过整合贮存于已有的认知结构之中。在接受学习中,学习内容——现成的知识,对学生来说是间接经验。接受学习在历史上和当前都被广泛使用着,但把它作为与发现学习相对的一种学习方式加以积极倡导并进行系统的心理学研究的主要代表,是当代认知派教育心理学家奥苏贝尔。

在理解接受学习的概念时,必须把接受学习与机械学习区分开来。接受学习与机械学习不是一回事。接受学习是与发现学习相对的,是指学生将学习材料作为现成的定论性的知识来加以接受、内化,形成自己的知识,而不是重复人类已发现、形成的有关知识。机械学习则是与有意义学习(即通过理解而进行的学习)相对的,它是指不理解学习材料的意义的、死记硬背式的学习。接受学习可能是有意义的,从而成为有意义的接受学习;也可能是机械的,从而成为机械的接受学习(见图 3-3)。[1] 有不少人不加分析地把接受学习等同于机械学习,这显然是一种错误的看法。

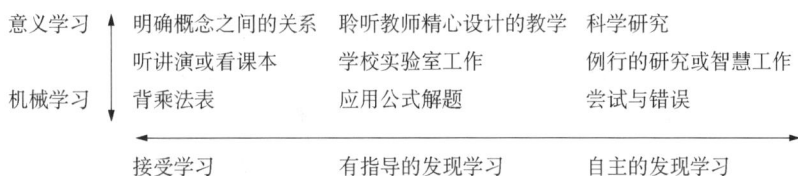

意义学习 ↑	明确概念之间的关系	聆听教师精心设计的教学	科学研究
	听讲演或看课本	学校实验室工作	例行的研究或智慧工作
机械学习 ↓	背乘法表	应用公式解题	尝试与错误
	接受学习	有指导的发现学习	自主的发现学习

图 3-3

奥苏贝尔的学习分类

同时,必须把接受学习与被动学习区分开来。接受学习与被动学习也不是一回事。被动学习是与主动学习相对的,它是指学生由于缺乏学习的需要、动机、兴趣或者缺乏必要的学习能力和基础等原因,因而不积极主动地参与学习活动,或者不积极主动地把自己的学习引向深入,不去深入、全面地把握学习内容,而满足于那些含糊的、似是而非的、肤浅的观念。接受学习可能是主动的,也可能是被动的,它与被动学习、主动学习都没有必然联系。有不少人将接受学习与被动学习相等同,这是错

---

[1] ［美］奥苏贝尔等著,佘星南等译:《教育心理学——认知观点》,人民教育出版社 1994 年版,第 26 页。引用时作了一些修改。

误的。

接受学习的历史是十分悠久的,可以说,它的历史与教学的历史一样长。而且从总体上说,从学校产生开始到现在,接受学习几乎一直占主导地位。但是 20 世纪以来,尤其是进步主义教育运动和美国心理学家布鲁纳大力提倡发现学习以来,接受学习受到挑战。

(二) 有效的接受学习的心理学条件

一般而言,有意义的接受学习才是有效的。怎样使接受学习变得有效,即怎样使它变得有意义呢?

根据奥苏贝尔等人的研究,接受学习能否变得有意义,取决于学生能否将新的知识与自己的认知结构中原有的有关知识建立起实质性的联系。因为,只有当学生能把新知识与其已有的有关知识实质性地(而非字面上地)联系起来的时候,才能真正理解新知识。为此,要使接受学习变得有意义而不是机械学习,就必须具备两个条件。首先,学生要具有进行意义学习的心向,即把新知识与认知结构中原有的有关知识联系起来的意向。其次,学习材料对学生具有潜在意义,即学习材料具有逻辑意义,且可以与学生认知结构中的有关知识相联系。决定学习材料是否有潜在意义的第一个因素是学习材料本身的性质,即学习材料是否具有逻辑意义,这是指材料本身是有意义材料还是无意义材料。学校要求学生掌握的绝大多数学习材料都有意义,它们都是体现着我们的文化对现实世界的某些方面所做的解释或者某些逻辑的推断,都具有实质性的基础。无意义的学习材料一般只有在实验、日常生活中才存在或使用,如电话号码、打乱的句子、无意义音节等。第二个因素是学生的认知结构的功能,即学生的认知结构中是否具备作为新知识学习之基础的有关知识以及这些知识的可利用性。如果学生的认知结构中不具备这种知识或者这种知识的可利用性差,换言之,学生不具备相应的知识基础,那么,学生是难以理解新知识的。

学生具有进行意义学习的心向和学习材料具有潜在意义这两项条件缺一不可,否则会导致机械学习。如果学生学习的意向是死记硬背,那么不管学习材料是否有潜在意义,学习都将是机械的。如果学习材料是无意义的,那么不管学生学习的意向是意义学习还是机械学习,学习都将是机械的。所以,要使接受学习成为有意义的学习,最关键的是要从以下两个方面进行努力:第一,教师要激发起学生进行意义学习的心向,而这要靠平时培养学生的意义学习的良好习惯,克服死记硬背的不良学习习惯;第二,设法使新知识与学生认知结构中已有的有关知识联系起来,这就要采取种种措施。

(三) 接受学习的优点与局限

接受学习的优点主要表现为以下三个方面:

首先,接受学习最重大的意义在于,它可以使学生在相对短的时间内掌握大量的系统的科学文化知识。人类通过长期的实践与认识活动,积累了大量的科学文化知识。知识的发现、形成是一个十分缓慢的过程,别说是浩如烟海的知识宝库,就是一条数学定理的发现,都是数学家长期而艰辛的劳动的结晶。如果让学生自己去重复人类知识的发现、形成过程,即通过发现学习来掌握大量的知识,那是不可能的。而采用接受学习的方式,学生就可以在相对短的时间内掌握大量的、人们经过漫长岁月发现和积累起来的知识。正如马克思所指出的:"再生产科学所必要的劳动时间,同最初生产科学所需要的劳动时间是无法相比的,例如学生在一小时内就能学会二项式定理。"①同时,接受学习又有助于使学生掌握的知识达到系统化。人类的知识是以符合逻辑的、体系化的方式存在的,反映人类知识的教材的编排也遵循了系统化的原则,学生在接受教材中的知识的同时也会掌握知识的逻辑结构,因此通过接受学习获取的知识可以达到系统化。

其次,进行接受学习有助于培养学生从书本中获取知识的习惯和能力。在社会生活变化日益加剧、人类知识激剧增长且陈旧速度日益加快的今天,人必须终身不断地学习,终身不断地从书本中获取知识。要从书本中获取知识,就必须具有从书本中获取知识即接受知识的学习习惯和学习能力,接受学习的习惯和能力,主要地是通过接受活动形成。

再次,接受学习对教育设备、设施的要求相对来说较低,因而经济易行。接受学习是从书本中获取间接经验、现成的知识,不重复知识的发现、创造过程,因而在多数情况下无需太多的设备和设施,在物质条件上只需具备教室、教材等基本条件就可进行,这个经济易行的优点,对于物质条件较差的地方和学校来说,显得尤为重要。当然,接受学习在利用现代化设备、设施的情况下,可以进行得更为有效,并且这是一个发展趋向。

接受学习也存在着一定的局限性:

第一,认知发展处于具体运算阶段的儿童,他们对新知识的学习依赖于自己的具体经验,因此接受学习受到很大的限制,只在一定范围内可行。

第二,对于在认知发展上已达到形式阶段的学生来说,当他们刚刚开始学习一门新的学科或一个新的领域时,他们对新知识的学习仍然在一定程度上需要以自己的具体经验为依据,因此仅靠接受学习是不够的。

第三,接受学习虽然具有使学生高效地、系统地掌握现成知识的功能,但是在培养学生的探究精神、创造精神,让学生掌握科学探究方法方面的作用明显不如发现学习。

二、发现学习
(一) 什么是发现学习

发现学习是学生通过自己再发现知识形成的步骤,以获取知识并发展探究性思维的一种学习方式。发现学习的基本过程是,学生自己从各种特殊事例归纳出结论,并用之来解决新问题。发现学习最本质的特征是强调探究过程而不是现成的知识。在发现学习中,学生的主要任务不是接受和记住现成的知识,而是参与知识的发现(实为发现)过程;教师的主要任务也不是向学生传授现成的知识,而是为学生发现知识创造条件和提供帮助。在发现学习中,学习内容对于学生来说是直接经验,或者说,知识(此为广义上的知识)是学生作为其直接经验来发现和积累的。

---

① 《马克思恩格斯全集》第 26 卷第 1 册,人民出版社 1972 年版,第 377 页。

在理解发现学习时,要注意把发现学习与有意义学习、主动学习区别开来。有人认为发现学习必然是有意义的、主动的,这是一种误解。事实上,发现学习有可能是有意义的,也可能是机械的(见图3-3);有可能是主动的,也有可能是被动的。

发现学习有多种具体形式,根据发现学习中学习创新取向的强度,学校教育中常见的发现学习大致可以分为以下三个层次:(1)质疑性学习(query learning),这是在接受学习的基础上,对所接受来的知识结论并不是绝对地相信,而是持有质疑态度,通过反思和批判,找出所学知识存在的问题或错误;(2)探究性学习(inquiry learning),这是通过提出问题、分析问题和回答、解决问题而获得知识的一种学习方式;(3)研究性学习(research learning),提指学习者以类似于科学研究的方式进行的学习,当前我国基础教育课程改革中强调学习方式的转变时所倡导的研究性学习正是这样一种学习,这是高层次的发现学习。

与接受学习一样,发现学习具有漫长的历史。最早在理论上系统阐述发现学习的是心理学家布鲁纳。

(二)组织发现学习的策略

组织发现学习,要采取多方面的策略,这里主要讨论组织发现学习的一般步骤和提高发现学习效率的策略。

1. 组织发现学习的一般步骤

发现学习的基本过程是,从各种特殊事例归纳出一般法则,并用之来解决新问题。根据这一基本过程,发现学习的组织通常采取以下几个步骤:

第一,教师设置问题情境,提供有助于形成概括结论的实例,引导学生观察各种现象的显著特点并逐步缩小观察范围,把注意集中于某个中心点。

第二,引导学生提出假说并加以验证,推导出概括性结论。引导学生通过分析、比较,对各种信息进行转换和组合,以确定假说。之后,引导学生思考、讨论,以事实为论据验证假说。在这个过程中,要引导学生不断地对假说加以修正和完善,最后得出正确的结论。与此同时,要让学生分析思维过程,弄清并记住自己在这一过程中是怎样思考、怎样得出结论的。这样,就获取了新知识并学到了思考方法。

第三,引导学生将获取的新知识即通过自己的发现得出的结论纳入到自己认知结构中的适当位置,并运用于新的问题情境中,使其得以巩固和深化,形成迁移能力。

2. 提高发现学习效率的策略

虽然知识的最初发现、创造知识需要漫长时间,但是心理学研究表明:在课堂上让学生对这些知识进行再发现时,通过采取适当的策略,可以把时间再大大地缩短,从而使发现的效率不至于太低。提高发现效率的策略主要有:(1)不要求学生再现原先的知识发现的全过程,而只要对之进行"剪辑",使之缩短;(2)对发现难度太大的知识,适当降低其难度,使之对学生来说虽然仍有一定难度但却通过努力能够完成;(3)将知识的原先的发现过程中经历过的众多的迷途、岔道、可能性,精简为少量的岔道、可能性。

(三)发现学习的优点与局限

布鲁纳等人大力倡导发现学习后,许多人极力推崇发现学习,而贬低接受学习,在此,他们提出了关于发现学习的一系列命题,奥苏伯尔将之总结为 12 个命题。[①] 当然,奥苏伯尔是不同意这 12 个命题的,他对这些命题进行了批判性的分析。

(1) 一切真知都是自己发现的;

(2) 意义是创造性的、非言语发现的独特成果;

(3) 非言语的觉知是迁移的关键;

(4) 发现法是传授教材内容的主要方法;

(5) 问题解决的能力是教育的主要目标;

(6) 对"发现启发法"的训练比对学科内容的训练更为重要;

(7) 每个儿童都应成为有创造性和判断力的思考者;

(8) 讲解式教学是"权威主义"的;

(9) 发现能有效地组织学习为以后应用;

(10) 唯有发现能引起动机和信心;

(11) 发现是内在动机的主要来源;

(12) 发现能保证"记忆的保持"。

各方面的相关研究表明,发现学习有其优点也有其局限,优点主要表现为以下几个方面:

第一,促进智力发展。因为通过亲自发现去学习,可以使人按照促使信息更迅速地用于解决问题的方式去获得信息。

第二,激发学生的学习兴趣。发现学习具有刺激学生"发现的兴奋感"的作用,它可以使学生体味到发现中的乐趣,享受某种愉快的感受,从而将外部动机转化为内部动机,增强对学习本身的兴趣。

第三,有利于学生掌握发现的方法和探究的方式。这种发现方法和探究方式是解决各种问题以及将来进行科学探索时所需要的,一经掌握就具有迁移价值。

第四,有助于保持记忆。发现学习是使学生自身能够发现知识、组织知识并活用知识的学习过程,通过这一过程而形成的记忆,会因具有丰富的"再生力"而长期保持下来。

发现学习的局限性主要表现为以下几个方面:

第一,通过发现学习来掌握知识,效率很低;

第二,发现学习的适用范围有限,主要适用于理科教学;

第三,发现学习要求学生具备相应的发现需要、发现经验,并树立有效的假设,若不具备这些条件,发现就会变成一种盲目的碰运气式的发现,变成一种形式主义;

第四,就是极力提倡发现学习的布鲁纳本人也承认,一个人不可能只凭发现去学习,正像一个发明家不是一天到晚都有发明创造一样。

三、接受学习与发现学习的关系及其教学意义

接受学习与发现学习是怎样的关系? 我们在教学中怎样处理接受与发现的关

---

① ［美］奥苏伯尔等著,佘星南等译:《教育心理学——认知观点》,人民教育出版社 1994 年版,第 646—673 页。

系呢?

(一)接受学习与发现学习的关系

接受学习与发现学习是两种相对的学习方式,相互之间既有着显著的区别,又有着密切的联系。

接受学习与发现学习的区别主要有四个方面:一是侧重点不同。接受学习强调现成知识的掌握;发现学习则强调探究过程。二是呈现学习材料的方式不同。在接受学习中,教师把学习内容直接呈现给学生;在发现学习中,教师只呈现一些提示性的线索,而不直接呈现学习内容。三是学习的心理过程不同。在接受学习中,学生只需直接把现成的知识加以内化,纳入到认知结构中;在发现学习中,学生必须首先通过自己的探究活动,从事实中归纳出结论,然后把结论纳入到认知结构之中。四是教师所起的作用不同。在接受学习中,教师起主导、控制的作用;在发现学习中,教师只起指导作用,而不控制具体的学习过程。

接受学习与发现学习的联系,主要表现为两者相互制约、相互促进。一方面,发现学习需要以接受学习为基础。没有具备一定的知识基础而进行的发现学习,其效率必然是很低的,因为在这种情况下,学生往往只能盲目地、机械地进行"试误"式的发现。有效的发现学习赖以发生的知识基础从何而来?可以来自接受学习,也可以来自发现学习,但最主要的是来自接受学习。因为通过接受学习来积累知识基础的效率比通过发现学习要高得多,如果大量的知识都靠通过发现学习来积累的话,那么不知到何时才能积累起雄厚的知识基础以进行高水平的发现学习。另一方面,发现学习也是促进接受学习的一个重要条件。首先,接受学习的进行,在一定程度上需要以具体经验作支柱,而发现学习是获得具体经验的途径之一,因此从这个意义上说,它是接受学习的基础。其次,在发现学习中要运用过去所获得的知识包括接受学习中获得的知识,通过运用这些知识可以使这些知识得到巩固或者获得新理解。

(二)接受学习与发现学习关系的教学意义

综上所述,接受学习与发现学习的关系在教学中的意义,主要有这样几点:

首先,从总体说,学校教学应以接受学习为主,发现学习为辅。这是因为,人是一种文化的动物,每一个个体都应该在未成年时吸收、继承人类经过漫长时间积累起来的文化中的精髓,接受作为人类文化遗产的基本知识,这是个体社会化的重要内容和重要途径。只有这样,个体才能在较短时间内达到较高的社会化水平、发展水平。我们知道,人类之所以成为"万物之灵",具备其他动物所无法具备的智慧,其根本原因之一就在于人类的每一代新生个体接受到人类的文化遗产。而假如剥夺了这种文化遗产,人类新生个体将变成什么样子呢?恐怕会比丛林中许多依靠本能的野兽更加无能。因此,让儿童吸收人类的文化,大量地掌握人类通过漫长的实践积累起来的知识,是学校教学最重要的任务。掌握现成知识的最有效的办法乃是接受学习。当然,发现学习也是不可缺少的,因为它在培养学生的创新精神、探究能力、使学生掌握科学发现的方法等方面具有独特的功能,而这些都是学校教学的重要目标。而且在有些情况下,发现学习还是学生赖以理解抽象的、概括性的知识的必经途径。需要特别注意的是,长期以来,我国学校教学中几乎完全是接受学习,而很少有发现学习,因而学校培养的学生创新精神很缺乏,而"创新是一个民族的灵魂,是国家兴旺发达的不竭动力"。① 因此,学校应该显著地增加发现学习。

其次,接受学习与发现学习在学校教学中的地位,应随着教学目标的变化而相应地变化。如果教学目标侧重于培养创新精神、探究能力、创新能力,那么学习方式就以发现学习为主;反之,如果教学目标侧重于掌握系统的知识,那么学习方式就应该以接受学习为主。

再次,接受学习与发现学习在学校教学中的地位,应随教学内容的不同而相应地变化。这里所说的教学内容包括两个层次:一是教学科目。相对而言,有些教学科目如数学、小学的低年级的自然、小学中高年级和初中的科学以及以后的物理、化学、生物等,往往可较多地使用发现学习,语文、外语等往往较多地使用接受学习。二是一门学科中的具体内容。有些教学内容,如那些最基本的概念和原理,发现的难度太高时,往往采用接受学习;而有些内容,发现的难度较低,则可较多地使用发现学习。

最后,教师还必须根据自己的优势与劣势来决定采用哪一种方式。如果教师擅长于引导学生发现,则可更多地采用发现学习;如果教师不擅长于引导发现学习,则开始时可较多地采用接受学习,等教师的引导发现学习的能力提高后,再较多地采用发现学习。

总之,并没有哪一种学习方式绝对地好,也没有哪一种学习方式绝对地差。只能说这种学习方式适合这一种场合,不适合那一种场合。而且,这两种学习方式经常还是一起发挥作用的。

补充材料
3-6

研究性学习的历史与性质

自18世纪以来,"研究性学习"至少被大规模地倡导过三次。第一次发生于18世纪末到19世纪的欧洲,主要倡导者是卢梭(J. J. Rousseau)、裴斯泰洛齐(J. Pestalozzi)、福禄倍尔(F. Froebel)等人。这个时期对"研究性学习"的倡导直接受"启蒙运动"的影响,其目的是把人的精神从中世纪的蒙昧、迷信、盲从中解放出来,让理性的光辉照亮人的心灵。第二次发生于19世纪末至20世纪初的美国,主要倡导者为杜威(J. Dewey)、克伯屈(W. Kilpatrick)等进步主义者以及康茨(G. Counts)、拉格(H. Rugg)等改造主义者。这个时期对"研究性学习"的倡导主要是应工业化时代和社会民主化的需求,并且受实验科学的影响,其目的是培养适应现代社会需要的改造自然和社会的人。第三次发生于20世纪50年代末至70年代的美欧诸国以及亚洲的韩国、日本等国,主要倡导者为美国的布鲁纳(J. Bruner)、施瓦布(J. Schwab)、费尼克斯(P. Phenix)等人,他们在理论上系统论证了"发现学习"、"探究学习"的合理性,推动了课程改革运动——"学科结构运动"。这个时期对"研究性学习"的倡导主

---

① 《文汇报》1998年8月11日。

要是适应"冷战"时期科技、军事与空间竞争的需要,目的是培养"智力的卓越性",造就智力超群的社会"精英"。

那么,我们今天倡导的"研究性学习"与历史上的"研究性学习"区别在哪里?从学习目的看,历史上的"研究性学习"或旨在培养"理性的人",或旨在培养"民主社会的公民",或旨在培养"智力的卓越性";而今天倡导"研究性学习"则指向于培养个性健全发展的人,它首先把学生视为"完整的人",它把"探究性"、"创造性"、"发现"等视为人的本性、视为完整个性的有机构成部分,而非与个性割裂的存在,所以,个性健全发展是倡导"研究性学习"的出发点和归宿。从学习内容看,历史上的"研究性学习"大多局限于某一方面,比如,布鲁纳、施瓦布、费尼克斯等人所倡导的"发现学习"、"探究学习",其内容是"学科结构",而且主要是理科的学科结构,这未免狭隘而且脱离学生生活实际;我们今天倡导的"研究性学习"主张从学生的自身生活和社会生活中选择问题,其内容面向学生的整个生活与科学世界,而不把学科知识、学科结构强化为核心内容。从学习理念看,历史上"研究性学习"的倡导者大多数认为存在一个普遍的、适用于所有学生的"研究性学习"模式,只要找到了这个模式的共同要素,严格遵循这个模式,即可培养出"研究性学习能力";我们今天倡导的"研究性学习"秉持迥然不同的理念,认为每个人的学习方式(learning style)都是其独特个性的体现,每个人都有自己的"研究性学习方式",课程应遵循每个人的学习方式的独特性。

资料来源:张华:《论"研究性课程"的本质》,《教育发展研究》2001年第5期。

本章小结

本章以教学实践活动的结构和长期以来各种教学理论流派争论的焦点为线索,将教学中的基本问题划分为以下四个:教师与学生,即师生关系;掌握知识与发展智力;教学中的认知与情感;接受学习与发现学习。关于师生关系,可以分别从认识论意义上的师生关系、社会学意义上的师生关系和教学论意义上的师生关系来探讨。掌握知识与发展智力是发展能力的两个重要方面,教学在发展智力上的作用是有限的。教学不仅是认知过程,也是情感过程,认知与情感相互作用具有重要的教学论意义。接受学习与发现学习是两种主要的学习方式,各有其优点与局限,不存在谁代替谁的问题,教师应根据目标、内容以及自身的优势选择相应的学习方式。

关键术语

陈述性知识　程序性知识　智力　能力　接受学习　发现学习

讨论与探究

1. 讨论:教师在接受学习与发现学习中的角色
2. 讨论:"教师主导与学生主体"观点的合理性
3. 你是否同意"教学对于发展智力的作用是很有限的"这一观点?为什么?

4. 如何正确理解知识与技能、过程与方法、情感态度价值观三个目标维度之间的关系？

5. 如何正确认识情感在教学过程中的作用？

6. 如何处理接受学习与发现学习的关系？

7. 请你写出本章没有提及的"一对"教学关系，并分析这对关系，至少 800 字。

进一步阅读的文献/网站

1. 瞿葆奎主编,施良方、唐晓杰选编:《教育学文集·智育》,人民教育出版社 1993 年版。

2. 施良方:《学生认知与优化教学》,中国科学技术出版社 1991 年版。

3. 施良方:《学习论——学习心理学的理论与原理》,人民教育出版社 1994 年版。

4. 卢家楣:《情感教学心理学》,上海教育出版社 2000 年版。

5. 施良方、崔允漷主编:《教学理论:课堂教学的原理、策略与研究》,华东师范大学出版社 1999 年版。

6. 邵瑞珍主编:《教育心理学》,上海教育出版社 1997 年版。

7. [美]奥苏贝尔等著,佘星南等译:《教育心理学——认知观点》,人民教育出版社 1994 年版。

8. 网站: http://www. pep. com. cn/xgjy/xlyj/zhuaiti/yw/200709/t20070917_411770. htm

http://www. questia. com/library/education/classroom-management/teacher-student-relationship. jsp

http://www. inner. org/education/educ48. htm

http://newali. apple. com/ali_sites/ali/exhibits/1000328/Discovery_Learning. html

怎样教得有效

请你设想一下,如果安排你上一节课,你在上课前会想什么,将做什么样的准备。请你在本页的空白处写下你现在所想到的要准备的事情,并将这些事情归归类,越详细越好。然后,请你花 5～8 分钟时间浏览一遍本章的内容,思考一下其中的差异。

通过本章的学习，你能够

● 了解顺向与逆向教学设计的区别；
● 明确逆向教学设计各环节的要点；
● 学会使用目标叙写、评价方案开发等技术；
● 学习编写基于课程标准的课程纲要；
● 熟悉教案的基本要素与关键点。

本章内容导引

● 确定学生的学习目标
　一、学习目标的定位
　二、学习目标的具体化
　　（一）课程标准与学习目标的对应关系
　　（二）课程标准分解的策略
　　（三）课程标准分解的程序
　三、叙写学习目标
● 设计与学习目标相匹配的评价
　一、确保评价与学习目标的一致性
　二、评价任务的设计
　　（一）试题的编制
　　（二）表现性任务的设计

● 设计适当的学习活动
　一、学习活动在逆向教学设计中的定位
　　（一）学习活动与学习目标、评价任务
　　　　的关系
　　（二）设计学习活动需要考虑的因素
　二、学习活动内容：关于教材的处理
　　（一）处理教材的依据
　　（二）处理教材的策略
　三、学习活动组织：以座位安排为例
　　（一）学习活动组织需要考虑的问题
　　（二）座位安排
● 编写课程教学方案
　一、《课程纲要》的编写
　　（一）《课程纲要》的构成要素
　　（二）《课程纲要》的呈现：一个案例
　二、教案的编写
　　（一）教案的一般格式
　　（二）教案的撰写：一个案例

⋯⋯⋯⋯⋯⋯⋯⋯⋯⋯⋯⋯⋯⋯⋯⋯⋯⋯⋯⋯⋯⋯⋯⋯⋯⋯⋯⋯⋯⋯⋯⋯⋯

　　教学是一种有目的、有计划的活动，因此在教学活动之前，我们要进行必要的准备，在头脑中或书面形成一个计划。教学准备的核心就是为实现一定的学习目标，教师综合考虑各种资源和影响因素，并作出各种决定，进而形成相应的方案。一般来说，教学准备有这样两种思路：一种是顺向思考，另一种是逆向设计。顺向思考往往始于教学内容，并据此安排学习活动，有时也会考虑评价问题。在"教学大纲时代"，教师大都这样做的。而逆向设计则是有了"课程标准"之后提出的新思路，教师首先将"课程标准"转换成"学习目标"，并据此设计与目标相匹配的评价，再来设计学习活动。考虑到我国的课程标准已经出台了 8 年，因此，我们有必要着重讨论逆向教学设计。

第1节　确定学生的学习目标

学习目标是学校教育目的范畴的一个具体概念,它既是教学的出发点,也是归宿。或者说,它是教学的灵魂,支配着教学的全过程,并规定教与学的方向。因此,教师准备教学时,首先必须弄清楚学生将获得什么,为什么要教这些内容,教到什么程度,也就是说,必须弄清楚目标问题。

一、学习目标的定位[①]

教师在考虑学习目标时,首先要考虑的是学习目标如何定位问题。必须要有整体观,综合考虑影响学习目标确定的因素。一般来说,需要思考如下几个问题:

第一,在教育目的范畴内明确学习目标的层级与来源。如表4-1所示,教育目的的具体化是课程标准,而课程标准的具体化就是学习目标。即使是学习目标,也有不同的层级:由学年(学期)目标到单元(主题)目标,再到课时目标。由于上位目标决定下位目标,在确定学习目标时,教师必须弄清楚它的上位目标是什么,才能准确定位下位目标。

表4-1

教育目的范围的层级关系

层　级	陈述名称	制定者	特　点	举　例
一级(教育目的)	教育方针或培养目标	政府/国家	抽象;笼统;比较关注"应该如何"	在德、智、体几方面都得到发展
二级(培养目标)	各类学校的培养目标	政府/国家	对教育目的的具体化	九年义务教育培养目标:小学和初中对儿童、少年实施全面的基础教育,使他们在德、智、体诸方面生动、活泼、主动地得到发展,为提高全民族素质,培养社会主义现代化建设的各级各类人才奠定基础
三级(课程标准)	九年义务教育课程目标	学科专家	从"抽象"逐步过渡到"具体"	具有适应终身学习的基础知识、基本技能
	九年义务教育语文课程目标			具有独立阅读能力,注重情感体验,激发想象力和创造潜能。学会运用多种阅读方法
	一至二年级语文课程目标(阅读领域课程)			结合上下文和生活实际了解课文中词句的意思,在阅读中积累词语
四级(学习目标)	学年(学期)目标或单元(主题)目标或课时目标	教师	比较具体;比较关注实际状态	《沁园春·雪》的学习目标:感情充沛地吟诵;当堂背诵;体会诗人的豪情壮志

① 钟启泉、崔允漷主编:《新课程的理念与创新(师范生读本第2版)》,高等教育出版社2008年版,第4,7讲。

这样做的一个好处是,教师能明确各级目标的关系,教师能更好地整体把握学习目标。如不但能了解特定知识点在某个年级的学习要求,也可以了解该知识点在某个学段的学习要求。

第二,在三维目标框架内确定学习目标的侧重点。知识与技能、过程与方法、情感态度与价值观是一个目标体的三个维度。知识与技能是关于"是什么"的维度,过程与方法是关于"如何获得是什么"的维度,情感态度与价值观是在"如何获得是什么"的过程中或之后并内化为自己的相对稳定的东西。因此,我们不能把三维目标化简为一个平面的三类目标。尽管课程标准按照知识与技能、过程与方法、情感态度与价值观三个维度来陈述,学习目标是课程标准的下位目标,但是教师不能机械地都按三个维度来陈述,而应该从整体上来思考学习目标。

第三,在预设—生成关系中把握学习目标的底线。事实上,上述讨论的只是预期的学习结果,也可以说是预设的最低要求,即教学效益的底线,它不是教学结果的全部。真正的教学结果一定是预设的目标(也可能改变)加上生成的目标。在教学准备的过程中,教师考虑最多的是预期的学习结果,而不是生成性目标。尽管在教学实际中,教师必须充分发挥教学机智,利用生成性课程资源,实现非预期的学习目标。因此,我们可以说,预期的学习结果是教学设计时关注的重点,是课堂教学过程的决定因素,也是教学效益中可评价的那一部分。如果这一底线都坚守不住,过于重视生成性目标,教学就有可能走向"无目的"的误区。

二、学习目标的具体化

学习目标确定之后,我们再来讨论如何将学习目标具体化。简单地说,教师确定学习目标的主要依据是课程标准,但对于教师而言,课程标准是上位目标,因此教师需要学会分解课程标准,即如何根据课程标准、教材、学生与资源等具体情况,将课程标准特别是内容标准部分分解成具体的、可操作的、可评价的学习目标。

(一)课程标准与学习目标的对应关系

我国的课程标准基本以 2～3 年为一个时间段,分水平(或学段)描述了各领域、主题、知识点的学习结果。课程标准分解为各个层级的学习目标,是一个复杂的历程。这种课程标准分解的复杂性和多样性使得各个层级的学习目标变得更为丰富,教师设计课程的自主性和弹性也就变得更大了。将课程标准分解成各学期、各单元、每节课的学习目标,在对应数量上,其对应关系有三种情形:一对一、一对多、多对一。一对一关系是指一条学习目标达成一条课程内容标准,目标和标准的对应明显可见。一对多关系乃设计出多条学习目标,以达成某项内容标准。而多对一关系则是设计可实现多项内容标准的学习目标。

(二)课程标准分解的策略

依据上述课程标准与学习目标的对应关系,分解课程标准的基本策略有三种:替代、拆解、组合(见表 4-2),现以体育、物理等课程为例做简要说明。

策略	替代	拆解	组合	
对应关系	一对一	一对多	多对一	
关系图示	(A)→(A')	(A)→(A₁)(A₂)(A₃)	(A)(B)(C)→(D)	(A)(B)(C)→(D)

表 4-2

课程标准分解
策略的比较

（1）替代策略，利用一对一的对应关系，以某主题替换原有课程标准中的关键名词，形成学习目标。如对于"向同伴展示学会的简单运动动作"，用"五步拳"替换"简单运动动作"，即可形成武术单元的一条学习目标。又如，对于"正确应对运动中遇到的粗暴行为和危险"用"足球比赛"替换"运动"，即可形成足球单元的一条学习目标。

（2）拆解策略，使用一对多的对应关系，将课程标准拆解成几个互有联系的细项指标，以此形成具体的学习目标。如对于"能用实例说明机械能和其他形式的能的转化"，"说明"可以拆解为"用言语说明"、"用图表说明"、"用实验演示说明"等，"其他形式的能"可以拆解为"电能"、"热能"、"势能"等，即可形成"机械能"教学单元中多条具体的学习目标。

（3）组合策略，运用多对一的对应关系，合并多条课程标准，或选取多条课程标准中具有关联性的部分内容作为教学的焦点，形成一个学习目标。如可以组合"认识和理解体育锻炼对身体形态发展的影响"、"认识和理解体育锻炼对身体机能发展的影响"两条标准，形成"理解体育锻炼对体质健康的意义"这一学习目标。

可以看出，拆解和组合策略是一对相反的过程。拆解策略是把一个学习目标分解为更小的学习目标，而组合策略则把几个小的学习目标聚合为一个大的学习目标。

（三）课程标准分解的程序

课程标准分解的程序比较复杂，下面我们选取《普通高中生物课程标准（实验）》中的一条内容标准"说明细胞的分化"[①]来说明课程标准分解的具体步骤。

第一步，寻找关键词。从一条课程标准中找出行为动词和这些动词所指向的核心概念（名词），或修饰它们的形容词、副词等修饰词和规定性条件，作为关键词，并予以分类。如"说明细胞的分化"的动词为"**说明**"，动词所指向的核心概念是"（细胞的）**分化**"，它们都是这一标准的关键词。

第二步，扩展或剖析关键词。将上述关键词予以扩展或剖析，如"说明细胞的分化"之"分化"可剖析为"分化的含义"、"分化的特点"、"分化的意义"、"分化程度与分化能力的关系"等。相应地，"说明"可剖析为"解释"、"推断"、"扩展"、"区分"等。

---

① 中华人民共和国教育部制订：《普通高中生物课程标准（实验）》，人民教育出版社 2004 年版，第 13 页。

第三步,形成剖析图(见图 4-1)。将上述从关键词中分解出来的概念根据某种逻辑绘制成剖析图,以便于清晰地对应具体的学生。针对课程标准的关键词予以展开、扩展之后,由于行为动词和名词被剖析为多种可能,必然会出现多种动词与名词的组合,如上例就可能出现 $c_4^1 \times c_4^1$ 共 16 种组合。如何确定最终的组合有赖于教师对课程标准的把握以及教师自身的教学经验与专业判断。教师应依据教学经验与专业素养,将所展开的概念聚焦到最适合学生学习、最能满足学生需求并能适合自己的教学的重要概念上。然后,再将这些概念按某种逻辑(如三维目标、水平、程度、类别、数量等)进行重点组合。此步骤宜注意的事项如下:

(1) 选取重点组合应评析不同领域目标在同一学习阶段的横向衔接、分析同一领域目标在不同学习阶段的纵向连贯;

(2) 重点组合必须符合学生身心发展阶段,且应为大多数学生能达成的;

(3) 不同教师因其学生、学校与个人经验或特质的差异,选取的重点组合会有所不同;

(4) 相同教师面对不同学生、不同时期,因学生学习状况与需求的变化,也会出现不同的重点组合。

重点组合可作为拟定学习目标、确定评价任务与设计学习活动的主要依据。如,我们可以将"说明细胞的分化"最终确定的 4 种重点组合形成如下剖析图。

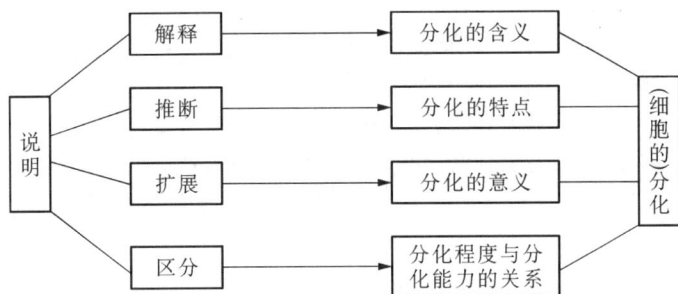

图 4-1

"说明细胞的分化"的剖析图

三、叙写学习目标

课程标准分解成剖析图后,确定了重点组合,教师就可以开始着手叙写学习目标了。虽然剖析图基本确定了某条课程标准的行为动词和内容,但学习目标的叙写还要明确行为主体、行为动词、行为条件与表现程度。

行为主体即学习者,行为目标描述的应是学生的行为,而不是教师的行为。规范的行为目标开头应是"学生应该……",书面上可以省略,但思想上应牢记,合适的目标是针对特定的学习者的。

行为动词用以描述学生所形成的可观察、可测量的具体行为。如写出、列出、认出、辨别、比较、对比、指明、绘制、解决、背诵等。

行为条件是指影响学生产生学习结果的特定的限制或范围等,如"根据地图","看完全文后",等等。对条件的表述有 4 种类型:(1)允许或不允许使用手册与辅助手段,如:"可以或不可以带计算器。"(2)提供信息或提示,如"给出一张中国行政区划图,能标出……。"(3)时间的限制,如"在 10 分钟内,能做完……。"(4)完成行为的情境,如"在课堂讨论时,能叙述……要点。"

表现程度指学生对目标所达到的最低表现水准,用以评量学习表现或学习结果所达到的程度。如"至少写出 3 种解题方案"、"百分之九十都对"、"完全无误"等。

上述方法描述的是学生的外显行为,确定的学习目标比较具体、明确、清晰,也便于观察和测量。但不少学者认为该方法过分重视学习结果的行为化,并没有考虑到有时学习过程也是重要的学习结果,同时,也没有很好地关注学生内部心理的变化。

补充材料 4-1

叙写教学目标的正反例子

正例
(1)学生能自己组织语言完全无误地解释细胞分化的含义。
(2)学生在教师的提醒下能推断分化的特点,准确率至少达 80%。
(3)学生在新的情境中能扩展分化的意义,至少能说出一点。
(4)学生能在具体的情境中区分分化程度与分化能力的关系,准确率至少达 60%。

反例
(1)以教育目的代学习目标,如"使学生成为德智体全面发展的人"等。
(2)含糊其词,难以评价,如"提高学生的写作技巧"。
(3)行为的主体是教师,而不是学生,如"拓宽学生的知识面"。
(4)行为动词没有指向的具体概念或内容,如"学生能获得发展"。

第2节　设计与学习目标相匹配的评价

学习目标确定后,我们再来思考如何评价或检测这些目标是否已经实现。因此,在教学准备中,教师需要设计与学习目标相匹配的评价。也就是说,教师根据目标需要编制适合的评价方案,判断学习目标中所描述的各种要求,以此来评判学生的学习状况,从而进行预测、反馈与指导,促进教与学都能按照有效的目标导引方向进行。

一、确保评价与学习目标的一致性

评价与学习目标相匹配的关键问题就是一致性,那么,我们如何思考这种一致性呢? 下列几个问题是比较关键的。

(1)评价目标与学习目标有相应的内容主题。也就是说,评价目标的主题与学习目标对应的主题是一样的,这些主题都来自于课程标准。

(2) 评价目标与学习目标有同样的认知要求。换句话说,完成评价任务所需的认知要求与学习目标的要求是一样的,即它们在期望学生"应当知道什么"和"应当做什么"目标上是匹配的。

(3) 评价方法与学习目标是相匹配的。不同的评价方法有各自的优势与局限,如纸笔测试往往较难用来评价技能型学习目标,因此教师必须为不同的学习目标选择、制定确切的评价方法,否则,评价的效度就得不到保证。表 4-3 呈现了关于评价方法与学习目标匹配的关系,其中学习目标分为知识和观点、推理能力、表现性技能、产生成果的能力和情感倾向,而评价方法分为选择式反应评价、论述式评价、表现性评价和交流式评价,对于不同的学习目标,每种评价方法都有各自的优点与不足。

表 4-3

评价方法与学习目标的组合[1]

评价方法 学习目标	选择式反应评价	论述式评价	表现性评价	交流式评价
知识和观点	选择题,正误判断题,匹配题和填空题能够考查对知识点的掌握程度	可以测量学生对各个知识点之间的关系的理解	不适用于评价这种学业目标——优先考虑其他三种方法	可以提问,评价回答,并推断其掌握程度,但是很费时间
推理能力	可以评价某些推理形式的应用	对复杂问题解决的书面描述,可以考查推理能力	可以观察学生解决某些问题或通过成果推断其推理能力	可以要求学生"出声思考"或者通过讨论问题来评价推理能力
表现性技能	可以评价对表现性技能的理解,但不能评价技能本身	可以评价对表现性技能的理解,但不能评价技能本身	可以观察和评估这些技能	非常适于评价口头演讲能力;还可以评价学生对技能表现的基础知识的掌握
产生成果的能力	只能评价对创作高质量产品的能力的认识和理解	可以评价对产品创作的背景知识的掌握情况;简短的论文可以评价写作能力	可以评价创作产品的步骤是否清楚,产品本身的特性	可以评价程序性知识和关于合格作品的特点的知识,但不能评价作品的质量
情感倾向	选择性反应问卷可以探测学生的情绪情感	开放式问卷可以探测学生的情绪情感	可以根据行为和产品推断学生的情感倾向	可以跟学生交谈,了解他们的情绪情感

(4) 学习目标融合于评价与学习活动整合之中。上述的评价与学习目标的一致性

---

[1] [美]Stiggins, R. J. 著,"促进教师发展和学生成长的评价研究"项目组译:《促进学习的学生参与式课堂评价》,中国轻工业出版社 2005 年版,第 77 页。

更多的是从"结果"来考察,评价与学习目标的一致性还应表现于"过程"。学习目标的达成以学习活动为依托,在学习活动的每一个环节中,评价要自然地镶嵌于学习活动的全过程。特别当活动任务被调整为评价任务后,评价将发挥及时判断、反馈的作用,评价与学习目标的落实同步地保持一致。

二、评价任务的设计

检测学生是否把握学习目标,需要我们从多种来源收集关于学生学习的证据。收集证据的办法很多,根据三维目标的特点,学生学习最直接的目标就是应知与应会。"应知"比较适合用纸笔测试来评价,"应会"比较适合用表现性任务来评价。无论是纸笔测试还是表现性评价,都必须给予学生特定的任务。在纸笔测试中这种任务是试题,而表现性评价要求学生在课堂内外的真实情境中证明自己运用所学知识完成复杂、有意义任务的能力。这种任务通常是真实的任务,比如设计一个展示模型。因此,我们就着重讨论这两类评价任务的设计。

(一)试题的编制

1. 试题的类型

常见试题的类型大致可分为主观性试题与客观性试题两大类,各类题型又有多种亚类,如图4-2所示。

图 4 - 2

常见的
试题类型

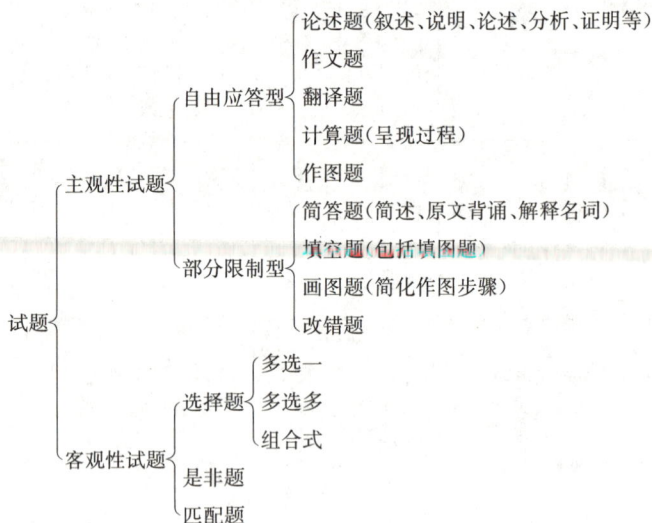

```
               ┌ 自由应答型 ┬ 论述题(叙述、说明、论述、分析、证明等)
               │            ├ 作文题
               │            ├ 翻译题
               │            ├ 计算题(呈现过程)
               │            └ 作图题
   ┌ 主观性试题 ┤
   │           │            ┌ 简答题(简述、原文背诵、解释名词)
   │           │            ├ 填空题(包括填图题)
   │           └ 部分限制型 ┤ 画图题(简化作图步骤)
试题┤                        └ 改错题
   │
   │            ┌          ┌ 多选一
   │            │ 选择题 ┤ 多选多
   └ 客观性试题 ┤          └ 组合式
                ├ 是非题
                └ 匹配题
```

主观性试题是指应试者在解答问题时,可以自由组织答案。评分者对给分标准难以做到完全客观一致,需要借助主观判断确定。按受主观性影响的程度来分,有自由应答型试题和部分限制型试题两类。客观性试题因评分客观而得名。这种试题一般由主试通过试题把格式固定的答案形式提供给被试,因而给分标准易于掌握,评分不容易受主观因素的影响。为充分了解这两类试题的性能,我们可对此进行多方位比较(见表4-4)。

比较项目＼分类	主 观 性 试 题	客 观 性 试 题
知识再现方式	再现型	再认型
回答方式	自由应答	固定应答
内容及效度	题量小,覆盖面较小,内容效度较低	题量大,覆盖面较广,内容效度较高
适用范围	能检测高层次认知目标,有利于特殊才能的发现和个性的培养,能测量应试者的独到见解和对问题的创新探讨	适用于测量知识、理解、应用、分析几个较低层次的认知目标,不易测量高层次目标,如发散性思维、独创精神、文字表达等
命题难易	较简便,省时省力	难度较大,技术、专业性强,耗时费力
影响结果的因素	应试者的文字表达能力	不受文字表达能力的影响
所能反映的信息量	能较清晰地反映解题过程,能鉴别应试者对于问题的解决程度	看不出应试者解决问题的具体思路,只看结论,掩盖了会与不会的界限
试题及评分标准	试题标准较复杂,评分不易客观一致易受主观因素干扰	试题标准明确,评分客观
阅卷效率	评阅者专业要求高,不能用机器阅卷,工效低	可以用机器或非专业人员评卷,工效高
可猜测性	没有猜答案的机会	有猜答案的机会

表 4-4

试题类型比较

2. 试题的编制

（1）试题编制的原则

试题的编制除事前要有详细的计划外,还须讲求命题的原则与技术。如上所述,试题的类型很多,性质各有不同,但总的说来,有这样一些原则可循:[①]

● 是非题的命题数应把握的原则是:"是"与"非"的题数应大致相等,且应随机排列;每题只包含一个概念,避免两个以上的概念在同一题中出现,而造成题目"似是而非"或"半对半错";尽量采用正面肯定的叙述,避免反面或双重否定的语句。

● 选择题的命题原则是:每题所列的答案数目应该一致,以四或五个为宜;每题配列的答案以简短为宜,必要的叙述或相同的字词宜放在题干中;正确答案在形式或内容性质上不可特别突出;错误答案与题干应有相当的逻辑性和似真性;正确答案出现的位置应随机排列,且其次数要大致相等,以避免猜测因素的影响。

● 匹配题的命题原则是:要在相似的范围内选择问题和答案;把问题和答案按一定的逻辑顺序分别排列,答案要简明,最好放在右边;最多用 12 个问题（以 5 至 8 个为宜）;把所有配对条目放在同一页纸上。

● 分类题的命题原则是:措词明确,确保所出的每个词或每句话只可归入一个类

---

① Hopkins,C. D. et. al.,*Classroom Measurement and Evaluation*,1990,p.217.

别；把类别限制在 5 项以内；确保所列分类项是完全的、唯一的。

（2）试题编制的程序

对于不同性质、不同用途的评价，试题编制的具体过程是不同的，表 4-5 概括出一套试题编制的基本程序。

表 4-5	编制试题的环节	各环节内容要点
试题编制的基本程序	明确评价的目的	● 明确评价的目的是什么？是诊断性评价、形成性评价，还是总结性评价？
	确定评价目标	● 确定评价目标是什么？即确定评价的内容及认知要求是什么？
	编制双向细目表	● 填写评价内容； ● 填写评价内容的认知要求； ● 确定评价内容或不同层次认知要求的比例； ● 确定不同类型试题的比例。
	编写、修订试题	● 收集编制试题所需的资料； ● 选择试题的类型； ● 着手编写试题，并不断地加以改进。

（二）表现性任务的设计

1. 表现性任务的作用

表现性任务是让学生参与的一些活动，这些活动要求学生实际表现出某种特定的表现性技能，或者创建出符合某种特定标准的成果或作品。简要地说，就是用来直接观察和评价学生操作的任务。相对试题，表现性任务能发挥以下三方面的作用：

图 4-3

生物学实验场景

（1）表现性任务不仅评价学生"知道什么"，更重要的是评价学生"能做什么"。

（2）表现性任务不仅评价学生行为表现的结果，更重要的是评价学生行为表现的过程。

（3）表现性任务不仅是对某个学习领域、某方面能力的评价，更重要的是评价学生综合运用已有知识进行实作与表现的能力。

2. 表现性任务的设计

（1）表现性任务的设计原则

"表现性"并不意味着现实生活中的任何活动都可以成为评价的任务，编制表现性任务时必须考虑如下内涵：[①]

[①] ［美］Grant Wiggins 著，"促进教师发展和学生成长的评价研究"项目组译：《教育性评价》，中国轻工业出版社 2005 年版，第 20 页。引用时略加修改。

- 任务的题材宜均匀分布,且应包括教材的重要部分;
- 任务本身或任务设计能复制在现实情况下检验人们知识和能力的情境;
- 需要判断和创新。需要学生创造性地、有效地解决未加组织的问题;
- 要求学生"做中学",要求学生表现出一定的探索行为;
- 重复或模仿成人接受"检验"的工作场所、公民生活和个人生活等背景;
- 评价学生能否有效地使用知识、技能来完成复杂任务的能力;
- 允许适当的机会排练、实践、查阅资料,得到关于其表现及其作品的反馈,并能使表现和作品更加完善。

（2）表现性任务的设计程序

像试题编制一样,表现性任务的设置也要遵守一定的步骤。表 4-6 归纳了设计表现性任务的一般程序。

设置任务的环节	各环节的要素
确定评估目的和目标	● 确定评价的目的,是总结性评价,还是形成性评价,或者是诊断性评价; ● 确定评价的学习目标是一个还是多个。
设置任务	● 确定任务的具体成分,就是明确表现者需要做什么; ● 确定需要用来反映表现的任务数量; ● 确定撰写任务指导语时,说明要评价的思维过程; ● 确定任务实施时必要的因素,如时间、资料、评分标准等。
制定任务的评价标准和典型样例	● 确定评分规则来评价学生完成任务的不同学习水平/表现; ● 确定代表最高表现水平的学生表现样例。
管理与修改	● 确定表现性任务的质量,如有问题加以修改。

表 4-6

表现性任务的设计程序

表现性任务编制过程中,有一个重要的环节就是制定学生完成任务的评价标准。在纸笔考试中,评价标准经常以标准答案或参考答案的方式呈现。但在新兴的表现性评价中,评价标准则往往以"评分规则"(rubrics)的形式呈现。

第 3 节　设计适当的学习活动

在明确了学习目标和评价任务后,我们就要考虑如何使学生有更好的学习表现,即我们要设计怎样的学习活动才能使学生达成学习目标,甚至表现更好。

一、学习活动在逆向教学设计中的定位

在逆向教学设计中,学习活动与学习目标、评价任务到底是什么关系? 它是由学习目标与评价任务决定的,还是一个独立的部分? 主要涉及教师的行为还是学生的行为? 这些问题都需要我们进一步的思考。

（一）学习活动与学习目标、评价任务的关系

如上所述,学习目标确定后,有相应的评价任务跟进。然后,我们就要考虑如何设

计学习活动,以落实评价任务,使学生表现出学习目标所期望的行为。这一过程,我们用图4-3来表示。该图表明了在逆向教学设计中,学习目标、评价任务与学习活动是教学设计的三个组成部分,是一个整体,具有内在的一致性。学习目标是灵魂,评价是判断学习目标是否落实的手段,学习活动是落实学习目标的载体。

图 4-3

学习目标、评价与
学习活动的关系

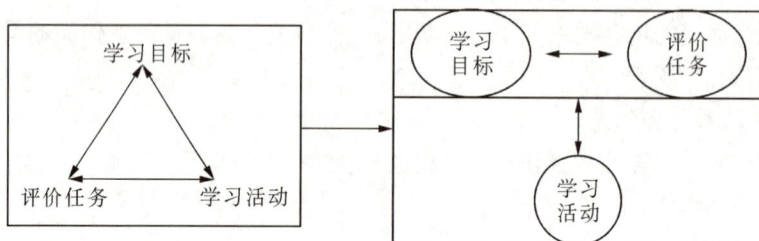

(二)设计学习活动要考虑的因素

那么,在逆向教学设计中,设计学习活动需要考察哪些因素呢? 一般来说,一项独立的学习活动如基于问题/项目学习、参观/考察活动等,需要考虑的因素有以下这些:

学习主体。主要是针对学生原有认知水平、学习风格、个性特征等进行分析,这是学习活动设计的重要基点,也是体现学生为中心的教育理念。

活动内容。活动内容的选择和组织是教学准备的基本工作,教材是活动内容一个非常重要的来源。教师应熟悉教材内容,为学习活动任务的设计提供资源。

活动任务。学习活动设计的核心是活动任务的设计,活动任务体现了学习活动的目标与内容。活动任务往往决定了学生的学习方式,如制作一个模型,就要求学生采取探究性学习方式。

活动流程。为确保活动顺利开展,活动的开展需要一定的流程或程序。如果设计了多个活动,安排活动顺序是必不可少的。对此,教师要事先规划好,必要时也可提前告诉学生。

活动组织。主要是指人员组织和空间安排,即教师要确定组织学生的活动形式,以及活动座位的安排。

活动成果。活动结束后的"产品",它的质量直接反映了学习活动的质量。如对于实验探究,学生往往要撰写实验报告,或者制作出某种模型。

活动时间长度。在特定的时间内,如学期或课堂时间,必须大致明确活动的总体时间长度,或每个活动环节的时间长度。

活动规则。为使活动顺利进行,有时需要制定某种"契约"。如对于小组合作学习,有时教师和学生,或者学生小组内部要制定一种合约。

活动工具。也就是开展活动所需的一些器具,它是活动得以进行的一些物化载体。

活动对应的教学行为。学生的学习活动和教师的教学行为是相互影响的,教师的"教"往往也就约定了学生的"学",但在确定学习活动时,教师还需明确自身所要采取的教学行为。

上述各个要素并非各自独立,在活动过程中,各要素之间是彼此联系的,因此我们要理解活动的系统性、一致性。案例 4-1 呈现了一个完整的探究活动。

"自由落体运动规律"的探究活动设计

活动主题

自由落体运动规律。

活动任务

通过探究,完成一份研究报告,报告内容包括:

1. 自由落体运动的发现历程与感悟。

2. 自由落体运动的位移、速度和时间的关系,包括计算出自由落体运动的加速度的过程。

活动时间

3 个课时

活动准备

1. 研究课程标准与教材,分解自由落体运动规律的知识要求,并设计每次活动与总体活动的评价标准。

2. 结合学生的学习经验及其他情况,事先对学生进行分组(2 人为单位)。

3. 联系信息技术组,以便学生上网查询有关伽利略发现自由落体运动的历史。

4. 通知物理实验室准备器材:打点记时器;重锤;长约 0.6 米的纸带;刻度尺;铁架子;电源;导线若干;2 张 A4 白纸。

活动安排

第一次活动内容是要求学生收集有关伽利略发现自由落体运动的资料,并要求学生写一篇活动感悟,活动方式包括上网检索、讨论等探究性活动,也包括写感悟等体验性活动。

第二次活动内容是通过实验研究自由落体运动的规律,活动方式以实验操作、数据分析等探究性活动类型为主。

第三次活动内容是全班汇报课,活动方式包括汇报、答辩、展览等探究性和体验性活动。

活动提示

1. 如何检索伽利略发现自由落体运动的历史?

2. 怎样求打点纸带上某一点的瞬时速度? 怎样研究物体做什么运动?

3. 安装实验装置时,为什么要保持打点计时器和纸带垂直?

4. 为什么要选取重力比较大的物体来拉动纸带运动?

活动总结与评价

结合学生研究报告评价结果、学生自评和互评结果,教师确定学生本次探究活动的成绩。

在逆向教学设计中,影响学习活动设计的最重要的因素可能是学习内容、组织方式、主体行为与时间等方面。关于教师的行为我们将在第5章专门讨论,学生学习行为不是本书讨论的范畴,时间因素可变性很大,难以规范,因此,我们着重讨论学习内容与组织方式两个因素。

二、学习活动内容:关于教材的处理

要设计学习活动,必须为学生提供一定的活动内容。从哪里可以获得活动内容?教材是非常重要的课程资源。是忠实执行教材,还是改编教材?或者说是"教教材",还是"用教材教"?无论哪种情况,根据教学的意图或学习目标对教材进行处理都是设计学习活动必不可少的环节。要处理教材内容需要回答好两个问题:处理教材内容的依据是什么?处理教材有哪些策略?

(一)处理教材的依据

教材往往是专家编写的、供教师使用的内容文本,但是如何使用取决于教师的专业发展水平。一般来说,新手教师往往照本宣科,完完整整地依据教材的内容和呈现的序列来实施教学,对教材并没有进行必要的处理,缺乏对教材进行批判的态度,甚至有点过于迷信。专家型教师一定会对教材进行处理,能结合自己对课程标准的理解、学生的实际学习情况、学校的现实条件和学习目标,进行适当的加工与改进。

课程标准是编写教材的依据,教材是课程标准的具体化的内容载体。但是在课程标准到教材转化的过程中,难免会出现部分信息失真。因此,教师在研究、改进教材内容时,必须依据课程标准进行二度课程资源的开发与设计。一般说来,课程标准是国家对学生学习此科目必须达到的标准的统一的最低要求。课程标准规定了各科目所要实现的课程目标、课程内容,以及评价的内容和基本标准,它无疑是教学、教材和评价的出发点与归宿点。在我国,课程标准更是编写教材的主要依据,也是检查和评定学生学业成绩、衡量教师教学质量的重要标准。

现场条件也是教师处理教材的一个依据。当教师处理教材时,依据课程标准,主要是考虑内容的必要性维度。而现场条件着重考虑的是可能性维度,如学生的认知准备、教师自身的优势以及可得到的课程资源等问题就是现场条件中的重要因素。

(二)处理教材的策略

正如前面所指出的,处理教材内容是一种情境化的行动,教师必须"用教材教",而不是"教教材"。"用教材教"意味着教师在准备教学时要采取相应的策略来处理教材。具体而言,有这样五种教材内容改进策略:

(1)增:新加内容,如补充材料,或主题活动、实验操作等;

(2)删:删除重复的、不符合标准的、不必要的内容;

(3)换:更换不合适或不合理的内容;

(4)合:整合不同知识点或不同学科的内容;

(5)立:打破原来学科内容的次序,创立全新的框架结构。

这样,在设计学习活动时,把处理后的教材内容作为学生学习活动内容可能更符合学生的实际情况,学习活动将更加有效。

教材的辩护与批判

赞成意见：

1. 可当作教学的指导用书和学习的途径；
2. 省略选择及排列教学材料的繁琐；
3. 节省学生笔记时间,且避免错误或遗漏重要的内容；
4. 学生可以通览该学科的内容,预知其梗概；
5. 借用划一的国家教育标准,以迎合世界潮流；
6. 印刷精良、文字生动的教材,可以引发学生学习的兴趣；
7. 内容充实、结构严谨的教材,可当作最规范的课程；
8. 对于来自家境贫困的学生来说,教材几乎是唯一的用来学习的印刷材料；
9. 对于初任或欠胜任教师来说,教材是必备之物,它使他/她们产生安全感和自信心。

反对意见：

1. 教师易受教材的约束,以致难以充分发挥自己的创造性,且易养成教师的依赖性；
2. 教材因篇幅所限,叙述简略,内容枯燥,故难以引起学生的学习兴趣；
3. 教材由少数人编写,难免观点独断或见解偏狭；
4. 教材的印刷常因校对疏忽,留有错误；
5. 教材一旦印成,内容大多固定,不易随时修订,难免失去时效；
6. 学生常把教材作为唯一范本,而疏忽教师的讲解；
7. 学生常根据教材内容猜测考题,以致养成投机心理；
8. 学生常局限于教材的内容,而忽视其他参考文献和实际生活问题。

三、学习活动组织:以座位安排为例

要顺利进行学习活动,就必然涉及到学习活动的组织。组织学习活动需要考虑哪些问题? 不同座位安排型式有什么利与弊? 我们将带着这些问题进入本节的最后部分。

(一) 学习活动组织需要考虑的问题

学习活动的组织需要考虑的问题很多,如学习目标、学生、学习材料、时间、空间等。下面将重点讨论一下三个关键的问题。

第一,要考虑适合不同目标的学习活动方式。常见的学习活动方式有全班活动、分组活动和个别活动,学习目标的类型是选择活动方式的重要参考。例如,对于事实层次目标的学习,全班活动方式比较合适;对于社会性态度与合作技能的学习,分组活动方式较合适。

第二,要考虑对应不同学习活动方式的座位安排。不同的学习活动方式影响了学生活动空间的安排,其中教室座位安排是教师经常要考虑的对象。例如,对于全班集中听讲活动,秧田型座位安排比较合适;对于小组活动,模块型座位安排是较好的选择。

第三,要考虑如何在学生学习活动出现困难时进行指导。教师最好事先要预料到学生学习活动中可能遇到的困难,并作好相关的准备。除此之外,现场及时指导也是很

重要的。例如,对于低年段学生,有时教师可能要直接指导学生的任务分工。

上述三个因素中,座位安排常常被忽视,接下来我们就重点来谈谈座位安排的型式及各自利弊。

（二）座位安排

不同的教学行为和活动组织方式需要不同的教室物理环境,把教室布置成一间充实的学习中心,以便为学生的交往、学习和探索活动提供一个良好的氛围。

1. 座位安排的型式

秧田型——这种座位模式是传统教室的排列形式,从下图 A 型可以看出,这种座位排列是封闭性的。学生与学生前额对后脑、左肩邻右肩、一致面向教师和黑板。

马蹄型或新月型——这种课堂空间安排呈"U"型状,学生依次而坐,教师处在"U"字缺口的对面(见 B 型)。

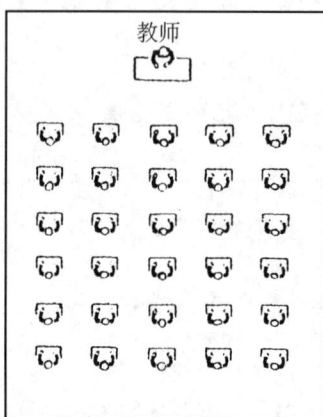
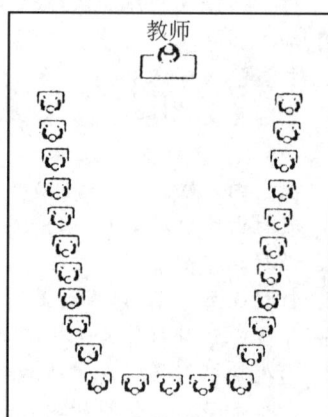

A 型　　　　　　　　　　　　　　B 型

方形或圆桌型——为了讨论或者开展相互学习活动,教师们经常将学生安排成一个大圆圈或大长方形(见 C 型和 D 型)。矩形、圆形、马蹄形之类安排要求班级规模不超过 20—25 个学生。有 25 名以上学生的班级需要采取双矩形、同心圆形和双马蹄形(如果空间不够大,就安排成如图所示 W 形)的安排(见 E、F、G 型)。

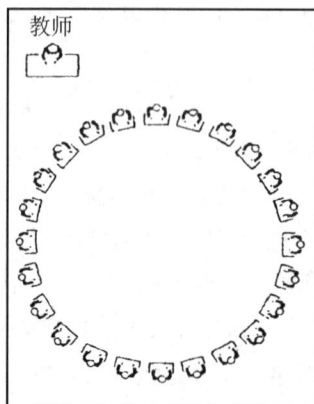
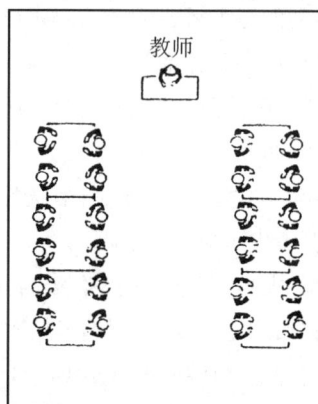

C 型　　　　　　　　　　　　　　D 型

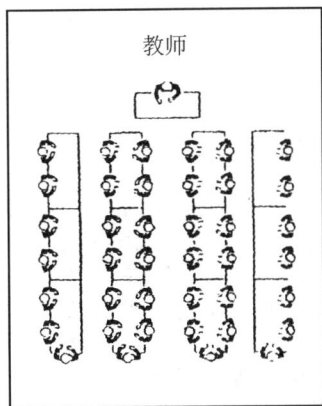

E 型

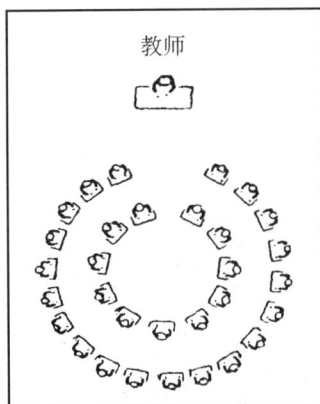

F 型

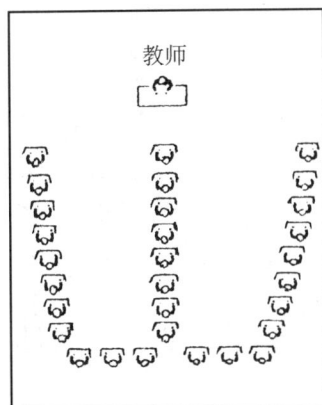

G 型

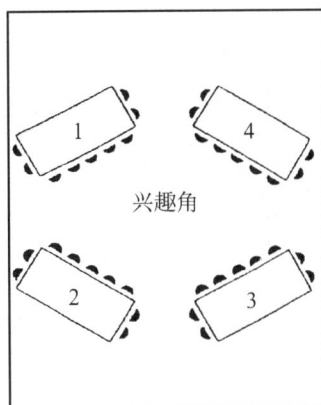

H 型

模块型——其主要特征是以"模块"为单位来安排教室空间。依据不同需求,可灵活布置各种安排形式。H 型使学生有自己的活动空间,便于走动而不影响其他组学生。I 型的设计可以形成更多的空间,开阔的地带可以做各种不同的活动而不至于互相干扰;J 型的设计为学生自由地由一个活动角到另一个活动角提供了方便;K 型适合于大、小组活动相结合的情景,为了减少注意力的分散,使大组的学生背对着小组的活动区域。

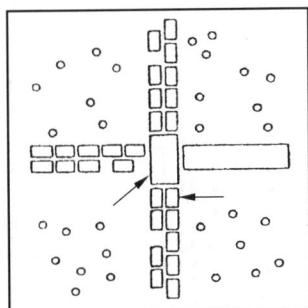

I 型

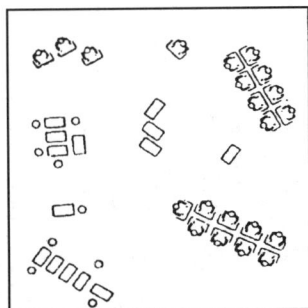

J 型

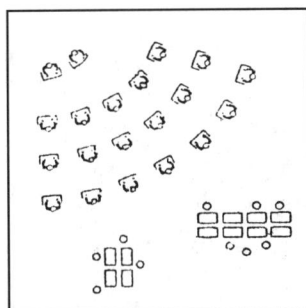

K 型

2. 各种座位安排型式的优点与缺点

为了便于大家更好地理解、选择、设计座位安排,我们不妨简要地对它们进行比较(表4-7)。

表4-7

各种座位安排型式的优点与缺点

座位安排型式	优　点	缺　点
秧田型	● 使教师易与观察和控制全班学生的课堂行为,易于系统讲授; ● 学生人数相对不受限制,学生之间减少干扰,注意力容易集中。	● 学生的人际交往在质量上和数量上都受到很大影响; ● 如果座位一直不变的话,它对学生社会性的发展就更为不利。
马蹄型或新月型	● 全班学生能更多地参与课堂活动; ● 教师与学生、学生与学生之间信息交流方便,如教师与学生目光接触频率会提高; ● 有利于课堂民主气氛的形成。	● 不利于两侧学生之间的交流,学生人数也受到限制; ● 可能会增多了课堂问题行为的机会; ● 不利于教师控制全班学生的课堂行为。
方形或圆桌型	● 有利于学生之间及时交流与讨论; ● 学生的参与度较高; ● 便于学生发展合作技能; ● 有利于课堂民主气氛的形成。	● 座位不容易变动,小组人数也较少; ● 学生容易左顾右盼、扭身体,这些非言语行为出现的频率趋于增加; ● 不利于教师控制全班学生的课堂行为; ● 将大大增加教师的准备工作量。
模块型	● 有利于学生之间及时交流与讨论; ● 学生的参与度较高; ● 便于学生发展合作技能; ● 有利于课堂民主气氛的形成; ● 使每位学生都有自己的活动空间,走道便于走动而不会导致相互干扰。	● 相比上述三种型式,模块型不适合于大班活动,更适合于小组活动或个别学习; ● 不利于教师控制全班学生的课堂行为; ● 将大大增加教师的准备工作量。

除了上述几种一般的安排方式外,还可以根据特殊的需要设计座位排列方式,如L型是为总结或评价刚完成的活动或就某一问题开展讨论而设计的排列方式,每排呈弧形,使全班人的注意力集中于前面的2—3个人身上;M型是为全班辩论活动设计的座位安排方式;N型的排列方式是为展示或呈现留出足够的空间。以上所讲的模块型和几种特殊的座位安排方式主要适合于中学。

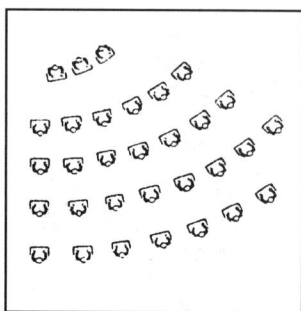

L型

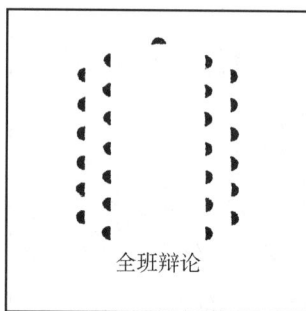

全班辩论

M型

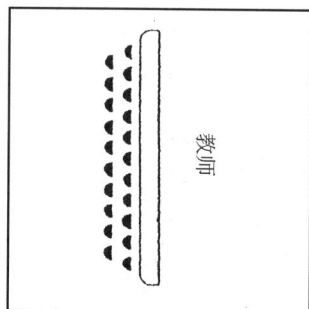

教师

N型

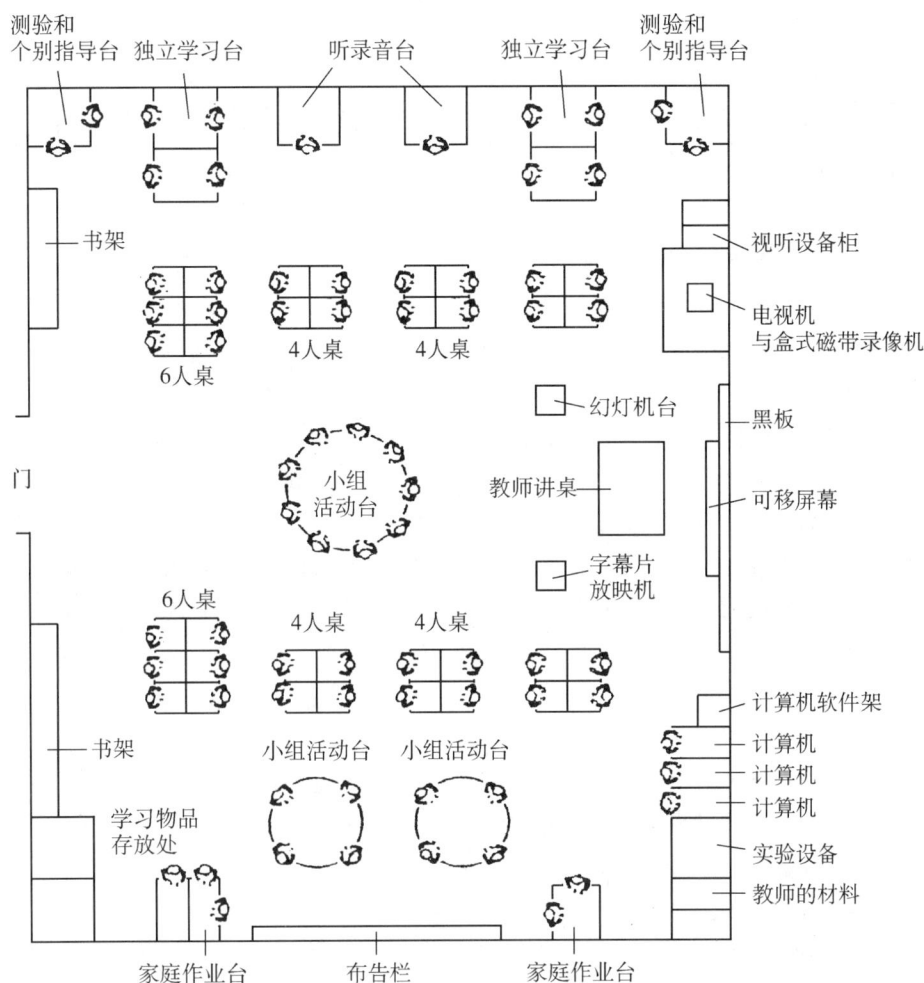

测验和个别指导台　独立学习台　听录音台　独立学习台　测验和个别指导台

书架

视听设备柜

电视机与盒式磁带录像机

6人桌　4人桌　4人桌

幻灯机台

黑板

教师讲桌

可移屏幕

小组活动台

字幕片放映机

门

6人桌　4人桌　4人桌

计算机软件架
计算机
计算机
计算机

书架

小组活动台　小组活动台

实验设备

学习物品存放处

教师的材料

家庭作业台　布告栏　家庭作业台

O 型

　　国外还有一种"开放课堂"的教室设计模式(见 O 型)。教室中几张桌子被凑在一起而且可以自由移动,形成学习中心,各个"角落"或"中心"存放着学习材料,可供 1 至 6 个学生同时使用,每个中心的重点是提供特定领域的知识或发展某一特定技能。一个角落可以安放教学游戏桌,另外一角则是数学设备,第三个区域也许有自然科学展览,而第四个角则摆放阅读材料。在中学,教师只教一个科目而且要与其他教师合用教室,灵活安排的可能性较小,但有时也需要把教室分成几个区域,供小组活动、视听活动、项目设计及独立研究之用。这种教室安排方式适合于小组和个别化的教学,增加了学生之间的互动,并给学生四处走动的机会,可以在不同的区域从事不同的学习活动。

　　座位安排的选择与设计看似简单,其实要考虑具体教学目标、教学行为、学习活动需要等因素。另外,座位的安排也要考虑学生的特点和教师控制课堂的能力。事实上,没有一种安排可以满足所有教学行为或活动,灵活地安排座位以适应教学的需要才是理想的座位安排。

第4节　编写课程教学方案

如何将教学前的思考与决定以文本的方式整体呈现出来？我们接下来讨论《课程纲要》和教案的编写问题。

一、《课程纲要》的编写

课程是一种有计划的活动，《课程纲要》就是一种规定时间内的课程计划，具体地说，它是教师依据课程标准或指南和相关教材撰写的、体现某门/种课程各种元素的计划大纲。

教师编制《课程纲要》，实际上也就是对将要实施的教学进行整体设计，需要研究、分析教学中所设计到的各方面因素，如课程的目标、相应的课时、学生背景分析、课程组织、实施的条件、学生评价等情况。也正因为如此，编制《课程纲要》对教师、学生以及学校都有着重要的意义。它有利于教师整体把握实施的课程目标与内容；有利于教师审视满足课程实施的所有条件；有利于学生明确所学课程的总体目标与内容框架；有利于学校开展课程审议与管理。

（一）《课程纲要》的构成要素

一般而言，《课程纲要》的构成要素包括：

（1）一般项目：学校名称、课程类型、设计教师、日期、适用年级、课时；

（2）课程元素：课程目标、课程内容、课程实施、课程评价；

（3）所需条件：为顺利实施该课程所需要的条件。

编制《课程纲要》的关键环节是处理好四个课程元素。

课程目标是课程的灵魂，制定目标的依据是对课程标准的分解以及对学生的研究、及对教材和其他现场资源的分析。具体撰写的要求有：全面、适当、清晰；一般用4—6点来描述，目标涉及三个维度，特别是认知要求。

课程内容是指依据课程目标对教材的内容及相关的资源进行一定的选择与组织，它要求教师从总体上把握教材内容难点、重点等，并要求教师明确所需相关学习资源是否具备。

课程实施是指如何更好实施上述的内容，以便于学生实现所期望的目标，它涉及学习主题/活动的课时安排，教与学的方式等。

课程评价是指如何确定上述的目标已经或正在得到实现，采用什么样的评价任务才能获得准确的信息，什么样的评价方式才能使学生表现更好等。

为什么说"教学进度表"不是《课程纲要》呢？因为教学进度表只有进度，没有教学；只有课文，没有课程；只有教师，没有学生。《课程纲要》与教学进度表的主要区别在于：前者完整地体现了课程元素——课程目标、课程内容、课程实施与课程评价，而教学进度表主要包括时间与教学内容的安排，没有完整地体现课程的所有元素。

《课程纲要》的叙写一般有两种格式：一种是按上述的顺序呈现各个课程元素，一些没有课程标准作依据的课程设计经常采用这一种方式，如校本课程的一些《课程纲要》；

另一种是按目标—评价任务—学习活动来呈现的,即基于课程标准设计的课程纲要,下述案例4-2就属于此类,它将课程内容与实施整合在一起作为"学习活动"来呈现。

(二)《课程纲要》的呈现:一个案例

为了使读者更好地理解《课程纲要》的呈现形式,我们以一个高中语文高二年级的《论语》的《课程纲要》作为案例,以供参考。

《论语》的《课程纲要》

▶ 课程类型:选修ⅠA课程　　▶ 教学材料:语文出版社的《〈论语〉选读》

▶ 授课时间:36课时　　　　　▶ 授课教师:杭州市余杭高级中学　林荣凑

▶ 授课对象:2007级高二(13)(14)班

课程标准相关陈述

该模块属于"文化论著研读"系列,《语文课程标准》有关该系列"课程目标"、"教学建议"、"评价建议"的规定,此从略。

学习目标

1. 仔细阅读原文、注释和参考译文,圈划重点字词;借助工具书或其他注释本等,校核若干字词或句段的今译,并作出自己的判断。

2. 善于联系上下章和其他文献资料,正确理解课文内容,把握《论语》的思想内涵,运用点评法,表达对课文内容和章法技巧的欣赏。

3. 结合作者经历、社会状况、文化背景、时代思潮、前人研究成果等,形成关于孔子思想的历史意义与现实意义的观点。

4. 尝试运用随笔、小论文、读书报告会等方式,有条理地表达并与同学分享自己的人物评价观点,体验小组合作学习的经历。

5. 背诵和默写指定的篇章,感悟孔子对人生终极意义的思考和完美人格的追求,说出《论语》中最能影响自己的三句话。

评价任务

1. 过程作业:随笔4篇;小组合作完成小论文1篇。

2. 结果纸笔测试:题型有选择题、填空题、古文翻译题、简答题。

学习活动(内容和实施)

第一阶段:导读(1—2课时)

教师介绍孔子和孔子思想的历史地位,解读"课程学习纲要",指导阅读《史记·孔子世家》《史记·仲尼弟子列传》,为研读打下基础。

第二阶段:分主题研读(24课时)

1. 读懂、欣赏、背诵(逐课或分主题进行,课前要做好预习)。

2. 整理实词、虚词、文言句式和至今还流传使用的成语、熟语、格言(课外进行)。

3. 随笔写作与读书报告会。每一主题学习结束,选择最有感悟的篇章,写一篇800字左右的"论语随笔",班级组织一次读书报告会。

第三阶段:课题研究(6课时)

1. 确定课题。通读回顾《〈论语〉选读》,选择并确定一个课题研究范围(也可由教师提供参考选题),相同、相似的课题4—6位的同学组成课题组,明确分工。

2. 搜集资料,撰写论文。教师指导内容包括资料的搜集与整理、资料卡片的使用、论文框架的拟列、论文的格式与表达等。

3. 论文答辩。提前一天,抽签决定各组汇报人、评价人,论文成绩为小组成员共享。

第四阶段:总结与评价(4 课时)

模块复习;朗诵或默写比赛(机动);整理有关作业,做好过程评价;参加年级组织的模块测试,确定本课程学习成绩和学分。

作业和评价细则

1. 过程表现与作业。(1)课堂学习表现(60 分),(2)篇章背诵(50 章计 70 分),(3)随笔(4 篇计 80 分),(4)小论文(1 篇 50 分,小组作业)。总计 260 分。得分依据详见评分规则。

2. 课程测试。测试内容包括:(1)对课本中所选《论语》原文的字词句理解,(2)内容理解和评价,(3)章法技巧的欣赏点评,(4)指定背诵篇章的默写。测试形式为闭卷笔试,满分 100 分。

3. 学分认定。课程作业和测试满分 360 分,据此划分这门课程的等级为:320 分及以上为 A,280—319 为 B,240—279 为 C,200—239 为 D,200 以下为 E。等级为 D 等及以上的,获得该模块 2 个学分;E 等的不能获得 2 个学分,须按学校规定补修或补考。

资源推荐

1. 参考书籍:杨伯峻. 论语译注[M]. 北京:中华书局,1980(其他略)

2. 网络资料:国学网站:http://www.guoxue.com/index.asp(其他略)

二、教案的编写

教案是为课堂教学而准备的书面计划。它本身涉及的问题很多,包括以上所介绍的各个方面,还包括教案的一般规范问题。教师的教案有很大的差异,具有明显的个性化倾向,有些教师喜欢写出详细的教案,而有些则只是写出几条作为备忘,这主要取决于教师自己的经验、习惯做法、学习活动的性质和对教案的管理要求。

(一)教案的一般格式

由于教学在时间顺序上一般分为 4 段:导入、呈示/对话/指导、运用与总结,所以教案就按这一序列计划。教案的主体部分可以进一步纵向划分为左侧的"内容"栏和右侧的"方法"栏(如表 4-8)。

在"内容"栏中,可以清晰具体地陈述想做些什么,同时考虑使内容尽量按逻辑顺序排列起来。根据内容的数量和性质,在每一步内部还可再区分成若干小步。

在"方法"栏中,表明打算如何教要教的内容,主要涉及教学行为与教学组织形式。如采用怎样的组织形式(个别教学、小组教学、全班教学还是自由活动);学生和教师要做的事,如如何运用黑板(课前写好,还是随课的展开逐渐书写),如何运用各种材料,如何做笔记(独立做,在指导下做,还是听写),如何布置作业,如何应用评价技术等等。

有时,在教案主体部分之后再加上一个简短的"备注"。这部分十分有用,它可以包括教案其他部分不易包容的信息和评论,如对问题与困难的预想,课的某一点上可采取的其他行动过程,可能需要根据班级或时间因素而对材料进行省略或扩充,等等。加上这部分的价值还在于教师在实施前可以在脑子中反复排演课的方方面面(时间安排、组织、材料的量),或者设想在教学现场引入其他的计划。

　　表 4-8 是一种规范的教案格式,这种格式基本上包含了教案的全部内容。实际上,教案是个人化、情境化的产物,它随不同的教师、不同的学科、不同的目标以及不同的情境而有所不同,因此必须记住,所给的格式及其所列的条目因需要而定。

表 4-8

教案的一般格式

教案标题格式	科目: 班级:	教师: 人数:	日期: 时间长度:

目标:

材料与设备:

教学内容	方法
阶段 1:导入 阶段 2:呈示/对话/指导 　分阶段① 　分阶段② 　分阶段③等 阶段 3:运用 阶段 4:总结	
备注:	

　　表 4-9 提供了一种新型的、基于课程标准的教学的教案格式。这种格式的典型特征是目标的来源是课程标准,评价设计先于教学设计,以及指向学生学习的质量。[1]

表 4-9

基于课程标准的教案格式[2]

　　课题名称:
　　相关标准陈述:
　　标准陈述从年段基准中而来,和上课内容息息相关;
　　标准陈述是具体的,包含内容标准和表现标准。
　　教学目标——学生学习结果:
　　教学目标要描述在这一堂课的教学中可以观察到的学生表现行为或结果;
　　教学目标要引导学生去证明标准陈述中的知识或技能。
　　检测这些表现或成果的评价活动方案:
　　评价的手段和工具要能检测学生是否达到预期的学习结果。
　　教学活动方案:
　　教学活动的安排应该是能指引学生去证明自己的学习结果。

---

[1]　崔允漷:《课程实施的新取向:基于课程标准的教学》,《教育研究》2009 年第 1 期。

[2]　O'Shea, M.R., *From Standards to Success:A Guide for School Leaders*, 2005, p.3, 引用时略加修改。

教师在设计基于课程标准的教案时应当不断追问:关于这一部分教学内容,课程标准中的关键词是什么?在学年/学期课程纲要的目标中的地位或作用怎样?我是否理解或清楚地表达了课程标准对学生所提的应知和/或能做的期望?我设计的评价方案能否最好地证明预期的学生应知和/或能做的期望?学生是否能提供达到或超过标准的表现?我该设计怎样的学习活动让学生去证明自己的学习结果?

当然,我们不必按照上面的模式按部就班,但它至少表明了一点,我们需要增强教学、评价、标准之间的一致性。

(二)教案的撰写:一个案例

在当前基于课程标准教学的大背景下,在具体撰写教案时,我们有必要强调一种基于课程标准撰写教案的意识。表 4 - 10 就是这样的一个案例。

表 4 - 10 "用牛顿定律解决问题(一):从运动情况确定物体受力情况"的教案①	内容标准:理解牛顿定律,用牛顿运动定律解释生活中的有关问题。	
	本节课学生掌握目标后的表现: 1. 综合各种信息,运用运动学知识求出加速度; (对于本节课来说:学生能正确使用皮尺测量位移,用秒表测量时间,并能运用运动学公式求出加速度) 2. 根据牛顿第二定律,求出合力;或能利用力的分解知识,求解特定的力; (对于本节课来说:能画出受力分析图,求出合力和滑动摩擦力;能利用滑动摩擦力与动摩擦因素的关系求出动摩擦因素) 3. 理解公式、定律与具体情境下的联系; (对于本节课来说:能把相应的公式与现场资源结合起来,如用皮尺来测量位移等) 4. 分析各种信息,创造合理的实验方案; (对于本节课来说:方案设计简便、程序清晰合理) 5. 应用实验方案,正确地执行实验操作; (对于本节课来说:能正确使用实验器材,如读数、保持弹簧秤读数不变拉动木块等) 6. 能进行准确计算。 (对于本节课来说:能有效地选择合适的公式进行计算,计算结果在误差范围之内)	本质问题: 1. 应用牛顿定律解决问题的"桥梁",是速度或合力,还是加速度? 2. 如何求加速度?

表现性任务的设置:
请利用下列材料:木块、弹簧秤、秒表、木板(长约 1 米,宽约 0.5 米)、皮尺,在本节课内请先设计出一个实验方案,再测量出木块与木板之间的动摩擦因素。

学习活动设计(节选):
1. 要求学生完成本节课的表现性任务(见上部分内容);
2. 要求学生利用自评表完成自我评价;
……

需要指出的是,本教案并没有局限于教材中的呈现内容,而是在把握课程标准要求的基础上,设置了一个表现性任务,该任务的评价目标就是在本节课中学生必须达到的

---

① 邵朝友:《转变教师理念:评估设计先于教学设计》,《基础教育课程》2008 年第 11 期。

学习目标。本教案与传统教案相比,它们之间的差异表现于以下几个方面:

第一,关于标准的陈述。传统教案中教学目标的撰写往往比较笼统,经常套用知识与技能、过程与方法、情感态度价值观的所谓"三维"目标,不仅目标的来源或依据不清楚,而且学生的学习表现要求也不明确,上述教案则指明了预期的学生表现或成果。

第二,检测这些表现或成果的评价活动方案。该教案事先设计了表现性任务,整节课就以此为主题展开,它不仅是学生的学习活动,也是评价任务,从而更好地监测学生的学习。而传统教案设计往往在教学活动告一段落后再进行,更多的是关注于事后评价,从而导致无法及时发现学生的学习问题。

第三,关于学习活动设计。传统教案往往注重教学活动的设计,其潜在的思想是以教师为中心的。学习活动的设计则关注学生的学习,其潜在思想是以学生学习为中心的。学习活动设计中另一亮点是,课堂中的表现性任务和学习活动任务融为一体。

第四,关于课时内容的本质问题。这里所谓的本质问题是指引起学生关注学习内容的关键话题,使学生发现课程的"大观念"问题。本质问题是贯穿于整个课堂,居于课堂的核心地位,有时也是组织、学习的重要线索。而传统教案并不关注学生形成"大观念"的本质问题。

在本章结束前,我们特别强调两点。第一,在计划一节课时,应该寻求各个教学要素之间的内在一致性,从学习目标的确定,一直到实现目标的各种手段的设计和选择,都要围绕使每一个学生在现有的基础上有所发展。因此,教师最好不要单纯地记录教案的各个要素,而应该在脑海中结合设想的情境全面而综合地预演一遍,这对新任教师尤其重要。

第二,计划后的实施不是贯彻计划,大多要根据课堂情境进行调整。做出调整的最重要因素就是班上学生的反应。研究表明,如果教师不随机应变,计划就可能起副作用。计划毕竟是带有主观性的设计蓝图,在实施时的灵活性非常重要,新教师与熟练教师的差别往往也就在于此。

....

本章小结

确定学生的学习目标、设计与学习目标相匹配的评价、设计适当的学习活动、编写课程教学方案是教学准备必须考虑的四个环节。学习目标是教学准备的起点,只有在整体把握、明晰学习目标的基础上,教学才有方向,也有效益底线;教师必须设计与学习目标相匹配的评价,以用于及时检测、了解、反馈学生的学习情况;设计适当的学习活动是为了使学生有更好的学习表现,教师着重要考虑的是教学内容的处理与学习活动的组织,以及其他一些教学条件的考察;课程教学方案主要包括《课程纲要》和教案,它们有各自的内涵与技术要求。从中可以看出,教学准备要以课程标准为依据,要充分地考虑到课程标准、教学、评价的一致性,要充分地设计好课程标准、教学、学习与评价一体化的课程教学方案。

关键术语

学习目标　评价任务　学习活动　课程纲要　教案

讨论与探究

1. 讨论:教材的批判与辩护。

2. 如何正确理解逆向教学设计的技术要求?

3. 结合某学科的课程标准和相应的某册教材,请你写出该学科在某一学期的学生学习目标。

4. 结合表现性任务的学习,请你设计至少三个表现性任务。

5. 传统教案与基于课程标准的教案有什么区别?

6. 案例分析:结合本章内容,请分析下述案例。

案例 4-3

备课备课,原来并不容易!

看着错误百出的学生作业,吴老师不禁有点发呆了!难道是自己没有吃透教材的要求,还是哪里出了问题?

作为已有三年从教经验的教师,吴老师是很看重"头三年站稳讲台"这种说法的。三年来,每次上课前都仔仔细细地阅读教材,严格按照教材顺序一个接一个地进行教案设计。

就拿这节课来说,根据老规矩,先确定出学习目标。本节课的教学目标是:理解匀速直线运动的速度变化的特征。为了让学生更好地理解匀速直线运动的速度变化的特征,吴老师特意设计了一个引入的案例:一个物体在同一方向上1秒内沿直线运动了10米,在2秒内运动了20米,在3秒内运动了30米,请问该物体运动速度有什么特征?

然后,在分析、讲解这个案例的基础上,再设计一个匀速直线运动的演示实验。

接着,设计好学生的现场作业,要求学生求解有关匀速直线运动的速度。

最后,对这节课进行总结,并布置课外作业。

像以往一样,吴老师感觉自己把教案中的内容都全部完成了,对自己的表现也比较满意。

想着想着,吴老师突然想起一个细节,好像在引入案例分析时,绝大多数学生都能说出该物体在1秒内运动了10米,可是对于速度的方向好象教室里的声音明显小多了。难道是这里出问题了?学生不是在初中就学会了速率了吗?难道对于速度方向,学生就那么难理解?

另外,课堂上不是设计了一个现场练习了吗?上台板演的两位好生很快就完成了,自己查看学生完成情况时,被检查到的几个学生好像也都完成了。何况,从课外作业也可以发现学生掌握知识点的情况,如果有问题也可以在下节课进行弥补的。

……

可是,常听老教师说,学生作业做得不好,其中一个重要原因是教师的教案还没备到家。难道备教案有那么难吗?备教案到底要备什么?关于教案,是不是给自己补补课?……吴老师突然觉得自己有点"心虚"了。

进一步阅读的文献/网站

1. 崔允漷:《课程实施的新取向:基于课程标准的教学》,《教育研究》2009 年第 1 期。

2. 崔允漷等主编:《基于课程标准的学生学业成就评价》,华东师范大学出版社 2008 年版。

3. 钟启泉、崔允漷主编:《新课程的理念与创新——师范生读本(第 2 版)》,高等教育出版社 2008 年版。

4. 陈桂生:《教育原理》,华东师范大学出版社 1993 年版。

5. [美]Kauchak, D. P. 等著,丘立岗主译:《教学原理》,台湾学富文化事业有限公司 2006 年版。

6. Cohen, L. & Manion, L., *A Guide to Teaching Practice*, 1989.

7. Ornstein & Allan, C., *The Strategies for Effective Teaching*, 1990.

8. Geoffrey petty, *Teaching Today*, 2001.

9. 网站:http://www. pep. com. cn/
　　　　http://www. cnjiaoan. cn/Index. html
　　　　http://www. instructionaldesign. org/

第 5 章

主要教学行为

　　每当我们回忆起自己的课堂体验，往往会想到某某老师的课上得好，很喜欢听他的课，某某老师的课上得不怎么样，不愿意去听。你能说说你想上的课的老师有些什么特点吗？是不是老师讲课很生动，有条理，所展示的课件很有技术含量？也许就是这些教学行为吸引着你。正如一项研究所发现的那样，教师使学生对课发生兴趣的最重要的一个原因，就是他们善于采取多样的教学行为。那么，怎样运用这些教学行为才能吸引学生呢？就让我们一起来探索其中的奥秘吧！

137

通过本章的学习,你能够

● 正确理解主要教学行为的分类及其基本含义
● 了解九种主要教学行为的功能与表现形式
● 分析不同教学行为的影响因素
● 明确课堂问答的基本过程
● 知道如何灵活地选择和运用各种主要教学行为

本章内容导引

● 呈 示 行 为
　一、讲述
　　(一)讲述的功能与表现形式
　　(二)影响讲述的主要因素
　　(三)讲述的运用策略
　二、板书
　　(一)板书的功能与表现形式
　　(二)影响板书的主要因素
　　(三)板书的运用策略
　三、声像呈示
　　(一)声像呈示的功能与表现形式
　　(二)影响声像呈示的主要因素
　　(三)声像呈示的运用策略
　四、动作示范
　　(一)动作示范的功能与表现形式
　　(二)影响动作示范的主要因素
　　(三)动作示范的运用策略

● 对话行为
　一、问答
　　(一)问答的功能与表现形式
　　(二)问答的基本过程
　　(三)问答的运用策略
　二、讨论
　　(一)讨论的功能与表现形式
　　(二)影响讨论的主要因素
　　(三)讨论的运用策略
● 指导行为
　一、自主学习指导
　　(一)自主学习指导的功能与表现形式
　　(二)影响自主学习指导的主要因素
　　(三)自主学习的指导策略
　二、合作学习指导
　　(一)合作学习指导的功能与表现形式
　　(二)影响合作学习指导的主要因素
　　(三)合作学习的指导策略
　三、探究学习指导
　　(一)探究学习指导的功能与表现形式
　　(二)影响探究学习指导的主要因素
　　(三)探究学习的指导策略

　　在教学准备之后,教师就要进入课堂实施教学,首先要考虑的是如何有效地运用主要教学行为。主要教学行为是教师在课堂上直接针对具体的教学目标与内容而采取的专业行为。它是可预设、可分解与可培训的专业技能,它的目的在于确保教学有序地进行下去。依据教师在课堂中扮演的不同角色及其与学生的关系,主要教学行为可分为呈示、对话、指导三类。每类教学行为都有各自的适用范围与条件、优势与不足,教师只有对此有清楚的了解,才能合理地运用这些教学行为。下面我们就来探讨各类教学行为的功能和表现形式以及具体的运用策略。

第 1 节 呈 示 行 为

呈示行为是教师以呈现知识与演示技能为主的行为,依照使用手段的不同,它主要有语言呈示、文字呈示、声像呈示和动作示范四种方式。其中,语言呈示是指口头语言呈示,我们具体讨论讲述行为;文字呈示是通过板书和印刷媒体(如讲授提纲、课本或辅助用书)等书面文字向学生呈现知识的行为,我们重点讨论教师最为常用的板书行为。

一、讲述

讲述是指教师用口头语言向学生呈现、说明与解释知识,并使学生理解的行为。从信息传播方向上看,讲述具有单向性,它不要求学生有对应的互动行为。讲述是教师在课堂上运用的最广泛的教学行为。弗兰德斯(N. A. Flanders)曾在大量课堂观察及其研究基础上提出了"三分之二律",即课堂时间的三分之二用于讲话,讲话时间的三分之二是教师讲话,教师讲话时间的三分之二是向学生讲话而不是与学生对话。[①] 所以,对一名教师来说,掌握、运用好这种教学行为至关重要。

(一)讲述的功能与表现形式

讲述至少有两种功能:一是说明是什么或怎样做,使人明白、理解某个概念、观念、程序或规则,如介绍一个概念(全球变暖),说明一个程序(怎样进行减法);二是解释为什么,如分析某种现象产生的原因,告诉学生为什么必须要按某些程序去做,给出制定某些规则的理由等。要使功能得到有效发挥,就要明白讲述的优势与劣势,见表 5-1。

表 5-1 讲述的优势 与劣势[②]	优 势	劣 势
	1. 它是陈述一种解释的便捷方法; 2. 它能按学生的恰当水平来进行,而且内容适合学生的需求; 3. 它能鼓舞和激励学生; 4. 对有经验的教师来说,它只要少量的准备和资料; 5. 它是一种快速呈现材料的方式; 6. 它是一种比书面表达更具有个性化的交流方法。	1. 学生理解与否得不到反馈; 2. 信息的保持力(retention)非常低,必须确保信息的理解并记住以备后用; 3. 教师必须与整个班级的步调一致; 4. 缺乏经验的教师往往会快速陈述材料; 5. 它可能会令人厌烦; 6. 没有学生的积极参与; 7. 学生的注意范围比其他学习方式要窄; 8. 它假设学生会赞同; 9. 学生没有机会利用已教过的观念。

根据所用时间和繁简程度不同,讲述主要有正式讲述和非正式讲述两种。正式讲述要占

---

① 转引自 Anderson, L. W., *The effective teacher*, 1989, p. 68.
② Petty, G., *Teaching today* (2nd), 1998, p. 126.

一节课的大部分或全部;非正式讲述一般持续 5—10 分钟。如果从讲述内容的性质差异来看,讲述又表现出三种主要形式,即描述性讲述(介绍概念或术语的含义)、说明性讲述(说明一个过程、一种结构或一系列步骤)和解释性讲述(解释为什么做某件事或某件事发生的原因)。

(二) 影响讲述的主要因素

为什么要分析某种行为的影响因素呢? 我们是想为你具体运用或研究某种教学行为提供一些支架,也为了更好地提出相应的运用策略。

1. 言语表达的外在形式:语音、语流、语速

有一项对照研究,比较教师标准发音(普通话)与方言发音(地方话)两种情境下学生对教师人格特征、讲课效率和人际吸引等方面的不同评价。[1] 结果发现,各年级组学生对讲普通话的教师的评价等级均高于讲方言的教师,讲普通话的女教师比讲方言的女教师更受欢迎。当然,使用普通话进行教学,还要注意发音的准确性与清晰度,以及音量高低对学生的适切性,因为这些也会影响教学的效果。一项调查研究显示,教师讲述时的音调过低或过高、音量过小或过大、没有明显的语气特征等,都会降低学生的听讲注意度。

据希勒(J. Hiller)等人的研究,教师语言的流畅性与学生成绩之间存在显著正相关。[2] 另外,还有人研究发现,教师语流中断会造成学生成绩的显著下降。语流的速度是指单位时间内所发出音节的多少。语流速度过快、过慢都不利于学生成绩提高。如果速度过慢,教师教学节奏变缓,教师单位时间内讲述内容就会减少,且易导致学生昏昏欲睡,会降低教学成效。教师语流速度过快,超过学生短时信息加工极限,容易使学生产生紧张感、压力感,教师的讲述效果也会降低。

2. 用词是否恰当

用词是否恰当一是指用词的精确性与模糊性。有人曾总结了教师用词模糊与学生成绩之间关系的五项相关研究和五项实验研究,发现其中有八项显示两者之间有显著相关,显著性水平在 0.05—0.001 之间。这说明用词是否精确直接影响学生的学习成绩。教师用词模糊不利于学生的学习,教师应尽可能避免模糊用词,见表 5-2。[3]

类　别	例　词
1. 指称不明(ambiguous designation)	所有这些,某地
2. 否定性强调(negated intensifier)	不很多,不十分
3. 接近(approximation)	大约,有点,某种程度,差不多,大体上
4. "蒙混过关"和转折("bluffing" and recoveries)	无论如何,当然,实际上,等等,实质上,众所周知,长话短说,换言之
5. 认错(error admissions)	对不起,抱歉,我不能肯定,原谅我
6. 模糊限定(indeterminate quantification)	一些,几个,一群
7. 多重性(multiplicity)	许多种,许多类
8. 可能性(possibility)	也许,可能,大概
9. 或然性(probability)	一般,有时,经常,通常

表 5-2

讲述模糊用词的种类和例词

[1]　张积家:《教师口音的社会心理影响》,《心理科学通讯》1990 年第 6 期。
[2]　Hiller, J., Fisher, G. & Kaess, W., A Computer investigation of verbal characteristics of effective classroom lecturing. *American Educational Research Journal*, 6(4), 1969, pp.661-675.
[3]　同上注。

用词是否恰当二是指专业术语使用的时机。在学生刚开始接触一个新的专业术语时,适当运用该术语的日常生活词汇、俗称来描述,可帮助学生学习和理解新术语。但在学生已经掌握专业术语,能运用专业术语解释新现象、学习新知识时,教师使用非专业术语则会失去所学学科知识的严谨性和严肃性,甚至会令学生产生错误的理解。当然,滥用学生不太熟悉的专业术语,尤其是在学习某个新概念时,也不利于学生学习。

3. 讲述内容的组织性与逻辑性

信息加工理论认为,人的信息加工能力是有限的,如果教师向学生呈现的内容线索不明而且信息量超过学生短时记忆的限度,学生就会只加工其中的部分信息,而忽略其他信息。倘若教师精心组织新信息,并合理安排呈现顺序和步骤,学生则倾向于依次对信息作加工处理,而不会漏掉其中的某一部分。许多研究指出,借助某些行为对讲述内容进行组织以及精心安排内容的呈现序列,可提高学生成绩。可见,讲述内容是否具有组织性和逻辑性直接影响教师的讲述与学生的学习。

(三)讲述的运用策略

1. 语音准确,语词恰当,语流连贯,语速适中

教师语音应以普通话为准,保证学生听清楚每一个字。教师也要适时、恰当地使用本学科的专业词汇,尽可能避免以日常生活词汇误导学生对专业术语的理解。为准确表达自己的思想和教学内容,教师应选择最精确的词汇,防止使用笼统和容易引起歧义的词汇。为了表达连贯流畅,教师在备课时应把教案中的书面语言转换为适合自己个性的口头语言;讲述时尽量使用短句子,切忌说话带"口头禅"和多余的助词。教师讲述时的语速以稍慢于日常生活中讲话速度为宜,大致在每分钟 200 字左右。

2. 依据讲述内容选择适宜的组织形式

组织形式大致有以下几种:(1)整体—部分关系,即把所要讲述的内容逐级细化,分成若干个便于学生理解的任务或问题。教师由一个任务或问题向另一个任务或问题过渡时,要向学生发出"转承"信号,提示学生旧任务已结束,新任务要开始。如"这样,我们就结束有关……问题的讨论,接下来要考虑的问题是……"。(2)序列关系。这种组织关系以某种顺序,如时间顺序、因果顺序或事件发展顺序等为基础而展开。(3)相关关系。这种关系有一个核心思想,即教师讲述时要围绕核心论点来选择并依次展开相关的论据。(4)比较关系。教师组织对两类或多类事物作比较讲述,可先列出或界定第一个比较的维度,然后说明各类事物在这一维度上的异同;接着列出第二个比较维度,重复上述过程。

3. 运用"规则—例证—规则"程式

在讲述过程中,尤其是讲述新概念、新原理时,运用"规则—例证—规则"程式向学生提供足够的肯定例证和否定例证,有助于学生更快、更好地理解要学的内容。"规则—例证—规则"程式就是先给出一个规则,然后是规则的例子,紧接着重复规则。所谓肯定例证是指包含关键特征的例证,其中隐含着最利于概括的信息;而否定例证是指不包含关键特征的例证,它隐含了最利于辨别的信息。

4. 有意识地使用连接词

连接词可以恰当表述各部分思想之间、句子之间或短语之间的关系,如,因为……

所以……;如果……那么……;结果……;通过……(手段);等等。在使用连接词时,还要适时提醒学生所呈现信息中哪些部分或方面是重要的。提醒学生的具体表达方式有:请注意……;这一点非常重要……;如果你记住……,将对你理解……有很大帮助;现在,我们该讨论最重要的问题了,即……;等等。

　　5. 适时运用肢体语言

　　讲述不仅仅是讲话,也需要身体各个部位的配合,让身体向学生"说话"。运用你的眼神,和学生保持交流,直视一个学生会让他们感觉认真听讲的重要。但注视一个学生的时间通常在 3—5 秒钟——超出这个时间会使大部分学生感到不自在。[①] 运用你的面部表情向学生传达情绪,和着声音,渲染一种积极的学习气氛。运用身体动作强调重要的观点或引入新话题。有些教师陈述两种对立的观点时,会站在讲台的一侧陈述其中的一个观点,然后走到另一侧陈述其相反观点。这种移动不仅能吸引学生的注意力,而且能突出两种观点之间的对立。运用富有表现的手势,使讲述更富感染力。

　　此外,教师在运用上述策略时,还要避免误用讲述行为。

讲述的误用

　　1. 过短的时间内呈现了过多的新知识;
　　2. 讲述时间太长,超出学生有意注意的时限;
　　3. 讲述内容缺乏组织性、逻辑性,没有说明所讲述观点之间的相互联系;
　　4. 讲述时不顾及学生原有经验和知识基础,或对学生知识准备作想当然假设;
　　5. 讲述时没有激发起学生有意义地理解知识的心理倾向。

二、板书

　　人们把在黑板或白板上书写重要教学信息以帮助学生学习的教学行为称为"板书"。它是教师口头语言的书面表现形式,是学生获得知识的主要媒介。板书作为文字呈示的一种重要形式,由来已久。自 17 世纪夸美纽斯倡导班级授课制以来,粉笔和黑板就一直被认为是教师教学的重要工具。如今课堂教学中,尽管可运用的教学媒体逐渐增多,但由于板书的便捷与经济,它仍是讲述的经常性伴随行为。

(一) 板书的功能与表现形式

　　课堂上的板书与讲述相比,具有如下几种功能:

　　第一,向学生提供刺激视觉通道的感性材料,有助于引起学生的注意。讲述主要是帮助学生通过听觉获取信息,而板书则是通过视觉通道向学生提供有关讲述内容的主要信息,并以直观、容易被感知的方式来呈现,能吸引学生的注意,调动学生多种感官接

---

① [美]戴维斯著,严慧仙译:《教学方法手册》,浙江大学出版社 2006 年版,第 88 页。

收教学信息并加深理解。

第二，呈现学习内容的要点或结构，有利于发展学生的思维能力。板书和讲述虽然所表达的都是同一内容的相关信息，但板书并不是记录讲述的所有内容。板书所提供的只是学习内容的要点或一节课的结构，是课堂话语的一种"脚手架"，尽管它略去了某些具体细节，但却是核心和实质所在，是学生需要重点学习和思考的内容。同时，教师边讲述边板书，逐步展开学习要点，引导学生根据板书内容边听边思考，诱发学生进行分析、比较或概括等思维活动，可以使学生的逻辑思维得到训练与发展。

第三，为识记、保持、再现学习内容提供线索，有助于巩固记忆。现代认知心理学家认为，为了使知识在头脑中得以长期保持，学习者必须将学习的信息转换为便于贮存的代码，这个过程就是信息编码。信息的提取主要依赖编码时线索的清晰程度。实际上，板书就是帮助学生进行信息编码，帮助学生将学习内容分类整理，找出同类的共同特征，发现各部分之间的层次关系的有效途径。如果学生将教师的课堂板书进行记录的话，它无疑会成为学生回忆、复述、理解学习内容的重要线索和认知地图。

从重要性和详略程度看，板书主要有两种表现形式：系统板书（或称主板书、正板书）和辅助板书（或称副板书、注释性板书）。系统板书要完整地反映出教师当前的讲述内容和思路，包括内容框架、重要的概念、基本要点、主要结论和重点词汇等。辅助板书反映的是与当前学习有关但相对较次要的内容，如先前学过的概念或公式、某些细节的推理过程、具体的演算步骤等等。它对系统板书起补充、说明作用。

从板书的形象化程度看，板书主要有六种表现形式：

第一，提纲式。根据授课内容，在黑板上只列出标题、要点和层次。提纲式板书能清晰地反映出授课内容的逻辑思路和层次，突出教学的重点，便于学生把握主要观点。但它高度概括，比较适用于高年级学生。如"英国资产阶级革命"一课的提纲式板书：

一、英国资产阶级革命爆发的原因

1. 英国资本主义的发展

2. 詹姆士一世鼓吹"君权神授"

3. 查理一世的专制统治

二、革命战争

1. 1640 年议会斗争和革命开始

2. 处死查理一世和共和国的成立

3. 克伦威尔的独裁统治

4. 斯图亚特王朝复辟

5. 1688 年政变

6.《权利法案》的颁布和君主立宪制的确立

三、英国资产阶级革命的意义

第二，总分式。主要用于包含有从属关系的内容，引入新课题或单元复习时常用这

种板书。总分式板书能清晰地向学生呈现各部分之间的包含关系,使学生从整体上把握学习内容。如"角"一课的总分式板书:[①]

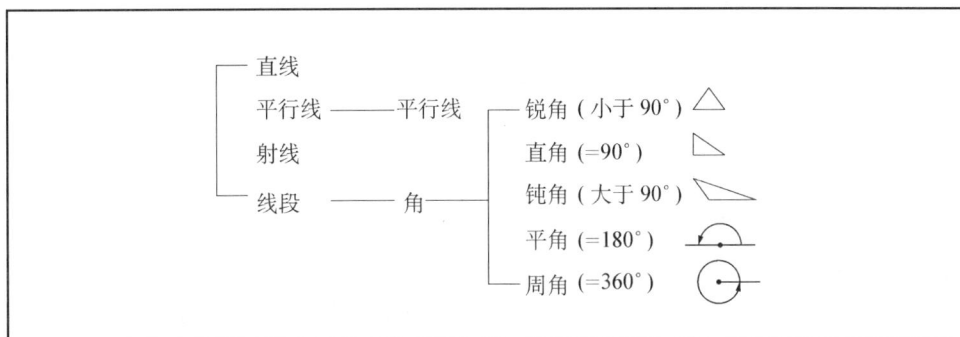

　　第三,对比式。主要用于在某些维度上有不同表现的教学内容。使用对比式板书可使不同表现形成鲜明对照,各自特征更为突出,便于学生理解。如"会摇尾巴的狼"一课的对比式板书:

　　第四,表格式。它是将教学内容中同一类概念、事物或事件的不同侧面分项目整理、归纳,并以表格的形式表现出来。运用这类板书,一般要求教学内容中的概念、事物或事件及其可分析的侧面均在两类以上。表格式板书能直观地看出它们的异同点和各自的特征,对于训练学生的分析归纳能力有较强的示范作用。如"晶体和非晶体"一课的表格式板书:

类型　特性	晶　　体		非晶体
	单晶体	多晶体	
外型特征	有规则的几何形状	无规则的几何形状	无规则的几何形状
物理性质	1. 各向异性	1. 各向同性	1. 各向同性
	2. 具有一定的熔点	2. 具有一定的熔点	2. 没有一定的熔点

　　第五,线索式。它是根据教学内容的发展过程、情节起伏或逻辑思路,选择关键性的词语,以线条、箭头等连接起来构成的一幅流程图。线索式板书能把隐含于教学内容

---

① 刘显国:《板书艺术》,中国林业出版社 2003 年版,第 242 页。

之中的线索,清晰直观地展现出来。如"我的战友邱少云"一课的线索式板书:

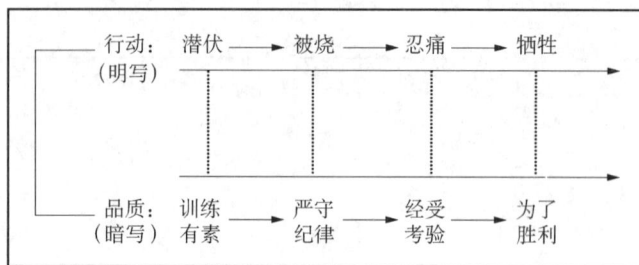

第六,图解式。它是以示意图的形式帮助学生认识某一事物的外形、结构和空间位置,或者人为地为某一内容配上具有象征意义的图案,激发学生的学习兴趣。如"身边的诱惑"一课的图解式板书:

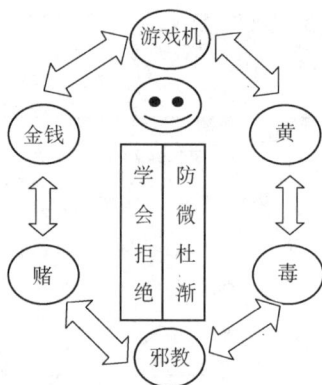

(二)影响板书的主要因素

1. 板书的布局

书写内容在黑板或白板上安排方式和位置不同,板书所获得的效果也不同。据研究,人们对处于不同位置内容的观察频度是不同的,对位于左上内容的观察频度最高,其次是左下,右下最低。所以,如果系统板书不多,则应放在中间偏左的位置;如果系统板书较多,则应根据板书各部分的重要程度,依次安排在左上、左下、右上、右下的位置上。这样才能有效地发挥板书对于教学的作用。

2. 板书形式与教学目标、教学内容的匹配程度

如果板书形式选择不当,教学内容所包含的信息就可能得不到充分表达和传递,难以实现预定教学目标。教师能否恰当选择板书形式主要取决于对教学目标的理解程度、对教学内容和各种板书形式特点的把握程度。教学内容与板书形式一致时,两者才相匹配。如果同一内容可能有多种板书形式与其匹配,则要依照教学目标来确定其中的最佳组合。

3. 板书的适时性

板书提前或滞后均会破坏正常的教学节奏,干扰师生共同的思维过程,造成学生注

意力分散甚至引发学生的问题行为。在板书过程中,帮助学生复习旧知识、激发学生产生疑问、明确需解决的问题、梳理解决问题思路、归纳最后结论等环节时的板书尤为重要。有研究认为,教师是根据中下水平学生的反应来调整教学思维活动跨度和教学节奏的。所以,教师应根据班内中下水平学生的反应,在上述各个关键环节及时提供板书。

(三) 板书的运用策略

1. 在课前应预先设计好板书

板书的设计应重点考虑四个方面:板书形式应与教学目标、内容和学生认知发展水平等相一致;板书内容要重点突出;板书语言要准确、简洁;板书的布局要合理。下面提供两种常用的板书安排方式。不管何种安排方式,所有的板书均应安排在边框以内。对于系统板书,教师可依照板书内容多少和书写板长度作适当分栏处理,每栏的宽度以不超过教师站立不动板书时较轻松地达到的宽度为宜。

例1:

例2:

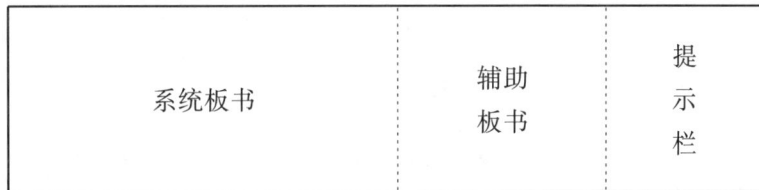

2. 在课堂上要不断地观察学生的反应

教师在课堂教学时,应随时随地注意观察学生对板书的反应,尤其是中下水平学生的反应,从而决定何时板书、板书的详略以及是否修正原先设计好的板书。

3. 板书的字迹应清晰、醒目

书写要工整、清晰、有条理,板书的字体大小应以后排学生能看清为宜;根据书写板的颜色选用恰当的书写笔,以形成鲜明对比。

4. 板书时应尽量避免分散学生注意力

例如,书写时身体应尽量站在黑板一侧,避免挡住板书内容;不在黑板裂隙或边框上写字;及时擦掉不用的字迹;尽可能少地涂擦黑板;建立使用黑板的常规;为重要内容或特别提示开辟固定的专门区域等。

5. 不要连续长时间板书

板书应注意停顿,不宜长时间连续书写,避免浪费时间,或给学生造成审美疲劳。较复杂的图、表可提前在黑板上用虚线画出浅浅的轮廓,需要时再用实线画出来,或借助小黑板、挂图等呈现。如果需要呈现给学生的文字材料太多,也不要过度地依赖黑板或白板,可利用其他的呈现方式,如复印材料或电子材料等。

案例 5 - 1

板书真的不需要了吗?

在现代教学技术日新月异的今天,随着多媒体教学的不断深入,板书功能呈现出越来越弱化的趋势,课堂上很少看到教师动粉笔,板书无人问津似乎越来越成为一种常态。对此,某中学语文教研组围绕"是否让多媒体课件代替板书"这一问题展开了讨论,讨论的结果形成了两派意见,一派赞成,简称甲方;另一派坚持以板书为主,辅以适当的现代教学媒体,简称乙方。下面是他们各自的理由:

甲　方

● 课件运用多媒体技术,能够创造出一个声情并茂、生动逼真的教学环境,而且承载和传达更为丰富的教学内容,这是板书所无法做到的;

● 多媒体技术在课堂上的应用已十分成熟,教师也能熟练地加以运用;

● 只要课件运用得当,板书的主要功能都能得以体现;

● 多媒体课件与板书相比,更清洁,更形象,教师也免受粉尘扑面之苦,而且更受学生喜爱。

乙　方

● 板书书写提纲挈领,重难点一目了然,板书书写灵活,且便于互动,教师可以根据不同的课堂情境,适时调节板书内容与教学方案,这些是课件所难以实现的;

● 板书与多媒体课件相比,具有更强的示范与引导作用,如书写的美感、逻辑推理等;

● 从成本与效益的角度看,板书更为经济与实用,课件的设计与运用更耗时、耗能,对物的依赖更强。

这场讨论,虽未达成一致的意见,但却提出了一些值得我们认真思考的问题:板书真的不像过去那么重要了吗? 现代教学媒体真的可以替代板书吗? 板书真的不需要了吗? 如果你是该语文教研组中的一员,你会作出怎样的判断呢?

三、声像呈示

声像呈示是教师利用各类声像媒体呈现教学内容以帮助学生获得感性认识,进而学习与建构知识的行为。声像媒体包括多种教学媒体,如视听媒体、多媒体等,它是储存和传递教学信息的工具。随着电子计算机及其网络的迅速发展,声像媒体在课堂教学中得到了广泛的运用,已成为教师必不可少的教学工具。在某种意义上说,教师的声像呈示行为是影响课堂教学有效性的关键因素,教师必须熟练掌握,充分发挥声像媒体,尤其是现代教学媒体在教学中的技术支持作用。

(一)声像呈示的功能与表现形式

声像呈示与讲述、板书相比,具有自己独特的教学功能,主要表现在:

首先,拓展学生认识世界的时空广度,启发学生的想象。利用各种教学媒体进行声像呈示,可以使学生各种感官得到延伸,把学生的感官所难以感觉到或不可能感觉到的事物、现象、事件直观、形象地再现给他们,在帮助学生加深对客观世界与社会事物的认识的同时,又能引发学生展开对所感知内容的更为丰富的想象。

其次,激发学生的学习动机与兴趣。声像呈示信息量大,表现手段丰富,感染力强,易于激发学生的学习兴趣和内部动机,对学生感知、理解、记忆、应用知识都有帮助。声像呈示还可改变知识的抽象、概括化层次,适应学生的认知发展水平,便于学生接受。

如果按所利用的声像媒体作用于感官和信息流向的不同,声像呈示主要有五种表现形式:

(1) 视觉媒体呈示。利用非投影影像媒体(包括标本、图表、挂图、模型与实物教具等)和投影影像媒体(包括幻灯机、投影仪、视频展示台及其视觉材料等)向学生呈示的行为。

(2) 听觉媒体呈示。利用录音机、收音机、语言实验室及其听觉材料等向学生呈示的行为。

(3) 视听觉媒体呈示。利用电视机、摄录像机、激光视盘机及其视听材料与电影媒体等向学生呈示的行为。

(4) 计算机多媒体呈示。利用多媒体技术(能同时获取、处理、编辑、储存和显示文字、声音、图形、图像、视频等两个以上不同类型媒体的综合技术)呈现教学内容的行为,较为典型的有多媒体教学课件呈示行为、计算机多媒体系统呈示行为,前者如教师运用 PowerPoint 制作的课件,后者是教师利用计算机多媒体系统呈现现实世界较难实现的实验情境,学生在模拟情境中进行实验活动。

(5) 计算机网络呈示。教师利用计算机网络呈现学习资源,监督学生学习过程,保存、展现学生的学习作品;学生通过网络发表自己对学习作品的意见、建议和观点,实现教师和学生、学生和学生之间的互动行为。

(二)影响声像呈示的主要因素

1. 感官通道的利用程度

感官通道的利用程度会影响对学习材料的短时和长时记忆效果。据研究,通过听觉学习材料,3 小时后保持率为 60%,3 天后的保持率为 15%;仅通过视觉学习材料,3 小时后保持率为 70%,3 天后为 40%;而当视觉、听觉并用时,3 小时后保持率上升至 90%,3 天后保持率上升至 75%。可见,要使各种感官通道得到充分的利用,不同声像媒体之间的有效组合就显得特别重要。

2. 学生的年龄特征

不同年龄阶段的学生对事物的接受能力和运用信息技术的能力不一样,自然影响教师对声像媒体的选择。比如,学生的年龄特征影响视觉媒体呈示。学生年龄特征对视觉材料感知过程的影响主要体现在对有关信息的选择能力、视觉材料的整体感知能力和对绘画中所运用的视图规则的理解能力上。一般来说,学生年龄越小,上述能力越差。年龄较小学生难以从大量细节中区分出相关信息和无关信息;他们往往不能从整体上感知画面,而只是看到其中的具体部分;年龄小的学生受经验限制,往往看不懂运用某些视图规则画出的线条,从而影响到对视觉材料的学习效果。

3. 教学媒体的特性

不同的媒体具有各自的属性,发挥着不同的教学作用。教师在运用这些媒体时必然要考虑它们的特性。如听觉材料的质量会影响学生的课堂专心程度,这就要求教师在呈示听觉媒体时注意这方面的因素。又如视觉材料的逼真程度可以影响学生的学习效果。据研究,直观图像等视觉材料与学习效率之间不是直线而是呈倒 U 型曲线关系(如图 5-1),中等程度的逼真度才是最佳的。

图 5-1

图象逼真程度与学习量的关系

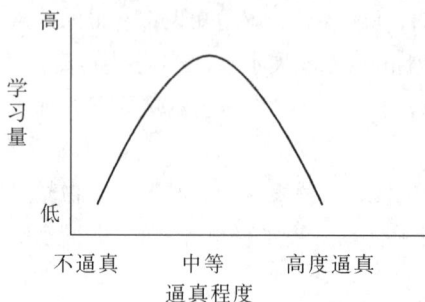

4. 教学内容

各门学科的性质不同,适用的声像媒体会有所区别;同一学科各章节的内容不同,对声像媒体也有不同的要求。如在语文课上讲读那些带有文艺性的记叙文,往往会利用多媒体技术呈现与教学内容相符合的真实情景,使学生有身临其境的感觉,唤起他们对课文中的人物、景象和情节的想象。数学、物理课上学习概念、法则和公式,往往要求所提供的声像媒体具有一定的模拟性,通过呈现三维动画或直观的程式图等模拟方式,使教学内容更加形象,便于学生理解。

(三)声像呈示的运用策略

从上述四个影响因素出发,我们为教师有效呈示声像媒体提供以下几个方面的建议:

1. 选择恰当的媒体或媒体组合

声像媒体的选择很复杂,一般来说,需要综合考虑教学目标、学习任务、学生特点和媒体的教学功能以及媒体使用的成本效益等因素,可以按不同因素间的组合作出最佳选择。下面提供媒体选择的一般程序和重要媒体的教学特性,以资参考,见图 5-2[①]、表 5-3[②]。

图 5-2

教学媒体选择程序

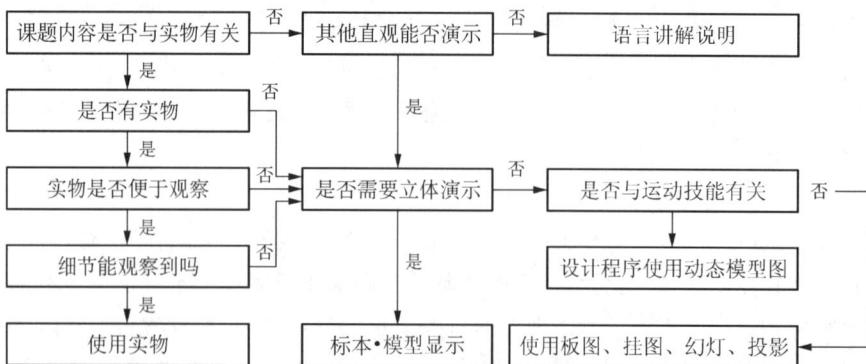

---

① 国家教委电教司编译:《教学媒体与教学设计》,高等教育出版社 1990 年版,第 227 页。
② 李运林、徐福荫编著:《教学媒体的理论与实践》,北京师范大学出版社 2003 年版,第 39 页。

教学特性 \ 媒体种类		模型	录音	幻灯	电影	电视	录像	计算机
表现力	空间特性	✓		✓	✓	✓	✓	
	时间特性		✓		✓	✓	✓	✓
	运动特性				✓	✓	✓	✓
重现力	即时重现		✓				✓	✓
	事后重现	✓		✓	✓		✓	✓
接触面	无限接触					✓		
	有限接触	✓	✓	✓	✓		✓	✓
参与性	感情参与		✓		✓	✓	✓	
	行为参与	✓		✓				✓
受控性	易控	✓	✓	✓			✓	✓
	难控					✓		

表 5-3

教学媒体特性一览表

2. 视觉媒体的运用策略

呈示视觉材料时，视觉材料的逼真度以中等程度为佳；在画面布局上，视觉材料应尽量突出表现与主题有关的内容，避免无关的背景信息和细节；在视觉材料位置的摆放上应依据材料的重要程度，依次安排在左上、左下、右上和右下位置。如果有困难，则要通过标箭头、画底线、加方框、变字体等提示手段，引导学生注意重要信息。

3. 听觉媒体的运用策略

呈示听觉材料时，要保证听觉材料背景干净，声音、语音清晰；如果想让学生注意某一部分听觉材料，可有意识改变它的音量或语调；为了保证每个学生都听到，又没有回响，扬声器应摆放在房间的对角线上斜对学生；对年龄较小学生进行区分相关信息和无关信息、把握要点、细节或结论等听觉技能训练，可减少听觉材料传播过程中的损失，提高教学效果。

4. 多媒体教学课件的运用策略

多媒体教学课件运用不同的软件工具制作，表现方式各不相同，其中应用PowerPoint设计教学幻灯片在教师中最为常见。下面就以此为例说明具体的运用策略。有一位教师设计了一张"课件的设计与演示"的观察表（见表 5-4）去观察同伴运用教学课件的有效性，结果发现了这么几个问题：文字的字体太小、颜色灰暗，后排学生看不清；个别图像与所要解释的内容不匹配；幻灯片播放速度过快；配合讲解时，不断重复幻灯片上的内容。如果换个角度来思考，当我们运用教学课件时，是否就要特别注意量表上所列的十个方面的要素呢？

表 5-4	观 察 内 容		教学环节一	教学环节二	……
"课件的设计与演示"观察表	课件设计	1. 文字			
		2. 声像			
		3. 整体布局			
		4. 内容指向			
		5. 内容完整性			
	课件演示	6. 时机			
		7. 速度			
		8. 站位			
		9. 配合讲解			
		10. 学生反应			

四、动作示范

动作示范是教师通过示范特定动作或操作,提供给学生模仿,使学生学会相应动作技能的行为。可以说动作示范是教育史上最古老的一种教学行为,在人类语言尚不发达以前,"身教"是唯一可用的文化传递行为,至今它仍是学校、家庭、工厂传授动作技能的常用行为。动作示范不仅在体育、美术、音乐等学科,而且在科学、数学、语文等学科也有着广泛应用。在小学各年级,教师的动作示范运用得更为普遍。

图 5-3

舞蹈动作示范

(一) 动作示范的功能与表现形式

动作示范的主要功能是帮助学生学习和掌握特定的动作技能和操作步骤或程序。动作技能不仅是"肌肉的"活动,也是作为一些操作步骤的组成部分而出现的,有着自己的一套操作步骤或运动规则。由此看来,动作技能仅靠教师讲述是很难学会的,必须要有教师的示范,当然也需要学生的大量练习。研究表明,在动作技能学习的第一阶段,学习者头脑中必须要有一个动作表象,以作为实际操作时的参照标准,而这一表象的形成主要来源于对示范动作的观察。[1] 可见,教师动作示范对学生习得动作技能相当重要。

动作示范的另一个功能就是强化学生的身体运动与操作行为,有助于培养学生的创造能力。事实上,在教师动作示范的引领下学生要习得动作技能,必须要不断地练习,并伴随大量的脑力运动,甚至需要高级认知思维的帮助。这不仅使学生的身体各器

---

[1] 邵瑞珍主编:《教育心理学》(修订本),上海教育出版社 1997 年版,第 163—164 页。

官得到了有益的锻炼,而且使学生学会了解决问题的操作策略。

动作示范根据示范内容的不同,主要表现出六种形式:读说示范(如语文和英语中朗读的语音、语调示范)、演唱示范(如音乐课中歌唱的发音、音高、节奏的示范)、运动示范(如体育课、舞蹈课中动作和姿势的示范)、操作示范(如科学教学中的实验、测量、解剖等操作要领和程序、步骤的示范)、运算示范(如数学课中运算和解决问题步骤和程序的示范)和书画示范(如美术课中握笔、运笔等技能的示范)。

(二)影响动作示范的主要因素

根据国内学者的有关分析,影响动作示范效果的因素主要有以下几个方面:[①]

1. 学生对作业目标的明确程度

如果学生对示范动作的学习情境和学习任务能够很好理解,并且形成了符合自己能力水平和任务难度水平的明确目标,那么动作示范行为的效果就较好;反之,那么效果就较差。

2. 动作技能或操作学习的学习策略

动作技能或操作学习的学习策略包括如何选择、组织基本动作,在头脑中形成连贯实际操作的"目标意象"(指学习者在头脑中形成的连贯的、自认为有效的动作形式);如何选择动作的力量、速度、节奏等参数;如何对动作进行编码等等。研究表明,初学者自发产生的策略常常是无效的,而通过学习策略指导,可提高其作业水平。

3. 学生对示范动作或操作的注意和理解程度

有实验研究表明,学生注意并理解教师的示范动作时,学习效果最好;随着注意和理解程度的降低,学生的学习效果也会不同程度地下降。

4. 教师示范的速度和信息量

有关研究结果显示,教师给初学者示范时速度过快,一次呈示的信息过多,不利于他们的学习;示范速度适当放慢,让学生有充分的观察、学习时间和机会,有利于学习效果的提高。

(三)动作示范的运用策略

一般而言,教师动作示范与学生习得动作技能要经历这样一个过程,见图5-4[②]:

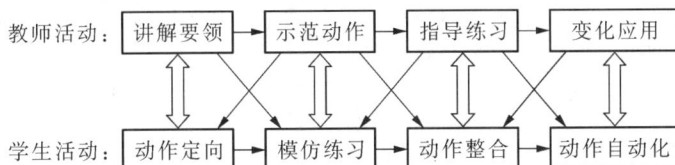

图 5-4

动作技能
教学程序图

在这一过程中,教师该如何有效地向学生示范动作呢?

---

① 邵瑞珍主编:《教育心理学》(修订本),上海教育出版社 1997 年版,第 167—171 页。
② 李向东:《动作技能教学模式构建》,《职业教育研究》2006 年第 5 期。

1. 对示范的动作技能或操作进行任务分析

教师应该对示范的动作技能或操作进行任务分析,明确学生必须具备哪些基础知识、技能,确定有待示范的动作单元序列。如果学生缺少基础知识和技能,那么应首先进行这方面的教学。

2. 选择适当的示范方式,创造学习情境

依据动作特点、学生特点和设备条件,在可能的情况下,可选用录音机、电视机、计算机等媒体呈现动作,通过重放、慢放、定格等控制手段,让学生对动作有细致的观察机会,教师亦可有更多时间指导学生,帮助学生理解动作。

3. 按顺序逐一示范分解的动作或操作,同时给予言语讲解

在示范和讲解时,要特别注意做到以下三个方面:第一,指导学生理解学习情境和学习任务,使学生认识到自己已有的知识和能力水平,回忆已有的技能或操作程序,以利于学生形成明确的"目标意象"和自己可能达到的作业水平预期。第二,在动作组织、编码等方面给予学生具体、有效的学习策略指导。第三,示范的速度不宜过快,每一次示范的内容不能太多。

4. 给予学生充分的练习机会

动作技能是通过练习来学习的,只有当学生从他们的操作或动作的结果中接受反馈时,练习才能对学习起到积极作用。为学生提供练习的机会,要采用分散练习的方式。把握练习间隔的时间,尽量避免过度的集中。练习的初始阶段要进行监控,以防止不正确的程序从一开始就进入学生的记忆。练习时,师生可相互问答。学生通过问答增进理解,避免失误;教师通过问答检查学生的理解程度并及时给予指导和矫正。

5. 通过重复示范和演练,使动作达到自动化

通过重复示范、讲解、问答和演练,帮助学生进一步理解动作、操作的实质,使动作达到熟练化、精确化程度,以便学生在紧急或必要情境下也能恰当地表现出相应的动作和操作,以至熟能生巧。

第2节 对话行为

如果说呈示行为主要是以教师控制为主的话,那么对话行为可以说是师生互动的过程,是师生之间分享信息、观念与观点或者共同解决某个问题的过程。这里着重分析两种最重要的课堂对话行为:问答和讨论。

一、问答

几乎在所有的课堂中,你都可以观察到这样一些活动:教师提出一个问题,激发学生回答,然后教师回应这些回答。这些活动是课堂中最常见的行为,即师生问答行为。问答不同于讲述,它是一种互动行为,需要学生的参与,一次完整的问答往往是教师提出一个问题与一个或几个学生之间的对话过程。下面让我们一起来探讨问答的基本过程以及有效的问答策略。

（一）问答的功能与表现形式

问答的功能主要有如下四个方面：

第一，诱发学生参与教学。已有研究证实，由教师引导的问答活动学生参与程度最高。这可能是由于问答包括听和说的活动，给予学生更多的表现机会，会引发他们的兴趣与注意力，激发学生的参与热情。

第二，提供练习与反馈机会。学生要回答教师的问题，就要注意教材中的某些特定信息，必须回忆所学的有关内容，围绕这些内容展开思考，这给学生重复接触或思考学习任务提供了机会。教师要对学生回答做出某种反应，或肯定或否定，有时还会修改、补充学生的回答，使之完整、准确。师生问答通过练习和反馈两个过程，巩固了学生已有的知识和技能。

第三，启发学生的思维。教师通过提问为学生设置情境，尤其是涉及那些开放性问题，引导学生思考解决的路径，发现条件与问题的关系，赢得问题的解决。这样不仅可以拓宽学生的思路，引发学生对问题的另类思考，还可以促进学生建构新的思维模式。

第四，促进学生课堂学习向测验的迁移。课堂中的师生问答形式与单元测验有许多相似之处，学生在教师问答时的回答可直接迁移到单元测验中。

根据师生在问答活动中参与程度和支配权的不同，问答的表现形式主要有两种：质问式和交互式。在"质问式"中，教师几乎完全控制着问答的过程和方向，教师可以提问而学生则不能。教师通过频繁提问，检查学生对教材内容的掌握程度或引导学生沿着教师预先设定的方向行进。这种方式在解决封闭性问题时，运用得比较多。"交互式"问答是教师提出问题请学生表达自己的观点，并在学生观点的基础上再提出新问题；学生也可以向教师提出质疑，就某一问题共同探讨，学生对问答的进程和方向有较多的支配机会。该方式比较适用于解决开放性问题，提升学生的高级认知水平。

封闭性与开放性问题的区别

补充材料
5-2

封闭性问题：将回答限定在一个或很少几个答案之内的问题。对于这种问题，学生只需要回忆某些知识点即可。对于那些要求掌握事实、规则和动作序列的行为，一般运用封闭性问题，涉及识记、理解与应用层次的问题。在课堂上，教师提的问题 80% 属于这种类型。

开放性问题：具有多个恰当答案的问题，会激发一般的、开放性的回应。它没有惟一正确的答案，但可能有错误的回答。对于那些要求掌握概念、模式和抽象理论的行为，一般运用开放性问题，涉及分析、综合与评价层次的问题。在课堂上，只有 20% 的问题是开放性的。

当课堂内容所强调的行为复杂性层次较低时，封闭性问题和开放性问题的最佳比例应该是 70：30；当课堂内容所强调的复杂性层次较高时，两者比例应该是 60：40。

（二）问答的基本过程

由于在问答过程中有学生行为介入，问答通常是间断的系列行为，存在一种"问答行为链"。"问答行为链"的各个"链接点"或具体环节，就构成问答的基本过程。先让我们来看一个案例，从中寻找具体的问答行为链。

案例 5-2

小学语文《四季》一课的一次完整问答

师：谷穗为什么是弯弯的？（提出问题）

（教师给学生时间考虑这个问题，并注意学生的非言语信息，看是否需要提示。）

（学生举手，教师示意一位学生回答。）

生：因为他在鞠躬呀。（学生应答）

（教师等着该学生自己或其他学生考虑并肯定或否定这一回答，学生没有反应，教师回应。）

师：他在向谁鞠躬呢？（教师追问）

生：他在向大地鞠躬，表示感谢。

师：还有不一样的吗？（教师追问）

生：因为风吹过来了。

师：对呀，调皮的风在和他做游戏呢！还有别的想法吗？（教师肯定学生的回答并追问）

生：因为谷穗成熟了。

师：你真聪明！知道谷穗弯弯是因为他成熟了。别的小朋友呢？（教师表扬学生的回答并转问其他学生）

根据上述案例，我们可以发现，一次完整的问答至少要经历这样几个"链接点"：教师提出问题、教师等候学生回答、教师请学生回答、学生应答、教师回应学生的回答。当然，有时这五个"链接点"可能会省略一二，但教师发问和学生回答是不可或缺的。卡兹登（C. B. Cazden）在归纳多项问答研究的基础上也提出了三个"链接点"：一是发问（initiation），即教师组织问题和诱导学生回答；二是回答（response），学生回答问题；三是评价（evaluation），教师对学生的回答做出评价或对某些问题做出进一步阐述。[①] 据此，我们可以归纳出问答行为的一般过程，它包含发问、候答、叫答、学生应答、理答等五个环节。下面就教师实施的四个环节进行具体说明。

1. 发问

对教师发问的研究集中在这样一些方面：

（1）问题的难度。研究显示，问题的难易水平与学生的认知目标直接相关，对小学

---

① Cazden, C. B., Classroom discourse. In M. C. Wittrock (ed.), *Handbook of Research on Teaching*(3rd ed.), 1986, pp. 432-463.

一至五年级学生来说,低难度问题有效;对高年级学生而言,高认知水平问题更有效。低年级和高年级学生所处的认知发展阶段不同,各类问题对他们的作用也不同。总体来说,低难度问题的运用能有效考核学生的理解力,也可以用于教会学生掌握进行高级认知所必需的基本技能,而高认知水平问题往往能鼓励学生在组织答案时使用高层次的思维过程。

（2）问题的清晰度。研究表明,教师表述问题的清晰度和明确性,将会影响学生答案的清晰性、明确性和一致性。语法结构复杂或包含抽象、笼统、概括化语言的问题,学生一般认为是不清晰的问题,理解起来往往困难。教师一次提出一连串问题,学生从中找不出核心问题,也会使问题变得模糊。

（3）发问次数。大量的相关研究和实验研究结果一致表明,教师高频率发问对学生学习有重要的积极作用。[1] 如在一项初中数学教学的相关研究中,50 分钟的一节课,高效教师平均问 24 个问题,而低效教师平均问 8.6 个问题。虽然这些问题都是真实的,但高效教师更多地会问过程性问题,如"解释你是怎样得出这一结论的?",高效教师平均会问 6 个过程性问题,而低效教师只有 1 个或 2 个。当然,发问次数并不是多多益善,而是要与教学内容、学生特点相匹配,并且能保证每次发问都是有效的,也就是能提出使学生积极组织答案并因此而参与学习过程的问题。

2. 候答

候答是教师等候学生思考和回答。候答时间的长短直接影响问答的质量。罗（M. B. Rowe）区分了两种不同的候答时间,第一种是教师发问后,学生回答前的候答时间,我们把它称为候答时间 I；第二种是学生回答后至教师对回答作出反应之前的时间,可称之为候答时间 II。两者的关系见图 5-5。

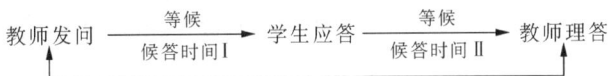

图 5-5

候答时间图

在案例 5-2 中就有两次候答,你可以找一找。通常情况下,候答时间 I 对于开放性问题或高认知水平问题更为重要,而候答时间 II 对于犹豫的回答或部分正确的回答更重要。令人遗憾的是,不少教师并不能等待足够长的时间让学生去思考他们自己的答案,通常是要求学生在 1—2 秒钟内迅速作出反应。一份研究报告显示,美国教师平均只给学生 1 秒钟的候答时间。报告建议,对于低难度的问题,应该把候答时间至少增加到 3—4 秒；对于高认知水平的问题,应增加到 15 秒。[2] 有的研究者也发现,在实验条件下,教师的候答时间 I 或候答时间 II 增至 3 秒以上时,课堂就会发生显著的变化:学生的回答变长；学生不回答的次数减少；学生回答问题更有信心；学生对其他同学的回答敢于进行挑战或进行改进；学生会提出更多其他的解释。

[1] Rosenshine, B. & Stevens, R., Teaching functions. In M.C. Wittrock (ed.). *Handbook of Research on Teaching* (3rd ed.), 1986, pp.376-391.

[2] [美]鲍里奇著,易东平译:《有效教学方法(第四版)》,江苏教育出版社 2002 年版,第 228 页。

3. 叫答

叫答就是教师示意学生回答,其中叫答方式和叫答的范围直接影响学生的回答。在问答过程中,有时因学生自愿回答,即未经教师同意,学生直接说出答案,就会省去叫答这一环节。

研究表明,按一定形式(如座次、学号顺序、姓氏笔画等)依次请学生回答的叫答方式,要比教师的随机叫答方式教学效果好,因为有规则的叫答方式可减轻学生焦虑水平,有利于集中注意,学生也可以提前准备回答的内容。事实上,教师随机叫答往往倾向于让好学生回答,学习困难学生经常轮不到回答。有两项研究结果也表明,请自愿回答者回答与学生成绩呈负相关。所以教师应适当控制对自愿回答者的叫答,保证其他人回答问题的机会。

有关研究显示,叫答范围越广,教学效果也越好。有人曾对教师叫答单个学生与叫答所有学生的教学效果做过比较研究,结果发现,在叫答所有学生情况下,学生表现出较多的专心行为,测验焦虑较少,学业成绩也较好。

4. 理答

理答是教师对学生回答问题后的反应和处理,主要有以下几种表现:

(1)表示肯定。通常情况下,当学生回答正确时,教师往往会给予肯定。表示肯定的形式有多种,如口头表扬、表示接受学生观点、运用代币制等。表扬是对学生回答的充分肯定,如,点头,说声"很好",或具体的表扬言语等。教师表扬的效果取决于学生怎样理解受表扬的原因。如果学生认为只有能力差的学生才会受到表扬,那么表扬就会失去有效性;如果表扬太频繁,也会失去其价值,尤其对高年级学生更是如此。接受学生的观点就是充分利用学生的回答继续下一步教学,具体表现为:认可学生的观点,或对它进一步修改、比较或概括等,这会使学生更愿意参与问答。代币制是教师把五角星、小卡片、游戏币等物件发给回答正确的学生,学生凭此可以"购买"或"兑换"诸如自由活动、荣誉称号、课外读物等奖励,以强化学生的行为,激励学生的后续学习,在小学中、低年级和幼儿园阶段使用得比较多。

(2)消极反应。教师对学生的消极反应表现为不赞成、批评、训斥等,往往在学生的回答不正确或学生拒绝回答时出现,这在很大程度上会挫伤学习的积极性,消解学生的求知欲,尤其对那些学习困难或性格内向的学生更是如此。有关教师批评与学生成绩之间相关性的 16 项研究中,有 13 项是负相关,3 项是正相关。[①] 尽管教师频繁批评与学生低成绩之间孰为因孰为果尚不清楚,但二者经常相伴相生。

(3)探问和转问。探问,或称之为"追问",是对同一学生就同一问题继续发问,在学生的回答不正确、不确切或不完整的情况下运用得比较多。如案例 5-2 中,教师就因为学生回答不完整而发出三次追问。探问的方式主要有:就同一问题改变提问角度;把原来的问题化解为几个小问题逐一发问;提供回答线索;问一个与原问题相关的新问题等。有时,学生回答正确,教师也可再提一个问题,就正确答案进行追问。当探问无效时,或为了使问题得到更多学生的回应,就会出现转问。它是就同一问题向另一个学

---

① Gage, N.L. & Berliner, D.C., *Educational psychology*(4th ed.), 1988, p.554.

生发问,目的是使问题得到更好地解决。通过探问,学生的回答将得到进一步澄清,而且在学生回答的基础上激发新信息,或对学生的回答进行重新导向,使提问向更有成效的方向发展。与其他的理答方式相比,探问和转问更有利于学生专注学习活动、改善思考方式,值得倡导。

(4) 重新组织。当围绕一个问题的问答结束时,教师为了使全班学生对问题的解决方法或结果有更清晰的认识并加深理解,有时会采取重新组织的方式,也就是教师对学生的回答在词语与表达方式上重新整理一下,以给学生一个准确、完整的答案。研究表明,告知学生他们回答的正确性,作为一种学业反馈,与学生学习成绩呈正相关。

(三)问答的运用策略

1. 发问策略

(1)基于教学目标设计问题,保证高低认知水平问题的合理比例。教师的发问源于最初对问题的设计,设计问题必须考虑一节课所要达成的教学目标,适当安排不同认知水平的问题。最近的研究结果表明,高认知水平问题对学生成绩的提高有积极作用。针对目前课堂低认知水平问题比例较高的实际,应提高高认知水平问题的比例。但这并不是说高认知水平问题越多越好,低认知水平问题也有其价值,两者要基于教学目标合理分配。

(2)问题要清晰。问题的措辞要精炼、具体、明了。一次只提一个问题,是保证问题清晰的最基本要求。如果想避免复杂、模棱两可、含有歧义的问题,那就要做到:每个问题集中于一点,对中心意思只作一次表述,使用具体的、描述性的语言表述问题。

有效提问的九条建议

补充材料
5-3

1. 设计提示课文结构和指导的关键问题;
2. 问题的措词必须清晰、明确;
3. 提出的问题要符合学生的能力水平;
4. 要有逻辑地、连续地提问题;
5. 设计的问题要有水平区分度;
6. 问题要紧跟学生的反馈;
7. 回答问题时,要给学生充分的思考时间;
8. 采用能调动更多学生参与积极性的问题;
9. 鼓励学生提问。

---

2. 候答策略

(1)教师发问之后,根据问题的认知水平和具体情境,等候3—5秒钟,给学生以思考问题、组织答案的时间。

（2）学生回答之后，教师也要耐心等待，尽可能使候答时间Ⅱ保持在3秒左右。如果在教师叫答后（尤其是非自愿回答者），学生没有说话，教师也应等待，直到学生给出实质性回答，或请求帮助，或要求教师进一步解释所提的问题，或直接说"不知道"。当然，候答时间只能适度延长，不能因此而影响课的连续性。有时应适当缩短候答时间，及时采取叫答或理答。

3. 叫答策略

保证每个学生尽量多且均等的回答机会，是叫答的基本原则。具体来说，教师可以按一定的规则进行叫答，规则应是师生双方达成的共识。当学生渴望回答时，教师要适当抑制"大声喊"，让他们学会尊重别人的回答机会；当多数学生沉默不语时，教师则要鼓励他们参与回答，甚至容许"大声喊"。

4. 理答策略

教师可以根据不同的学生应答采用各不相同的理答策略：

（1）对于学生迅速而坚定的正确回答，首先要给予肯定，如说声"对"、"不错"或重复学生的回答。其次在必要时给予表扬，或对正确回答作进一步解释，或追问一个问题，了解学生是否真正理解。但在课堂节奏较快的情况下，第二步可省略。

（2）教师表扬学生应采取慎重态度，并非所有表扬都有利于学生学习。一般来说，被表扬的行为越具体，效果越好；对依赖性强、易焦虑学生的表扬效果要好于对自信学生的表扬效果。[1]

补充材料 5-4

有效表扬与无效表扬的比较

有效表扬：

1. 依具体情况给予表扬；
2. 表扬学生工作的特定方面；
3. 注重学生的成就，表扬也依成就不同有变化；
4. 只奖励特定行为表现标准（包括努力）的达成；
5. 告诉学生他们的能力和他们的成就的价值的信息；
6. 引导学生正确评价自己与学习活动有关的行为，多考虑如何解决问题；
7. 以学生自己原有的成绩为背景描述其现在的成绩；
8. 学生在完成困难的学习任务时，付出很大努力或取得成功，则给予表扬；
9. 把成功归因于努力和能力，暗示将来仍有希望取得类似成功；
10. 鼓励内源性归因（学生认为他们是因为喜欢学习和/或想提高与学习任务有关的技能才付出努力的）；

---

[1] Brophy, J. E., Teacher praise: a functional analysis, *Review of Educational Research*，51(1)，1981，pp. 5-32.

11. 把学生注意集中在与自己的学习任务有关的行为上；

12. 鼓励教学过程之后与学习任务有关的行为。

无效表扬：

1. 很少或无规则地给予表扬；

2. 表扬学生一般化的积极反应；

3. 不注重学生表现，表扬缺少变化；

4. 只奖励参与，而不考虑行为结果；

5. 不告诉学生任何信息或只告诉他们在班内的位置；

6. 引导学生与别人比较，更多地考虑竞争；

7. 以学生同伴的成绩为背景描述其现在的成绩；

8. 不考虑学生是否付出努力或取得成绩，而给予表扬；

9. 把成功只归因于能力或运气、学习任务容易等外部因素；

10. 鼓励外源性归因（学生认为他们是由于外部原因——取悦教师、在竞争中获胜赢得奖赏等才付出努力的）；

11. 把学生注意集中在控制他们并作为他们外部权威人物的教师身上；

12. 介入进行中的教学过程，使学生不能专心于与学习任务有关的行为。

（3）当学生回答正确，但表现出犹豫不决时，教师先要对回答予以肯定，如说"对"，"是的"，而后解释回答正确的理由或形成答案的具体步骤。这可帮助回答者本人和班里的其他学生加深对正确回答的理解。

（4）对于学生不完整或部分正确的回答，教师首先要肯定正确的部分，而后探问学生，向学生提供回答线索，或对问题重新措辞。如果学生仍不能得出完整答案，则要转问其他学生，或教师自己提供答案。

（5）对于回答不正确的学生，教师在采取具体措施前先要弄清造成这种情况的原因。如果明显由于粗心或口误而回答错误，教师可直接指出并纠正学生的错误，继续教学。对由于缺少知识或对知识不理解而造成的回答错误，教师可依次采取探问、转问等理答方式。

（6）学生拒绝回答怎么办？学生不回答是指超过教师候答时间限度而学生仍不能回答教师发问的情况。这时教师应作及时处理，否则将威胁课堂教学的连续性。造成学生不回答的原因可能有知识欠缺、问题本身模糊和心理恐惧等。由于知识欠缺而不能回答，教师可采取探问的方式简化问题，或帮助学生弥补所缺知识，最后获得正确回答。如果问题模糊，学生茫然不知所问，则要改进问题本身，使原有问题明朗化，易于学生理解。有些学生回答问题时怀有恐惧心理，教师则要对其进行适当的心理疏导，帮助其树立回答问题的信心。

二、讨论

讨论作为另一种师生对话形式，离不开师生间的一问一答，但又不同于问答。那么，讨论究竟是什么呢？让我们先来看一个课堂讨论的案例。

案例 5 - 3

《珍珠鸟》一课的讨论片段

师：在人的世界中，我们倡导以人为本，在鸟的世界里，如果我们还说"以人为本"，也就失去了信赖最基本的平等与平衡。如果你是作者，你放不放？如果你是珍珠鸟，你飞不飞？

生1：如果我是作者，我会放了他，因为我想给他自由。

生2：我也会。

生3：我是作者，我就不放它们，因为即使放了它们，也会有别人去抓它们，它们需要的不仅仅是作者一个人的尊重，它们需要的是整个人类的尊重，就像人类尊重自己的生命一样。可惜，总有一些人因为贪婪，伤害它们，那么还不如就让它们生活在笼子里呢！

师：是啊，放和不放都有道理。那么你若是鸟，你飞不飞？

生5：我不会飞，因为这里很好，作者对我很照顾。

生6：我也不飞。因为我习惯了这里的生活。如果我们飞走了，是自由了，可是面临的危险太多，不是又要承受不自由吗？自由的代价也是无价的。晚了，一切都晚了。要是回到从前，人没有这么多、没有这么坏，也许就好了。

师：那你宁肯失去蓝天，丢掉你飞翔的翅膀？

生7：我是珍珠鸟，一定要飞上一会儿，享受飞翔的快乐，哪怕是死也值得！

生8：我也是这么想的，不过要安全地飞回真正属于我的家。

后面的一些学生有赞成的，也有反对的……

师：作者放还是不放？鸟走还是不走？这的确是个两难问题。这也不是放与不放，走与不走这么轻松和简单。一句话，我们人类不只是地球的惟一。我们该怎样和众生彼此信赖，互相尊重，共同分享和经营这个世界？明白这个问题的沉重与迫切，引发同学们更多的思考，也许才是我们走出教室后的真正收获。

案例中的师生对话，不再是简单的一对一，而是教师面对一群学生，围绕一个开放性的或高认知水平的问题展开师生互动、生生互动，不断呈现师生间的多边活动，进而解决问题。这就是课堂讨论。可以看出，讨论不同于问答的两个主要方面是：讨论的过程是教师与多个学生以及学生与学生之间的言语互动；讨论的最终目的是解决或试图解决复杂的、多元的、开放的高层次问题。

（一）讨论的功能与表现形式

与问答相比，讨论的教学功能主要表现在四个方面：

第一，检测和扩展学生所学到的内容，并帮助他们解决问题。通过让学生讨论那些需要解释的概念、呈现的主要观点以及原理，或者讨论如果实施之后会有什么效果，促使学生在较高的层次上进行思考，帮助学生通过对事情进行回忆和讨论，确保对学科内容的掌握，并进一步拓展新的学习领域。与此同时，学生通过相互交流，认识到同一问题中自己没有认识到的许多侧面，从而丰富对事物的认识，进而在原有知识的基础上探索和发现问题的解决之道。

第二,培养人际交流技巧。讨论既有师生间的交流,也有生生间的相互交流,这对学生来说,会使他们在成为一个主动的倾听者、提出自己的观点、处理不一致和冲突以及克服在公众面前讲话的恐惧等方面做得越来越好,不断提高人际交流技能。

第三,改变态度。讨论为学生面对一个主题表达自己的态度提供了一个很好的平台,同时也可以认识到其他学生的态度。通过师生间或生生间不同观点的碰撞,会使学生接受那些合理的富有解释力的观点,改变自己原先的认识和态度。

第四,发展批判性思维能力。讨论要求学生提出自己的观点,并且要学会用事实、概念、原理等进行推理,支持自己的观点。与此同时,还要抓住对方论点、论据和论证过程的错误或失误,与对方交流,最后达成共识。经过这样的过程,有助于学生进行批判性地思考。

根据教师在讨论中发挥的作用不同,讨论主要表现为两种方式:全班讨论与小组讨论。全班讨论大致经历这样一个过程:教师先提供议题,发起讨论,一名学生提出讨论线索,第二、第三名学生加入,直至全班学生都参与,发表各自的想法,互相补充与修正。教师参与讨论,并控制讨论的整个进程,当讨论陷入僵局或错误方向,或走入歧途时,教师给予调整,或作一些引导性的介入。案例5-3就是全班讨论的一种情况。小组讨论是由教师确定讨论的主题,教师对全班学生进行分组,学生在小组内进行讨论,教师协调、维持与推进小组活动,为小组讨论提供热情、友好的气氛,同时参加个别小组的讨论。当多个议题需要在同一堂课中进行讨论,而课堂时间不允许全班对主题逐一讨论时,你不妨试一试将学生分成若干小组同时进行讨论。

(二) 影响讨论的主要因素

1. 师生的准备情况

实践表明,师生的准备是否充分直接影响讨论的有效性。讨论不仅需要教师的精心设计,具体考虑讨论的主题、方式、如何激发学生参与讨论以及怎样进行讨论后的总结等内容,而且也需要学生的配合,学生要有相应的心理准备以及必要的讨论技巧。

2. 讨论主题的适切性

讨论主题是引导师生、生生互动的线索,如果它偏离了教学目标、超出了学生的认知水平,那么教师组织的讨论也是徒劳无益的。可以说,所要讨论的议题必须是师生问答无法解决的开放性问题,而且是在学生最近发展区内的,旨在帮助学生理解教学内容中的难点或重点。

3. 交流的方式

师生、生生间的交流是否开放是影响讨论质量的关键因素。研究发现,非中心化交流网络的讨论使成员更满意于自我的表现,会更有效地完成复杂的任务。非中心化交流网络是指成员之间的交流渠道是开放的,没有被个别中心人物控制。对于小组讨论来说,交流方式还受座位模式的影响。有人曾研究小组讨论的座位模式对相互交流的影响,结果发现,圆圈式座位模式更容易发生真正的讨论行为,因为所有参与者都是面对面地接触与交流;而在行列式模式中,前排学生比后排学生参与更多,中间学生比两侧学生参与更多。

4. 讨论的规则

学生通常会带着自己关于讨论进程和同伴的看法来参加讨论。如果没有一种共同的讨论规则,讨论就会显得无序。但是不良的讨论规则也会使讨论变得无效。研究表明,一个优秀的讨论规则通常包括六个方面:接受别人的观点影响;赞同"每次只允许一个人说话";说话要坦率;相信别人具有讨论的潜在知识;给每个人表达的自由;尊重每个成员。[①]

(三) 讨论的运用策略

1. 讨论的准备策略

在讨论前,教师要针对教学目标,确定并清晰地表述有待讨论的主题。原来对可讨论的问题有一种误解,认为只有人文学科才有可讨论的问题,自然学科没有可讨论的问题。实际上,包括事实在内,所有学科中的问题都可以成为讨论的主题,不管是事实性的定论知识,还是那些尚未形成一致意见的开放性的话题,因为两类问题都有自身的价值。如以事实、现成的结论作为讨论主题的价值就在于讨论过程中学生自己要对事实作清晰、准确的表述,倾听并评价别人对同一内容的不同表达形式,学生从中不仅获得并巩固知识,而且得到了思维的训练。

接下来,教师要考虑讨论的方式以及自己在讨论中将扮演什么角色,是参与者还是调控者。如果教师打算以学生小组的方式进行讨论,那么应对学生分组、座位安排、时间管理等方面进行计划。比如学生分组,教师要了解班内学生之间相互交流情况与彼此喜欢程度,尽量把相互之间比较喜欢,而经验和观点又不同的同学分在一组。小组规模可根据班级规模、分组组数、教学目标、讨论主题等具体情况而定,一般以 5—8 人为宜。

另外,教师还要帮助学生做好讨论的准备,告知学生讨论的相关事项。如告诉学生在讨论时,应做到:喜欢与别人交流看法,乐于与他人谈论待讨论的主题,仔细倾听他人的发言和感受,避免攻击和轻视你的同伴。

2. 讨论的实施策略

教师首先抛出要讨论的主题,并向学生说明他们在讨论中应承担的角色以及相关的讨论规则。如果是小组讨论,教师还要按计划进行分组或座位安排。

在讨论过程中,无论是作为推动者、调控者,还是参与者,教师的角色主要是鼓励学生的参与,把更多的时间交给学生来陈述和谈论,但要对讨论进行的逻辑线索、讨论是否切题和讨论的事实基础等适时地予以分析和评价。如果连续几个人的发言离题太远,如果学生发言之间的间隔时间过长,如果讨论出现了事实上或逻辑上的错误,教师应该及时介入讨论,或提醒,或纠正,或弄清原因进行评论。

当出现某些特殊情况时,教师应及时处理,这些情况主要包括:

第一,个别人发言过多或不参与讨论。教师可采取以下措施:对发言过多者,要求其概括主要观点,而后转问别人的意见;对没有参与发言者,先问及一个事实问题,而后

---

① Gall, M. D., Discussion methods. In Dunkin, M. J. (ed.) *The International encyclopedia teaching and teacher education*, 1987, p.235.

追问解释性或评价性问题,引导学生发表看法。

第二,无人发言。如果教师提出讨论主题后无人发言,应怎样做呢? 等候并打破沉默。安排合理的等候时间是必要的,因为学生需要一定时间把思考的内容加以组织并表达出来,等候 30 秒或稍长一些是可以接受的。但如果等候时间过长,则易形成尴尬气氛,此时教师就要询问沉默的原因,或者大声说出对沉默原因的猜测,可能会打破僵局。

第三,讨论难以继续。也就是某主题讨论的价值已全被挖掘出来,继续讨论已不再具有任何教育意义,主要表现为:重复已提出的观点,发言的间隙延长,发言不断离题,学生显露出厌烦情绪等。教师应在这些现象出现之前,转换讨论主题,或讨论原主题的一个新侧面,或及时结束讨论。

第四,出现争执。面对学生之间的争议,教师可采取如下策略:(1)不偏向其中某一方;(2)引导学生认识到双方的一致之处;(3)提醒学生讨论的主题;(4)运用幽默化解双方冲突;(5)概括双方观点,提出共同面临的问题,把讨论引向深入。

3. 讨论的结束策略

讨论结束时,教师要对讨论过程与结果作全面总结。首先,教师要归纳学生对讨论主题的新认识或解决办法(不一定有一致的结论),强调其中几个重要的观点,加深学生对讨论主题的理解。其次,要点评表现出色的学生或小组,为今后的讨论提供榜样。最后,要指出讨论中存在的一些问题,提出改进建议,为后面的讨论或其他教学活动作准备。

第3节 指 导 行 为

相对而言,当出现以学生自主控制为主的课堂教学时,教师的教学任务没有改变,但教师的角色却要发生变化,即成为指导者。指导包含两层意思,一是激励和诱导学生学习,二是在学习过程中提供咨询、辅导和帮助。随着多样化学习方式的不断普及,自主学习、合作学习、探究学习越来越得到广大教师的推崇。如何对这些学习进行合理、正确的指导,也就成为我们需要认真思考和身体力行的课题。

一、自主学习指导

当学生按自己的学习计划有序地、独立地开展学习,并及时评价和调整自己的学习进程时,自主学习就已发生,如在课堂上学生独立阅读或练习。自主学习是一种主动的、建构性的学习过程,在这个过程中,学生首先为自己确定学习目标,然后监视、调节与控制由目标和情境特征引导和约束的认知、动机与行为。[1] 学生自主学习能力的形成和学习活动的展开都离不开教师的指导。自主学习的指导就是教师通过帮助学生改善自主学习的动机与策略,达到学会自我学习、自我管理、自我调控的目标,保证教学顺

---

① Pintrich, P. R., The role of goal orientation in self-regulated learning. In Boekaerts, M. et al., (ed.). *Handbook of self-regulation*, 2000, pp. 452 - 501.

利进行的行为。

(一) 自主学习指导的功能与表现形式

自主学习指导主要有两方面的功能：

首先，提供学会怎样学习的机会。自主学习指导的目的在于帮助学生学会怎样学习，以使他们最终不再依赖教师。教师对学生自主学习的指导就是为学生提供各种学习和训练的机会，鼓励学生从中获得那些对他们一生都有用的学习技能。学生对信息进行发现、判断和使用的机会越多，他们独立所获得的技能就越熟练。

其次，有助于学习策略与行为的迁移。教师为学生的自主学习提供多样的指导行为，学生从中学到的不仅是知识，更多的是一般性的学习策略与良好的学习行为习惯，这些策略与习惯可以迁移至相同的学习情境，而且是终身受益的。

依据学生自主学习发生的阶段来划分，自主学习指导有四种表现形式：激发学习动机的指导、目标设置能力的指导、学习时间管理的指导、学习结果评价的指导。由于自主学习所涉及的学习内容与方法之不同，教师的指导还可以表现为学习内容的指导（如练习指导、阅读指导）、认知策略的指导等方式。

(二) 影响自主学习指导的主要因素

1. 教材的内容与组织

教材的内容及其合理的组织对学生的自主学习及其指导具有重要的影响。如果教材内容生动活泼、贴近学生的生活经验、符合学生的兴趣特点，它就有助于激发学生主动学习的愿望。如果教材在编排方式上直观形象，适合学生的心理需求，更有利于学生的学习。如果教材中把教师对学生的"教法"编排进去，就可以使学生在阅读教材时与教师虚拟互动，增强他们的自主学习效果。否则，教师就要基于学生的需要适当改编教材才能促使学生实施自主学习。

2. 学生对元认知的运用程度

所谓元认知，是指人们对认知过程的监控。研究显示，优秀的自主学习者在学习过程中经常使用元认知策略，对自己的学习过程进行监控，并调整自己的学习行为，以更好地提高学习的效率。如学生在课堂阅读时，他们常常自问："我读的内容是否有意义？"、"我是否正确理解了原文？"、"要点到底有哪些？"等等。

3. 学生的自我效能感

自我效能感是指个体相信自己有能力完成某种或某类任务，是个体的能力自信心在某些活动中的具体体现。研究表明，自我效能感与自主学习具有密切的关系。齐莫曼(B. J. Zimmerman)认为，学生的自我效能感通过目标设置、自我监控、自我评价和策略运用等自主学习过程来影响他们的学习动机。学生越感觉到自己的能力强，他们越会选择有挑战性的学习目标。[1] 自我效能感不仅影响学生的学业目标选择、付出的努力、意志控制，还会影响他们所选择的学习策略。

---

[1]　Zimmerman，B. J.，Become a self-regulated learner：An overview. *Theory into Practice*，41(2)，2002，pp. 64 - 70.

4. 教师的角色意识

研究表明,教师在课堂教学中扮演角色的不同,对学生的自主学习行为有不同的影响。有人曾对教师在教学中所扮演的角色进行了对比性描述(见表 5－5)[1]。可见,教师如果给予学生更多的课堂学习自由,指导学生对学习进行自我监控,采用学生参与性的教学方式,帮助学生深刻理解和掌握所学的内容,将促进学生的自主学习。

自主学习中教师的角色	传统教学中教师的角色
1. 介入学生的学习计划; 2. 根据学生的发展需要布置作业; 3. 学生设置自己能够达到的个人标准; 4. 多数测验是让学生显示自己的知识和技能; 5. 为了长期的目标而学习; 6. 为了深度理解意义而阅读; 7. 教学生自己控制自己的行为; 8. 教学是演示; 9. 教学是评估学习的最佳方式; 10. 教学给予学生必要的自由; 11. 知识被看成能力; 12. 教师是现代管理者; 13. 教师和学生寻找需要改变的东西,把未来看成是获得新观念的机会; 14. 学生监控自己的行为,自己约束自己的行为; 15. 监控学生的知觉,定期开设一些帮助学生生活自理的课。	1. 为学生制定学习计划; 2. 给予全班学生同样的作业; 3. 为全班预设目标; 4. 多数测验属于纸笔测验; 5. 学习方式的记忆化; 6. 阅读方式机械; 7. 纪律是支配性的; 8. 教学是讲授; 9. 教学是布置作业; 10. 教学是控制; 11. 知识被看成学习成绩; 12. 教师是老板; 13. 教师更多地把未来看成与现在一样; 14. 教师监视、引导学生的行为; 15. 对于改善学生的知觉和态度,没有正式的考虑。

表 5－5

自主学习方式和传统教学中教师的角色比较

(三) 自主学习的指导策略

有学者总结出自主学习教学指导的一般程序,分八个步骤进行,即明确学习目标、激发学习动机、学生自学教材内容、自学检查、组织讨论、教师重点讲解、练习巩固、课堂小结等。[2] 这可以看作是教师在课堂上指导学生开展自主学习的一般策略,下面对几个重要的步骤作简要的说明:

(1)明确学习目标。教师的任务是教会学生设置学习目标的方法,帮助学生明确自己的学习目标、学习应达到什么标准以及如何达到这些标准。根据学生的自主学习能力,教师也可以为学生编写自学辅助提纲。

(2)激发学习动机贯穿于教学过程的始终。在指导之初,教师应激发学生的好奇心,鼓励学生尝试自学。当学生的自学取得进步时,教师应适时表扬,对他们的成功作能力和努力方面的归因反馈。

(3)组织讨论。通过自学检查,一般可以发现,有些学生经过自主学习已达到了学习目标,有些可能没有达到。这时教师可以引导学生对学习结果进行讨论,力求通过集

[1] Areglado, R.J., Bradley, R.C., & Lane, P.S., *Learning for life: Creating classrooms for self-directed learning*, 1996, p.19.
[2] 庞维国:《自主学习:学与教的原理和策略》,华东师范大学出版社 2003 年版,第 168—174 页。

体讨论使学生自己纠正、解答一部分没有完成的内容,进一步理解和掌握学习的内容。

（4）教师重点讲解。经过自学和讨论,有些学习内容和问题已经被学生掌握或解决,而有些内容学生还没有理解或掌握,这时需要教师进行有针对性的讲解,为学生解惑。

（5）练习巩固和课堂小结。教师讲解之后还应提供相关的变式练习,引导学生学会概括和迁移。最后,让学生对课堂学习的内容进行归纳和总结,教师适当给予补充。

二、合作学习指导

从小学到大学,你可能有过这样的经历:在课堂上,老师把你分配到一个小组,要求你与小组成员分工合作,共同完成一项任务,结果只有你和小组的个别同学忙碌着,其他同学在一旁闲着或做其他事,而老师也不管,只要你们完成任务就可以了。有些老师把这种活动称作"合作学习"。其实,事情并非如此简单。根据合作学习研究的代表人物约翰逊兄弟(R. T. Johnson & D. W. Johnson)的观点,合作学习应具备五项要素:积极的相互依赖、面对面的互动、个体责任、人际交往和参与小组活动的技能、小组自评。[①] 你回想一下,你参加的合作学习是这样么？当然,这还只是从学生的角度来思考合作学习。如果从教师方面来分析,合作学习必须得到教师的有效指导。如果教师不对合作学习过程进行适当的调控与介入,为学生提供有益的帮助,合作学习将会流于形式,就像上面陈述的那样。那么,教师该怎样开展指导呢？简单地说,教师要像"导游"那样为学生的合作提供引导与反馈。

（一）合作学习指导的功能与表现形式

通过教师对合作学习的指导,将实现如下几个方面的功能:

第一,对于学生的学习和发展具有明显的促进作用。斯莱文(R. E. Slavin)分析了52 项关于合作学习的研究成果,发现有 33 项表明合作学习能够改善学生的学习成绩,有 16 项表明合作学习与传统接受学习没有区别,只有 3 项表明合作学习的效果差于传统的接受学习。[②] 合作学习不仅能够在一定程度上增强学生的学习积极性,提高学生的学业成绩,而且能够增强他们的自尊心,提升自信心。

第二,有助于学生学会分享、尊重与合作。在小组合作过程中,学生有机会领会人际关系的规范,学会团队沟通的技巧,积累集体生活的经验。特别是学会尊重各自对事物的理解,欣赏别人,发展宽容的态度和关爱的品质,这些都有助于学生社会性的成长和发展。

第三,增强学生人际交往能力与社会责任感。在合作的情境中,经过教师的指导与学生间的互动,帮助学生习得团体规范,形成社会交往技能,建立起一种友爱、合作的人际关系。在合作学习中,学生为个人和集体的成功一起学习,互相帮助,每个学生要对小组负责,对自己负责,对他人负责,否则很难使学习取得成效,这有助于学生养成集体责任感与荣誉感。

依据合作学习的不同组织方式,合作学习的指导主要表现为三种典型的合作学习

---

① Johnson, R. T. & Johnson, D. W., *Learning together and alone: Cooperative, competitive, and individualistic learning* (4th ed.), 1994, pp. 12 - 13.

② Slavin, R. E., Cooperative learning in middle and secondary schools. *Clearing House*, 69(4), 1996, pp. 200 - 205.

方法：学生小组—成就分配法（student teams-achievement divisions）、共同学习法（learning together）、小组调查法（group investigation）。每种方法的操作步骤见表 5-6。如果按合作学习所花费的教学时间不同，教师的指导又可分为对作为教学环节的合作学习指导和对整节课的合作学习指导。

方法 项目	学生小组—成就分配法	共同学习法	小组调查法	表 5-6
操作步骤	1. 教师全班教学：教师呈现演讲或讨论的材料，激发学生开展下一阶段小组学习的兴趣； 2. 小组学习：形成 4 人或 5 人的异质小组，小组成员合作完成作业，教师作巡回指导； 3. 测验：教师对所学材料进行测验，要求小组成员独立完成； 4. 计分：教师判断小组平均分和个人进步分； 5. 小组认可：对表现突出的小组给予奖励。	1. 教学目标具体化，明确学术目标和合作技能目标； 2. 确定小组规模，2—6 人为宜； 3. 异质分组，分配角色，安排座位； 4. 构建学习任务并确保小组成员之间相互依赖，如设计教学材料、确定合作成功的标准； 5. 教师监督小组的活动和个体行为，及时介入帮助学生； 6. 对学生的学习质量和小组状况进行评价。	1. 选题并分组：教师提出调查主题，依据学生兴趣构建小组； 2. 小组调查设计； 3. 进行小组调查； 4. 准备总结报告； 5. 小组汇报； 6. 评价反思。	三种合作学习法的异同
适合范围	它最适合于有一个正确答案、目标明确的教学，如数学计算和应用、语言用法和技巧、地理和绘图技能以及科学事实和概念。	适用于任何学科和年级	适用于高水平的认知活动（费时较长，一般要一周以上）	

（二）影响合作学习指导的主要因素

1. 分组与人员构成

合作学习的主要形式是小组，如果分组不当，可能会造成虚假的小组学习，即小组成员只是集合在一起，并无合作的兴趣和行动。所以说分组及其人员构成是影响教师指导合作学习的重要因素。一般来说，分组时要考虑小组的规模、成员的构成、活动的时间、成员的角色以及提供什么样的激励等。近期研究表明，异质学生构成的团队能提高学生的合作技能、自尊和成就，异质小组相对于同质小组而言，更有助于学生通过合作来提高学习效率。

2. 教学目标与学习内容的性质

是否运用合作学习，或选择何种合作学习指导形式都会因课堂教学目标与学习内容的不同而发生变化。有学者进行过该方面的研究，结果显示：含有互动、互助、协同、整合、求新、辨析、评判、表现等因素的教学任务适宜合作学习。[①] 还有研究表明，当学

---

① 盛群力：《什么样的教学任务适宜合作学习》，《人民教育》2004 年第 5 期。

习目标非常重要时,学习任务复杂或抽象时,问题有待解决时,要想培养发散性和创造性思维时,希望学生能牢记所学知识时,学生的社会性发展成为最主要的教学任务时,都应该使用合作学习方法。[①]

3. 合作技能的熟练程度

将缺乏社交技能的学生安排进一个小组并告诉他们要合作,并不能保证他们真能合作。学生掌握合作技能的熟练程度会影响教师的指导行为,所以,在合作学习开始前或进行中,教师的一个重要任务就是教授合作技能。

4. 物理环境的安排

教室物理环境的设计对于合作学习的顺利实施至关重要。研究表明,教室的设计会直接影响学生花费在学习上的实际时间、课堂中的学习氛围与信息传递、学习小组的构成以及学生中的相互联系。良好的空间安排有助于学生集中注意,有助于学生在学习过程中产生安全感。[②]

(三)合作学习的指导策略

1. 教学之前:明确目标、准备教学材料

在开展教学之前,教师必须清楚该教学内容是否适合开展合作学习,在此基础上再来规划合作学习活动。其中学习目标最为重要,教师应根据不同的合作学习内容和学生认知水平来确定所期望的学习结果,如小组的书面报告或学会倾听的技巧,并设计具体的实现目标的标准。围绕目标,事先还应准备相应的教学材料,如复印好的阅读材料或用于示范的实验杯等。下面是一位教师为组织合作学习所作的准备。

教学设计:三人小组的阅读理解

任务/目标

1. 阅读(一首诗、一个章节、一个故事或一篇新闻稿)并回答问题;
2. 练习检查的技巧;

合作

1. 教师将接受小组的一整套回答,组内每个人必须同意并且能够解释每个答案;

2. 如果每个成员在测验中都获得90分或更好的成绩,每人都会得到五分的奖励;

3. 为了促进小组的工作,给每个成员分配一个角色,例如阅读者、记录员或检查员;

成功的预期标准

每个人必须能够正确回答每个问题

个人的责任

1. 随机抽取小组中的一位成员来解释小组的答案;

---

① [美]约翰逊等著,刘春红等编译:《合作性学习的原理与技巧》,机械工业出版社 2002 年版,第 84 页。

② Johnson, D. W. et al., *The nuts and bolts of cooperative learning*,1994,pp.51-53.

　　2. 对分给每个成员各自阅读的材料进行单独测验；

　　3. 要求每个小组成员能向其他小组的成员解释本小组的答案；

期望行为

每个成员能够积极参与、仔细检查、相互鼓励和精心加工

组间合作

只要觉得有帮助，可以和其他小组互相检查步骤、答案和策略。当你完成后，可以比较自己的答案和其他小组的答案，并进行讨论。

资料来源：[美]Johnson, D. W. , & Johnson, R. T. 著，伍新春等译：《合作学习》，北京师范大学出版社 2004 年版，第 39—40 页。

　　2. 课堂合作学习开始前，教师应做好有效的组织工作

　　(1) 告知学生具体的学习目标以及评价标准。在小组活动开始前，向学生解释活动的任务和学习目标，以及达到目标后的相关奖励，以调动学生的积极性，使学生始终围绕目标开展合作，增强合作的有效性。

　　(2) 决定小组规模。这是教师最重要的决策之一。对一节课的活动来说，组成 5 人或 6 人小组比较合适。当活动超出一节课的时间且要求完成更加复杂的任务和角色专门化的时候，就要组成稍大的小组(6 至 8 人)。但也请教师注意这么几点：每增加一个小组成员，帮助小组成功的资源也增加了；小组维持的时间越短，小组规模应该越小；小组规模越小，学生就越难以逃避责任；小组规模越大，小组成员之间的两两互动机会越少，越要求小组成员具有合作的技巧；可利用的材料或特定的任务性质，可能会制约小组的规模；小组规模越小，越容易察觉学生在一起学习时遇到的困难。[①]

　　(3) 分配学生到各小组。为每组选择什么样的学生？我们可以对学生进行异质组合，将不同背景、不同能力、不同经验和不同兴趣的学生分配到小组中去。为使小组达到异质，可以采用随机或分层随机的方法来进行。

　　(4) 合理安排教室空间。为了确保指导有效，适当改变学生的座位安排是十分必要的。我们可以把座位安排改成学生面对面而坐的方式，此种安排要保证所有学生都能看到并且不用起身就能拿到材料，学生间使用轻声都能听到，而且教师又能够从容地在小组之间走动。

　　3. 教师要适时监督与介入学生的合作学习过程

　　一旦学生开始了合作学习的活动，教师就要忙碌起来，观察学生的各种活动，评价学生的进步、人际交往和合作技能的使用情况，并在观察的基础上，适时介入或干预。那么，在什么情况下进行干预比较合适呢？我们建议：(1) 当小组对任务还不清楚时，教师需要重新解释；(2) 当小组发生争吵、声音过大时，教师要及时制止，并提供辩论与倾听的相关技巧；(3) 当小组的合作偏离主题时，教师可以采取这样的步骤：把他们的任务放在一边，让他们聆听你对问题的说明，找出三种可能解决的办法，由他们决定将首先

---

① [美]Johnson, D.W. , & Johnson, R.T. 著，伍新春等译：《合作学习》，北京师范大学出版社 2004 年版，第 23—24 页。

尝试哪一种方法；(4)当小组活动表现不活跃时，教师应提供感情支持和鼓励，鼓励学生充分表达自己的观点，允许争论；(5)当小组遇到困难一时无法解决时，教师应进一步阐明任务和教学目标，并提供有助于完成任务的重要方法和策略。

三、探究学习指导

在一堂生物课上，一位老师想让他的学生像生物学家那样去思考和研究蜗牛的生活习性问题，他创设了关于蜗牛日常生活的一些问题情境，准备了若干实验材料，引导学生去发现和解决问题。学生们真的动起手、动起脑来，为自己发现的问题设计解决方案，进行实验，寻找证据，得出结论，还向同学和老师汇报自己的研究结果。你有过这样的经历吗？这就是探究学习活动。探究学习是一种基于问题的学习，是学生通过主动探究解决问题的过程。它作为一种学习方式，并不是自然科学课程学习的专利，适用于所有学科课程以及综合实践活动课程(如研究性学习)。它与自主学习、合作学习既有联系也有区别。如果说自主学习强调独立性与自控性、合作学习关注互动性和交往性的话，那么探究学习则体现了问题性和探索性。但探究学习往往需要学生具备自主学习的能力，同时，小组探究时，又需要学生之间开展合作学习，而合作学习总是以探究为目的的。

如果从探究学习自身特性来看，它一般包括五个方面的活动：提出问题、收集证据、形成解释、评价结果、表达结果。[①] 这些活动的展开，不能没有教师的指导，就像上面的那个例子。当然，教师对探究学习的指导并不能像对学生的接受学习那样来教学，而是要像"导师"那样组织、引导学生进行探究学习。

(一) 探究学习指导的功能与表现形式

与合作学习指导相比，探究学习指导体现出以下三个方面的功能：

第一，有助于学生保持独立的持续探究的兴趣。探究的兴趣是与生俱来的，儿童最早的学习方式就是探究，每个儿童都会在幼儿时期经历一段探究的黄金时期，表现出强烈的好奇心、不断追问、好动脑筋、喜欢走迷宫等，这种自然的品质是儿童从事学习活动的基础和动力。通过教师的指导，可以激发学生这种生来就有的探究兴趣，并使之保持这种自然兴趣。

第二，发展学生提出、分析问题并尝试解决问题的能力。思始于疑，提出问题是创新的起点。探究学习面向学生真实的生活世界与学科领域，着力培养学生的问题意识，鼓励学生根据自己的兴趣爱好与学科特长确定探究课题。通过教师的指导和自我探究，有助于学生树立课题研究意识，知道研究什么、为什么研究、怎样研究等问题，促使学生学会在所获取的大量信息基础上如何去分析并试着去解决问题。

第三，帮助学生养成实事求是的科学态度。教师对学生探究学习的指导，关注学生研究过程的真实体验，目的不在于让学生获得重大的科学研究成果，而是让学生在教师的引导下寻找适切的研究方法，由此帮助学生形成尊重事实、注重独立思考、勇于克服困难的科学态度和科学精神。

---

① Center for Science, Mathematics, and Engineering Education, National Research Council. , *Inquiry and the national science education standards: A guide for teaching and learning*, 2000, pp.24 - 27.

　　根据不同课程形态的探究学习,教师的指导主要表现为两种形式:对学科课程中探究学习的指导和对研究性学习课程中探究学习的指导。依据学生探究内容的不同,探究学习的指导又可分为:课题研究的指导和项目(活动)设计的指导。课题研究以认识和解决某一问题为主要目的,具体包括调查研究、实验研究、文献研究等类型。项目(活动)设计以解决一个比较复杂的操作问题为

图 5-6

探究学习

主要目的,一般包括社会性活动的设计和科技类项目的设计两种类型。由于学生开展探究活动的不同组合,教师对其指导又表现为小组合作探究指导和独立探究指导。

(二)影响探究学习指导的主要因素

不管教师采用何种方式指导或组织探究学习,都要考虑以下几个方面的影响因素:

1. 课程的形态和学科的性质

探究学习发生在学科课程,还是综合实践课程,教师所要采取的指导行为是有较大差别的,因为不同的课程形态需要学生探究解决的问题以及探究的路径不同,组织的方式也会发生变化。此外,同属于学科课程的人文科学与自然科学课程,学生所进行的探究学习,因学习内容的各异,相对应的探究学习模式就会不同,教师从中承担的指导任务也相应变化。国外关于不同学科探究学习模式的研究就证明了这一点。

2. 问题的类型

斯腾伯格(R. J. Sternberg)把学生面临的问题分为结构良好和结构不良的两类问题。前者是指可以清楚而具体地列出一步步的解决方案最终得到惟一(或很少几个)正确答案的问题,如课堂教学中的大多数学科问题;后者是指无法列出具体的解决步骤、答案往往具有开放性的问题,如现实生活中的许多实际问题。显然,学生所要探究的问题之不同,他们经历的探究学习过程就会大不相同,进而影响教师的指导行为。

3. 学生的知识储备与思维水平

研究表明,教师指导学生探究学习的效果如何,与学生对探究学习的准备程度直接相关。探究学习不仅需要学生具有一定的求知欲、好奇心、兴趣和探究技能,而且要求学生具备解决问题所必需的学科知识。所以,教师在组织学生进行探究学习时,就要对学生的认知水平和学习动机有清醒的认识,根据学生的现实水平来设计探究活动和指导策略。

(三)探究学习的指导策略

1. 转变教学行为

教师指导探究学习的首要任务,就是要转变接受学习模式下的教学行为,实施新的教学行为。教师应摒弃作为知识权威和垄断者的角色定位,把研究活动看作是学生自主探索新知的过程,而不是非要知道全部研究结论之后才实施指导;教师只是在学生遇到困难、活动无法进行时才给予适当的点拨和引导,而不是按照自己的思路控制学生的研究过程;教师应该关注学生有无探究兴趣,而不是有无结果;教师要为学生提供多样

的学习机会,使学生改变单一的学习方式,如让学生体验讨论类活动(头脑风暴)、应用类活动(互联网检索)、设计类活动(编制问卷、访谈)、报告类活动(表演、多媒体演示)等,鼓励学生走上思辨、畅想、感悟的探究之路。

2. 学科课程中的探究学习指导策略

不管你是人文学科课程的教师,还是自然科学课程的教师,在组织学生开展探究学习活动前,你应该根据任教学科的课程标准和教材,基于学生的发展水平,精心设计探究活动的指导计划,为学生准备适当的研究材料。如让学生自己提出问题,还是你设计问题情境由学生来选择问题;让学生独立探究,还是小组合作探究;学生的探究是实验验证还是开放性探索等问题,你都应该进行预设。

学生实施探究学习,教师要对他们的选题、具体的探究活动进行适时指导,引导学生亲历探究过程,为学生的自主活动提供机会和空间,切不可"越俎代庖",代为探究,更不要以"讲授探究"代替"亲历探究"。

当学生的探究活动结束时,教师还需要花更多的心思来组织学生的反思和交流,并对学生个人和小组的各种表现进行点评,激励学生的后续探究。

3. 研究性学习课程中的探究学习指导策略

研究性学习是一门国家课程,每个教师都有机会去执教。研究性学习课程通常是以小组合作的方式展开,而具体的实施一般要经历五个阶段:确定课题、制定计划、搜集资料、总结整理和交流评价。① 针对这五个阶段,教师可以采取下列指导策略:

(1) 引导学生确定课题。我们可以通过问卷调查、实地考察、创设情境、捕捉时机等方式引导学生确定研究的范围和主题,并让学生知道他们所选择的课题必须是可研究的、适合自己的、源于生活的。

(2) 指导学生制定计划。我们以实例示范的方式向学生介绍制定计划的具体过程与注意点,如研究计划要明确研究的目标、资料搜集的方法、研究步骤、人员分工、预期研究结果的呈现方式等,并要及时了解学生制定计划的进展情况,对主动请求帮助的学生或学生小组进行专门的辅导。

(3) 在学生进行搜集资料的过程中,我们不能掉以轻心,应该让他们知道执行计划和分工合作的重要性,并为他们顺利开展调查、实验、实地观察等活动提供智力支持和安全保障,如针对学生研究的不同需要,可以为研究小组调度相应的学科教师和安排校外专业人士来辅导。

(4) 当学生对研究结果进行总结整理时,学生要整理、分析所搜集的资料,不断验证自己对研究问题的假设,在此基础上提出自己的认识和见解。我们需要向他们提供资料整理与分析的方法指导以及成果呈现方式的建议。

(5) 学生之间的交流评价,非常重要。我们要组织好,不仅要让学生通过各种方式来发表小组的研究成果,与其他小组交流与分享,而且要引导学生把成果的分享过程看作发现自我、欣赏他人的过程,而不是带有功利目的的个人表现。当然,在成果分享后,我们的工作还没有完全结束,还要对学生的表现进行综合评价,并组织学生通过研讨、

① 崔允漷等:《试论普通高中研究性学习的课程框架》,《教育发展研究》2003 年第 6 期。

写作等方式反思自己的研究历程。

本章小结

根据教师在课堂中扮演的不同角色及其与学生的关系,主要教学行为分为呈示、对话、指导三大类。呈示行为包括讲述、板书、声像呈示、动作示范四种,对话行为包括问答、讨论两种,指导行为包括自主学习指导、合作学习指导和探究学习指导三种,共有九种主要教学行为。每种教学行为都有其独特的功能与表现形式、影响因素以及运用策略。教师应该熟悉这些行为,并且能够根据自己的优势以及学习目标的性质加以灵活地选择和运用,以实施真正的有效教学。

关键术语

讲述　动作示范　问答　自主学习　合作学习　探究学习

讨论与探究

1. 讨论:每人花五分钟时间向别人介绍一种你自己最喜欢的主要教学行为。
2. 请你总结一下,影响课堂问答有效性的因素有哪些?
3. 举例说明自主学习、合作学习、探究学习的异同。
4. 怎样有效地指导学生的合作学习?
5. 下面是一份"教师讲解行为"的课堂观察记录表,你能否按这样的思路,结合自己的研究需要,设计一份"教师理答或动作示范行为"的观察记录表。

● 观察维度:教师教学·呈示
● 研究问题:教师讲解行为的效度如何?

	观 察 内 容	频 次	百分比	排 序
典型行为	1. 用课本语言			
	2. 用自己的语言			
	3. 用举例的方式			
	4. 利用重复/停顿/节奏			
	5. 观察学生的反应			
	6. 结合学生的语言			
	7. 借用板书			
	8. 借用声像			
	9. 借用体态语			
总体印象				

说明:以一个相对完整的教学片断为观察单位。
资料来源:沈毅、崔允漷:《课堂观察:走向专业的听评课》,华东师范大学出版社 2008 年版,第 113 页。

建议进一步阅读的文献/网站

1. 庞维国:《自主学习:学与教的原理和策略》,华东师范大学出版社 2003 年版。

2. 〔美〕Cruickshank, D. R. , Bainer, D. L. & Metcalf, K. K. 著,时绮等译:《教学行为指导》,中国轻工业出版社 2003 年版。

3. 〔美〕鲍里奇著,易东平译:《有效教学方法(第四版)》,江苏教育出版社 2002年版。

4. 〔美〕阿兰兹著,丛立新等译:《学会教学》,华东师范大学出版社 2007 年版。

5. 〔美〕加涅著,皮连生等译:《学习的条件和教学论》,华东师范大学出版社 1999年版。

6. 〔美〕Johnson, D. W. , & Johnson, R. T. 著,伍新春等译:《合作学习》,北京师范大学出版社 2004 年版。

7. Stronge, J. H. , Qualities of effective teachers (2nd ed.), 2007.

8. 网站:http://www.jx101.cn

　　　　　http://www.cnier.com/index.php

　　　　　http://www.proteacher.com

　　　　　http://www.teachertube.com/index.php

在你的课堂生活史中,你有过情绪低落、精神不振的时候吗?老师知道后,有没有针对性地"处理"过你的问题?如有,老师是如何"处理"的?请你写下这一段经历,并对老师的做法作些评论;如果没有上述经历,那你有没有体验过课堂气氛很好的经历?如有,请你在本页的空白处写下当时的课堂气氛有哪些关键特征。

通过本章的学习,你能够

● 了解辅助教学行为主要涉及哪些行为;

● 理解如何培养与激发学生学习动机来促进学习;

● 学会使用一些常用的课堂学习强化技术;

● 知道积极的教师期望对学生学习的意义;

● 列出自己所处的课堂有哪些课堂气氛的关键特征。

本章内容导引

● 学习动机的培养与激发

　一、动机的过程模式

　二、内在需求的培养与激发

　三、外在诱因的设置与运用

　四、自我调节能力的培养

　　(一)合理预期的调动

　　(二)自我效能信念的培养

　　(三)意志的磨练

　　(四)反馈的运用

　五、结果成败归因的训练

● 课堂强化技术的应用

　一、课堂强化的基本策略

　　(一)积极强化

　　(二)消极强化

　二、常用的课堂强化技术

　　(一)言语强化

　　(二)非言语强化

　　(三)替代强化

　　(四)延迟强化

　　(五)局部强化

　　(六)符号强化(代币制方法)

　三、强化物的选择和强化的安排

　　(一)强化物的选择

　　(二)课堂强化的安排

　四、课堂强化的误用

● 教师期望效应的实现

　一、教师期望效应及其特点

　　(一)暗示性

　　(二)层次性

　　(三)情感性

　　(四)激励性

　二、教师期望效应的实现过程

　　(一)教师形成期望

　　(二)教师传递期望

　　(三)学生内化教师期望

　　(四)教师维持或调整期望

　三、积极的教师期望策略

　　(一)在客观基础上积极期望

　　(二)在教学中倾注情感与爱心

　　(三)在循序渐进中欣赏学生的成功

● 良好课堂气氛的营造

　一、课堂气氛的特征和类型

　二、影响课堂气氛的因素

　　(一)教师的因素

　　(二)学生的因素

　　(三)课堂物理环境的因素

　三、良好课堂气氛的营造策略

　　(一)正确鉴定课堂气氛

　　(二)建立正确的舆论与规范

　　(三)正确引导非正式群体

　　(四)抓典型、树榜样、立威信

　　(五)妥善处理矛盾冲突

　　(六)以积极的情感感染学生

要使你的教学有效,除了有好的主要教学行为外,还要有恰当的辅助教学行为来支持。辅助教学行为是为主要教学行为服务的,是指教师在课堂上直接处理学生心理或教学情景中的问题的行为,而主要教学行为直接关注的是教学目标或教学内容。在表现形式上它们之间也有所区别,主要教学行为往往是直接的、外显的,经过专门设计过的;而辅助教学行为通常表现为间接的、或显或隐的,有些可预先设计,而多数是生成性的。从某种程度上说,辅助教学行为更能体现一个教师的专业素养。这里,我们着重讨论四种辅助教学行为:学习动机的培养与激发、课堂强化技术的应用、教师期望效应的实现和良好课堂气氛的营造。

第1节　学习动机的培养与激发

作为教师,培养和激发学生的学习动机,是一个相当重要而困难的任务。而且,随着学生生活中高强度诱因刺激影响的增加,课堂学习很容易被学生认为是单调、呆板、没有生机的。所以,了解培养和激发学生学习动机的原理和策略,对于课堂教学的意义将越来越重要。

一、动机的过程模式

研究表明,一个完整的动机概念包括三方面的因素:动机的内在需求、外在诱因和自我中介调节作用,如图 6-1 所示。[①] 在这个动机过程模式中,需要是在心理潜能的基础上通过学习而产生的。需要通过自我调节与外在诱因相联系,从而具有一定的方向性,并调动自身的能量,引起一定的情感反应,形成驱力。同样,驱力在自我调节的作用下,使个体努力去实现目标。外在诱因通过自我调节作用而转化为个体内在的动因。自我调节包括预期、自我效能信念、意志和反馈等一系列循环过程,它发动、维持和调节行为。对行为结果的成功与失败归因,则成为有关后继行为的主要动机因素之一。如此引起新的需要,形成一系列螺旋式循环动机行为。

图 6-1

动机过程
模式图

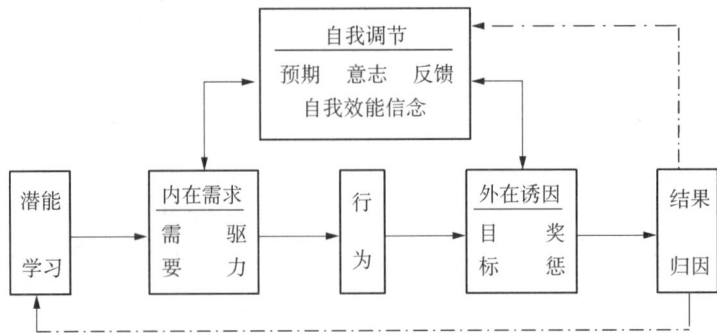

---

① 张爱卿:《动机论:迈向 21 世纪的动机心理学研究》,华中师范大学出版社 1999 年版。

动机过程中各个因素及其相互关系,可以简略地表示为:

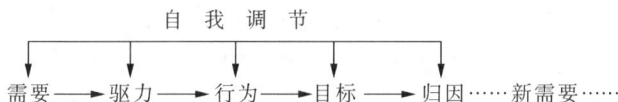

自 我 调 节

需要 —→ 驱力 —→ 行为 —→ 目标 —→ 归因……新需要……

这样构成一个无限螺旋式循环的动机行为链。

动机过程模式理论为我们从动机的内在需求、外在诱因、中介自我调节和归因等几个方面来探讨学习动机的培养与激发提供了重要的理论依据。

案例 6-1

钢琴学习的动机过程

王晓鸣同学认识到音乐能陶冶人的情操,弹好钢琴能成为受人尊敬的音乐家,于是产生了苦练钢琴的需要,并决定参加不久将举行的青少年钢琴选拔赛。这样,其需要转化为强有力的内驱力,同时唤起对行为目标(比赛获奖)强烈的情绪、情感。这时,自我调节的中介作用过程就包括她对参加比赛获奖的预期和通过对自身能力的估计而产生的自我效能感,以及树立坚强的意志,决定参加比赛,并把参加比赛的状况及时地反馈回去等。她通过自我调节,发动、维持和调节参加比赛的行为。赛后,她还会根据自己的比赛结果进行一系列的归因解释,如把自己的成功归于能力等,这将成为她以后钢琴练习、比赛的促动因素之一,她很可能会提高自己的抱负水平,去努力取得更大的成绩。

资料来源:张爱卿:《论人类行为的动机》,《华东师范大学学报(教育科学版)》1996年第 1 期。

二、内在需求的培养与激发

我们知道,动机源于个体的内在需求、内部唤醒状态。需要的形成和转化是有效地培养和激发个体内在需求的主要途径。除了极少数纯粹的自然需要之外,个体所具有的有社会意义的内在需要是通过学习而产生的。这种需要主要来自学校教育、家庭教化和社会要求等。个体在社会化过程中通过直接经验和间接学习逐步地将社会等对个人的外在要求,如个人的社会责任和义务等,转化为自己的内在需要。于是,个体为适应复杂多样的社会生活就形成了各种各样的内在需要。由于个体先天的潜能、心理倾向的差异性和社会环境、教育的复杂性,个体所形成的社会需要千差万别,如理解、尊重、交往、利他、攻击、学习、权利、友爱、工作、成就等需要。可见,需要是具有社会历史性和差异性的。

个体复杂多样的需要有合理需要与不合理需要之分。如何引导学生产生合理的需要、消除不合理的需要,努力将社会所提倡的合理要求转化为学生的内在需要,是你的教学工作和学校教育的重大责任。个体在某一时期、某一种社会实践活动中,会有一种主导需要,它是个体行为的主要促动因素。因此,原则上讲,学生学习动机的激发要从学生个体在某一时期的主导需要出发。

需要的满足与激发是同时存在的,马斯洛(A. H. Maslow)的需要层次理论可以帮助你理解这个问题。马斯洛曾把人类复杂多样的需要从低到高区分为七大类,并把其中的生理需要、安全需要、归属和爱的需要、尊重需要称为基本需要,把较高级的认知需要、审美需要和自我实现需要称为心理需要或生长需要,见图6-2。按照马斯洛的观点,基本需要在满足之后,便不再感到需要,而生长需要的特点是越满足越产生更强的需要,并激发个体强烈的成长欲望;满足个体的基本需要,有助于激发更高层次的需要。因此,要激发学生的学习热情、学习兴趣和学习需要,就要首先满足其基本的生理、安全、归属和爱、尊重等需要。一位疲倦或饥渴的学生是不太可能认真听讲的;同样,感到焦虑或沮丧的学生也不太可能动脑筋去克服困惑、整理思路以弄懂课堂内容,甚至连作业都只是应付了事。然而,学生并不总是依马斯洛的需要层次理论行动,他们可能会为了考试而废寝忘食,或因为专注于某项活动而忘记疲劳、饥饿或安全问题。因此,你要牢记,只有当学生的需要进入较高层次时,学生才能真正安于学习、进步迅速。

图 6-2

马斯洛的
需要层次图

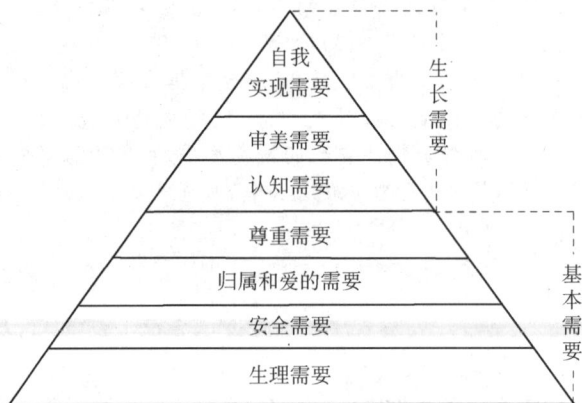

个体内在需求的激发还与其对行为目标的认识有关。个体的内在需要在与目标相联系的情况下,就由一种基本需要状态转化为唤醒状态,形成具有一定能量和方向性的驱力。而驱力是行为的直接动因。因此,你应该让学生对自己的学习目标有明确的认识,通过与学生一起制订并分享学习目标,来加强学生的内部唤醒状态,提高其学习的内在驱力水平。

值得一提的是,当学生尚未表现出对某一学习内容有适当的兴趣或动机之前,你没有必要推迟教学活动。对于那些学生来说,你最好的处理方法是,不管他们当时的动机状态如何,都要集中注意于尽可能有效地去教他们。一旦学生尝到甜头,就会产生学习的动机。所以,在某些情况下,提高学生学习动机的最好方式是把重点放在学习的认知方面,而不是动机方面,依靠你富有成效的教学工作使学生在内心体验到学习本身的乐趣。

三、外在诱因的设置与运用

外在诱因主要是指目标和奖惩等。一般来说，如果没有严格而明确的教学要求，你想让学生自觉地进行学习，完成规定作业，安分守己地接受考核，那只能是幻想。那么，如何通过目标设置和奖赏强化等手段来培养和激发学生的学习动机呢？

众所周知，目标对个体有导向作用。很多时候，你可能希望学生关注某些学业目标，但你也会发现他们还在追求其他的社会目标。社会目标有时会与学业目标互补，例如，学生试图得高分以取悦看重成绩的父母、师长和朋友。然而，有时社会目标也会损害学业目标，例如，学生为了取悦那些讨厌上学的朋友而减少努力。动机研究的目标理论认为，学生中存有三组类型的目标：学习目标（掌握目标或任务卷入目标）、表现目标（自我卷入目标）、工作回避目标。[①] 采用学习目标的学生关注获取学习活动所欲传递的知识与技能。他们用自己的语言组织学习材料，并将之与已有知识联结起来，寻求获得准确的理解。在遇到困难时，他们更有可能寻求帮助，必要时他们会坚持自主学习的努力，持有"努力终有所获"的信念。相反，如果表现目标占优势时，学生更多地将任务看成是对其表现能力的一种测试，而不是学习的机会。他们主要关心保持自我知觉和公众形象（在别人看来自己是拥有完成任务所需能力的）。为了达到任务要求，避免失败，他们会依赖于重读、暗记、猜测和其他表层学习策略，而不是采用深层的知识建构策略，而且他们的努力程度因为害怕失败和其他的负面后果而降低。他们力求避免挑战性任务，遭遇挫折时容易放弃（因为相信自己能力有限），因而缺乏"努力终有所获"的信心，碰到困难时一般不会求助，而是通过作业空着不做、乱猜一通或是抄袭来掩盖困难。最后，有些深受疏远或打击的学生可能既不显示学习目标，也不显示表现目标。他们不用心学习，采取工作回避目标，寻求用最小的努力来达到最低的要求，拒绝接受任务中的成就挑战，尽量避免花费时间和努力。

因此，你在课堂上应当建立起支持性的关系和合作学习的氛围，以鼓励学生采用学习目标；避免制造各种促使学生采取表现目标或工作回避目标的压力，引导学生将精力集中于学习，不会因对尴尬或失败的恐惧而分心，也不会因为觉得任务无意义或不适合而感到忿恨或回避任务。

四、自我调节能力的培养

自我调节是联结和协调动机的内在起因与外部诱因的中介桥梁，它包括预期、自我效能信念、意志和反馈等一系列循环过程。通过它，个体的需要被激发，并进而获得能量和朝向目标的方向性，形成驱力，从而引发和维持行为。目标、强化等外在诱因也通过这种调节作用转化为个体的内在驱动力。总之，自我调节起着协调动机模式中各因素之间相互关系的作用，模式中的其他因素也通过自我调节的中介作用而发挥其功能。

---

① ［美］Brophy 著，陆怡如译：《激发学习动机》，华东师范大学出版社 2005 年版，第 21 页。

事实上,许多学生学习动机不强的一个很重要的原因就是缺乏自我调节的意识和能力。因此,你应该高度重视学生自我调节能力的培养与发挥。

(一)合理预期的调动

预期是指人对其行为目标实现的可能性大小及其价值的估计。人们通过事先的思考预计到行为的可能结果,然后再根据这种预期来调整自己的动机水平、行为目标等,使行动方案符合个体的内在要求。动机的预期理论认为,学生做某事的动机,取决于他对自己成功机会的估计,以及他对成功价值的评估。用公式表示就是:①

$$动机(M) = 估计的成功概率(Ps) \times 成功的诱因价值(Is)$$

在这个公式中,最值得注意的是"×",这意味着,如果学生认为成功的机会等于零,那么成功的价值再大也等于零;反之,如果学生认为成功了也无价值,那么成功的机会再多也等于零。如果非得让学生不情愿地参与此类活动,他们将体验到消极的情感,产生消极的认知反应(见表 6-1)②。而且,在某些情况下,成功的概率太高对动机也是有害的。只有当成功的概率处于适中状态时,才会有最强的动机。例如,当两个球员的水平相当时,双方都会尽心尽力。如果他们的球艺呈一面倒势,劣势者即使极想赢(诱因价值高),也会因成功可能性极小而放弃努力;而优势者对赢球不会看重(诱因价值低),因而也无需努力。在课堂中,学生往往倾向于根据对成功的预期和对任务价值的判断,采用四种一般方法中的一种来应对课堂学习任务,见表 6-2。③ 由此可见,教学中教师给学生的任务既不能太难也不能太易。

表 6-1	和任务参与的预期方面有关的学生主观体验	
和任务参与的预期和价值有关的学生主观体验	对任务本身包含的过程的反应	对参与任务的预期性反应
如果害怕或预期失败	情感:焦虑、尴尬、对失败的恐惧 认知:任务焦点会因为对困惑、失败、无助的知觉而被淡化,将(差)表现归因于能力不够	情感:冷漠、顺从、愤恨 认知:认为不可能会"赢",没有机会赢得想要的回报、满意的分数等
如果预期成功	情感:满意(可能偶有激动),因熟练成功的表现而自豪 认知:知觉到趋近目标;将(好)表现归因于(高)能力加(相当的)努力,关注发展自身的知识与技能	情感:对回报的激动与高兴的期望 认知:认识到自己可能达到目标,关注达到现有的表现准则

---

① 施良方:《学习论》,人民教育出版社 1994 年版,第 464 页。

② [美]Brophy 著、陆怡如译:《激发学习动机》,华东师范大学出版社 2005 年版,第 12 页。

③ Hasen, D. (1989). Lesson evading and lesson dissembling: Ego strategies in the classroom. *American Journal of Education*, 97, 184-208.

和任务参与的价值方面有关的学生主观体验		
	对任务本身包含的过程的反应	对参与任务的预期性反应
如果参与一项受到消极评价的任务	情感:愤怒或恐惧,学生不喜欢该任务,在效果上等同于惩罚 认知:任务焦点会因愤怒而被淡化,认为被强迫参与一项不喜欢或无意义的活动	情感:疏远、抵制,学生不想获得相关知识或技能 认知:知觉到任务内容与个人概念、性别角色等之间的冲突,料想参与此类任务会产生不想要的结果
如果参与一项受到积极评价的任务	情感:喜欢、高兴,参与此项活动本身就是一种奖赏 认知:相当放松地关注活动过程,对参与任务需要什么和如何反应有元认知水平的知晓,学习时关注学术内容,表现时关注结果的质量	情感:精力充沛地、热切地学习相关知识和技能 认知:认为当前任务是达成将来更远大目标的子目标(通常是提升社会地位的"门票"),关注学习的"相关"方面

	成功预期低	成功预期高
认为活动无价值	拒绝:拒绝参与	逃避:尽量少做
认为活动有价值	掩饰:假装会做	投入:尽力学习

表 6 - 2

和课堂活动的预期和价值有关的学生反应策略

需要提醒的是,预期理论并不是在探讨学习任务本身的难易问题,而是涉及成功的标准(如评分的标准)问题。如果学生无论怎么做都不能获得满分的话,那么他就不可能产生最大限度的学习动机;同样,如果学生的经验表明无论怎么努力也肯定会不及格时,他的学习动机基本上就没了。因此,在实际运用中,你要适当掌握评分的标准,使之和学生的实际发展水平与需要紧密结合,从而保证学生对成功机会和成功诱因价值的预期始终处于有利于激发学习动机的良好状态。

(二)自我效能信念的培养

自我效能信念是一种反映个体对自己是否有能力成功地完成某项活动的信任程度的心理特性,也称自信心。它是个体自我调节的一个重要因素。通过自我效能信念,个体在进行某一活动之前,对自己能否胜任该活动进行判断。这些判断会影响任务选择和参与任务的质量。如果人们拥有较高的效能或能力感,对自己成功完成任务的能力(包括所需要的特殊策略)有信心,那么人们的努力和坚忍性会更大。然而,那些怀疑自身是否具有必要技能的人更可能逃避成就情景,即使无法逃避,他们在碰到困难和挫折时,也更容易放弃。因此,学生的自我效能信念直接影响到教学目标的确立、学习动机中各因素之间的协调等。正如班杜拉(A. Bandura)通过实验所得出的结论,"那些高自我效能感的人给他们自己设立要完成的更高的挑战性目标,那些对他们能否再次达到同样的实验努力水平存有疑虑的人,给他们自己设立仅能试图达到先前追求水平的标准。而那些虽然经过努力已取得成功,却判定自己不能再重复这一成就的人,会降低他们的抱负水平。"①由此看来,学生自我效能信念的培养是激发学习动机的一条有效途径。那么,你可以采用哪些方法支持学生的自我效能感,优化学生的动机和任务参与模式呢?

班杜拉认为人们评价自我效能时,往往应用四种信息源,而它们也是影响学生自我效能信念的主要因素。② 所以你可以从这四个方面入手,帮助学生建立学习的自信心。

第一,学习成败的经验。学生的直接经验对其自我效能信念的建立影响很大。一般说来,成功的学习经验会提高学生的自我效能信念。相反,失败的学习经验则会降低学生的自我效能信念。因此,对学生学习成功的训练能帮助其建立稳固的自我效能信念。美国篮球巨星乔丹之所以拥有非常强烈的自我效能信念,就是与他的一次成功的投篮有关。

**补充材料
6-1**

乔丹的自我效能信念

在比赛中,我经常是毫不畏惧投那种决定胜负的球。因为当我还是孩子时,我就成功地投中了一次。那是 1982 年的事了,我常说,我的篮球生涯就是从那一次投篮开始的。……我经受住了每次考验,终于脱颖而出,有什么能比你刚进大学就为你的球队投中了决定胜负的一球更紧张的呢? 那一球开始了我的篮球生涯,为什么呢? 因为我有了信心。谁也夺不走我的这种信心、我过的那道关口。

资料来源:摘自 NBA 巨星飞人乔丹的自述

第二,替代性经验。除了直接经验的学习之外,学生还通过观察示范者(榜样)的行为来形成自我效能信念。当学生看到与自己水平相当的其他同学的学习成功时,会增强自我效能信念。相反,当学生看到其他同学失败时,则可能降低自我效能信念。

第三,言语鼓励、说服。即个体可以通过他人的教育、建议、劝告、鼓励等来提高自己的自我效能信念。不过,这种方式产生的自我效能感一般不太稳定。

第四,生理线索。来自生理方面的信息也影响着个体效能感的形成。如果个体处于焦虑状态,将会对不良的生理反应有所意识,并把这些反应视为无能的标志,感到力不从心,进而低估自己的能力,降低自我效能感。

(三) 意志的磨练

意志是人自觉地确定目标,并根据目标的调节支配自身的行动,克服困难,去实现预定目标的心理过程,是人的主观能动性的突出表现形式。意志作为心理过程的一个

---

① 张爱卿:《论动机的培养与激发》,《教育研究与实验》1996 年第 2 期。
② See Bandura,A. Self-efficacy mechanism in human agency. *American Psychologist*. 37,1982,pp. 122 – 147.

方面,对动机行为的作用是十分明显的。由于个体的动机行为总是与克服一定的困难相联系的,这就需要个体有坚强的意志,从而提高动机水平与力量来达到预期目标。假如你不能帮助学生养成坚强的意志,没有训练学生在自己不感兴趣的事情上全神贯注,那么你便没有尽到应尽的职责。因为,所谓学习动机,绝不仅仅只是合乎学生口味的动机,课堂学习也不大可能成为公共娱乐场所活动;更不可能说,课堂教学的一切方面都会由于学生的学习动机而变难为易。所以,意志的磨练对于学生良好学习动机的形成具有重要意义。

在意志的心理结构中,决心、信心和恒心既是三个相互作用的重要的心理因素,也是一个过程的三个阶段。由于意志不是知识,你无法直接教授,因此,在你帮助学生养成坚强的意志品质的过程中,可以引导学生采用如下策略。第一要下定决心,明确学习目标。下定决心包括两个方面:一是选择与确定行动的目标,二是要选择和确定实现目标的方式、方法和具体策略。第二要树立信心,相信自己的力量。树立信心要经过一系列复杂的心理活动,首先要有确信感,相信自己的决心是可以实现的;其次要建立信念,对某种事情具有坚定的信念,自然就会充满信心;最后要形成理想,一个人的理想越远大,越坚定,信心也就越充足、越牢固。第三要持之以恒,百折不挠,才能最后取得学习的成功。恒心是由人对事物的信念和对事业的理想所支持的心理动力系统,是信心的深化,是实现决心的重要保证。确立恒心主要在于两点:一是要善于抵制不符合许多目标的主观因素的干扰;二是要善于持久地维护已经开始的符合目标的活动。

（四）反馈的运用

反馈是保持自我调节功能运转不可缺少的一环,对于动机的整个形成过程都有一定的影响。学生通过教学反馈所得到的信息,能及时地调整动机各个因素之间的关系和行动方案。许多研究都证明了学习反馈能提高学生学习动机的表现水平。因此,在课堂教学中,你应保持教学反馈信息的畅通,让学生及时地了解学习的进展和结果,获得相应的评价,从而更好地调节自己的学习动机和学习行为水平。

一般来讲,反馈来自两个方面:个体自身的感觉系统的感觉反馈和个体自身以外的人和事物给予的结果反馈。前者是个体通过自身的视觉、听觉、触觉、动觉等获取的反馈信息;后者是教师、家长、同学、录像、计算机等外部信息源对学生的学习结果及其学习过程的反馈。准确的反馈在学习过程中的作用是非常关键的,尤其是个体以外的人和事物给予的结果反馈,可以引导学生矫正错误,巩固其正确的学习成果,鼓励学生努力改善学习。反馈的效用主要受到下面几个因素的影响:

第一,结果反馈的内容。给予何种内容的反馈信息,关键要考虑该信息能否使学生的注意指向应改进的学习方面。有效的信息可以使学生在后继的学习中将注意力集中于要改善的某些方面。过多与过少的信息都不能有效地使学生抓住关键问题加以解决。

第二,结果反馈的详细程度,即具体或抽象程度。只有当学生进行充分的练习之后,较详细的具体的反馈信息才有助于学习;对于某些操作任务而言,极其精确的反馈信息有时并非是最有效的。结果反馈的精确性的效用与个体能否理解和应用这类信息有关,过分精确的信息如同过分不精确的信息一样,都不易为学生所应用。简言之,你所提供的反馈信息能否被学生利用,要视学生所处的学习阶段、学习任务、对信息的加工程度等具体因素而定。

第三,结果反馈的频率,即在一定时间内给予反馈的次数。一般而言,不要频繁地给予反馈,因为过多的反馈容易增加学生的工作记忆负担,而且,容易导致过分依赖外界的反馈,而不利于自我体验的形成,也不利于自我发现错误、纠正错误的能力的形成。因此,适当地给予某种总结性的、简要的反馈信息是非常有效的。

第四,反馈的方式,即以何种方式呈现反馈信息。最常见的呈现反馈信息的方式有口头、书面、体态等外部反馈方式及个体自身的累积性的内部反馈。在学习的初始阶段,外部反馈的作用较大,因为个体尚未建立准确的自我感受或身心发展还不成熟,不能从行为分析中获取必要的反馈信息。在学习的中后期,应强调内部反馈的作用,以提高自我调节、控制的能力。尽管对每一种反馈方式的有效性研究所得的结果不尽一致,但根据具体的操作应用多种反馈方式是必要的。

获得并建设性地利用信息反馈是学习过程不可分割的一部分。遗憾的是,课堂评价和评级系统也有可能破坏学生的动机和学习策略,学生有可能认为这是他们学习或做作业的外部压力,从而影响学生的内部动机。因此,你的评价要强调信息反馈,而不仅仅是要完成成绩报告单,或在学生间相互比较、评定等级。你在评价时,除了给出等级(字母)、分数,还要给学生提供信息反馈,以帮助他们欣赏自己已有的成就,认识到不足,将注意力集中在如何取得必要的进步上。在测验或其他评估之后给出反馈,是鼓励学生形成能力增量观、理想的成就归因方式或自我效能感的最好机会。当学生在学习上取得的持续进步(如"这就是你取得进步的地方,而这是你需要提高的地方"),而不是某一学习领域的完结(如"你刚好及格")时,要给予暗示性反馈。这种强调信息反馈而不是学生间比较的原则不仅适用于成绩报告单,而且适用于每一次考试甚至作业。

五、结果成败归因的训练

结果成败归因的重要作用在于,通过产生一定的成功预期和情感而影响后继行为的动机,并且不同的归因方式会产生不同的效果。比如,个体把某项活动中的失败归因为缺乏能力,就会产生消极的情绪,降低甚至丧失成功的预期,进而降低相应的后继行为的动机水平。但如果归因为自身努力不够,个体则会保持较高的预期,并增强后继行为的动机水平。

同样,归因还会影响到学生的自我效能信念。如果学生把学业失败归因为缺乏能力,那么学生的自我效能感就会降低。因此,如何归因对学生来说关系重大。对学生进行归因训练的目的,就是通过中介干预,使不利于学生提高后继行为动机水平的归因模式,转化为有利于提高学生动机水平的归因模式,经常保持积极的情感和较高的成功预期。

归因训练研究总结出两类典型的成败行为归因模式,如表6-3。

		表 6 - 3
积极的归因模式	积极情绪(如自尊、自豪等):成功→能力→增强成功预期→动机水平提高→自我效能提高 动机性情绪(如内疚等):失败→缺乏努力→保持较高的预期→动机水平提高→维持较高自我效能	成败行为的 归因模式
消极的归因模式	消极情绪(如无能、压抑等):失败→缺乏能力→降低成功预期→动机水平降低→自我效能降低 一般情绪(如冷漠等):成功→运气→很少增强成功预期→动机水平不高→自我效能低	

消极的归因模式显然不利于个体的后继行为,然而却普遍存在于我们的教育教学中。因此,你需要制定一套训练程序:在教学活动中,通过有目的、有计划、有针对性的训练,运用说服、讨论、示范、强化等措施,帮助学生通过归因产生积极的情绪和较高的学业预期与自我效能,以使学生将消极的归因模式转化为积极的归因模式。

作为老师,你要帮助学生学会将他们的成功归因于足够的能力和适当的努力,将失败归因于(暂时)缺乏任务相关的信息或反应策略(或者缺乏努力),避免引导学生将失败归咎为固有的、超越他们自身控制的能力限制。

在实际的教学中,你可以通过归因训练,解决学生的认识问题,改变学生的归因方式,从而调动学生的积极性。例如,学生由于考试成绩不好而灰心丧气,你的辅导、鼓励主要在于帮助学生作出恰当的分析,如努力不够或其他诸如难度大等外在原因的分析,以便使学生改变自己的归因方式,提高认识水平,激发起学习的热情。个别学生可能会自发地,或者在你问及为什么他们在作业中的表现"不尽如人意"时,声称自己能力不够(如"我就不是学数学的料")。在这种时候,你要温和而坚决地否定这种解释,提示他们是有能力成功的,之所以失败是因为他们缺乏相关(或即使相关,也是没有投入足够的努力以达成目标)的知识或采用的是无效的策略。即使你不能够立即"矫正"这样的学生,也起码要清楚地表达你对他能力的信心,反对他对自身能力的低估。

第 2 节　课堂强化技术的应用

当学生学习是为了获得或者避免某种"东西"时,则这种东西就成为他学习的强化物。不同的学生可以有不同的学习强化物。课堂强化就是增强学生某种课堂行为重复出现的可能性的过程。任何行为一旦重复就有可能被强化。课堂强化或对学生课堂理想行为的强化,是教师教学的一项重要技术。正确掌握和运用课堂强化技术,可以提高教学的成效。

一、课堂强化的基本策略
课堂强化的基本策略可以表现为两种不同的方式,即积极强化和消极强化。
(一)积极强化
当你使用奖赏性刺激物激起学生某种行为动力时采取的强化就是积极强化。奖赏可以是有形的或物质的奖赏,也可以是无形的或精神的奖赏,如分数、自由活动时间、奖品、欣赏、表扬或荣誉等。有时,学生认为是奖赏的东西,你可能并不理解,因而无意中强化了学生的不良行为。所以,当学生的不良行为屡屡发生时,你就要设法找到你无意中呈现的强化物。

(二)消极强化

消极强化是指你通过取消不愉快的刺激物来激起学生的某种行为动力时采取的强化。这些刺激物都是学生企图避免的,如课后留下来或惩罚的威胁等。学生如果表现好,你就会取消不愉快的刺激物,学生就可以摆脱不愉快的境况,如只有准备妥当后才准坐下,完成作业后才能休息,解题正确才能有自由活动等等。在使用消极强化时学生处于控制状态,只要他们表现好,就可以避免或消除消极的境况。需要指出的是,我们不能把消极强化与惩罚混为一谈,对学生来说,强化不管是积极的还是消极的,都是一种奖赏,都是为了增加积极行为反应的概率,而惩罚是不能选择的,是为了抑制消极行为反应发生的概率。

积极强化和消极强化都是激起和增强学生行为的有力手段。如果你掌握了课堂强化的正确方法,学生的不良行为就会大大减少,理想行为就会显著增加。

二、常用的课堂强化技术

强化的方式很多,你可以在教学中运用诸如赞扬、激励的语言,称赞、期望的目光与眼神,赞美的手势,会心的微笑,以及利用面部表情、体态和活动等方式,为学生创设学习的最佳环境,增强情感的感染力,强化学生的学习情绪。课堂中常用的强化技术主要有言语强化、非言语强化、替代强化、延迟强化、局部强化以及符号强化(代币制)等。每一种课堂强化的效果,因学生个性、年级水平、学习行为和教师特点等因素的不同而有所不同。

(一)言语强化

当你在学生作出行为和反应后给予学生某种积极的语言评价就属于言语强化。它是你用语言评论的方式,如表扬、鼓励、批评,对学生的反应或行为作出判断和表明态度,或引导学生相互鼓励来强化学习效果的行为。言语强化有口头语言强化和书面语言强化两种形式。

口头语言强化是你对学生在课堂上的反应和表现以口头语言的形式作出针对性的肯定、表扬或批评,以达到强化的目的。例如:当学生在课堂上正确回答你的提问时,你赞许地说:"很好,学习就应该这样,勤于思考,把知识活用。"几句话就把学生的心里说得热乎乎的。不仅使回答问题的学生享受到成功的喜悦,得到心理上的满足,而且也为其他学生指出了发展的方向,具有较大的激励作用。你常用的表扬性口语可以是:"非常好""太棒了""这是一个非常好的想法""回答得很有见地""进步真快"等等。批评是指你对学生的学习行为或结果进行否定性评价。批评不可滥用,但必要的批评,切实的指正也是教育不可缺少的手段。批评要注意方式和方法,使学生在心理上、感情上容易接受。

书面语言强化是你通过书面文字形式给予学生反馈,对学生的学习行为产生强化作用的一种方式,在学生的作业反馈中经常运用。然而,许多教师在给予学生的作业反馈中,往往只是用"好""很好""差""很差"之类的词语作出评论。你要注意,不能过多地使用这些简略的强化物,否则就会失去强化的作用。

还有,如果你对所有的学生都使用言语强化,那么言语强化的作用将很快降低。因此,你不宜过多地单一地使用言语强化,只有经常改变强化的方式,才能使强化保持生机和意义。

言语强化还有一种容易忽略的方式,就是采纳学生的想法。采纳学生的想法,可以向学生表明他们的说话是重要的,可以提高学生的参与水平。如当学生上课时在应用、比较、归纳、扩充等方面提出自己的见解时,你就可以采用这一技术。

(二) 非言语强化

当你运用某种非言语因素的身体动作、表情和姿势等传递一种信息,对学生的某种行为表现表示你的赞赏和肯定时,这种强化就是非言语强化。这些非言语的动作,可以是目光接触,点头微笑,靠近学生,体态放松或作出某种积极的姿态。你可以通过体态语言和学生进行非常默契的信息交流,一个会意的微笑,一种关注的目光,都可以把你的情感正确地传达给课堂里的每一个学生。

在课堂中,你要善于运用非言语强化,因为它有时比言语强化的作用更大。例如,当你提供的言语信息与非言语信息不一致时,学生会倾向于接受非言语信息。常用的非言语强化有以下方式:

1. 面部表情

明显的面部表情通常是有目的的,用来传递信息或掩盖真实的情感。这些表情由面部的肌肉运动构成,如皱额表示沉思,提眉表示惊讶等。不随意的面部表情,通常发生在表现强烈情绪的时候,如恐惧、愤怒、高兴、惊奇等。在学习情境中,这些表情常常是一闪而过,或很快掩盖其他表情。然而有时,你需要运用这些表情传递一种信息给学生,如运用生气的表情来控制有错误行为的学生。

当课堂上有学生做出有违课堂纪律的事情时,当学生就某一问题进行热烈辩论时,当学生在准备回答问题时,你可以以沉默的方式旁观,有时也能形成一种强有力的课堂强化与控制手段,起到"此地无声胜有声"的作用。

2. 眼神的运用

眼神的运用也许是最有意义的非言语强化方式。因为,我们的目光和视线可以是移动的,不可捉摸的,既可以传递怨恨、害怕、内疚等,也可以表达支持、信任和友爱,甚至还可以打开、延长或关闭我们的课堂交流。当发现某一同学不专心或搞小动作时,你可通过目视,提醒他注意。当学生做某一动作练习时,你的目视则表示对他的关注或鼓励。

你还可以运用目光和视线接触来控制课堂中的相互作用。当你需要学生说话时,就通过与学生的目光直接接触,来表示鼓励和期待。你也可以通过目光接触来判断学生是否回答问题、是否完成作业、是否认真听讲等等。

凝视也可以用来改变学生的课堂行为。你可以将凝视与沉默连在一起使用,能有效地引起正在做小动作或注意力不集中的学生集中注意力。在课堂教学中,如果你总是低着头或仰视天花板,不与学生发生目光接触,那么课堂交流的效果将受到严重的影响。

3. 体态语强化

头、手、臂和其他身体部位组成的体态是广泛的非言语交流通道。

常用的体态语有:

站立的姿势——紧张的体态往往表示封闭和不安全;舒展的四肢则表示开放和友好。你的身体方向(正面朝向)也可以交流信息,直接面对学生暗示你喜欢学生或交流中很有安全感。

手势——如拍手、鼓掌、举手、竖大拇指等,对学生的表现给予强烈的鼓励和支持;轻轻地摇摇手、打一个暂停手势等,表示对学生的违纪行为给予制止、警告。

点头或摇头——对学生的表现给予肯定或否定。学生回答问题时,你赞成他们的行为或见解,可以通过赞许的点头给予肯定表示支持,反之则摇头表示否定。认真练习的学生或成功地完成某项任务的学生,往往期待你远远地给予一个点头赞许,开小差的学生则需要你一个摇头予以提醒注意。

接触——你有意识地走到学生身边,或站立观察其活动,或与之谈话,倾听意见,参加讨论。当学生有好的见解或某个动作完成得比较成功时,你轻轻地拍拍他的肩,或摸摸他的头,表示赞赏,可以起到关心、鼓舞的作用。不过,这种强化与学生的年龄有关,对小学低年级学生可能是适合且必要的,但对小学高年级和中学生就不太合适了。

交谈时点头可以起到强化作用;轻扣黑板可以突出重点;敲击讲台可以引起学生注意。体态语虽然能传递某种信息,但你应注意不可滥用,因为用得过多会使学生分不清主次,或者只注意体态本身,而忽略了你想要传递的信息。

4. 服饰语强化

服饰语也是一种典型的非言语强化方式。它承载了社会风气、历史条件及人的精神风貌等方面的信息,更是个人的性格气质特征与审美能力的重要而直接的表现形式。通过服饰,可以了解一个人,也可以让人了解自己。不过,你的服饰除了反映个人的审美情趣外,还必须受到社会正统文化的规范,受到学生心理发展水平等因素的制约。所以,你的职业服饰宜整洁、美观、大方。

(三)替代强化

人们通过观察向他人学习。在观察到他人的行为受到强化而又向往得到这种强化的时候,人们就会采取与他人同样的行为。这种强化就是替代强化。例如,A 同学因某种行为受到老师表扬,而 B 同学也想受到同样的表扬,于是就模仿 A 同学受到表扬的行为。有效地使用替代强化的例子是很多的,如你说"我喜欢张同学发言前先举手","刘同学的理科成绩很优秀"以及"范同学的作业总是全对"等等之类,都是运用了替代强化的技术。替代强化的效果类似于我们所说的榜样的作用。一般说来,替代强化对低年级的同学更有影响,但只要你认真挑选强化物,即使对高年级的同学,这一技术也同样有效。替代强化能够起作用,是因为理想的行为已被仿效而不需要再教了。如果强化物选择和运用得恰当,那么替代强化就可以用来教会新的行为,激励已有行为,增强或削弱、抑制不良行为。

（四）延迟强化

一般而言,你会对学生的理想行为表现予以及时强化,但有时对学生前一段时期的行为也可以进行强化。这种强化不但可能,而且有时效果还特别好。这种对以前行为的强化就是延迟强化。你通过延迟强化向学生表明,有些行为不应忘记,而且仍然还很重要;同时,也向学生表明了你对学生早先的良好行为是非常重视的。

（五）局部强化

如果学生的行为表现只能部分地认可,你就可以采用局部强化,即只强化你认可的那部分行为以及相应的欲望,激励学生继续完全实现理想的行为和欲望。例如,一个学生在黑板前解错了一道题,你就可以或者强化他解题的思路是对的,或者强化他的大胆是好的。又如一个学生提出了一个与讨论无关但却很有趣的想法,你也可以运用局部强化。局部强化是激励那些腼腆和能力较差的学生积极参与课堂活动的有效技术。

（六）符号强化（代币制方法）

符号强化又称标志强化。你可以用一些醒目的符号、色彩的对比等来强化教学活动,例如,学生在黑板上演算、书写后,你用彩色粉笔在黑板上打勾,或者再写上评语"好!";或用数字、字母（如 1、2、3…,A、B、C…）、彩色的图形（如五角星、三角形……）等来强化学生的学习结果。例如,给完成习题全对的学生贴一个红五星,给作业整洁的学生贴一个三角星,给能用浮板打腿的同学游泳帽上写"5",而给会蛙泳的同学游泳帽上写上"1"等等。

符号强化尤其适用于小学生,"代币制"方法就是非常成功的例子。你可以使用这种方法使学生表现出教师期望的良好行为。这些行为既可以是学科行为,也可以是一般的课堂行为。所谓代币,可以是五角星、小卡片、游戏币等类似的东西,这些代币积累一段时间就可以"购买"或"兑换"奖励。奖励可以是自由活动、少做作业、食品、实物、荣誉称号、游戏、课外读物等等,或者学生想要而又合理的任何东西。你也可以给学生提供一些奖励清单,学生可以根据自己获得的代币的多少,来"选购"自己想要的奖励。一般情况下,获得的代币少,可供选择的奖励就差一些,而获得的代币多,则可供选择的奖励就更诱人一些。这样,学生就会更加努力,争取更多的代币来兑换更好的奖励。使用代币制等类似的课堂强化方法,其长处就在于它使所有学生都自觉或不自觉地接受强化,这种强化在小学和初中课堂教学中的运用效果都非常成功。

由此看来,可用的强化技术很多,在课堂教学中你要根据具体情况来选择相应的课堂强化手段。每一种强化方法,只要运用恰当,都可以获得良好的效果。

三、强化物的选择和强化的安排
（一）强化物的选择

强化物是指使反应发生概率增加或维持某种反应水平的任何刺激。你可选用的强化物一般包括物质奖赏（钱、奖品）、活动奖赏和特权（玩游戏的机会、使用特殊设备或参与自选活动）、等级和宣传（荣誉证明、作品展示）、榜样和社会奖赏、教师奖赏（特别注意、私下交往、与教师一起去某地或做某事的机会）。在进行课堂强化的安排时,你应该针对不同学生的特点,精心挑选恰当的强化物。因为不同的学生所理解的强化物是不同的,所以,对学生来说,最好的强化物就是他们自己挑选的强化物。你可以通过多种途径来了解适合学生的强化物,如通过观察、访谈和问卷调查等。

对多数学生来说,你的关注是一种有效的强化物。关注分言语的关注和非言语的关注,你既可以用言语陈述也可以用非言语动作来表达你对学生行为的赞赏。总之,你要经常对学生予以关注,即使是批评,也是一种关注的形式。有些缺少关注的学生,甚至会采取破坏性行为来得到你的否定性关注。

在与学生的交流中,你可以使用多种不同的强化物,可以授予特殊权利、物质奖励、自由活动,可以允许交谈、少做作业、免于考试,可以让学生阅读杂志、玩游戏,也可以对表现好的行为予以直接表扬。不管你使用什么方法来奖赏学生,强化物都应该经过精心挑选。

(二) 课堂强化的安排

在强化理论中,根据强化的时间和频率,对强化的安排一般有连续强化和间歇强化两种选择。连续强化是指对学生每次出现的理想行为反应都予以强化,可以使学生的学习加快速度。间歇强化指并不是每次正确反应之后都给予强化,而是有所间隔。连续强化通常安排在学生学习的初期,理想行为一旦形成,你就该安排间歇强化,即对学生的理想行为表现经常给予强化,但并不是每次都给予强化。间歇强化可以根据理想行为出现的次数比例和时间间隔来作出进一步的选择,即进行比例强化安排和间隔强化安排。前者根据一定比例进行强化,例如学生理想行为每出现 5 次你就进行一次强化;后者根据一定时间间隔给予强化,例如每隔 5 分钟你对学生的理想行为给予一次强化。

比例强化安排又可以分为固定比例强化和变化比例强化两种安排。例如,在学生理想行为每出现若干次(如 5 次)之后给予 1 次强化,或者每第 5 次(或第 3 次)出现后给予 1 次强化,这是固定比例强化。如在出现 20 次理想行为的范围内,你会给予 4 次强化,至于哪一次出现后给予强化则是随机安排的,这便是变化比例强化安排。

间隔强化安排,也可以分为固定间隔强化和变化间隔强化两种安排。例如,每隔若干时间(如 5 分钟)对学生的理想行为进行强化(当然这期间学生要有理想行为出现),就是固定间隔强化;如在 20 分钟内你会给予 4 次强化,至于何时强化则是随机安排的,则属于变化间隔强化。

大致说来,运用间歇强化来形成良好的行为,所花时间较长,但它有一个重要优点就是减退缓慢,在良好行为形成之后即使不予强化也能维持较长时间。还有,运用变化比例强化安排和变化间隔强化安排比固定比例强化和固定间隔强化安排更能阻止行为的减退。因为学生不知道什么时候有强化安排,所以对强化的行为可以维持更长的时间。例如,学生在自习,你要来检查,但学生并不知道你什么时候来,也许随时可能来,所以学生就得集中注意完成自习任务,但如果学生知道你来检查的确切时间,那么学生就可能只在你来的那个时候集中注意力自习,而其他时候就未必那么认真。由于比例强化偏重于结果,而间隔强化偏重过程,所以你想获得结果时,宜采用固定比例强化安排和变化比例强化安排;而你想使学生维持良好的学习过程,则宜采用固定间隔强化安排和变化间隔强化安排。

总之,如表 6-4 所示,各种强化安排有各自的优缺点,你可根据具体教学目标要求和教学实际情况,有针对性地加以运用,进行恰当的组合安排。

强化安排		定　义	优　点	缺　点
连续强化		每次理想行为均进行的强化	行为建立快	行为减退快
间歇强化	比例强化安排 固定比例	理想行为达到固定数量后进行的强化	行为减退慢	行为建立慢
	比例强化安排 变化比例	理想行为达到不同数量(如第 2、5、10 或 4 次)时进行的强化	行为减退很慢	行为建立很慢
	间隔强化安排 固定间隔	理想行为出现后按固定时间间隔进行的强化	行为减退慢	行为建立慢
	间隔强化安排 变化间隔	理想行为出现后按不同时间间隔(如 $5'$、$10'$、$8'$ 等)进行的强化	行为减退很慢	行为建立很慢

表 6-4

强化安排

四、课堂强化的误用

课堂强化须慎重地使用,因为强化并不总是带来良好的课堂学习或课堂行为。课堂强化一旦误用,反而会影响整个教学效果。比如,下面的误用你就要尽量避免。

第一,强化手段单一,如你总共只使用一两种强化方法。同样的强化方法使用过多之后,就会很快失去作用。再者,过多地使用同一种强化,会使学生只注意追求强化物本身,而不去注意学习过程。

第二,强化的对象不具体,如强化学生的所有行为。错误的课堂行为是不应该强化的,只有其中的良好意向和正确的行为部分才应予以强化(局部强化),应将正确的行为与错误的行为区别开来。同样,强化成绩优异学生的没有价值的行为反应也属于强化的误用。这些学生往往被看成各方面都优秀的学生,因而他们的无价值的行为反应也被当作良好行为予以表扬或纵容。

第三,强化过于急切频繁。强化过于急切,会分散学生学习的注意力,妨碍或干扰学生思路的发展完善,所以你应当确保学生把自己的想法表达完成之后,再予以强化。同样,过于频繁地使用强化手段,也会干扰学生相互之间的交流,因为学生会把注意力集中在你要呈现的新的强化物上去。所以应该在确定所有学生完成之后,再进行个人或小组强化。

总之,慎重而恰当地使用课堂强化技术,可以提高教学的效果,关键是你要学会何时、何地以及如何给予强化,以保证课堂强化的积极成效。

第 3 节　教师期望效应的实现

教师期望是影响课堂教学成效的一个重要因素。这一节,我们将从剖析教师期望效应的过程入手,探讨教师期望效应的特点,并对其在课堂教学中的运用提出一些基本的建议。

一、教师期望效应及其特点

当你对学生所要达到的心理、智力、知识、能力、行为状况或变化预先设定时,这种内在主观倾向往往会反映在你的外在行为上,从而给学生造成某种特定的心理环境,影响学生的自我概念和学业成绩。这就是我们通常所说的教师期望效应,也被称作皮格马利翁效应。教师期望效应的实现有以下几个主要特点:

(一) 暗示性

教学实践中,你会把各方面得到的学生信息汇总和加工,然后形成对学生的基本看法和期望。你在传递自己期望的时候,往往意识不到自己对高期望的学生与低期望的学生有着不同的态度和行为方式。也就是说,教师期望的传递通常是相当隐蔽的,是教师通过各种态度、表情和行为方式将其暗含的期望以相当微妙的方式传递给学生。

教师期望的暗示性可以体现在以下几个方面:(1)教师的自我暗示。各种学生信息给教师以暗示,教师对学生的期望又产生自我暗示。这时,你要注意:尽可能地相信学生的发展潜能,相信学生的可教育性;明确自身的教育教学职能。这样有助于你形成正确的自我暗示。(2)教师的趋向暗示。教师期望形成后,在自我暗示的影响下,总是通过各种形式有针对性地指向自己所期望的那些学生,而不是指向自己没有期望的那些学生。期望高低不同,趋向暗示的时间、数量与质量也不一样。(3)学生的自我暗示。学生接受到教师的趋向暗示之后,将教师的期望暗示内化为自己的自我暗示,进而采取相应的行动。这是教师期望效应的关键因素。

期望的暗示性特点表明,教师期望的实现多是一种无意识或者相当隐蔽的行为。但无论如何,它确实存在并发挥着重大的影响。

补充材料 6-2

皮格马利翁效应

从 20 世纪 50 年代后期开始,有关教师期望的自我应验效应研究逐渐受到重视。其中,心理学家罗森塔尔和雅格布森(R. Rosenthal & L. Jacobson, 1968)的研究尤为引人注目。他们对小学各年级儿童进行"预测未来发展的测验",然后向教师提供了一份名单,说名单上的"这些孩子有发展的可能性"。实际上,这份名单是随机抽取的。8 个月后,教师就像预期的那样,发展了这些孩子的智力。这一实验结果表明,教师的期望对学生的行为产生了影响。这种教师期望对学生行为所产生的影响被称为皮格马利翁效应。

皮格马利翁是古代希腊神话中的塞浦路斯国王。传说他在雕塑一座少女雕像时爱上了这位少女,最后竟使这座少女雕像变为真人与他结为伴侣。罗森塔尔借用这个典故来称谓教师的期望效应。后来,学术界也把教师的期望效应称作罗森塔尔效应。

(二) 层次性

教师期望效应具有很强的层次性,具体表现在以下几个方面:(1)年龄层次。对于一个学生群体来说,你对不同年龄的学生就可能持有不同的期望。比如说,对于 10 岁和 12 岁的学生所应达到的认识水平,你的期望就可能有所不同。(2)基础层次。即使在同一年龄层次中的学生,由于学生的性格、能力、行为表现等方面各有差异,你也会对他们进行分类或分群。这种划分的依据就是基于学生群体的共同基础,如共同的兴趣爱好、知识基础、生活背景、个性特征、行为表现等,你会根据自己的判断,对同一年龄组的学生进行不同的期望,而且在同一期望层次中也存在对于各个不同学生的个性化的期望。这就是说,教师期望与学生已有发展基础密切相关。(3)时间层次。你不仅对不同年龄组、同一年龄组的学生有着不同的期望层次,即使对同一个学生的不同时期你也会存在不同的期望。这种期望层次与学生的能力发展的序列密切相关。

(三)情感性

教师期望转化为学生的内在需要,也是一个情感活动过程。一方面,当学生感受到你真诚的期望时,就会接近你,缩短你们之间的情感距离;另一方面,教师期望要为学生所接受,也必须贯注自己的真诚与爱心。学生一旦体会到你的期望,就会主动地去接受、理解并努力实现它。反过来,师生间的情感距离则会不断地拉大。

(四)激励性

教师期望效应的激励性,也许更多地来自师生间的相互理解。理解是期望的基础,而期望又是理解的具体体现。因此,你如能对学生进行全面正确的分析,充分理解和尊重学生的长处,形成切合学生实际的期望,就能更好地创造条件,促进学生最大的发展。师生间的相互理解,有助于激发学生内化教师期望的积极性,激励其良好的行为表现。

虽然积极的教师期望能有效地促进学生的学习和发展,但教师期望效应的实现过程是相当复杂的,它还受到许多因素的制约。

二、教师期望效应的实现过程

教师期望效应是在师生的相互作用中实现的。由于教学中教师的心理因素、教学观点和教学态度的个别差异,学生的个性特征、智力水平、学习动机、学习成绩以及对教师期望的敏感性的差异等因素,致使教师期望的实现过程相当复杂。具体看来,教师期望效应的实现过程大致包括教师形成期望、教师传递期望、学生内化教师期望以及教师维持和调整期望等 4 个基本环节。

(一)教师形成期望

教师的期望作为教师对学生施行教育教学的一种特殊方式或策略,在一定程度上规定、制约着学生的发展方向。如果没有期望存在,期望效应就无从谈起。因此,教师期望效应的实现过程是从你对学生形成期望开始的。

教师往往将来自各个方面的信息,过滤、评价、整合后,对不同的学生形成不同的期望。这个过程既受到你自身的生理、心理、经验以及对学生的了解程度等主客观因素的影响,也受到来自学生的各种信息的影响。"关于测验成绩、所处的轨(track)或组、课堂行为、身体外表、种族、社会经济地位、民族特征、性别、语言特征,以及各种不同的诊断性的或特殊的教育标签方面的信息,都能显著地影响期望"①。这里,我们着重分析影响教师期望形成的学生个体因素。

1. 年龄差异

你往往会对年龄不同的学生存有不同的期望。心理学家皮亚杰曾经指出,教师大多认为年龄大的孩子有能力做难度更大的工作,并在潜意识中对他们抱有更大的期望。一些调查也表明,教师往往认为年龄较小的学生有更多的行为困难,并更容易从学习中分心。这表明你会对不同年龄的学生确有不同的期望,认为年龄大的学生更成熟,更能理解你的教学安排。

2. 社会地位的差异

学生的社会背景也会对你的行为产生影响,它是你对学生持有期望的一个不可忽略的重要来源。有研究发现,教师对于他认为成功的学生予以更多的关注,而这些学生大多来自环境条件较好的家庭;教师往往容易认为,那些家庭环境条件好的孩子有更高的能力,他们因而在认识评估中得到较高的分数,并且在阅读和写作中有更大的进步,而那些家庭环境困难和来自单亲家庭的孩子则被教师认为有更多的行为问题。这表明你可能会对不同社会背景的学生有着不同的期望,虽然你的期望并不完全反映学生的实际发展程度,但你还是有可能认为社会背景差的孩子不会有超乎寻常的表现。

3. 性别差异

一些研究发现,女孩子在中小学时,在许多方面比男孩子表现出更高的发展水平,并取得更好的成绩。国外有研究证实,在小学,女孩子在写作语言领域如自我陈述、事实陈述、想象写作和运用参考文献方面表现出较高的能力,而男孩子则在这些领域表现出严重和持续的困难。有趣的是,尽管女生在某些方面明显地取得了更好的成绩,但对个别学生的能力进行评价时,你却可能认为男生的能力比女生强,而且你更多地相信或期待男生有更好的表现。

4. 能力差异

多数研究认为,教师期望与学生的能力有着密切的关系。一般说来,能力强的学生更容易取得好成绩,更容易达到较高的发展水平,也更少有行为困难,因而容易获得更高或更多的期望;而能力差的学生获得的期望则较少或较低。

5. 行为差异

你对一个学生的评价不仅与学生的能力和性别等因素有关,还与学生的行为表现有关。实际上,你会相当重视学生具体的行为习惯和表现。在你的教学目标陈述中,认知因素和那些关于个体社会性的发展因素都占有重要位置。你在课堂管理中也会非常重视学生的行为控制。所以,当学生的行为好坏有所差异时,你对学生的期望和行为方式就会有所不同。当然,更为重要的是,人们往往将行为与能力联系起来,很少有人将那些行为习惯差的学生看作能力高、有发展潜力的人。因此,你也就很难对这些学生寄予良好的期望。

---

① [美]罗森塔尔等著,唐晓杰、崔允漷译:《课堂中的皮格马利翁:教师期望与学生智力发展》,人民教育出版社1998年版,第230页。

综上所述,由于受到多方面因素的影响,你对学生的期望,有时候并不能真正反映学生的发展能力和水平。研究也表明,"教师的成绩期望因学生的特征而不因学生的成就潜力本身而异"①。因此,你想要对学生形成合理而又适当的期望,必须排除一些干扰因素的影响,从学生的实际出发,尽可能地给予他们客观的评价。

(二)教师传递期望

教师根据各方面不同的信息,对学生形成不同的期望,但教师的期望不会自动地自我实现。要实现教师期望,一定要付诸行为,将期望有效地传递给学生,从而影响学生的自我期望。教师传递自己期望的途径是多种多样的,大致可以归纳为以下几个方面:

1. 给不同的小组以不同的教学活动

教学中,你往往将学生分组,使教学活动能适合不同学生的不同发展水平,这是教学活动中的常见现象。调查表明,许多老师准备了不同水平的功课,按照学生的能力布置不同的任务。其实,你对学生分组的依据,相当部分来源于你对学生的期望。你正是根据预计学生可能达到的水平才将学生归入不同的组,不同的期望水平带来的必然结果就是不同的学习任务。如果一个学生在最初的阅读中表现出困难,那么你可能会预计他在以后的学习中会有更多的障碍,便逐渐给他比别的同学更为简单的材料。又比如在单元测验之后,你通常会给取得较高成绩的学生以提高水平的习题,而对那些尚未掌握该单元知识的学生以复习和基础知识的传授。总之,分组可以表达你对学生的不同期望。

2. 与不同期望的学生有不同的接触

研究表明,如果单从接触量来看,教师对于期望高的学生与期望低的学生并没有多大的差异,其主要的差异体现在接触的具体内容上。一般说来,你与较差的学生的接触多是个体的和单独的,而在群体中,较好的学生与你的接触更多。此外,人们还发现,教师与学业较差的学生的接触,除了谈论一些学业问题外,更多的是一些与学业无关的问题,包括一些额外的关于日常生活的建议以及对其行为的评语等。这也反映出你会相当重视那些低期望学生行为的控制。

3. 对不同期望的学生评价态度不同

赞扬与批评直接表达了你对学生行为的评价态度,而赞扬与批评的运用同样受到期望的影响。在早期的一些研究中,人们认为教师对于期望高的学生一般会给予更多的表扬和更少的批评。可是近来的研究表明,情况并不是那么简单。人们发现,教师批评能力高的学生多于能力低的学生,而表扬能力低的学生多于能力高的学生。这或许是因为,教师难以接受那些他认为可以取得较好成绩的学生所表现出的较差的学习结果;同样,教师对于一些学生本来就期望较低,才给予了更多的表扬。

总之,不同的教师期望引起不同的教师行为反应,也正是凭借这些反应,教师的期望才能传递给学生,在学生身上产生效果。表6-5以一种更一般的方式描述了具体教学行为的结果。

---

① [美]罗森塔尔等著,唐晓杰、崔允漷译:《课堂中的皮格马利翁:教师期望与学生智力发展》,人民教育出版社1998年版,第228页。

表 6-5		被认为比较能干的学生具有：	被认为不能干的学生具有：
教师传递有区别的期望的一般维度和范例	任务环境 课程、程序、明确任务、定进度、环境的质量	更多的机会当众完成有意义的任务	较少有机会当众完成尤其是有意义的任务（完成一个没有续完的故事，而不是学会正确拼读一个词）
		更多思考的机会	较少思考、分析的机会（因为很多作业是以练习为目的的）
	分组实践	更多涉及领会、理解的作业（高能力组）	对课程作业较少选择——更多的机会完成练习作业
	学习责任点	更多的自主性（作业有更多的选择，极少干扰）	较少自主性（常由教师监督作业，常有干扰）
	反馈与评价实践 动机策略	更多的机会作自我评价	较少有机会作自我评价
		更可靠的/有条件的反馈	不大可靠的/更没有必要的/不大有条件的反馈
	教师关系的质量	对作为有独特兴趣和需要之个体的学习者更多的尊重	对作为有独特兴趣和需要个体的学习者较少的尊重

（三）学生内化教师期望

学生只有主动积极地了解和接受了教师期望之后，才能打破原有的心理平衡状态，唤起心理上的新需求，激发起内在驱动力，进而产生并推动自己实现教师期望的行为活动。

学习成绩好的学生了解了你对他的期望之后，大多会尽力使自己的行为与你的期望相符：能够在课堂里更好地集中注意力，经常正确地回答你的提问，努力学习，独立完成作业，逐步使你的期望得以实现。一个你寄予低期望的学生如果认可了你的期望，就很可能降低对自己的期望值，放松对自己的要求。同时我们也应该看到，学生本身也会采取某种方式不接受或抵制教师的期望，从而阻碍教师期望的实现。

（四）教师维持或调整期望

为了完整地实现自己的期望，在传递出自己的期望之后，你还必须学会根据学生对教师期望的反应结果或内化程度等各方面的反馈信息，及时而恰当地调整或维持自己原来的期望再对学生施加影响。因此，你要对学生的行为进行及时评价，使学生的良好行为得到强化，不良行为得到纠正，对学生进行良好的倾向性反馈，并在此基础上形成新的期望，使教师期望效应始终处于良性循环之中。

维持原有期望相对说来较为容易，而调整则比较困难。学生行为有规则地重复，可能会不断强化你的原有期望。同时，期望一旦形成，你便很容易只注意收集与该期望相吻合的一些行为，而忽略其他行为。比如看不到甚至不相信低期望学生的良好行为表现，或者对高期望学生的不良行为表现视而不见甚至纵容等等。对此，你要有清醒的认识，注意保持客观公正的态度，相信学生的发展变化，不断地对自己的期望进行检查和调整，保证教师期望效应的圆满实现。

教师期望效应实现过程的各个环节是紧密联系在一起的，并最终形成一个循环往复的环状结构(如图 6-3),从而不断地对学生造成影响。

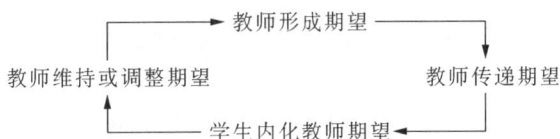

```
              ┌────→ 教师形成期望 ───────┐
              │                          │
 教师维持或调整期望                  教师传递期望
              │                          │
              └──── 学生内化教师期望 ←────┘
```

图 6-3

教师期望效应
的实现过程

三、积极的教师期望策略

教师期望效应在教育教学中有着重要的意义。为了有效地发挥教师期望的应有效应,你可以根据教师期望效应的特点采取一些基本的策略。

(一) 在客观基础上积极期望

所谓在客观基础上积极期望的策略,是指你的期望目标应该以学生已有的发展水平为客观基础,不能超出其发展的可能性。否则,教师期望就会因失去现实依据而成为空想。同时,你的期望目标又不能停留在学生已有发展水平上,要适当高于学生已有的现实发展水平,相信所有的学生都具有发展的潜力,从而造成教师期望目标与学生已有发展水平之间的必要张力与冲突,为促进学生积极主动地向更高水平的目标发展提供动力。由于教师期望效应的暗示性特点,这种建立在客观基础上的积极期望,将创造一种良好的"暗示环境",促进积极的自我暗示和趋向暗示,并使之较好地转化为学生的自我暗示,从而促进学生健康向上的学习行为。

(二) 在教学中倾注情感与爱心

教学活动为教师期望的实现提供了主要的空间和时间。对于学生而言,他们的一个主要任务是学会学习,如果脱离了具体的教学活动,再美好的教师期望都将变得抽象和空洞,其效应的发挥就会受到限制。所以,你一定要把教学活动作为自己的主要职责,有效地帮助学生学会学习,完成教学目标。那种把空洞的说教作为教师期望实现的主要途径的策略是不可取的。同时,由于教师期望效应的实现过程具有情感性特点,它本身就是一种师生间的情感交流过程。人们之所以把教师期望效应称作皮格马利翁效应,也是与教师期望的这种感化作用分不开的。所以,你在发挥期望效应时,除了以教学为主要职责外,还应该在教学过程中倾注积极的情感和真诚的爱心,用情感和爱心去感染和打动学生,让他们伴随着丰富而快乐的情感体验,参与教学过程,积极主动地内化和实现良好的教师期望。

(三) 在循序渐进中欣赏学生的成功

教师期望的目标最终是为了促进学生最大限度的发展,期望目标的实现需要具体体现在教学目标的完成之中。因此,你要合理地分解教学目标和期望目标,采取措施帮助学生顺利实现目标。特别是那些学习成绩差的学生,其目标的分解和实现,尤其需要深入细致的帮助。每个学生都会因目标的完成而享受到成功的快乐,所以要学会欣赏每位学生的成功,与学生一道共享教学的乐趣,从而形成师生之间相互信赖与激励的良好期望氛围,促进学生身心发展水平的不断提高。与此同时,你的期望目标也随着学生发展水平的提高而不断地调整和变化,努力实现学生最大限度的发展。这一策略是教师期望效应的层次性、暗示性、情感性和激励性特点的综合反映。

第4节　良好课堂气氛的营造

有效教学不仅取决于教师怎样教,学生怎样学,而且还取决于师生交往的心理背景,也就是课堂气氛。不同的课堂气氛中,教学效果和学习效率会有明显的差异。因此,营造积极、和谐、良好的课堂气氛是辅助教学行为的重要内容,是实现有效教学的重要条件。

一、课堂气氛的特征和类型

课堂气氛是指在课堂活动中师生、生生相互交往所表现出来的相对稳定的知觉、注意、情感、意志、定势和思维等心理状态。

课堂气氛是在课堂教学与学习过程中,师生相互作用而产生和发展起来的,是课堂活动中教师、学生的心理过程与个性特征之间的中介环节,它具有独特性、内隐性、相对稳定性和整体弥散性的特征。在通常情况下,课堂气氛可以分成积极的、消极的和对抗的三种类型(如表6-6)。①

表6-6 **课堂气氛的类型**	课堂气氛类型 师生心理状态	积极的	消极的	对抗的
	注意状态	师生对教学过程表现出注意的稳定和集中,全神贯注甚至入迷	呆若木鸡,打瞌睡(教师严厉时);分心,做小动作(教师课堂管理能力差时)	1. 学生注意指向与课程内容无关的对象,而且常常是故意的 2. 教师为了维持课堂纪律而被迫中断教学过程
	情感状态	积极愉快 情绪饱满 师生感情融洽	压抑的、不愉快的(教师严厉时);无精打采,无动于衷(教师课堂管理能力差时)	1. 激情,学生有意捣乱,敌视教师,讨厌上课 2. 教师不耐烦,乃至发脾气
	意志状态	坚持,努力克服困难	害怕困难,叫苦连天,设法逃避	冲动
	定势状态	确信教师讲课内容的真理性	对教师讲的东西持怀疑态度	不信任教师
	思维状态	智力活跃,开动脑筋,从而迸发出创造性,教师的语言生动、有趣、逻辑性强,学生理解和解答问题迅速准确	思维出现惰性,反应迟钝	不动脑筋

---

① 黄秀兰:《试论课堂心理气氛与教学效果》,《应用心理学》1986年第2期。

积极的课堂气氛是恬静与活跃、热烈与深沉、宽松与严谨的有机统一。其基本特征是课堂情境符合学生的求知欲和心理发展特点,学生精神饱满,注意集中,专心听讲,积极思维,反应敏捷,发言踊跃,学生时刻注意听取教师的讲授或同学的发言,并紧张而深刻地思考;教师善于点拨和积极引导,课堂里听不到教师的训斥,看不到僵局和苦恼的阴影,有的是教师适时的提醒、恰当的点拨、积极的引导;课堂纪律良好,师生之间、生生之间关系和谐融洽,师生双方都有饱满的热情,配合默契,学生产生了满意、愉快、羡慕、互谅、互助、互惠等积极的态度和体验,课堂气氛宽松而不涣散,严肃而不紧张,课堂呈现热烈活跃与严谨祥和的景象。

消极的课堂气氛通常以学生的紧张拘谨、心不在焉、反应迟钝为基本特征,课堂纪律问题较多,师生关系疏远,教师不善于调控。也就是说,课堂情境不能满足学生的学习需要,背离了学生心理发展的特点,学生注意力分散、情绪压抑、无精打采、小动作多,有的甚至打瞌睡。对教师的要求,学生一般采取应付的态度,很少主动发言,有时学生害怕上课或上课时紧张焦虑。师生关系不融洽,学生之间不友好,学生产生了不满意、压抑、烦闷、厌恶、恐惧、紧张、高焦虑等消极的态度和体验。

对抗的课堂气氛基本上是一种失控的课堂状态。课堂纪律问题严重,师生关系紧张;在课堂活动中,学生注意指向无关对象,过度兴奋、各行其是、随便插嘴、故意捣乱。教师则失去了对课堂的驾驭和控制能力,无法正常上课,时常被学生打断或不得不停下来维持课堂秩序。

二、影响课堂气氛的因素

和谐的课堂气氛主要依赖于班级中相当一部分成员对目标与任务是否认同,对教师的要求与作风是否心悦诚服,对工作现状是否满意,师生之间、学生之间是否友好等等。它是在课堂活动中师生相互作用而产生的,因此主要受到教师、学生、课堂物理环境三个因素的影响。

(一)教师的因素

教师是课堂教学活动的引导者,教师的领导方式、教学能力、移情、焦虑以及对学生的期望或偏爱等都会影响课堂气氛。

1. 教师的领导方式

教师的领导方式是教师用来行使权力与发扬其领导作用的行为方式。美国密执安大学的李皮特(R. Lippit)和怀特(R. K. White)曾对教师的领导方式进行了专门研究,他们把教师的领导方式分为权威式(强硬专制型、仁慈专制型)、民主式和放任式(见表6-7),并且深入地研究了这三种领导方式对教学计划、学习方式、努力情况、教室秩序和课堂气氛的不同影响。[①]

---

① 陈琦、刘儒德:《当代教育心理学》,北京师范大学出版社 1997 年版,第 316 页。

表 6-7	领导方式	领导特征	学生的典型反应
教师的领导方式、特征及学生的反应	强硬专制型	1. 对学生时时严加监视。 2. 要求时刻无条件地接受一切命令，遵守严厉的纪律。 3. 认为表扬可能会宠坏儿童，所以很少给予表扬。 4. 认为没有教师监督，学生就不可能自觉学习。	1. 屈服。但一开始就厌恶和不喜欢这种领导。 2. 推卸责任是常见的事情。 3. 易被激怒，不愿合作，而且可能会在背后伤人。 4. 教师一离开课堂，学习就明显松懈。
	仁慈专制型	1. 不认为自己是一个专断独行的人。 2. 表扬学生并关心学生。 3. 专断的症结在于自信。口头禅是："我喜欢这样做"或"你能给我这样做吗?" 4. 以自己为班级一切工作的标准。	1. 大部分学生喜欢这种领导，但看穿他这套方法的学生可能会恨他。 2. 在各方面都依赖教师，在学生身上没有多大的创造性。 3. 屈从，并缺乏个人的发展。 4. 班级工作的量可能是多的，而质也可能是好的。
	放任型	1. 在与学生打交道中几乎没有什么信心，或认为学生爱怎样就怎样。 2. 很难做出决定。 3. 没有明确的目标。 4. 既不鼓励学生，也不反对学生；既不参加学生的活动，也不提供帮助或方法。	1. 不仅品德差，而且学习也差。 2. 学生中有许多推卸责任、寻找替罪羊、容易激怒的行为特点。 3. 没有合作，谁也不知道应该做些什么。
	民主型	1. 与集体共同制定计划和做出决定。 2. 在不损害集体的情况下，很乐意给个别学生以帮助、指导、援助。 3. 尽可能鼓励集体的活动。 4. 给予客观的表扬与批评。	1. 学生喜欢学习，喜欢同别人尤其同教师一道工作。 2. 学生工作的质和量都很高。 3. 学生相互鼓励，而且独自承担某些责任。 4. 不论教师在不在课堂，都能自觉学习。

　　李皮特等人的这项研究表明,群体的心理气氛主要是由领导方式造成的,因为你向学生提供了行为界限的暗示,而且不断通过鼓励、默许、禁止、惩罚等去促使群体的态度、情绪与行为向特定的(有时是他意想不到的)方向发展;当课堂气氛形成风气之后,它对群体成员特别是群体中的个别新成员或较易从众的成员的心理与行为的形成和改变有相当大的影响力。可见,要想对个别学生施加影响,与其把主要精力用在面对面的个体工作方面,还不如花大力气去创设一个具有良好心理气氛的集体。但这种气氛绝不是自然而然生成的,它与你本身的工作方式有着极其密切的关联。

　　从课堂气氛和学习效率的影响来看,放任式领导是最差的。新近研究发现,民主式领导和权威式领导相比,虽然在教师离开时,学生仍能积极学习,保持较高的成绩,且学生在态度和责任心方面也比较好,但从学到多少来看,并不占优势。当班集体涣散,课堂秩序混乱,人际关系紧张时,权威式领导往往能有效地控制局面,使课堂活动走上正轨。

2. 教师的移情

移情,即"感人之所感",并同时能"知人之所感",是指在人际交往中,当一个人感知对方的某种情绪时,他自己也能体验相应的情绪,也就是设身处地以对方的想法去体察其心情。教师的移情就是将自身的情绪或情感投射到学生身上,感受到学生的情感体验,并引起与学生相似的情绪性反应。移情好比师生之间的一座桥梁,它可将师生的意图、观点和情感连结起来,在教育情境中形成暂时的统一体,有利于创造良好的课堂气氛。如果你善于移情,就会使学生更多地参与课堂活动,获得较高的成就动机,形成更高水平的自我意识,促进学生之间的积极交往,进而提高课堂教学效果和学生的学习效益。

教师的移情有赖于师生之间产生共鸣性的情感反应,因此,双方都要善于利用移情体验。教师的移情体验有熟悉感、和睦感、理解感、依赖感和睿智感等。学生的移情体验有接近感、安定感、共鸣感和依赖感等。师生双方彼此的移情体验,会促使师生感情的沟通与融洽,并能对良好的师生人际关系产生积极的影响,进而促使和谐愉快的课堂气氛的形成。

3. 教师的期望

有关这方面的内容,详见本章第 3 节。

4. 教师的焦虑

焦虑是个体对当前或预计到对自尊心有潜在威胁的任何情境所具有的一种类似于担忧的反应倾向。教师对教学能力和知识水平的自我评估,常常使自己感受到对自尊心的威胁而产生焦虑。教师的焦虑水平是不同的。如果你的焦虑水平过低,就会缺乏激励力量,对教学和学生容易产生无所谓的态度,师生之间很难引起情感共鸣,容易形成消极的课堂气氛。如果你焦虑过度,在课堂里总是忧心忡忡,唯恐学生失去控制,害怕自己的教学失误,处处小心谨慎,一旦学生发生问题行为,为了保全自己的面子,就会缺乏教学机智以致作出不适当的反应,同样会造成不良的课堂气氛。也就是说,过高或过低的焦虑,对于教学能力的发挥都是不利的。只有当焦虑适中时,才有利于教学能力和水平的充分发挥,才会激起你的教育创造能力和教育机智,努力改变课堂现状,有效而灵活地处理课堂问题,避免呆板或恐慌反应,谋求最佳课堂气氛的出现。

5. 教师的教学能力

课堂气氛与教师的教学能力密切相关。教师的教学能力突出地表现在课程实施时驾驭课堂的能力上。这些能力包括:(1)洞悉;(2)兼顾;(3)把握分段教学环节的顺利过渡;(4)使全班学生始终参与学习活动;(5)创设生动活泼、多样化的教学情境;(6)责罚学生应避免微波效应。[①]

你的言语表达能力也在很大程度上影响教学效果,进而制约着课堂气氛。研究发现,学生的学习成绩同教师表达的清晰性有显著的相关。[②]　因此,你的语言应清晰准

---

① 黄希庭:《心理学》,上海教育出版社 1997 年版,第 401 页。

② Rosenshine, B. *Teaching behaviors and student achievement*. London: National Foundation for Educational Research in England and Wales. 1971. 又见[美]加里·D. 鲍里奇著,易东平译:《有效教学方法》,江苏教育出版社 2002 年版,第 8 页。

确,使学生听得清;应简洁明白,使学生听得懂;应鲜明生动,使学生听得有趣。你应巧妙地调节和控制语言的节奏和音量,使之快慢适度、高低适宜,有抑扬顿挫、轻重缓急,声情并茂、娓娓动听。

除此之外,你的体态语言也影响着师生的情感交流和心理距离,进而制约着课堂气氛。眼神、面部表情、手势、身体姿态等体态语言、服饰语言、空间和运动语言等同一般语言符号一样,可以作为信息传递的媒介,具有不可忽视的信息沟通作用。你在课堂教学中目光飘移不定,眼看天花板或教室外面,会严重影响学生听课情绪。因此,要力争通过自己的目光和眼神使每个学生都感到自己处在你的"注意圈"中,都有自己是你的"注意中心"的感觉。微笑的眼神可使学生感到温暖;镇定的眼神可使学生感到安全;信任的眼神可使学生感到鼓舞。一般情况下,你要避免对学生久久直视或斜视。在课堂教学中还要善用手势给知识、信息附加情感色彩。譬如直线比划,传达下沉、下决心的信息,快而有力,不容动摇;水平比划,传达平静、安定等信息;折线比划,传达突然变化、转机等信息。另外,在课堂中的运动可以促进或阻碍课堂交流的过程;利用空间和安排学习环境,也是一种交流信息。课堂环境的布置,可以创造一种气氛,布置良好、令人愉快的课堂环境能更好地促进课堂交流和教学。

6. 教师对学生的偏爱

教师对成绩好的学生的偏爱会使得差生失去学习兴趣和热情,引起师生、生生关系紧张,带来一系列的课堂问题行为,进而影响良好课堂心理气氛的形成。同时,也会使优生过于自负,从而掩盖其某些品德、体质上的发展问题,潜伏诸多隐患。因此,要营造良好的课堂气氛,必须无条件地接纳每一位学生,给每位学生以尊重、理解、真诚、关怀、温暖、热爱。你要相信每一位学生都有自己的天赋、才能、兴趣和发展潜力,相信每一位学生都能教育成有用的人,都能自我发展。对那些缺少天赋或生理有某些缺陷的学生,因学习差而抬不起头的学生,因失败而产生挫折心理的学生,因犯错误而受到惩罚的学生,你一旦给予同情,给予热情而诚恳的帮助,师生间就容易产生情感共鸣,从而缩短心理距离,这对于形成良好的课堂气氛是至关重要的。

(二)学生的因素

课堂气氛是师生共同营造的,学生是课堂活动的主体。因此,学生的一些特点也是影响课堂气氛的重要因素。

由几十个学生组成的班级可能包含多个正式或非正式的小群体,学生与学生也存在相互作用,如果学生之间彼此团结、心理相容、凝聚力强,就易于形成良好的课堂气氛;如果学生之间勾心斗角、离心离德、各行其是、凝聚力低,则很难形成良好的课堂气氛。

学生对集体目标是否认同,学生个人的需求和课堂教学目标是否一致,这些均会影响学生的学习情绪,进而制约着课堂气氛。只有当个体的需求同集体的目标趋于一致时,才能使集体的士气高涨,并且活动效率也高。因此,你想要营造良好的课堂气氛,必须设法将学生个人的目标融于集体的目标之中。

学生自觉地遵守课堂纪律,不仅有助于学生个体的社会化,形成良好的品德,养成守纪律的习惯,而且有利于形成良好的课堂气氛。此外,课堂中学生的集体舆论、角色期待以及学生之间的合作与竞争等,都会影响课堂气氛。

总之,尊师重教、互助互学、比学赶帮、友好团结、紧张活泼的学风的形成,对于改善人际关系,提高学习风气,形成良好的课堂气氛具有极为重要的作用。

(三)课堂物理环境的因素

课堂物理环境主要指教学时间和空间因素构成的特定的教学环境,包括教学时间的安排、班级规模、教室内的设备、教具、乐音或噪音、光线充足与否、空气清新或污染、高温或低温、座位编排方式等等。

科学合理地安排时间对课堂学习效率有重要影响。研究表明,人的心理活动能力在一天中的不同时间是有差异的。大脑最敏捷、学习能力最强的时间是上午,运动能力最佳的时间是下午。因此,主要学科的教学一般安排在上午,而下午则安排各种课外活动。此外,各年龄阶段儿童能持续学习的时间也不一样。一般地,6～8 岁为 30～40 分钟,9～12 岁为 40～50 分钟,13～15 岁为 50～60 分钟。如果不遵循这些原理,势必会导致学生学习效率不高,进而丧失学习兴趣,甚至导致厌学,这些显然不利于形成良好的课堂气氛。

班级规模主要指班级内学生的人数,它与教室的空间紧密相关。班级规模既影响学生的心理活动,又影响学生参与课堂活动的机会。例如,班级规模过大,会导致拥挤,而拥挤对于师生的健康是不利的,它可能引起与紧张有关的心理疾病,也可能助长流行疾病的传染,还可能抑制亲社会行为、利他行为而滋生侵犯行为和反社会行为。班级规模还与学习成绩有关,研究表明,班级规模越大,学生的平均成绩越差;班级规模越小,学生成绩越好,越有利于学生的学习动机、兴趣、自我认识、注意力、创造性等因素的培养。

噪音也是影响课堂气氛的一项重要的物理因素。美国心理学家在洛杉矶的一些小学里进行过一项关于噪音对小学生影响的长期研究。对位于机场附近的四所小学的学生和位于安静区的三所小学的学生,进行了各种心理和生理测验。结果发现,长期受噪音影响的机场附近四所小学的学生与安静区学校学生相比,血压平均指数高,放弃困难的、有智力挑战的作业的人数多,更易受背景噪音的影响而分心。

座位编排方式也是影响课堂气氛的物理环境因素之一。它是指教室内学生桌椅的排列方式,常见的排列方式有横排式、马蹄式、小组式、对列式等。座位把教室分成了不同的学习区域,不同的排列方式也就具有了不同的空间特点和功能。它不仅影响师生交往和人际关系的建立,而且影响学生的学习动机、态度、课堂行为和学习成绩,进而制约着课堂气氛。

三、良好课堂气氛的营造策略

课堂气氛是学生课堂学习赖以发生的心理背景,通过影响课堂活动中学生的学习动机、学习行为、情感体验以及评价效应等方面,制约着学生的课堂学习效益。良好课堂气氛的营造,需要你的精心组织和主动创设,除了机智地处理上述影响课堂气氛各因素的具体方法外,通常还可运用以下几种一般策略。

（一）正确鉴定课堂气氛

鉴定课堂气氛是营造良好课堂气氛的前提和基础。鉴定方法主要有观察法、访谈法、问卷调查法、心理测量法等，你可以运用这些方法评价课堂气氛。我国学者柳夕浪根据课堂气氛的内涵，从课堂敢为、课堂不适、课堂交往、课堂态度等四个方面编制了《课堂心理气氛调查问卷》。[①] 其中课堂敢为因子主要调查课堂上学生是否敢于讲话、不怕出差错的倾向；课堂不适因子主要调查课堂上学生是否产生焦虑及其焦虑程度；课堂交往因子主要调查课堂上学生与他人交往的愿望、交流学习的情况；课堂态度因子主要调查学生基于对课堂学习目的的认识而产生的情绪反应。根据测量结果，你可以了解课堂气氛的现状。

补充材料 6-3

评价课堂气氛

教师具有的评价课堂气氛的能力，有助于营造积极的课堂学习氛围。下面这些维度在评价课堂气氛是十分重要的：

- 安全而有序的环境：尊重学生个体的独立性及其文化差异；规则和程序的界定明确，并能清楚地沟通。
- 合作制定决策：教师和学生都参与设立目标、制定规则和运行程序的过程，师生都有一种分担责任和共同掌权的意识。
- 对所有学生都寄予厚望：关键是对学生的学习和他对责任的承担抱有很高的期望；所有学生都被认为能够成功地达到学习目标。
- 鼓励学生的主动性：教师提供给学生自我组织活动的机会，并通过给予学生适当的选择（如选择感兴趣的主题、选择如何展示自己所学的内容）机会来提高他们的责任感。
- 容纳问题的不同观点和方案：教师并不总是权威，而是与学生共同分享专业知识；对独特的观点持宽容态度，承认复杂问题知识的相对性并作出示范。
- 尊重情绪和观点：应当接受和尊重学生表现出的不同情绪和观点。

积极课堂气氛的指标：

凝聚力——学生相互了解、相互帮助、相互之间很友好

多样性——鼓励学生有不同的兴趣爱好

正规性——行为受正式规则的引导

合作——强调学生之间的相互合作

满足感——学生喜欢课堂上进行的活动

关心——教师对每个学生的社会和情感需要十分敏感

民主——学生一起来做决定

目标导向——班级的目标清晰

---

① 柳夕浪：《课堂教学临床指导》，人民教育出版社 1998 年版，第 178—179 页。

消极课堂气氛的指标：

偏爱——教师对一些学生明显比对其他学生好

难度过高——班级活动对学生来说太难

摩擦——学生之间经常出现关系紧张和争吵现象

竞争——强调学生之间的相互竞争

社会控制——教师不考虑学生的需要，以绝对权威的方式将自己的期望强加给学生

资料来源：Barbara L. 等著，伍新春等译：《学习动机的激发策略》，中国轻工业出版社 2002 年版，第 153—156 页。

（二）建立正确的舆论与规范

舆论是学生中占优势的言论与意见，与一定的规范相联系，且是规范的一种表现形式。规范是学生间相互作用而约定俗成的行为准则，由舆论加以支持并对学生行为具有约束力。班级中存在两种类型的规范：一种是由宏观社会移植过来并由学校、班级明文规定的各种行为准则；另一种是学生在自己的群体交往中形成的为大家所认同的不成文的非正式规范。它既无明文规定，又非外力所强加，有时甚至连学生本身也说不清楚他们之中是否有这类规范，但它确实存在，并通过模仿、暗示和顺从等舆论的褒贬迫使该群体成员加以遵守。

舆论与规范形成群体压力，对学生的心理和行为产生极大的影响。在群体压力下，学生有可能放弃自己的意见而采取与大多数人一致的行为，即从众。舆论与规范都有对与错、好与坏、妥与不妥之分。你是班集体的组织者与领导者，理应时刻把握班级风气的方向，在班级中形成良好的舆论与规范，在此重要的不是矫正，而是预先进行正面的培养。

（三）正确引导非正式群体

在正式群体内部，学生会在相互交往的基础上，形成以个人好恶、兴趣爱好为纽带，具有强烈情感色彩的非正式群体。它没有特定的群体目的及职责分工，缺乏结构的稳定性，但有自己不成文的规范，会自然产生领袖。

班级中非正式群体与班级心理气氛息息相关，会对健康的班集体气氛起促进、干扰或破坏作用。当非正式群体与班集体目标一致时，两者的活动是协调的。但有时两者的目标是矛盾的，甚至可能发生冲突。因而，你必须正确处理两者的关系。对于积极型的非正式群体，应予以扶持。可以利用其成员间情感密切的特点，引导他们相互学习，取长补短；利用其成员相互信任，言语投机的特点，引导他们开展批评与自我批评；利用其成员间的信息沟通迅速的特点，及时收集学生的反馈，掌握情况；利用其归属感强、爱好社交的特点，使之分担班级工作；利用其自发形成的领袖任务、威信高的特点，可授予适当的合法权力，使之纳入班级目标的轨道。对于中间型的非正式群体，你需积极引导、联络感情，加强正确舆论导向，使之投入到班级目标之中。对于消极型非正式群体，你要教育、争取、引导和改造。

（四）抓典型、树榜样、立威信

为使集体舆论沿着正确方向发展，你必须使学生有模仿的榜样。在给学生树立或寻找各种榜样的同时，切不可忽视最有影响力的榜样——你本人和学生之间活生生的人和事。为此，要特别注意以下两点：第一，充分利用你自己的积极个性品质和教学风格去创造良好的集体气氛。第二，鼓励和提倡积极性个体行为，以保持健康的集体气氛的发展。

（五）妥善处理矛盾冲突

师生关系融洽，你热爱、信任学生，学生尊重、敬仰你，可以导致积极、健康、愉快、活跃的课堂气氛；僵化、紧张、不和谐的师生关系则容易酿成消极、沉闷甚至一触即发的紧张课堂气氛。从生生关系来看，也有类似的情况。同学之间团结友爱容易使课堂形成互相尊重、体谅、友好的学习风气；同学之间如果不和睦，矛盾重重，勾心斗角，课堂上就容易出现嘲讽、攻击、紧张、压抑等不健康气氛。在班级中，学生难免要与同伴之间、与教师之间发生矛盾或分歧。在这种情况下，如果简单地利用权威否定一方或肯定一方，不仅使身处困境的学生产生不满，故意躲避学习行为，而且会消极地影响到旁观学生的学习行为。解决矛盾的正确办法是：首先调查研究，与学生一起搞清楚问题的症结所在；其次，提出可能解决问题的办法，使双方在理解接受的基础上去达到解决问题的目的。在处理师生之间的矛盾冲突时，你要高姿态，主动承担责任，给学生做出良好榜样。

（六）以积极的情感感染学生

师生的情感共鸣是课堂气氛的重要变量。教学过程不仅是传授知识的过程，而且更是师生在理性、情感方面的动态交往过程。学生是否乐于接受你所传授的信息，关键在于这信息能否满足学生的情感需要。课堂教学中要使师生双方的意图、观点和情感连结起来，要使你传授的知识、提供的信息让学生产生强烈的求知欲望、积极的思维活动和强烈的内心体验，就必须增加情感投入，给知识、信息附加情感色彩，以你自身的情感体验营造良好和谐的课堂气氛。要知道，你的情感状态可以产生共鸣作用，能使学生受到潜移默化的影响，使课堂中出现某种心理气氛。这就要求你在教学过程中倾注积极的情感和真诚的爱心，用情感和爱心去感染和打动学生，只有这样，学生才能够"亲其师，信其道"。

本章小结

辅助教学行为是指教师在课堂上直接处理学生心理或教学情景中的问题的行为。本章主要讨论下列四种辅助教学行为。学生学习动机的培养与激发可以从内在需求、外在诱因、中介自我调节和归因等几个方面入手；课堂强化基本策略有积极与消极两种，常用的课堂强化技术有6种，强化物的选择和强化的安排是课堂学习强化的关键；教师期望效应的实现包含教师形成期望、教师传递期望、学生内化教师期望、教师维持或调整期望四个环节，教师应在客观基础上积极期望、在教学中倾注情感与爱心、在循序渐进中欣赏学生的成功；课堂气氛有三种类型：积极的、消极的与对抗的，影响课堂气氛的因素有教师、学生和课堂物理环境，营造良好的课堂气氛有6种具体的策略。

关键术语

学习动机　课堂强化　教师期望效应　课堂气氛

讨论与探究

1. 讨论:与同伴分享"我在学习本课程时的内在需求与外在诱因"。

2. 根据你在本章开始时的记录,完成至少 500 字的小故事,讲述你当时的情绪状态并对该教师的做法进行评议。

3. 请以某种课堂强化为例,列出至少三点优势与局限。

4. 如何正确认识教师期望效应?

5. 请以"如何营造良好课堂气氛"为题,写下至少 5 条"我的行动"。

进一步阅读的文献/网站

1. 施良方:《学习论》,人民教育出版社 1994 年版。

2. 邵瑞珍主编:《教育心理学》,上海教育出版社 1997 年版。

3. 张爱卿:《动机论:迈向 21 世纪的动机心理学研究》,华中师范大学出版社 1999 年版。

4. 李铮、姚本先主编:《心理学新论》,高等教育出版社 2001 年版。

5. [美]Brophy, J. 著,陆怡如译:《激发学习动机》,华东师范大学出版社 2005 年版。

6. [美]罗森塔尔等著,唐晓杰、崔允漷译:《课堂中的皮格马利翁:教师期望与学生智力发展》,人民教育出版社 1998 年版。

7. [美]McCombs, B. L. & Pope, J. E. 著,伍新春等译:《学习动机的激发策略》,中国轻工业出版社 2002 年版。

8. [美]Sagor, R. 著,陈晓霞等译:《标准时代教与学的激励——激发师生的学习动机》,中国轻工业出版社 2006 年版。

9. 网站:http://emuch. net/fanwen/243/30494. html

　　　　http://eblog. cersp. com/UploadFiles/2006 - 9/927146523. ppt♯256,1

　　　　http://www. xfjxx. com/shownews. asp? NewsID=452

　　　　http://www. nwrel. org/scpd/sirs/4/cu7. html

　　　　http://www. bestyears. com/expectations. html

　　　　http://cte. udel. edu/TAbook/climate. html

请你回忆一下：在你的课堂生活史中，你有过因做错事而受到老师粗暴对待的经历吗？如果有，请你与周边的同学分享一下当时你做错了什么，老师是如何处理的？你又有何反应？如果没有，那你与周边同学分享一下你记忆中印象最深的其他课堂管理事件。

通过本章的学习，你能够

● 认识到课堂管理行为对于教师开展有效教学的意义
● 明确课堂问题行为的特性、类型以及产生的原因
● 知道如何处理课堂问题行为的一些技巧
● 思考如何预防课堂问题行为的一些做法

本章内容导引

教师会"教"就行吗？答案是"远远不够"。教师在教学时普遍感到为难的一个问题是如何管理课堂，毕竟课堂是许多人在一起学习，且要让学生学有所得的一个场所。几乎所有关于教师效能的研究都指出，课堂管理技能足以决定教学的成败……一个缺乏课堂管理技能的教师，显然不会在教学上取得像样的成就。① 需要指出的是，**课堂管理不是把学生的行为控制起来，而是教师用来创造有益于学习的课堂环境所作出的决策和所采取的行动**。与此同时，我们也须看到，课堂管理对教师来说主要是在学生出现问题行为，尤其是那些影响教学活动正常进行的问题行为时能采取有效的干预措施，并且能够未雨绸缪，减少课堂问题行为的发生。有多项研究表明，在课堂教学中，教师用于

---

① ［美］Jones, V. F. 等著，方彤等译：《全面课堂管理——创建一个共同的班集体》，中国轻工业出版社 2002年版，第 2 页。

教学的时间大约仅占一半,另一半时间用在课堂管理上,而后者中大部分时间又是被处理纪律问题消耗掉的。[①] 可想而知,学生在课堂上真正用在学习任务上的时间其实并不多。基于这些认识,我们将探讨课堂问题行为产生的原因,以及教师如何干预和预防课堂问题行为才能创建有益的学习环境。

第 1 节　课堂问题行为及其成因

学生在课堂上发生的哪些行为是问题行为,相信我们大多数时候都能判断,但还是有些行为难以确定。为了便于讨论,我们把课堂问题行为定义为学生在课堂教学中发生的违反课堂教学规则、妨碍及干扰课堂教学活动的正常进行或影响教学效率的行为。下面我们通过探讨课堂问题行为的特性、类型以及产生的原因、容易发生的时间,来进一步加深对它的认识。

一、课堂问题行为的特性与类型
(一)课堂问题行为的特性

首先,课堂问题行为具有消极性。这在本章开始的时候已有所涉及。琼斯(V. F. Jones)分析了未经允许乱讲话、随意走动等捣乱行为的危害:影响了自己和其他同学的正常学习,必然会导致学习成绩下降;影响了教师基本的教学权,这反过来又影响学生的学习;处理捣乱行为使教师失去大量本应用于教学的时间;消耗师生的精力,影响学生的学习动机,使学生形成不良的学习态度;使师生之间失去信任,因而阻碍了有益的合作关系的发展。[②]

其次,课堂问题行为具有普遍性。这不仅指世界上不存在没有问题行为的课堂,而且指无论什么学生在课堂上都会有问题行为,区别在于数量多少、发生频率和程度轻重不同而已。

再次,课堂问题行为的程度以轻度为主。我们经常能从孩子们那里听到谁谁谁受到了教师什么惩罚,以为他们做了多过分的事。其实,研究发现,课堂问题行为以轻度为主。瑞格(E. C. Wragg)等人曾在英国的一些学校里开展了一次非常详尽的调查,结果表明课堂中出现的绝大多数问题是相对比较简单的关于"肃静"一类的问题。[③] 琼斯也发现违纪行为大多是大量浪费时间的行为,即学生在不应该讲话的时候讲话、混日子、做白日梦以及未经允许就在教室里乱走等行为,很少发现学生有充满敌意的公然反抗行为。[④] 我国对中小学课堂违纪行为的调查资料也显示,轻度的占 84%,比较严重的占 14%,非常严重的仅占 2%。[⑤] 可见,无论中外,课堂问题行为都主要表现为轻度问题

① [美]Jones, V. F. 等著,方彤等译:《全面课堂管理——创建一个共同的班集体》,中国轻工业出版社 2002 年版,第 5 页。
② [美]Charles, C. M. 等著,吕良环等译:《小学课堂管理》,中国轻工业出版社 2003 年版,第 150 页。
③ [美]戴维著,李彦译:《课堂管理技巧》,华东师范大学出版社 2002 年版,第 6 页。
④ [美]Charles, C. M. 著,李庆等译:《建立课堂纪律》,中国轻工业出版社 2003 年版,第 45—46 页。
⑤ 胡淑珍等编:《教学技能》,湖南师范大学出版社 1996 年版,第 169 页。

行为,而且持续时间短,易变性强。

(二) 课堂问题行为的类型

课堂问题行为林林总总,需要给它们分类。以下是我们所能看到的国内外几种主要的分类:

威克曼(E. K. Wickman)把破坏课堂秩序、不守纪律和不道德等方面的行为归纳为扰乱性问题行为;把退缩、神经过敏等方面的行为归纳为心理问题行为。

奎伊(H. C. Quay)等人把课堂问题行为分成人格型、行为型和情绪型三种类型。人格型问题行为带有神经质特征,常常表现为退缩行为。例如,有的学生在课堂里忧心忡忡,不信任教师,害怕教师提问和批评;有的学生不相信自己的能力,缺乏信心和兴趣;有的学生坐在教室里焦虑不安,心神不定,常常手足无措,答非所问;有的学生神经过敏,无端猜疑;有的学生在课堂里沉默寡言,胡思乱想,做白日梦等等。行为型问题行为主要具有对抗性、攻击性或破坏性等特征。例如,有的学生缺少耐心,容易冲动,不能安静;有的学生多嘴多舌,交头接耳;有的学生坐立不安,乱涂乱画,传送字条,扮演怪相,逗人发笑;有的学生尖声怪叫,吵嚷起哄;有的学生动手动脚,欺侮同学等等。情绪型问题行为主要是由于学生过度焦虑、紧张和情绪多变而导致心理障碍的问题行为。例如,有的学生漫不经心,冷淡漠视,态度忸怩;有的学生过分依赖教师和同学,不敢自作决定,不独立完成作业;有的学生胆小怕事,害怕失败,不敢举手发言;有的学生情绪紧张,容易慌乱;有的学生则情绪抑郁,心事重重,注意无法集中等等。

就我国学者的分类来看,主要有这么几种:

第一种,把课堂问题行为分成影响他人的破坏性问题行为和不影响他人的轻度问题行为两类。

第二种,根据学生行为表现的主要倾向,把课堂问题行为分为外向性问题行为和内向性问题行为两大类。外向性问题行为是直接干扰课堂正常教学活动的攻击型行为。这些行为是容易被觉察的,主要包括行为粗暴、相互争吵、挑衅推撞等对抗性行为;交头接耳、高声喧哗等扰乱秩序的行为;出怪声、做怪相以惹人注意的行为;语言粗俗、顶撞其他同学及教师的盲目的逆反行为;迟到、早退、随意离开课堂、随意走动等抗拒行为等等。内向性问题行为是不容易被觉察,对课堂教学活动正常进行不构成直接威胁的退缩型行为。主要表现在课堂上心不在焉、胡思乱想、发呆、做白日梦等注意涣散行为;害怕提问、抑郁孤僻等厌恶行为;神经过敏、烦躁不安、频繁活动、胡涂乱画等不负责任行为等等。

第三种,将课堂问题行为分为行为不足、行为过度和行为不适三种类型。

第四种,把课堂问题行为分为六种,即隐蔽性违纪行为、轻度矛盾冲突、不遵守作息制度、不服从教师、扰乱性行为和恶作剧。

我国有学者在上述分类的基础上把课堂问题行为归纳为违纪行为和心理问题行为两大类。前者是课堂中出现的主要问题行为,包括隐蔽性违纪行为、轻度矛盾冲突、不遵守作息制度、扰乱性行为以及恶作剧。后者包括人格型问题行为和情绪型问题行为。[①] 显然,这种分类是基于威克曼和奎伊两人的框架,再结合国内其他学者的看法做

---

① 李耀新:《课堂教学的组织与管理》,暨南大学出版社 2005 年版,第 144—145 页。

了一点改动而已。

我们也认为威克曼和奎伊的分类框架比较合理,因为它们超越了一般分类的经验水平,比较清楚、全面地回答了课堂上有哪些方面的问题行为的问题。

二、课堂问题行为产生的主要原因

关于什么是课堂问题行为产生的原因,可想而知,学校和教师这一方会更多地提到家庭、社会和学生自身的问题,而其他人(包括家长)会更多地责怪学校和教师。在此,我们从学校和教师、学生的身心因素和环境影响三个方面对课堂问题行为产生的原因做一些分析:

(一)学校和教师方面的原因

相当比例的学生不愿意到学校里读书,同一个班级的学生在不同教师的课上表现有别,这些现象直观地告诉我们,学校、教师对学生在课堂上的问题行为是负有责任的。

1. 学校还谈不上以学生的福祉为重

课堂问题行为是发生在课堂里,但这绝不意味着学校就与课堂里的问题行为没有关系。琼斯等人援用大量实证研究材料令人信服地说明了可以控制的学校因素对学生行为和学习的影响可以有多大,并指出创建互相扶持的集体,使学生感到有人关心、有人看重,觉得自己有所作为,才是防止包括校园暴力在内的不良行为的关键。[①]

而我们的学校往往选择无所作为或推卸责任的立场,即便推行一些改革措施也是一开始就令人怀疑其动机或效果,有些学校甚至把常见于工厂、军队甚至监狱的那套管理办法作为先进的办学思想来宣传。且不去说他们根本不知道达到出色的学校需要从哪些方面去努力,就是对宣称是"一切为了"之对象的学生都"忘记"问他们是否乐于接受这样的教育,如此办学,能有合作型课堂吗?不能不说,教育者眼中的学生的捣乱行为也许事实上就是对学校教育的一种合乎情理的批判。

补充材料 7—1

学生的基本需要

- 需要有体现互相关心、互相支持为特点的人际关系
- 需要有证明自己掌握和胜任学业的机会
- 需要有学习和使用自我决策的机会
- 需要有影响环境、影响他人生活的机会

资料来源:[美]Jones, V. F. 等著,方彤等译:《全面课堂管理——创建一个共同的班集体》,中国轻工业出版社 2002 年版,第 39 页。

---

① [美]Jones, V. F. 等著,方彤等译:《全面课堂管理——创建一个共同的班集体》,中国轻工业出版社 2002 年版,第 10—11 页。

2. 教师把教学工作例行公事化

教学理应是不断处理现场问题,教师利用自己知识储存库里的知识与方法应付不时之需。然而,现实并不总是这样:有些教师往往把自己预设的一套凌驾于与活生生的学生展开真实交往之上,很少考虑学生在怎样的课堂里才能坐得住的问题,也很少去分析学生因年龄差异、能力水平差异、性别因素、社会经济背景甚至文化差异而来的行为差异及其对自己的诉求,反倒假设学生在课堂上知道什么时候该做什么和怎样做,教学变成了教师自导自演、要学生配合的事情。用萨乔万尼(T. J. Sergiovanni)的话来说,这样的教学实践建基于科层制权威(我是当权者,所以要听我的)、技术权威(我知道什么是好的实践,所以要听我的)和心理权威(我会让你做得值得,所以要听我的),①学生充其量作为从属作出回应。但事情往往超出教师的如意设想,学生在课堂上因归属感没有得到满足容易发生以下不良行为:②

(1)寻求关注。那些没有获得他们所需要的关注的学生会主动或者被动地寻求关注。主动寻求关注表现为敲打铅笔、装模作样、大声喊叫、问无关的问题等;被动寻求关注表现为浪费时间、不思进取和不愿听话。

(2)寻求权力。当学生没有得到足够的关注,没有觉得自己是班级的一员时,他们会产生寻求权力的行为。主动寻求权力可能有的行为表现是发脾气、顶嘴、不尊重和挑衅;被动寻求权力的行为表现有漠然地不听从教师的指导语或者将自己的意愿隐藏在懒惰、遗忘和疏忽等行为背后。

(3)寻求报复。有的学生在班上遭受了实实在在的或者假想中的伤害,会着手向同学或者教师实施报复。

(4)寻求逃避。有的学生因感觉不能胜任,宁愿表现得懒散而不愿让自己显得愚蠢,希望每个人都不要理他们,从而避免面对达不到期望的现实。这反过来为许多教师用高压手段来使学生就范提供了理由,即使那些疏于纪律管理的教师,也如科洛罗索(B. Coloroso)所言,“常常会被激怒转而使用说教、羞辱、威胁和诱惑等手段”。③

至于教师为什么把教学工作例行公事化,他们受到的专业训练不足、受应试教育的影响、被其他事情牵扯掉的精力太多等都是一些明显的原因,但根据伊万斯(R. Evans)的分析,课堂教学具有多元性、同时性、公开性、不可预料性、需要经常激励学生等特点,决定了教学是一项格外累人的活动,而教师所付出的与所得到的(包括有形的、无形的)严重不成比例,才是深层次原因。④

(二)学生的身心因素

学生的身心因素也是课堂问题行为的一大来源,我们可从以下两个方面来说明:

---

① [美]萨乔万尼著,冯大鸣译:《道德领导:抵及学校改善的核心》,上海教育出版社 2002 年版,第 39—40 页。

② [美]Charles, C. M. 著,李庆等译:《建立课堂纪律》,中国轻工业出版社 2003 年版,第 62—63 页。

③ 同上书,第 140 页。

④ Evans, R. , *The human side of school change*, 1996, pp. 120 - 122.

1. 生理障碍与心理缺失

有视、听、说等方面障碍的学生或者患有"多动症"的学生，在课堂上免不了会出现一些问题行为。发育期的紧张、疲劳、营养不良等也会引起问题行为。

心理问题行为在上文课堂问题行为分类部分已有所涉及。就拿焦虑、挫折和个性问题这几种在学生身上比较常见的心理缺失来说，我们只要想一想自己处在焦虑、挫折状态时的反应以及与性格有问题的人打交道的经历就能知道，那些有心理缺失的孩子在课堂上会表现出怎样的行为问题。

2. 倾向性

这其实是一个人的发展及其差异性的问题。我们可勾勒出这么几点：年龄小的孩子由于那些可想而知的原因更容易出现课堂问题行为；随着年龄的增长，学生的独立性也在增强，他们有时喜欢测试一下教师的限度和自身的限度，看看教师、同学有什么反应，这在心理学上叫做"限度检测"；外向型和内向型的孩子各有自己偏爱的环境，前者感到不够刺激、厌倦无聊的课堂，则可能令后者深觉干扰过多、惴惴不安；每个人都有自己的主导认知方式（指通常以什么方式解决问题），易于冲动的孩子更容易引发令人头痛的课堂纪律问题，不过凡事反复斟酌的孩子同样以自己独特的方式折磨着教师的神经；不管性别因素产生的行为差异究竟有几分是内在差异性造成的，又有几分仅仅是因为教养有别才成型的，但我们对男孩子和女孩子在课堂上各自容易出现什么问题行为都不难说出几点，等等。

（三）环境的因素

行为是人和环境的函数。其实前面谈学校和教师方面的原因也是基于这个观点，只不过是考虑到其重要性，把它们单独列出来谈。这里就家庭、大众媒体、课堂环境对学生行为的不良影响略做分析。

1. 家庭因素

就社会经济背景造成的行为差异，戴维（F. David）指出社会背景较差的孩子往往自尊心较弱，环境优越的家庭里的教育内容往往更符合校园里教育的价值观念和行为标准，出身条件较差的孩子更有可能发觉自己能力不足，家境优越的孩子更能实践并理解推延满足感。[①] 据此，对条件不利的家庭里的孩子在课堂上容易出现怎样的问题行为，我们多少能推知一些。甚至看起来安全、富裕、关爱的家庭由于期望值高也会给孩子形成巨大压力。由此可见，像常见的那样只是从父母离异或不和、成问题的教养方式来分析家庭对孩子行为的负面影响是不够的。

2. 大众媒体

当今社会，大众媒体非常发达，这意味着孩子们很容易接触到诸如暴力、色情、凶杀、追求感官刺激等庸俗的、商业性的、低级趣味的内容。学生受这些内容的影响，耳濡目染，潜移默化，甚至盲目模仿和具体尝试其中的动作与行为，这些行为也常延伸到课堂中。

---

① ［美］戴维著，李彦译：《课堂管理技巧》，华东师范大学出版社 2002 年版，第 21—23 页。

3. 课堂环境

课堂环境包括物质环境和心理环境。物质环境包括教室的形状、大小和布置,座位的摆放,设备和资料的有无和放置,等等。心理环境有时被称为课堂气氛(classroom climate),主要指课堂的感情基调,学生对教师、学习任务和其他同学的感受。

众所周知,我们的教室一般都比较拥挤,这容易令人烦躁,增加攻击性行为,降低注意力。再拿常见的座位按排摆放来说,研究发现,师生交流存在一个三角形"作用区域"(action zone)。坐在教室中间或前面的学生较常与教师有互动关系;当学生坐得较远时,行为问题也随之增加。比起坐在教室前面或靠近讲桌的学生,坐在教室后面或角落的学生较可能分心。[①]

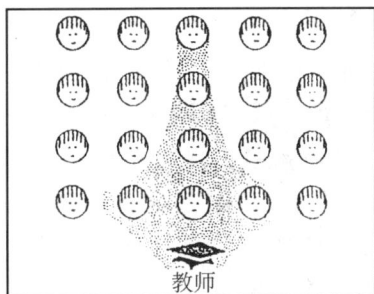

图 7 - 1

师生课堂交流
作用区域

就心理环境而言,用孤单、荒凉、安静、竞争激烈、缺乏主动性和交流这些词来描述我们的教室并不为过。人们在遇到家庭问题时通常会说"这样的家庭,我一天都呆不下去",那么学生在这般教室里出现这样那样的行为问题也再自然不过了。

三、课堂问题行为容易发生的时间

基于上述原因的分析,我们更加清醒地认识到,课堂上可能任何时候都有学生存在问题行为。但课堂问题行为也存在高发期,对此有所了解有助于组织好课堂教学。

首先,在由一种活动转向另一种活动的时候。这主要包括三种情况:一是开始上课的时候。学生在课间休息的时候,一般都有比较大的活动,大脑处于兴奋状态,不容易马上平静下来,因此开始上课的时候容易出现违纪违规的事情。二是从某一类课程转换到另一类课程的时候,例如,从一堂生龙活虎的课(如体育课)进入一堂要求注意力高度集中、长久静坐的课,从一堂大受欢迎的课转向不太喜欢的课,由一堂不作严格要求的课(比如美术课)转向思维上更加求同的课(比如数学课),学生不容易转换心思。三是在上课过程中从一种活动转换到另一种活动的时候。这主要是因为学生没做好从事下一个活动的准备工作(或可能甚至还不知晓它是什么);在转化期间,学生对什么是适当的行为存在着含糊的期望。琼斯发现,在学生自己学习之前大多数课堂进行得都非常顺利,但是当他们在指导下继续自己学习时,大家就会乱举

---

① [美]Cruickshank, D. R. 等著,时琦等译:《教学行为指导》,中国轻工业出版社 2003 年版,第 351 页。

手、随意讲话、四处乱翻或者凝视窗外,有的人还随便离座,违纪行为几乎都在这段时间中发生。[①]

其次,课中超出学生耐久力,以及教师分配和解释任务的时候。学生在一节课中的耐久力是有限度的,而且年龄越小,耐久力越差。如果让学生长时间面对同一个特殊问题,他们会感到无聊、反感并产生违纪行为。教师分配和解释任务的时候,学生之所以容易爆发不良行为,是因为总会有一些学生不那么热衷去完成所分配的工作。

再次,教师结束一堂课的讲授时。这个时候,学生能感觉到快要下课了,嘈杂指数陡然上升,学生开始烦躁不安地摆弄课本、纸张和个人物品。如果教师拖堂,则引起的烦躁反应更甚。

第 2 节　课堂问题行为的处理

对课堂问题行为,教师最关心的可能是怎样处理的问题。因为教师自己也知道他们处理学生行为上的问题远不如处理学习上的问题那样在行,通常是采用基于他们本人对事物的一般认识和个人经验的习惯方式。因此,教师在决定如何应对学生的问题行为时须考虑到什么,是一个不能不探讨的问题。上文也谈到,教师在课堂上要处理的大部分行为问题是随便讲话、擅自离开座位、违反课堂规则和程序以及不集中注意等并不严重的行为。不难理解,教师处理这些日常不良行为时,既希望有效,又希望最少中断正常的教学进程。那么,教师可用哪些能够起作用的、最简单的干预策略来纠正不适当行为? 另外,教师在课堂上经常使用惩罚,对此也得有一个正确的认识。

一、应对问题行为须考虑到的方面

好的课堂管理者同时也是好的决策者。当学生发生问题行为时,教师必须确定什么时候干预以及如何干预。有效的教师会尽可能迅速地处理问题。但是如何确定干预的方法呢? 克鲁克香克(D. R. Cruickshank)等人指出,决策时至少要考虑四个方面:干预是否会中断课程,不良行为的性质和严重性,涉及的学生,以及不良行为发生的时间。[②]

首先,教师必须确定干预会在多大程度上妨碍教学活动。这里面有两层意思:一是处理问题时产生的负面影响不应该比要去处理的问题负面影响更大;二是中断课程的干预越少越好,否则,学生实际用于学习的时间会因不恰当的干预而大量丧失。

其次,应该根据问题行为的性质和严重性、涉及的学生和违规发生的时间来确定如何干预。

因为违规行为不同,教师的反应也应该有所不同。对转瞬即逝并且没有扰乱课堂

---

① ［美］Charles, C. M. 著,李庆等译:《建立课堂纪律》,中国轻工业出版社 2003 年版,第 46 页。
② ［美］Cruickshank, D. R. 等著,时琦等译:《教学行为指导》,中国轻工业出版社 2003 年版,第 369 页。

的问题行为完全可以忽略不计。如果此类问题行为一直持续或开始扰乱课堂,就有必要马上干涉了。如果捣乱的学生本来就知道他们自己应该干什么,而且捣乱的性质十分明显时,教师可通过运用没有干扰的技巧或叫出捣乱学生的名字,把他们的注意力收回就行。当问题行为十分严重或扰乱性比较大以及教师不清楚事情原委时,可先予以制止,其他时间再找当事人了解情况,做进一步处理,以免让学生觉得自己丢人现眼。何况课堂上也可能发生师生对抗、学生冲突,存在少数有着长期严重行为问题的学生。对这类事和学生,教师还需要寻求专门的应对之策。

教师常常被告诫,应该以同样的方式对待所有儿童,否则学生会无所适从。但这一认识其实是一种误解。教师实施相同的手段对所有的学生并非有相同的效果。最好的方法是制定多样化的干预措施。不过,干预的方式要让学生和家长看起来很合理、公正。理想地说,教师要教育学生明白他们的行为如何影响他们自己的生活和其他同学与教师的生活。此外,教师还要与学生讨论"公正并非总是平等"。教师应该指出,正如学生需要个性化的学习计划以满足他们不同的学习需求一样,他们也会有不同的交往需求,从而需要教师有不同的对待方法。这一点能够使教师在干预学生的行为时,既做到一致又做到灵活多变。

至于违规行为发生的时间对决定如何干预有何意义,要看两个因素:一是行为发生的背景,二是行为对学习的影响。因此,上课一开始和临近下课的几分钟里,教师较能容忍;学生在活动的过渡时期聊天较能被接受,但在课程主要活动进行时,聊天却不能被接受。

二、处理轻度问题行为的策略

对为什么要着重讨论处理轻度问题行为的策略问题,本节开始的时候已做说明。此处在上文的基础上,进一步论述处理轻度问题行为的基本策略。这些策略对教学进程构成了从最小中断到最大中断的连续体。为了将教学时间尽可能地延长,并将混乱时间尽可能地缩短,教师要能恰到好处地使用这些策略。

(1)忽略小而且转瞬即逝的问题行为。许多小小的捣乱可以忽略不计,尤其是那些转瞬即逝的小捣乱。例如,学生集体暂时分散了注意力,是因为有个学生"叭"地折断了铅笔;两个学生低声交谈却很快就停止。一般来说,教师对诸如此类的事情,不必做出什么反应,因为干涉可能比问题本身还具有干扰性。

(2)使用非言语线索和细小的停顿。当学生做出违规且无法忽略的行为时,教师可运用简单的非言语线索(nonverbal cue)来使其行为终止或是转移,无须中断课堂教学进程。[①] 非语言线索包括眼神注视、摇头、运用脸部表情、走近、接触或打手势等。例如,有两个学生正在交头接耳,教师只需用眼睛看着这两个学生或其中的一个就可以了。教师走向行为不良的学生身边也能制止其行为。如果这种策略不起作用,教师还可以把手轻轻放在学生的肩膀上(但对青少年要慎用这种方式,因为他们可能不喜欢老师的触摸)。这些非言语策略其优点是不需要打断课堂教学的进程,只针对行为不良的

---

① [美]斯莱文著,姚梅林等译:《教育心理学》,人民邮电出版社 2004 年版,第 276 页。

学生。相反,言语批评有可能引起涟漪效应,即当一个学生受到批评时,其他学生也停止了学习活动。讲话时短暂的停顿也很有效。放慢语速、一字一句清晰地讲话、声音更轻柔或更有力、简短的停顿、环顾四周,这些动作都可以隐秘地提示学生应该调整自己的行为。

案例 7-1

悄 悄 地 改

　　这节是一(2)班的美术课,整整半节课,坐在第一排的一位女同学都显得很不认真,不停地搞着小动作,更糟糕的是屁股像是抹了油,整个人在椅子上转来转去,还时不时发出"吱吱嘎嘎"的声音,影响了别的同学听课。我用眼光暗示着她,多次走过去站在她身边讲课,我知道,这是个聪慧而敏感的小女孩,自我约束能力较弱,自我意识和自尊心却非常强,我不想当着全班同学的面批评她,即使只是用温和的语言提醒她。

　　但是,收效甚微,她总是稍稍收敛一下就又恢复原状。大部分时候,她对我的暗示几乎是显得有点熟视无睹。

　　当她又一次发出比较大的"吱吱嘎嘎"的声响时,正站在讲台前的我又一次把目光投向了她。我什么话也没说,可她前后的好几个同学也都把目光投向了她,有几个人还马上提醒了她。然而,她一点也没有改变,还是继续撅着屁股,半趴在桌子上,甚至又故意转了一下椅子。同学们都很惊讶,甚至她后面的心直口快的同学又一次嚷嚷起来了,"老师在看着你呢!你怎么还不坐好?"这时候,我看到,她还是一脸漫不经心的表情,还"大无畏"地朝我瞅了几眼。

　　我想了想,还是没有批评她。而且,把目光转移开,当作什么也没发生,继续上我的课。后半节课,我感到,她稍稍有点不安,即使在画画的时候也时不时抬起头来用她的大眼睛朝我瞅上几眼。我还是和往常一样,全班巡视着个别指导着……

　　下课了,我悄悄地把她叫到办公室和她谈一谈。对面坐着她的班主任,我用悄悄话的音量和她交流着,不让她的班主任以及其他的老师听到我们的对话。我问她,"你觉得自己这节课的表现好吗?为什么?"我感到,我采用的方式得到了她的认可,她不再是满不在乎的表情,不好意思地摇了摇头。迟疑了一下,她说,"我发出声音影响同学了。""为什么刚才好几个同学提醒你,你还是不改?"这下,她没有作声。我问她,"是不是同学提醒你,你觉得很没有面子?"她看着我点点头。我看着她说,"所以,孙老师没有在课堂上批评你。今天的事以后我们就不提了,今后,你能不能悄悄地改?"这下,她的眼里有什么东西闪烁了一下,看着我重重地点了点头。

　　第二天的美术课,一进教室,我就笑着注视了她一下,看她的状态,我就知道她记得我俩的约定。确实,这节课,她的面貌和昨天大不一样了。下课了,我又走过去和她说了一句悄悄话,"你说话算话,老师很为你高兴!"

　　(3)表扬与问题行为相反的正确行为。对许多学生来说,表扬是一种强有力的激励。研究发现,教师对学生赞美期望的行为的次数比我们预期的要少,但违规行为却总能引起注意。① 我们可反其道而行之,从表扬学生的正确反应入手,来减少问题行为。假如学生经常擅自离开座位,那么当他们能够在座位上认真学习时,教师就应当表扬他们。

(4)表扬其他学生。表扬其他学生的良好行为可能使违反课堂纪律的学生表现出类似的行为。这也要求教师采取不去直接干涉学生的问题行为。例如,某位同学正在做小动作,这时教师可以说:"我很高兴看到很多同学都在认真学习,X 同学做得不错、Y 同学注意力很集中……"最后,当那位做小动作的同学也开始学习时,教师应当既往不咎,对良好行为给予表扬:"我看见谁在全神贯注地做功课了。"

(5)言语提醒。如果不能使用非言语线索,或者间接暗示策略不能奏效,那得通过简单的言语提醒使学生回到学习活动上来。当学生表现出问题行为时,教师马上给以提醒,但是延迟的提醒通常是无效的。如有可能,应当提醒学生做他应该做的事,而不是追究做错的事。例如,教师说:"李红,自己独立做作业。"或者说:"李红,别讲话。"相比而言,前一种提醒更可取。与反面提醒相比,正面提醒表达了教师对学生后续行为的更为积极的期望。言语提醒也可与提问结合起来使用。通过向没有专心听讲的学生提一些他能够回答的问题,可以有效地使他参与到课堂活动中。这表明要求答问并不是要让学生难堪。

(6)反复提醒。在大多数情况下,上述措施都能够消除一些轻微的问题行为。然而,有时学生故意不按教师的要求去做,或者与教师辩解、找各种借口等,想以此来试探教师的决心和忍耐力。对这种情形,根据坎特(L. Canter)等人提出的"果断纪律"(Assertive Discipline)理论,可以这样来破解:教师应当先明确自己要求学生做什么,然后平静、坚定地重复要求,使学生去做该做的事情。② 这样可以避免课堂上经常出现的两种情况:教师要么最终让步,而让学生放任自流,要么控制不住自己的情绪,对学生大声恐吓。当然,假如学生提出的要求是合理的,或者抱怨是正当的,教师就应当给予恰当的处理。

(7)执行结果。当上述所有做法都不能奏效时,最后一招就是执行结果,比如让学生在教室外面站几分钟、剥夺学生的课间休息或某些权利、让学生放学后留下或者请学生家长等。因不服从教师的合理要求而导致的后果应当具有以下特点:让学生感到些许不愉快、持续时间短,并且尽可能在不符合要求的行为发生之后马上出现。必然性比严厉性更为重要。运用严厉的或者时间长的惩罚,容易引发学生的仇视与敌对态度,也未必能坚持到底。轻微但必然的惩罚后果实际上给学生传递这样一个信息:"我不能容忍这种行为,但我很关心你,希望你能尽快回到正常的班级活动中来。"此外,还须保证惩罚性的后果是可实施的。教师说:"你要么马上学习,要么用 5 分钟的课间休息时间来做作业。"模糊的或空泛的威胁("马上停止,否则让你吃不了兜着走。")不仅是徒劳的,而且容易引发问题行为。实施惩罚后,教师要尽量避免再提及此事。例如,当学生

---

① [美]Kauchak, D. P.等著,丘立岗主译:《教学原理——学习与教学》,台湾学富文化事业有限公司 2006 年版,第 317 页。
② [美]Charles, C. M.等著,吕良环等译:《小学课堂管理》,中国轻工业出版社 2003 年版,第 155—156 页。

在教室外罚站 10 分钟后回到班级时,教师不要有任何的讽刺或歧视,而应予以接纳。这个学生将会珍惜这次新的开始。下面是一位教师成功运用暂停(timeout)策略处理比较严重的不良行为的例子。[①]

案例 7-2

使用暂停策略处理比较严重的问题行为

Damon 是个活泼的六年级学生。Lopes 夫人是他的教师。他明了所有的规则及其理由,但是他爱讲话的兴趣还是优于遵守规则。忽略他将不能继续上课,打电话通知他的父亲只有短暂的帮助。Lopes 最后决定给他一个警告,在第二次混乱情况发生时,他将被安排在"暂停区",暂时离开教学活动。她与 Damon 面谈并解释这个新规则。

隔天,他几乎是立即地做出违规行为。Lopes 警告说,"Damon,你无法一边聊天一边工作,而且你使其他同学无法完成他们的功课。请继续做你的功课。"他停止讲话,但是五分钟后又故态重演。Lopes 走向他的桌子,轻声地说:"Damon,我已经警告过你。现在请到'暂停区'。"

一星期后,Damon 安静且舒适地与其他同学一起上课。

案例 7-2 告诉我们,Damon 的行为在中小学里是很常见的,具破坏性,所以他的行为不能被忽略,表扬良好行为助益不大,使用像走近、严厉的脸部表情、提醒规则等终止策略虽然短暂地有用,但对付这样一个学生就足以让教师筋疲力尽。Lopes 夫人没有选择的余地,只好"执行结果"。

处理像 Damon 这样的学生,关键在于"一致性"。他知道他在做什么,而且他有自我控制的能力。当他可以确实预测行为的结果,他就会停止。当第二次违规行为发生时,他知道可能的结果是待在"暂停区",他会快速地改变他的行为。毋庸置疑,这样做只花少许时间却不会打断课程进行。

图 7-2

干预的类型

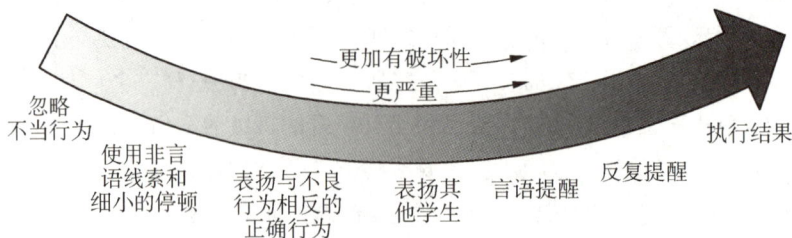

忽略不当行为　使用非言语线索和细小的停顿　表扬与不良行为相反的正确行为　表扬其他学生　言语提醒　反复提醒　执行结果

更加有破坏性　更严重

---

① [美]Kauchak,D. P. 等著,丘立岗主译:《教学原理——学习与教学》,台湾学富文化事业有限公司 2006 年版,第 319—320 页。

三、关于使用惩罚的问题

如上所述,有效的课堂管理者只将惩罚作为最后一招来使用。但遗憾的是,惩罚在学校里被当作对付不良行为(不管错误是什么)最常用的手段,而且实施的那些惩罚往往又是不恰当的,如侮辱性的言语攻击、体罚、额外作业和扣分等。因此,有必要专门来探讨一下课堂上使用惩罚的问题。

(一) 对实施惩罚的批评

对实施惩罚的批评显然是针对滥用惩罚这种情况而言的,主要集中在以下几个方面:[①]

惩罚没有教给学生一些其他的行为方式,以防止今后行为问题的发生。从学校是一个教育机构这一角度来看,其做法与其宗旨似乎有些矛盾:对问题学生不是给予有益的行为指导而是惩罚。

惩罚对于端正学生的行为暂时有效,长期来讲,对于犯错的学生和整个班级都有副作用。一些学生变得憎恨教师,甚至对教师进行报复,尤其当他们认为惩罚不公正或过于严厉时。一些学生经历过惩罚或看见别人受惩罚后,逐渐变得忧虑、害怕。如此,自然不会有参与式课堂可言。

惩罚常常会助长不良行为,尤其是公开惩罚。大家听到比较多的是经常受惩罚的学生在行为上更具攻击性;不怎么知道的是,对被忽视的学生来说,惩罚可能是他们所知道的获得注意的惟一方式;还有作弊、逃学、告密、隐瞒和撒谎等不良行为,很可能正是学生们为了躲避学校或家里的惩罚而滋生的逃避行为。

惩罚往往看不到学生不良行为中对现实不满的信息,容易使学生发怒或抱怨,不能使他们对自己的行为负责。

用抄写、布置额外家庭作业来处罚学生,会使学生对做这些事情产生逆反心理。当在某种活动和环境中受到惩罚时,学生会对该活动和环境感到反感,所以教师不应该把惩罚方式和罚抄写及做作业等与学习相关的活动联系起来。

(二) 使用惩罚的指导原则

正如前文"处理日常不良行为的策略"部分显示的那样,教师不是不能使用惩罚,而是要将它用作处理问题的一部分,并且注意方式方法。在此,对使用惩罚的指导原则做进一步说明:[②]

不要滥用——惩罚应该用于屡教不改的严重不良行为。只要可以使用其他方法就最好别用惩罚。教师应该以专业化的方式承担管理学生行为的责任。

相关——选择在课堂上可能用到的惩罚方式时,要保证它们与要惩罚的行为逻辑上是相关的。例如,一个学生交上来的作业写得很差,合理的做法是应该让他重写,而不应该让他放学后留校或布置额外的家庭作业。教师用合理的后果以保证自己的决定对学生来说不是专制的。

---

① [美]Jones, V. F. 等著,方彤等译:《全面课堂管理——创建一个共同的班集体》,中国轻工业出版社 2002 年版,第 255 页。

② [美]Fielstein, L. 等著,王建平等译:《教师新概念——教师教育理论与实践》,中国轻工业出版社 2002 年版,第 181 页。

慎用——既然惩罚是复杂的、根据情况而定的，教师应该了解实施的情境、知道学生会怎么理解对自己的惩罚。例如，教师实施了某种惩罚，学生却并不认为是惩罚。

避免复杂和费时——一些教师实施的干预方法很复杂，即使这些做法是有效的，它们也可能过于复杂而不可行。此外，它们一般不能提供及时的强化，而这对改变学生的行为至关重要。

第3节　课堂问题行为的预防

在学生出现不良行为后，即使教师能作出有效反应，也是善后性质的，并不能创建一个真正不一样的课堂。研究也发现，有效的课堂管理者和无效的课堂管理者在对付不良行为的办法上没有显著的差异（这并不是说教师就无需改进干预技术了），但在学生行为发生前的所作所为有着明显的区别。[①] 因此，教师要将更多的注意力"从应对性的惩戒策略转向前瞻性的，或者预防性的课堂管理"。[②] 谈到预防措施，对教师来说，搞好教学是最重要的。这从不良的教学似乎能解释大多数课堂问题行为出现的原因看得出来。"在缺乏良好教学的情况下，维持一个有秩序的班级几乎是不可能的，反之亦然。"[③]关于有效教学的问题，前面几章已有论述，在此重点就预防性课堂管理一般涵盖的方面展开探讨。

一、创建良好的课堂环境

前文在分析环境因素对学生行为的不良影响时已经指出，课堂的物质环境和心理环境对学生的行为、学习和动力有着强大的影响。教师可以利用课堂环境的两个组成部分来促进学习和改善行为。

（一）安排物质环境

我们的教室，简单地说，就是放满桌子、要坐许多学生的一个空间。这样的环境对教师来说似乎已经给定，没有多少变通的可能，但至少有两点还是可以做好，并且值得教师努力去做好：

首先，所有学生必须能够看见黑板、投影机荧幕、地图和其他教学用具。如果教师所用的教学用具挡住了数个学生的视线，或者展示在投影机、写在黑板上的文字等太小，那些受影响的学生会做出何种反应是可想而知的。

其次，要围绕座位安排多做一些文章。座位排列方式很多，有些我们闻所未闻，教师至少有必要了解按排摆放、环形、半圆形这几种主要的座位排列方式的利弊，加以有效利用。譬如，座位按排摆放这种"基本结构"，前已述及，容易形成一个"作用区域"，对不在这个区域的学生不利，教师可通过把有问题（学业上的或行为上的）的学生调整到

---

①　[美]Good，T. L. 等著，陶志琼译：《透视课堂》，中国轻工业出版社 2002 年版，第 168 页。

②　[美]Cruickshanl，D. R. 等著，时绮等译：《教学行为指导》，中国轻工业出版社 2003 年版，第 349 页。

③　[美]Kauchak，D. P. 等著，丘立岗主译：《教学原理——学习与教学》，台湾学富文化事业有限公司 2006 年版，第 283 页。

这个区域内,注意提问坐在边上的学生,或定期地让不同的学生坐在教室前面,或者就是通过自己多在教室里来回走动,改变作用区域的位置来消除负面影响。再如,在围着桌子坐这种座位安排方式中,学生一般与坐在正对面的同学说得比较多,很少和旁边的同学讲话,那么教师可安排一个不爱说话的学生坐在主持人的对面,让他比平常有更多的参与。

关于学生是否可以选择座位的问题,有学者建议等到学生自我控制发展比较充分的时候再实施比较好,而且选择座位可用来当作行为表现良好的奖赏,并作为鼓励学生持续其良好行为的条件。

(二)设计心理环境

设计心理环境涵盖面比较广,包括用颜色、灯光、温度、陈列品来创造一个让学生感到安全、舒适、有吸引力的课堂气氛,但对上课教师较有普遍意义的是与学生建立良好关系。理由很简单,大多数人都喜欢和那些友好、公正、关心人的人一起工作和交往。以下策略有助于教师与学生建立良好关系:[①]

第一,与学生发展一种友好而恰当的关系。师生长期在一起工作却互不了解是极为不正常的。那教师准备在多大程度上开放自己呢? 过多地与学生分享自己信息的完全开放型和不与学生分享个人情感,仅仅履行教学职责的角色限制型都是有缺陷的,那种对校内发生的事情能与学生交流自己的想法和情感,有限度地讨论校外生活,并且能对学生行为问题做出恰当反应的内部开放型教师则比较受学生欢迎。另一方面,教师也必须努力通过发现学生生活上的细节、参加学生的活动、创造和学生私下交谈的机会等多种途径真正去了解学生。总之,教师要将严格、热情和关心人三者很好地结合起来,致力于建立一种个人的、互相支持的师生关系。

第二,多说肯定的话而非否定的话。我们往往认为批评会改进学生行为,可研究结果表明,积极的评论才可以促进行为改进。过多的消极评论会让学生觉得教师不谅解人、不关心人、没有帮助、不公平。这不是说我们要纵容不良行为,而是说要将学生的不良行为看作是有待解决的问题而不是应惩罚的行为,通过教给他们正确行为的积极方式来帮助他们。

第三,传递高期望。大家都知道教师期望对学生的学业成绩有一种自我预言实现效应。教师应该向所有学生传递积极期望,很少有人会亲近那些认为我们无能的人。当然,对所有学生都寄予厚望并不意味着不加区别地对待所有学生。关键的问题是,我们必须知道对什么样的学生采用什么样的对策,周到而细致地构建促进个人和集体学习的因材施教的师生互动模式。

第四,运用有效的沟通技能。可想而知,教师如果不擅长沟通技术,任何试图通过良好的管理来创建积极学习环境的努力都会受挫。沟通技能分为两类:发送信息的技能和接收信息的技能。

发送信息的技能是指我们与别人说话时使用的技巧,用于与学生交流那些他们需要改变的方法、给学生提供反馈意见、对学生提出积极的期望。教师用来与学生

① ［美］Mcleod, J.等著,赵丽译:《课堂管理要素》,中国轻工业出版社 2006 年版,第 79—85 页。

交流的语言应该是支持学习的。这些策略是有效的：亲切的语调；赞同、理解；使用开放性的问题；使用现在时，比方说"你一般怎样控制自己的怒火呢"，而不是"为什么你没有控制住自己的怒火"；采用积极的假设，比如"在讨论中，他经过认真思考得出了这些结论"；用试探性的口气询问，比方说"我很奇怪……""我不确定我是否理解了……"。

接收信息的技能指倾听的技巧。学生总是有他们的疑惑、忧虑需要教师来倾听。否则，他们会觉得不受重视和尊重，以消极行为来表达。主要有三种积极倾听的策略：一是说明自己听见了说话人所说的内容，但还未完全理解。比如，"关于……你能再谈谈吗？""你能举个例子吗？"二是阐述自己听到了、理解了以及关心说话人所说的内容。比如，"换句话说……""你说的意思是……"三是使用中立的问题帮助学生分析哪些做法有用、哪些做法无用以及假设和想象可能的情况。比如，"……是你可能用的另一种办法吗？如果……你觉得会怎样呢？"

二、建立课堂规则和常规

虽然通过深思熟虑地建立课堂的物质和心理环境可以避免大量问题的产生，但如果缺乏必要的课堂规则（classroom rules）和常规（procedures），课堂秩序仍然是混乱的，这从课程的开始、从一个活动进入另一个活动的过渡时期以及课程的结束是管理问题最有可能发生的时期可窥一斑。课堂规则和常规本质上都是有关行为的期望和规范，前者指一般性的期望或标准，用以规定学生的言行举止，后者是完成常规工作和其他在课堂里频繁地重复发生的具体活动的方法，其作用在于使学生能知先后顺序、循序行事等。[1] 建立了课堂规则和常规能够使课堂复杂程度降低，更加可预测，因而可以节省教师的指导时间，减轻师生的压力，而且因为学生知道他们该干什么，就较少可能做出不合规矩的事。

（一）制定课堂规则

制定课堂规则不是教师自己想出几条然后告诉学生这样简单，须遵循以下几个基本准则：

第一，让学生参与。让学生参与制定课堂规则有三个重要考量：提升学生对规则的拥有感，增加学生遵守班规的可能性；强调学生自我控制和个人责任；视学生为道德思考者，协助他们清楚班规背后所蕴涵的道德观。[2] 就参与方式而言，坦南鲍姆（R. Tannenbaum）等人提出了一个从教师完全控制，单独决定，然后宣布结果到学生拥有自行决定的广泛自由的连续体。介于两者之间的是从更多的教师中心决策到更多的参与性决策：教师提出一个暂时的决定，然后根据学生的意见作出修改；教师提出一系列选项，让学生选择；教师提出一个问题，然后广泛征求建议；等等。[3] 教师可根据学生年龄等实际情况，选择一种让学生参与的方式。

---

① 林进材：《班级经营》，华东师范大学出版社 2006 年版，第 29 页。
② ［美］Kauchak, D. P. 等著，丘立岗主译：《教学原理——学习与教学》，台湾学富文化事业有限公司 2006 年版，第 296 页。
③ ［美］欧文斯著，窦卫霖等译：《教育组织行为学》（第 7 版），华东师范大学出版社 2001 版，第 376 页。

第二,为规则提供理由。规则不是随意制定的,要有支持其存在的充分理由。有关的法令法规、教育目标、学校政策、教师个人的课堂管理哲学、学生特质和班级状况等都是制定课堂规则的依据。例如,制定的规则不能侵犯基本人权;我们现在倡导自主、合作、探究的教学方式,那制定的规则就要符合这一精神;制定的规则如果有违教师本人的教学哲学,也是不能得到执行的;另外,制定课堂规则也要针对学生在课堂上多发的那些行为问题。

第三,规则数量以五条为宜。学生违规经常是因为他们忘记了规则。普遍认为五条规则比较合适。由此更可见对提出来的那些规则进行充分讨论、斟酌的必要性,以便把真正需要的规则制定出来。

第四,清楚和明确地陈述规则。"带着课本、笔记本、纸和笔来上课"这种表述,要比"总是准备好才来学校"效果好,因为前者在描述要求的行为上是明确的,它的意义也很清楚,而后者需要额外的解释。使用更通用的词语来陈述规则,像"用尊重的态度对待老师和同学",要解释和提供遵守规则的例子,并说明破坏规则的例子。另外,描述规则时最好使用积极的口吻,少采用"不准或严禁做什么"之类的词句。

课堂规则举例

- 用尊重的态度对待老师和同学。
- 上课铃响时,已在教室内就座,并保持安静。
- 每天携带课本、笔记本、纸和笔来上课。
- 举手获得允许后,才能发言或是离开座位。
- 不要乱动别人的东西。

资料来源:[美]Kauchak, D. P. 等著,丘立岗主译:《教学原理——学习与教学》,台湾学富文化事业有限公司 2006 年版,第 309 页。

第五,一并考虑不遵守规则的结果。当有人违反规则时,教师一时不知道如何回应,也是常有的事。因此,最好在制定规则时就向学生说清楚处理违规行为的方案。这对正在养成习惯的年纪小的学生来说更显必要。

(二)拟订课堂常规

教师除了要和学生一起制定课堂规则外,还要教给他们一些常规,以便他们在参与具体的课堂活动时能按照这些程序来做。与数量有限的规则相反,需要建立的常规非常多,可以说几乎对学生在教室里所做的每一件事情,都必须制定一个明确的程序:怎样削铅笔? 怎样传递和上交作业? 怎样排队……尽管如此,还是可以将常规分为几大类,如表 7-1 所示:[①]

———————————

① [美]McLeed, J. 等著,赵丽译:《课堂管理要素》,中国轻工业出版社 2006 年版,第 95 页。

表 7-1	类　别	适　用
课堂常规的类别	教室和学校中的各种场合	1. 学生的课桌和储物柜；2. 学习中心；3. 材料分发、收集和储存；4. 教师的桌子和储物柜；5. 饮水处、卫生间、削铅笔处；6. 办公室、图书馆、自助餐厅、操场；7. 排队。
	一堂课的开始和结束	1. 点名、收作业以及家长的便笺；2. 迟到和早退的学生；3. "热身"活动；4. 材料的储存和分发。
	全班或小组教学	1. 互动；2. 提醒学生集中注意力的信号；3. 室内活动；4. 材料。
	活动转换	1. 不同科目或课堂之间的时间；2. 计划外的空闲时间；3. 对嘈杂局面的管理。
	学生作业	1. 论文标题；2. 未完成、迟交、漏做的作业；3. 补交的作业；4. 记录任务；5. 收作业；6. 交作业的时间；7. 检查所做作业（也包括教师自己）；8. 交试卷；9. 查明哪些作业交了、哪些没有交；10. 发还学生作业；11. 完成作业以后怎么办；12. 当教师忙碌的时候请求教师提供帮助。
	其他	1. 灾难应急训练；2. 紧急情况（例如学生生病或者受伤）；3. 校内的活动；4. 学生家务管理。

在开学之前，教师应该就自己认为可能需要的程序列一个清单，并且写下每个程序的详细步骤。这是一种采取主动的做法，为一切做好准备，也让学生知道对于每一件事教师都是有备而来的。

教师在备课的时候，也不要忽略程序问题。课程内容和教学策略固然重要，但是程序问题可以使一堂课成功也可以使一堂课失败。像这样的事情可能没少发生：课前忘记了上课要用到剪刀，等到要用时不知道剪刀在哪里；学生的美术作业上面的颜料还是湿湿的，该让他们怎样交上来呢；等等。教师事先要考虑一下将怎样处理课堂上类似的所有事情。确定学生们是否已经知道这些程序，是否在上课前教给他们还是等上课时再说。不要给任何程序问题留下机会！

（三）从开学的第一天开始

良好的开始是成功的一半。研究也发现，有效的管理者从开学的第一天开始，并在此后的两三周内，用更多的时间来抓全班的规则和常规管理。[①] 这对无论是不是第一次教相同班级的教师来说都值得记取。那教师在那段时间里该如何做好开局工作呢？

第一，教导规则和常规。教师不能只是"呈现"规则和程序，正如抽象地教导一个概念或原则是有缺陷的一样。事实上，有许多创造性地教授规则和常规的方法，如讲故事、贴海报、创作一个剧本、规则的游戏、纠正错误、签订合约、识别等等。我们来看一位教师是如何真实地"教导"规则的：[②]

① ［美］斯莱文著，姚梅林等译：《教育心理学》，人民邮电出版社2004年版，第274页。
② ［美］Kauchak, D. P. 等著，丘立岗主译：《教学原理——学习与教学》，台湾学富文化事业有限公司2006年版，第305页。

教 导 规 则

　　一个二年级教师用下列的方式开始她的第一堂课：她要学生在一张卡片上写下他们的全名，且将他们的名字标签用护条绑在他们的肩膀上。她展开全班教学。

　　教师：现在，所有人听着，我要教一些必要的规则。我的第一个规则是当我们讨论时，你们要等待且保持安静，直到我叫你们。课程进行时，我将一个一个请你们发言，所以你们必须等候。现在，第一个规则是什么，Sidney？

　　Sidney：……在你未叫到我们之前，我们不能讲话。

　　教师：完全正确，Sidney。所以假如我请 Sharon 发言，她将有一段时间回答问题，那你们做什么呢？Carlos？

　　Carlos：我……在等待。我一个字都不能说。

　　教师：很棒，Carlos。为什么你们认为这个规则很重要呢？Kim？

　　Kim：假如……假如我们大声说出答案，其他小孩将听不到。

　　教师：没错，Kim。那非常重要。而我们全都得到一个机会，去思考和练习我们正在学的观念，这也很重要。所以，我们必须等候，直到轮到我们发言。

　　这位教师教导规则的最大特点是像提供例子教节足动物的概念那样，提供例子帮助学生了解规则。因此，如何公布规则并非重要的问题，重要的是规则被小心地教导、评论和加强。

　　教导常规和教导规则是相似的。研究者发现，有效率的低年级教师让年幼的孩子真实地演练常规，例如学生在接到信号时能停止正在做的事情，将所有的东西都放下，注意听教师讲。[1] 他们在刚开始的几天内，每天做二或三次的演练，合规则的行为模式就能稳固地建立起来。

　　也需指出的是，因为常规很多，教师要分清哪些是开学第一天就需教给的，哪些是可以稍后教给的常规，这样就不会让学生一下子必须接受太多的信息而被弄得晕头转向。

　　第二，彻底且一贯地执行规则。因为学年开始的那段时间是建立有益学习环境的关键期，教师要相当一贯地监控和执行规则。当有人违规时，立即予以纠正。然而，即使教师小心且努力地教导规则，学生仍然会因为忘记或犯错而违反规则。每一次违规行为发生时，教师都要加以制止，并立即提醒学生注意规则，以及强调这规则为什么重要。如此，多数学生都会遵守规则。对那些有意考验教师的学生，教师更要通过处理其违规行为来展现执行规则的坚定性。如果规则制定之后未能彻底执行的话，便会形同虚设，无法收到预期的效果。

　　诚然，在学年刚开始的一段时间里，教学可能因要多顾及学生的行为问题而经常被

---

① ［美］Cruickshank, D. R. 等著，时琦等译：《教学行为指导》，中国轻工业出版社 2003 年版，第 359 页。

打断,但以短时间的常抓不懈换来以后的长治久安,要比一开始就急着完成教学任务,而忽略行为问题,但整个一年甚至更长时间里都被行为问题困扰强得多。

第三,加强与家长的沟通。教师从学年开始就要重视与家长的沟通。这些都是很好的方式:一是给家长写封信,列明上课和作业规则,希望能得到他们的理解和支持。二是对表现特别好的学生,写一张简单的便条,让其带回家,可以正面提升许多家庭和学校间的合作关系。三是学生有什么需要其家长协助处理的问题,教师应尽早告知学生家长,这传递了教师了解和关心学生的讯息。

三、实行具有监管功能的教学

即使学生已经熟悉了课堂上的一切,包括各种规则,也掌握了做事的许多习惯做法,仍然不意味着有秩序且专注在学习上的学习环境已完全建立起来。教师要最大限度地减少学生行为问题的发生,让他们有更多的时间投入到学习活动中去,必须实行具有监管功能的教学。

(一)明察秋毫

明察秋毫(withitness)指教师对学生行为保持时刻警觉的各种活动,[①]让学生感觉到他们在任何时候做什么事教师都能知道。例如,在黑板上写字时,站得倾斜一点,用眼睛的余光看到学生在干什么;在单独辅导学生时,时不时地看一下其他的学生,从而注意到似乎有问题要问的学生或者想捣乱的学生。这样,教师就能及时发现违规行为,并迅速地处理好,也能避免因不明事情的原委而错怪学生。

有效的课堂管理者眼观八方,有能力驾驭整个课堂,能注意到什么时候学生开始坐立不安,什么时候又表现出注意减退的迹象等,他们能对这些现象做出反应,并通过调整教学活动来重新吸引学生的注意,使之参与到教学活动中来。

(二)同时处理

同时处理(overlapping)指教师能够在同一时间兼顾到多种课堂活动。[②]例如,教师在指导5个学生做数学题,而其他学生在做复习题。当教师扫视教室时,发现坐在教室后面角落的两个学生没有在做题,而在讲话。教师可以让那5个学生自己做下一道题,用眼神警告那两个学生,让他们继续做练习,或者走过去,看他们是否有问题,然后让他们继续做复习题。当那5个学生做完下一道题时,教师正好回去继续指导他们。可见,优秀的教师能够以不中断课程的方式(可以是另作安排)恰当处理出现的问题(这不是说中断能够完全避免)。也可以想象,在上面这个例子中,教师如果不具备这种能力,课堂上就会出现顾此失彼的情况。

(三)保持课程进行的动能和过程流畅

同时处理的能力与保持课程进行的动能(momentum)和过程流畅(smoothness)是相关的。动能提供课程强度和方向。[③]在一个动能掌控得很好的课堂里,学生总是有

---

① [美]斯莱文著,姚梅林等译:《教育心理学》,人民邮电出版社2004年版,第272页。
② [美]Good,T.L.等著,陶志琼译:《透视课堂》,中国轻工业出版社2002年版,第168页。
③ [美]Kauchak,D.P.等著,丘立岗主译:《教学原理——学习与教学》,学富文化事业有限公司2006年版,第312页。

事可做,不太可能捣乱。甚至枯燥无趣的内容通过与学生感兴趣的话题建立连结也能让教学变得生机盎然。像在学生聚精会神听讲时,教师突然中断讲课,去训斥某种原本可以忽略的行为(这叫"行为的过度关注");因自己给出的指示不清,教师在学生完成任务的过程中不得不去应付各种学习问题和行为问题;学生对某个内容已经非常熟练了,教师还在那里翻来覆去地教(这叫"内容的过度关注");不管做什么,总是把少数学生突出来,都是破坏动量的做法。

流畅在这里指教师自身要注意保持教学进程的连贯性,它是与动能联系在一起的。教师从课堂教学跳跃到琐碎的事务上,继而又跳跃到不必要的课堂纪律上;已经开始了另一个活动,还在旧事重提,叫学生怎么集中注意力呢? 这是教学上常见的"肠梗阻"现象。

由此可见,保持上课的连贯性和兴致能防止许多行为问题的发生,这需要教师具有规避妨碍课程进程的行为的能力。

(四) 维持团体注意

维持团体注意是指吸引和保持全体学生的注意力,使他们为自己的行为和学习负责的过程。[①] 库宁(J. Kounin)曾提出维持团体注意这个概念包括两个基本成分:责任心(accountability)和团体警觉(group alerting)。责任心就是解决在课堂教学的每一个环节都要让所有学生参与进来的问题。提高责任心的一种策略是运用共同反应,让所有的学生展示自己的作业,教师在学生中间循环走动,以了解他们正在做什么,让其他学生注意某个学生的任务完成情况。而团体警觉是指讲授和讨论期间,教师用来维持所有学生注意力的提问策略。[②] 这方面被提到比较多的一个技巧是适度使用先提问后点名,从而使学生集中注意力。

通过询问或提醒学生他们应该做什么,让他们重复他们应该遵守的规则和常规,以及让他们注意行为是否适当,也可以让学生保持警觉。另外,"我正在等大家都放下手中的笔,朝我这里看"或者"我看到有两名同学在窃窃私语,请不要再讲话了,翻到第 57页,继续进行我们的课程",这些话也会让学生注意自己的行为。

调整和学生之间的距离也会影响他们的行为,使他们保持精力集中。走近行为不良的学生,让他们意识到你的出现,重新投入学习。如果他们继续为所欲为,有必要停下来,直到他们调整自己的行为,重新学习。

控制好完成任务所需要的时间,也可以使学生更好地参与学习。太少的时间会导致担心、紧张、沮丧,甚至诱发不合规矩的举动。太多的时间可能会导致学生闲谈或其他闲散举动。提醒学生注意时间界限,可以帮助他们对自己的行为负责。例如,"我们 5分钟后开始打扫卫生,因此你现在应该完成实验的最后一步",这会督促学生专心实验,而不敢开小差。

在学生小组活动或单独学习时,教师要在教室里来回巡视,以备学生问问题。另外,学生需要的资料和设备应该准备好,这样,学生就没有借口去做其他无关的事情。

---

① ［美］Cruickshank, D. R. 等著,时琦等译:《教学行为指导》,中国轻工业出版社 2003 年版,第 363 页。
② ［美］斯莱文著,姚梅林等译:《教育心理学》,人民邮电出版社 2004 年版,第 271 页。

本章小结

教学与管理相辅相成。课堂管理是教师用来创造有益于学习的课堂环境所作出的决策和所采取的行动。对教师来说,课堂管理主要指向如何处理和预防课堂问题行为。学生在课堂上的问题行为可分为两类,一类是代表课堂里的绝大多数捣乱行为的"表面行为",像哈哈大笑、不按秩序发言、递小纸条、做白日梦、不按指示办事、轻敲桌子等;另一类是指某些潜藏的情绪上的混乱或者人格方面的问题行为。教师应视性质和严重程度,采取忽略不当行为、使用非言语线索、表扬期望的行为、言语提醒和执行结果等一系列尽可能少中断正常教学进程的"低姿态"策略来处理。但要大量减少课堂问题行为,教师须将更多的注意力从"亡羊补牢"转向"未雨绸缪"。有效教学是预防课堂问题行为发生的根本之道。除此,创建良好的课堂环境、建立课堂规则和常规以及实行具有监管功能的教学,对于学生投入有意义的学习活动也是必不可少的。

关键术语

课堂管理　课堂问题行为　课堂规则

讨论与探究

1. 讨论:哪些轻度问题行为是不需要花时间去处理的?
2. 当发生下列问题行为时,你会采取什么样的管理行为? 为什么?
- 转身说话
- 没举手发言
- 动武
- 旷课
- 干扰他人
- 离开座位
- 说脏话、粗话或做下流动作

3. 下表左栏里列出了课堂教学中活动转换期间容易发生的一些问题,请你在右栏里写出避免再次出现这些问题的办法。

问　题	预　防
在转换活动开始时学生大声喧哗。	
学生在转换活动中有时间进行交往,耽搁了下一个活动。	
学生在转换活动后,继续进行早先的活动。	
学生提前完成布置的课堂作业。	
教师因找东西耽搁了活动的开始。	

4. 寻求关注、寻求权力、寻求报复和寻求逃避是学生在课堂上因归属感没有得到满足而容易发生的四种不良行为。下表给出了处理寻求报复这种不良行为的多种合适方法。请你参考本章对这四种不良行为的描述,在表中写出处理其余三种不良行为可使用的多种办法。

不良行为类型	可能的处理办法
寻求关注	
寻求权力	
寻求报复	<ul><li>改变学生与教师和同伴的关系。</li><li>加强对学生的尊重。</li><li>帮助学生学习社交技巧。</li><li>拒绝报复,实事求是地讨论该行为。</li></ul>
寻求逃避	

进一步阅读的文献/网站

1. 林进材:《班级经营》,华东师范大学出版社 2006 年版。

2. [美]Jones,V. F. 等著,方彤等译:《全面课堂管理——创建一个共同的班集体》,中国轻工业出版社 2002 年版。

3. [美]Mcleod,J. 等著,赵丽译:《课堂管理要素》,中国轻工业出版社 2006 年版。

4. [美]戴维著,李彦译:《课堂管理技巧》,华东师范大学出版社 2006 年版。

5. [美]Charles,C. M. 著,李庆等译:《建立课堂纪律》,中国轻工业出版社 2003 年版。

6. [美]Guillaume,A. M. 著,杨宁译:《新教师课堂教学入门》(第二版),中国轻工业出版社 2007 年版。

7. [美]鲍里奇著,易东平译:《有效教学方法》(第四版),江苏教育出版社 2005 年版。

8. 网站:http://www. teachervision. fen. com/classroom-management/resource/5776. html

http://www. theteachersguide. com/ClassManagement. htm

http://www. teach-nology. com/teachers/methods/management/

　　一看到这个标题,大家可能就会想到考试、得几分,没错,我们起初也是这样想的。然而,评价只是考试吗?考试只是得几分吗?提到评价,你是否有些故事(你自己的经历或你知道的他人的经历)与大家分享?请将你想与大家分享的故事概要写在本页的空白处。在与大家交流时,别忘了说明你为什么要与大家分享这个故事——讲故事总是想说明某个问题的。

通过本章的学习,你能够

- 了解评价的发展历史及当前的发展趋向;
- 澄清考试与评价、关于学习的评价与促进学习的评价之差异;
- 获得学生学业成就评价的实施以及结果解释、报告和运用的知识;
- 理解课堂教学的分析框架并学习使用工具/量表观察课堂。

本章内容导引

- 从考试文化走向评价文化
  一、教学评价的早期发展
    (一) 传统考试阶段
    (二) 教育测验阶段
    (三) 教育评价阶段
  二、教学评价的范式转换
  三、平衡的评价系统
    (一) 外部评价与内部评价的平衡
    (二) 纸笔测验与表现性评价的平衡
    (三) 输入评价、过程评价与结果评价
      的平衡
- 学业成就的评价
  一、学业成就评价的主要方式
    (一) 日常检查
    (二) 考查、考试与测验
  二、学业成就评价的结果处理
    (一) 相对评分
    (二) 绝对评分
    (三) 评语制
  三、学业成就评价结果的报告与运用
    (一) 学业成就评价结果的运用
    (二) 学业成就评价结果的报告

- 课堂教学的评价
  一、课堂教学评价的核心理念
    (一) 课堂教学评价必须以教学的改善
      为目的
    (二) 课堂教学评价必须基于专业思考
    (三) 课堂教学评价必须基于协商参与
  二、课堂教学评价的内容框架
    (一) 课堂教学的输入
    (二) 课堂教学的过程
    (三) 课堂教学的结果
  三、课堂教学评价的方法
  四、课堂教学评价的主体
    (一) 同行评价
    (二) 学生评价
    (三) 自我评价

　　如果你回顾你前面十几年的学习历程,你能够列举一些学校教育中的重要成分吗?也许你能够列举很多,也许你忘了很多,但可以肯定,考试必定会在你的列表之中。考试是评价的一部分,它伴随着你的整个学习历程。当你成为教师之后,你也需要对你的学生进行评价,你也会受到他人的评价。前面我们已经讨论了教学从准备到实施的工

作,但是,教学的准备和实施并不是教学过程的全部。教学过程要有效,评价就应当贯穿于这一过程的始终。教学目标制定得是否合理,实现与否,课堂行为是否恰当,教学结果是否良好,说到底,教学是否有效,都要根据评价的结果才能判定;教学能否有效地改善并更为有效,同样需要依赖于评价结果的运用。本章我们想与大家分享教学评价的历史演变、学生学业成就的评价、教师课堂行为的评价等内容。

第1节 从考试文化走向评价文化

教学评价是以教学目标为依据,运用可操作的科学手段,通过系统地收集有关教学的信息,对教学活动的过程和结果作出价值上的判断,并为被评价者的自我完善和有关部门的科学决策提供依据的过程。教学评价是教学活动的重要环节,考察教学评价历史,了解置于评价文化之中的评价系统,对于我们有效地开展教学活动是非常有益的。

一、教学评价的早期发展

教学评价的确立有一个历史的过程,了解它的历史对于我们理解"现代教学评价"的本质特性是很有帮助的。从总体上说,教学评价主要经历了考试、测量、评价三个发展阶段。

(一)传统考试阶段

一般说来,教学评价是伴随着教学的产生而产生的,而最早的教育评价形式都针对学生的学力检验。我国古代最早的一部教学论专著《学记》就有关于考核制度的论述:"比年入学,中年考校","一年视离经辨志,三年视敬业乐群,五年视博习亲师,七年视论学取友,谓之小成。九年知类通达,强立而不返,谓之大成。"这可以说是最早的教育评

图 8-1

举子在号房中考试

价思想。不过,目前各国教育评价学者都认为,从公元 606 年开始、在中国持续了近 1300 年的科举考试是世界上最早的一种教育评价形式,它实际上是一种通过考试并根据学科考试的成绩录用官吏的制度,主要也是针对考核学生学力水平而言的。在西方,考试制度的建立要稍晚些,1219 年大学考试运用口试,1599 年中学采用笔试,1787 年毕业考试采用论文式作业考试,1791 年法国参照我国科举制度建立了文官考试制度。

在以后很长的一段时间里,考试作为一种鉴定和选拔人才的主要手段,起到了一定的积极作用,并且,它对检查学生的记忆性知识、检验学生的口头和书面表达能力也是比较有效的。但这种传统的考试存在许多严重的弊端,如考试的内容大多是有关陈述性的知识,偏于记忆,命题

缺乏科学性,评分标准不统一,不够公正、客观、准确。为改进考试方法,教育测验便应运而生。

(二) 教育测验阶段

19 世纪末 20 世纪初,随着实验心理学个体差异研究的进步和教育统计学的发展,教育家们开始探讨如何将心理测验的方法应用于教学领域,实现学业成就考核的客观化、标准化与数量化。

1905 年美国教育心理学家桑代克(E. L. Thondike)发表了《精神与社会测量导论》,提出"凡存在的东西都有数量,凡是有数量的东西都可以测量"。1909 年他又发表了"书法量表"。桑代克被称为"教育测验之父",他拉开了美国教育史上著名的测验运动的序幕。之后,桑代克的弟子斯通(W. Ston)制定出了"算术标准学力测验",1923 年他出版了综合用于全部课程的"斯坦福标准成绩测验"。不到二十年内,美国就有 3000 多种测验问世。

图 8-2

桑代克

教育测验在一定程度上克服了传统考试的主观和笼统,以及偏于事实性的知识与死记硬背,但也存在明显的不足。它企图用数字来表示受教育者的全部特征,这难免流于形式而机械化。学生的态度、兴趣、创造力、鉴赏力等是十分复杂的,很难全部量化。正是因为测验的这些不足,从 20世纪 30 年代起,随着心理学和教育学的发展,开始了对教育测验的批判运动,教育测验逐步向教育评价发展。

(三) 教育评价阶段

最早倡导从"测验"转向"评价"的是美国的教育评价与课程理论专家泰勒(R. W. Tyler)。1933 年,美国"进步教育协会"发起了一项著名的研究。参与这项实验研究的,除了专业研究人员外,还有横贯美国的 300 多所大学、学院和选择出来的 30 所中学。这项研究旨在从根本上对美国中学的课程进行尝试性的改革,因历时长达 8 年,故人们称之为"八年研究"。为了帮助和指导这 30 所中学的实验研究工作,成立了由泰勒领导的评价委员会。1942 年评价委员会发表"史密斯-泰勒报告",第一次系统地提出了评价的基本思想和方法,从而奠定了现代教育评价的基础。泰勒认为,评价必须建立在清晰地陈述目标的基础上,根据目标来评价教育效果,促进目标的实现。从此,教育评价的思想和方法被逐渐推广至世界各国。

相对于考试和测验,教育评价的思想无疑具有先进性。可是,从实践层面来看,在之后的几十年中,在教育评价领域占据统治地位的依然是标准化测验尤其是高利害的标准化测验,泰勒等所期望的评价的教育性功能并没有得到有效的发挥。直到近几十年,教育评价实践领域才开始发生重大的变革。

二、教学评价的范式转换

近几十年来,教学评价领域也许没有出现像"泰勒报告"或 20 世纪 60 年代的布卢姆教育目标分类学这样的重大理论成果,但从实践角度看,教学评价的历史上没有哪一

个时期像这几十年一样发生着如此重大的变革。这种变革可以概括为教学评价领域的范式转换:从心理测量学范式到教育评价范式,或从考试文化到评价文化。① 具体而言,这种变革表现在:

首先,对高利害标准化考试的批评一如既往,但获得了新的理论武器。高利害标准化的考试几乎从一出现开始就受到了质疑,美国最著名的标准化考试 SAT 的编制者布里格汉姆(C. Brigham)甚至一开始就预见到它们可能出现的消极的后果。这几十年来,对高利害标准化考试的批评依然不绝于耳,但不再完全基于标准化考试本身的缺陷来"破",而开始运用新的理论基础来"立"。当前运用最为广泛的理论就是被称为"教育心理学的第三个里程碑"的建构主义。

其次,教育中的 ILT(Instruction-Learning-Test,教学—学习—考试)实践正在发生变化,促进学习的评价正在兴起。在工业化时代,指向于培养普通劳动者的公立教育强调基本技能的获得,而高等级的思考和理智追求被留给精英阶层。相应地,公立教育的ILT 实践可以归纳为:教学智慧——知识传授;学习智慧——死记硬背;评价智慧——标准化测验。② 在这种实践范式中,教学就是知识的灌输,学习就是令人厌烦的训练和实践,评价就是运用由去情境化的、以心理测量学为基础设计的选择题构成的标准化测验来区分学生并按成绩来排列的定量的方法。教学和评价被认为是相互分离的活动。随着知识社会的到来,新的 ILT 实践范式正在出现:学习是主动的建构,是一个自我组织的过程,也是一个文化适应的过程;教学的目的在于促进学生学习;评价则被看成教-学过程不可分割的一部分,采取一种情境化的质性的评价取向,既关注结果评价也关注过程评价,特别强调评价与教学的整合。在这种实践中,促进学习成为评价的核心功能。

最后,标准化测验逐渐受到削减,多种形式的备择评价正在出现。新型的评价——通常冠以"表现性评价"(Performance Assessment)、"真实性评价"(Authentic Assessment)之类的名称——正在成为众多评价项目(甚至传统上由大规模的标准化测验控制的领域,比如,监测、问责、升学)的重要方法。这些评价试图抓住所期望的基准表现所要求的批判性思考和知识整合,要求评价任务本身是技能或学习目标的真实例子,而不是替代物,期望学生通过思考生成答案而不是在多个选项中选出正确答案。教师在学校、课堂层面的实施的评价也正逐渐得到认可,开始越来越多地在整个评价系统中发挥着更大的作用,甚至开始在高利害决策中发挥作用。

在这种变革中,一种新型的评价文化变得越来越清晰。这种评价文化有一些重要的前提假设:

● 教育评价是教育的一个重要组成部分,其指导思想是为了"创造适合于儿童的教育",必须适合于高质量的学习并用以促进这种学习。教育评价鼓励学生思考而不仅仅是记住或复述事实。

---

① Gipps, C.A., *Beyond testing*: *Towards a theory of educational assessment* , . 1994. P1.

② Birenbaum, M. New insight into learning and teaching and their implications for assessment. In: Segers, M., Dochy, F. & Cascallar, E. (eds.), *Optimising new modes of assessment*: *In search of qualities and standards*. 2003. P15.

● 教育评价不是一种精确的科学,因为评价所涉及的领域和结构是多维度的、复杂的。学生、成就和评价之间的互动十分复杂。

● 教育评价依赖于清晰的标准。应鼓励学生监控并反思自己的工作和表现,因此对标准的理解不应只是教师的事,也应当是学生的事。提供反馈是教育评价过程的一个关键因素,强调的是掌握和进步,而不是与其他学生比较。

● 教育评价应引出学生的最佳表现。这需要具体的、学生经验范围内的任务,这些任务应当清楚地呈现、与学生当前所关注的东西相关;是无威胁的,能够减轻学生的压力以提高表现。

● 在教育评价中决定分数的不是正确答案的数量,而是任务完成的整体质量。不是聚合多种复杂的数据形成单一的分数,而要借助于对成就的多维度描述。

● 教师对自己学生的评价是教育评价中的核心成分,教师的课堂评价比大规模测验更重要。这种评价应能支持学生的学习并为之提供支架,应能评价多种情境中的表现。

● 要保证评价的教育性,元评价即"对评价的评价"非常必要,教师的评价素养应该是教师专业素养中的重要内容。

三、平衡的评价系统

评价文化倡导了一种理念,即评价不仅要有效促进学习,其本身还应当是一种有价值的教育经历。这样一种理念的实现需要借助于评价系统来实现。评价文化之中的评价系统到底是什么样的? 它的特点可以用"平衡"来概括。

(一)外部评价与内部评价的平衡

在以往的学校经历中,你曾经历过各种各样的考试,如单元考、期中考、期末考、各种名目的统考、中考、高考等。在这些考试中,有相当一部分是由校外机构编制题目,采用纸笔形式的考试,如统考、中考、高考,甚至包括期中考和期末考,属于外部评价。如今,我们的中小学生仍然要面对这些考试,并且随着国家义务教育质量监测系统的推行,义务教育阶段的学生还可能经历国家义务教育质量监测。

当前的教育改革让地方、学校获得了更多教育、教学和课程权力,与此同时,国家也在加强对教育的控制。与以往重在过程控制不同的是,新一轮基础教育课程改革后国家的控制开始转向结果控制,即用课程标准来控制。国家需要学生证明在完成了相应学段的学习后达到了课程标准规定的结果,同时国家也需要教育质量的基本信息以作为教育决策的依据,因此,国家教育质量监测系统就成为我们现实的制度安排。

可是,能够对学生的学习产生更积极的作用的是内部评价,也就是教师自己在学校、课堂层面实施的评价。课堂层面良好的教育实践在很大程度上取决于学校、课堂层面的评价实践,取决于教学、学习和评价的关系安排。在教师的教育实践中,有三分之一到一半的时间用在评价以及与评价相关的活动上,没有良好的学校课堂层面的评价,也就没有良好的教育实践。美国评价专家斯蒂金斯(R. Stiggins)甚至认为,如果评价不能在日常的课堂实践中有效地运行,那么,其他层面上的评价完全是浪费时间和金钱。[①]

　　教育的改善需要多方面的努力,国家、地方、学校、学生都需要相关的信息来为教育质量的提升提供基础。因此,外部的评价和内部的评价都是必需的,两者之间必须达成有效的平衡。当然,鉴于现实中内部评价实践并未"有效地运行",以及你将来从事的工作,我们需要更多关注内部评价。

(二)纸笔测验与表现性评价的平衡

　　我们所熟知的纸笔测验在经历了传统考试、教育测验和教育评价三个阶段的发展后,在技术上已经相当完善,能够以比较低廉的成本保证比较客观公正的评价,因此它能成为教育评价的主流形式——你所经历的绝大多数的评价都采用了纸笔测验的形式。可是,纸笔测验有一个非常明显的问题,只能有效检测学生对去情境化的知识和技能的掌握情况,不一定反映学生学习的真正结果。而且,纸笔测验更多关注结果的可比较性和公平性,很少考虑对学习的加强和支持。它鼓励学生对事实性知识的掌握,鼓励再生他人的观点,激励"肤浅的学习",不能导致对"高等级的思考技能"的学习;当考试具有高利害关系时,教师常被鼓励去追求更高的分数,"为考而教",而不是去更好地理解学生学习上的困难。

补充材料 8-1

更高的考试分数是否意味更高的学业成就水平?

　　美国的学业成就评价主要采用标准化考试的方式。20世纪80年代,美国学生在考试中的分数不断提高,许多州都宣称其学生的考试分数高于全国平均水平。他们宣称,更高的考试分数显示出学生学得更多。

　　这种现象被一些学者称为渥比岗湖效应(Lake Wobegon Effect)。这一名称源于加里森·凯勒(Garrison Keillor),他被《新闻周刊》誉为马克·吐温后最幽默的美国作家。他虚构了一个草原小镇渥比岗湖,"在渥比岗湖,女人们都非常强壮,男人们都长得非常帅,孩子们都比一般孩子要聪明"。

　　可是当考试形式更新后,学生的考试成绩却明显下降了,尽管所考的内容与以前的考试处于同等的水平。"西西弗斯(Sisyphus)之石从山顶滚落下来,登顶过程又要重新开始了"。新的考试形式运用一段时间后,学生的考试分数又开始逐渐上升。

　　社会的发展导致了教育目标的变化,除了知识和技能,过程和方法、情感态度价值观也成为我们的课程目标;在知识技能领域,比起低层次的知识和技能,高层次的学习受到更多的关注;"知道什么"和"能做什么"同时成为教育的目标,在情境中综合应用知识的表现能力更受重视。而纸笔测验对于检测这些新型教育目标的达成经常无能为力。在这种情形下,诸多新型评价方式开始冲击纸笔测验的霸主地位,成为学生学业成

---

① 转引自:Roschewski, P., Gallaher, C., Isernhagen, J. (2001). Nebraskans research for the STARS. *Phi Delta Kappan*, No.8, 611-615.

就评价的重要方法。这些新型评价要求学生实际创作产品,或形成对问题的创造性回答并通过某种行动的表现交流答案。在这种评价中,学生面对的任务是真实的,完成任务或解决问题的情境也是真实的,即与现实世界有非常紧密的结合,关注高层次学习所要求的批判性思考、知识整合、复杂的问题解决,其优势在于能够反映学生真实的学习结果,并且能够避免"为考而教"导致的窄化课程的作用,能够促进学生的有效学习。所有这些新型评价正是纸笔测验难以做到的。

不过,表现性评价所具有的诸多好处并不意味着它能够完全取代纸笔测验。正如前面所说,纸笔测验在检测知识和事实的记忆上相当有效,且成本低廉,实施便利,而表现性评价又存在客观性不足、实施困难等局限,因此至少从目前来说,表现性评价尚不能取代纸笔测验。考虑到我们的教育目标的多样性,纸笔测验应当与表现性评价达成有效的平衡。

(三) 输入评价、过程评价与结果评价的平衡

你以往所参加的各种考试通常具有结果评价的性质,因为人们通常假定教育的结果体现在学生的学业上。而你在课堂中所接受的绝大多数口头评价属于过程评价范畴。不过,在诸如中考、高考之类的高利害评价中,过程评价经常被忽略,更多的依赖于结果评价。这对学生的学习非常不利。学习结果本来就是通过学习过程累积起来的,过程发生的偏差必然导致结果的偏差,过程评价能够向学生提供有关学习进程的信息,可以使学生能有效地利用这些信息,根据需要采取适当的修正措施,使学习成为一个"自我纠正系统",从而更有效地促进学习。这也就是过程评价常被称为形成性评价的原因。正因如此,当前如档案袋评价之类的关注过程评价的方法开始得到推广。

但是,对于被评价者来说,只有结果评价和过程评价是不够的。因为无论过程评价还是结果评价都关注学生——被评价者——的学习过程和结果,而把学生看成学习的过程和结果的唯一责任人是不适当的,更是不公平的。学生的学习过程和结果受多种因素的影响,教育的物质条件、课程、教师的教学等输入因素都会对学生的学习发生重要影响。因此,从学生学业成就评价看,只有同时考虑了输入因素,对过程和结果的评价才可能全面、准确。对于学生的学习而言,教师的教学就是一个重要的输入因素。这就是需要评价教师的课堂教学的一个重要原因。

因此,一个有效的评价系统需要输入评价、过程评价、结果(输出)评价三者之间的平衡。从学生学业成就评价来说,就是既要关注学生的学业成就,也要关注学生的学习过程,同时需要对教师的课堂教学、课程和教学方案等进行评价。

第 2 节　学业成就的评价

学生的学业成就是教学的最重要的"效",是有效教学的关键指标。学业成就是指学生在教师的指导下,通过学校中的课程学习所获得的成果,是学习的结果,与先天的智力或心向关联不大。学业成就的评价就是通过多种途径收集学生学习结果的信息或证据,判断学生达到教学目标的程度的过程。学生学业成就评价不

仅是要证明学生的学习结果,更为重要的是为学生的进一步学习提供反馈,从而促进学生的学习。

我们已经在教学准备策略一章中了解了课程标准是学生学业成就评价的依据,也了解了学业成就评价的设计方法。在本节中,我们将进一步探讨:如何实施学生学业成就评价? 如何处理和解释学业成就评价的结果? 如何报告和运用学业成就评价的结果?

一、学业成就评价的主要方式

学业成就评价本质上就是收集关于学生学习的信息,学业成就评价的方式也就是收集关于学生学业成就情况的证据的途径。收集判断学生学业成就的证据或信息的途径十分多样,正式的纸笔测验是其中之一,给予学生特定的任务判断学生的表现也是其中之一,对学生作品的分析判断,以及对学生日常表现的观察都是收集学生学业信息的有效途径。

(一)日常检查

日常检查是指在日常教学中对学生学习过程情况的简要检查,是教学过程中的评价,与教学密不可分。日常检查能够及时地为教师提供反馈信息,有助于教师发现学生学习中存在的问题,适当地安排、调整教学内容和教学进程,为学生提供适性的教学。

日常检查的形式有多种,课堂作业和家庭作业的批改、关于本节课或上一节课内容的提问、教师的课堂观察、个别谈话等都是日常检查的有效方式。几乎所有的教师都实施这些活动,但经常将之排斥在学生学业成就评价之外。有些技术有助于将这些日常检查变得更为正式化、结构化,保证其发挥评价的功能,如课堂观察检核表。

课堂观察检核表是记录学生课堂行为表现的一种简便工具,是事先确定学生行为表现的指标,然后运用这些指标对学生行为进行检核。由于指标已事先印制在表格中,教师只需要用记号做记录,因此运用比较方便。下面就是一个评价学生研究技巧的检核表。[①]

　　——陈述一个明确的问题
　　——说明研究的假设
　　——确定控制变量
　　——确定自变量和因变量
　　——测量至少三次因变量
　　——用表格组织材料
　　——以写作方式评价假设

检核表有一个明显的问题,即只能用于确定某种行为是否发生,但不能确定特定行为的表现水平。当需要记录表现水平时,可能需要配分表的配合。配分表就是对每一

---

① [美]Kauchak, D. P. et al 著,丘立岗主译:《教学原理》,台湾学富文化事业有限公司 2006 年版,第 618 页。

指标的表现程度进行描述,并给出相应的分数,通常所配分数越高,说明表现越好。下面就是一个附加配分表的检核表样例:[①]

  ——清楚地说明问题　　　　　　　　　　5　4　3　2　1
  ——清楚地说明假设　　　　　　　　　　5　4　3　2　1
  ——有效地控制变量　　　　　　　　　　5　4　3　2　1
  ——使用有效的资料收集方法　　　　　　5　4　3　2　1
  ——有效地呈现资料　　　　　　　　　　5　4　3　2　1
  ——得出一个适当的结论　　　　　　　　5　4　3　2　1

（二）考查、考试或测验

考查、考试或测验是学生学业成就评价的最常见的手段,通常以纸笔测验的形式进行。

考查是在日常检查的基础上,在某一相对完整的教学单元结束后,对学生学业成就作的综合检查和评价,以发现存在的问题,并加以解决,从而弥补日常检查的不足。考查的重心不在于对学生打分、排队,而在于检查学生的知识掌握程度和综合运用知识的能力。

考试或测验是学校在学期和学年末对学生学习效果作的最终检查。按其参照点的不同一般分为常模参照测验和标准参照测验。

常模参照测验是指以某一团体在考试中达到的平均成绩为参照点的考试或测验。在这类测验中,学生的成绩好坏是以该生的成绩与团体的平均成绩相比所处的位置来决定的。所以,其所衡量的是在某一团体中的相对水平。这类考试的立足点是个别差异,是比较不同学生在学业上总的成就,具有一般的调查性质,因此,对学生的学习主要起考核或监督作用。

标准参照测验与常模参照测验相对,是以某项测验应达到的目标为参照点的考试或测验。即用来测量学生的实际水平,而不是参照其他人的成绩来决定团体中的名次。

常模参照与标准参照之间的区别就像一班学生去爬山,确定某个同学爬到山的哪个位置,就是标准参照,而确定某个同学在整班同学中的位置,则是一种常模参照。

常模参照测验和标准参照测验只是对考试或测验的一种分类。实际上在一次考试或测验中往往同时有这两种类型,既可以了解学生实际掌握了什么,又可以确定学生在团体中的相对位置。

种　类	参　照　系	归　属	作　用	理想分布
常模参照考试	群体水平	相对评价	比较、选拔	全距大、正态
标准参照考试	教学目标	绝对评价	鉴定	负偏态

表 8-1

常模参照测验与
标准参照测验对比

---

① ［美］Kauchak, D.P. et al 著,丘立岗主译:《教学原理》,台湾学富文化事业有限公司 2006 年版,第 618 页。

二、学业成就评价的结果处理

学业成就评价的结果处理方式主要可以归纳为两种类型:评分制与评语制。评分制又包括绝对评分和相对评分,而绝对评分和相对评分又可以再进一步分类(见图8-3)。

图 8-3

学业成就评价的
结果处理方式

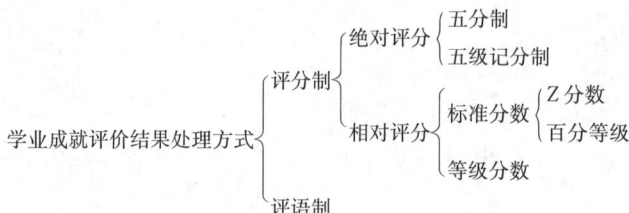

学业成就评价结果处理方式 ┤
- 评分制 ┤
  - 绝对评分 ┤ 五分制 / 五级记分制
  - 相对评分 ┤ 标准分数 ┤ Z分数 / 百分等级 ; 等级分数
- 评语制

(一) 绝对评分

绝对评分在我国现阶段运用较多,所得分数的高低,取决于学生对测验所要求的全部知识掌握的程度,答对了测验的全部试题,就评给满分;对测验内容毫无所知,就评给最低分(0分),一般以掌握了测验内容的60%作为及格分数。绝对评分的记分办法,一种是我们日常采用的百分制,另一种是五级记分制(5,4,3,2,1)。

百分制是我国目前最常用的传统的处理学生成绩的方法。1902年,清政府颁布《钦定学堂章程》规定"评价分数以百分为满分,……每科六十分为合格。"解放初期,向苏联学习,曾经实行过五级记分制。20世纪60年代中期又恢复了百分记分法,一直沿用至今。百分制所评分数是由考试卷面直接得到的原始分数,用0—100分表示不同质量的学习成绩。全对为100分,以60分为合格线,60分以上为及格,60分以下为不及格。

(二) 相对评分

相对评分主要考虑个体在整个群体中所处的相对地位。最好的得最高分,最差的得最低分,大多数处在中间位置上。相对评分的具体办法有两种:一是标准分数,二是等级分数。

1. 标准分数

通过测验所直接得到的分数叫原始分数。要比较学生之间的相对地位或是不同科目的得分高低,必须将原始分数转化为标准分数。通常使用的标准分数,又可分为两大类:

第一类是 Z 分数:

$$Z = \frac{X - \overline{X}}{S}$$

其中,X 是原始分数,$\overline{X}$ 是算术平均数,S 是标准差。

例如:2名学生4科成绩与 Z 分数表

科目＼分数	原始分数		全体学生		Z 分数	
	学生 1	学生 2	平均分	标准差	学生 1	学生 2
数　学	92	77	70	8	2.75	0.88
语　文	59	91	64	11	－0.45	2.45
物　理	72	58	65	7	1	－1
化　学	58	60	53	13	0.38	0.54
总　计	281	286			3.68	2.87

表 8 - 2

学科成绩与
Z 分数

从表中可以看出,从原始分来看,学生 2 比学生 1 分数要高,但用标准分计算一下,就可知学生 1 应该排在学生 2 前面。

第二类是百分等级,百分等级是指在一个群体的测验分数中得分低于某一学生的百分比。常以 PR 表示:

$$PR = 100 - \frac{100R - 50}{N}$$

(R 是名次;N 是总人数)

例:某考生在 30 名学生中得第 5 名,则其百分等级为:

$$PR = 100 - \frac{100 \times 5 - 50}{30} = 85$$

这说明分数低于该生的学生人数占总数 85％。

2. 等级分制

在相对评分中,除采用标准分数外,还较多地采用等级分数,一般以五级文字记分:A、B、C、D、F(不是 E,而是 F,即 Failure)。等级分制还有其他多种变式,如二等分:及格和不及格两种等级,五等分制有优秀、良好、中等、及格、不及格,或者甲、乙、丙、丁、戊等。

等级分制简便易行,但过于粗略,标准不好掌握,不能反映出评价对象的细微差别,不能逐一排列次序,不能计算出各科成绩或学生集体成绩的平均值。另外,等级分制由于分级界限比较模糊,对教师掌握评价标准的能力要求较高。

(三) 评语制

评语制是用简明的评价性语言记述评价的结果。评语可用以补充评分的不足。那些难以从分数上反映出来的问题,可以在评语中反映出来。如学生的学习特点,兴趣爱好,主要的优缺点,今后要注意的事项等等,都可以运用评语对学生做出评价。评语没有固定的模式,而是根据每个学生的不同情况作深入分析,针对性较强。重要的是,给学生的评语要力求简明、扼要、具体,不可模棱两可,也不要一般化。

百分制、等级分制、评语制都各有其优点和缺点。目前有一种倾向,认为等级制可以增加模糊性,从而减轻学生压力,于是提出用等级制代替百分制。实际上,无论哪一种评价方法都是针对学生学业成就的某一方面,不可能完全独立地担当起对学生学业成就的评价,关键的是要改变我们头脑中的传统的以选拔为主旨的教学评价观念,充分发挥各种评价方法的优点。

三、学业成就评价结果的运用与报告

上面介绍了一些处理学生学业成就评价结果的简单的方法,但必须注意到,这些方法中的大部分都定位于以简单经济的方式概括地呈现评价结果。这些处理方法对于学生学业成就的比较是有效的,可是,如果要准确地反映学生学业成就的全貌,上述方法明显无能为力。

学生学业成就评价的一个功能在于对学生一个阶段以来的学习情况做出鉴定,但千万不要忘记,学生学业成就评价的一个更为重要的功能在于促进学习的改善。如果评价的目的定位于改善,那么重要的是要让学生通过评价了解自己的学习状况,而给予学生一个分数或者一个等级都无法让学生全面了解自己的学习情况,更无助于培养学生对于学习改善十分关键的自我评价能力。

(一)学业成就评价结果的运用

得出结果并非学业成就评价的终结环节,更为重要的是得出结果之后的后续工作,即评价结果的运用——教师用以判断自己教学上的问题,调整自己的教学内容和进程;学生用以判断自己学习上的情况,调整自己的学习活动,并且参照这种评价发展自己的自我评价能力。没有这样的后续工作,那么教师在课堂层面实施的所有评价都是没有多大意义的。这里着重讨论如何运用评价结果向学生提供反馈。

要向学生提供有效的反馈,对反馈的正确理解是必需的。虽然反馈并非一个难以理解的术语,但实践表明大部分教师没有正确地理解反馈,比如有些教师认为告诉学生做的对或不对,好或不好,就是提供反馈;有些教师认为在发现学生有困难时,提供指导就是一种反馈。"反馈是证实行动是否正确的证据。"[1]美国评价专家威金斯(G. Wiggins)进一步指出,反馈是给予表现者关于其表现的事实的信息,是通过对现实表现和意图/目标的比较得出的,这种信息中不应有反馈者对表现作出的任何价值判断。表扬和惩罚都不是反馈,因为它们可能鼓励学生,而没有呈现对与错的信息以及为什么对或为什么错,因此不能为学生改善学习提供支持。指导也不是反馈,反馈是告诉行动有什么结果,指导则是告诉你如何改进,是反馈的逻辑后果。

真正意义上的反馈必须能够让学生准确地回答三个问题:我要去哪里(我的学习目标)? 我现在在哪里(当前的学习结果)? 我离目标有多远以及我如何才能缩小两者之间的差距(改善的途径和方式)?

(1)反馈必须是清晰的。不仅要明确告知学生他们所获得的分数或等级,而且应当向他们提供关于表现状况的具体、清晰的细节。清晰性有助于保证评价结果对学生的可利用性。

(2)反馈必须是及时的。间隔太长的时间给予反馈往往会使反馈失去应有的作

① [美]Wiggins, Grant. 著,国家基础教育课程改革"促进教师发展和学生成长的评价研究"项目组译:《教育性评价》,中国轻工业出版社2005年版,第42页。

用,比如考试结束后过几周才返还试卷,对于学生学习的改善是一种无效的反馈。

（3）反馈必须是持续的。学生持续地追踪自己的进步是学习改善的重要前提,教师也必须基于评价结果持续地、频繁地给出反馈信息。

（4）反馈必须鼓励学生的自我评价。有效反馈对学生学习的促进作用最终是通过学生自己的评价、调整实现的,"教师的一个长期教学目标就是使自己渐渐地不再作为唯一的反馈提供者"。[1] 要使反馈能够激励学生的自我评价和自我反思,一个关键的方面就是保证反馈能为学生清晰、准确地理解。除了对反馈本身有要求外,保证评价的透明性,让学生事先了解评分规则和评价程序也十分重要。给出典范的表现样本作为榜样,保证学生可以随时用以与自己的表现对照。

（二）学业成就评价结果的报告

学生学业成就评价结果的报告是学生学业成就评价的一个必要环节。不同于反馈,学业成就评价结果的报告通常是在一个学期或者学年结束之际实施,而且报告的对象可能不局限于学生及其家长,也包括其他利益相关人,如教育行政部门。

但无论报告的对象是谁,作为评价的一部分,学生学业成就评价报告都必须定位于改进和发展。如果主要向教育行政部门报告学校整体的学生学业成就情况,报告就必须提供充分的信息以为教育行政部门的决策提供依据;如果向学生及其家长报告,那么报告就必须提供学生改善其学习所必需的信息。向学生及其家长报告学生个体的学业成就评价结果是教师报告实践的主体,下面着重讨论这一类报告。

向学生及其家长报告学生的学业成就评价结果是教师工作的一个重要组成部分,本质上是向学生及其家长解释成绩评价的方法、程序和结果,并与他们交流评价结果,提供相关信息,引导他们改善学习的活动。这需要教师具备正确解释评价结果、有效传递评价结果的能力。最为常见的报告形式就是学期结束时的报告单。

从报告单的设计来说,有几条原则是必须遵循的:

第一,报告单必须呈现全面的信息。理论上讲,学生学业成就评价结果的报告当然报告学生学业成就的评价结果,这种结果通常以分数或者等级的形式呈现。但是,如果没有输入、过程方面的信息,单一的输出信息不足以为学生改善学习提供基础。尽管严格来说学生先前的基础及过程中所作的努力无法归到学业成就评价结果之中,但却是理解学业成就评价结果的必要条件。另一方面,必须认识到考试成绩并非学生学业成就评价的唯一依据,除了考试成绩以外,报告单还得呈现一些不是通过考试获得的结果,比如来自教师课堂观察、学生书面作业以及一些表现性任务的信息。当然,报告单中不能容纳太多的信息,否则会影响报告的清晰性。一种平衡信息的全面性和清晰性的方法是告知学生及其家长获得进一步信息的渠道。

第二,报告单必须呈现清晰的信息。一方面,报告单的形式应当简洁明了;另一方面,也是更为重要的方面,呈现的信息应当清晰。对于学生及其家长而言,这种清晰性就是可理解性,也就是能够明了报告单所传递的信息内容。要保证报告单中的信息的

---

① ［美］Wiggins, Grant. 著,国家基础教育课程改革"促进教师发展和学生成长的评价研究"项目组译:《教育性评价》,中国轻工业出版社 2005 年版,第 43 页。

可理解性,报告单中应尽可能少用专门的技术术语,比如"表现指标"。尽管技术术语在很多时候是一种精确的交流工具,但对于不理解这类术语的人就毫无意义。报告单应当附加一个阅读指南,提供学生及其家长理解报告单所必需的信息,比如关于评价的依据、等级标准等的介绍。澳大利亚珀斯中学的报告单在起始部分就提供了一个"阅读指南"(见案例8-1)。

案例8-1

澳大利亚柏斯中学九年级第二学期学习
报告单说明(Explanatory Notes)

该报告单中的信息是对您孩子的学业成就、态度、行为和努力的总结。正式的报告单一年提供两次,在学期末提供。该报告单是学校用以与您交流您孩子在这一年中进步的方法之一。

学生成就:知识、技能、理解与价值观是西澳大利亚课程标准中学生需要掌握的学习领域的结果。教师用这些结果和标准、准则作为判断学业成就的基础。

每个学习领域的成就结果:在每个学习领域结果的八个水平等级中,用"√"表示您孩子的成就。这代表一个广泛的学习连续性。每个学习领域结果的成就都影响到您孩子的总的学习领域等级。

学习领域等级:您的孩子在每个学习领域的总成就通过A到E的等级划分。

A 杰出
B 好
C 满意
D 欠满意
E 不足

标准:西澳大利亚公立学校的"结果与标准准则"描述了称作成就目标的挑战标准。2006年,成就目标是为9年级英语、数学、科学、社会和环境、技术和企业方面的具体结果而设定的。您孩子报告单中有阴影的格子表示学习领域结果的成就目标。

例如:

学习→领域	英语								
	等级		A	B	C	D	E		
学习领域→结果	水平	1	2	3	4	5	6	7	8
	听和说				√				
	阅读					√			
	反思				√				
	写作			√					
	成就目标								

9年级的成就目标

此例表明学生已经达到了听和说的成就目标、超越了阅读的成就目标、未达到写作的成就目标。

此反思的结果中并没有成就目标,只表明学生达到了水平4。

基于学习领域的结果成就,该生在此学习领域的等级总评是B。

态度、行为和努力：

您孩子的态度、行为和努力用以下的等级来描述。

一直坚持——您孩子一直或大部分时间都保持恰当的态度、行为和努力。

通常——您孩子有时保持恰当的态度、行为和努力。

很少——您孩子几乎没有保持恰当的态度、行为和努力。并且这是应多关心的原因。

不评——此方面不是您孩子学习内容的重要部分。

评语：评语提供了关于您孩子进步和改进的领域，请您利用机会与您孩子的教师们联系。

进一步的信息：您可以要求学校提供书面信息，清楚地表明您孩子在所学领域中的成就与其学校同伴团体中其他成员的成就比较。此信息表明了在A—E的各成就水平中的学生数量。

资料来源：Year 9 student report, semester 2 - 2006, Western Australia Perth High School [DB/OL]. http://www. det. wa. edu. au/education/curriculum/sis/sis_docs/SampleReport_Secondary. pdf2006 - 12 - 30/2006 - 12 - 8

第三，报告单应当提供必要的比较性信息。没有比较性信息，所报告的许多数据就会失去意义。但个体间的横向比较应非常谨慎，应尽可能避免简单化的横向比较。但个体内部的纵向比较以及与确定的标准的比较则是必要的。这种比较可以让学生看到自己的进步、优势和不足，因此会成为促进学习的关键。

补充材料
8-2

学生眼中的评价

　　评价会通过影响学生的信心、兴趣和动机等情绪动力因素而影响学生的学习。我们当前经常期望通过评价激发学生的动机来促进学生学习。可是，从学生视角看，评价可能导致动机的加强，也可能导致动机的削弱。至于评价是加强还是削弱了学生的学习动机，经常取决于学生在评价中的经历。如果学生经常在评价中有良好表现，得到积极的强化和肯定，那么他们的学习兴趣、动机会得到提高，信心也会得到加强；如果他们经常在评价中经历失败，那么他们的学习兴趣、动机和自信心就会受到压制、打击，最终放弃学习。美国著名评价专家斯蒂金斯分析了评价在经常成功和经常失败的学生的情绪动力上产生的不同影响。

评价		
	对于成功的学生	对于失败的学生
评价结果提供了	持续的成功的证据	持续的失败的证据
学生感到	有希望、乐观	无助
	被激励采取积极的活动	最初恐慌，然后放弃

续 表

评　价	对于成功的学生	对于失败的学生
学生认为	一切很好。我做得很好	受到伤害。我在这里不安全
	我像往常一样成功	我还是做不了
	我要更成功	我被搞糊涂了。我不喜欢这样——帮帮我！
	学校关注我做得好的事	为什么它总关注我做不了的事？
	我知道下一步做什么	我不会去尝试做什么
	反馈能帮助我	反馈就是批评，它伤害了我
	成功被公开的感觉真好	失败被公开让我难堪
学生更可能	寻求挑战	寻找易做的事
	寻找令人兴奋的新观点	躲避新观点和新方法
	兴味盎然地尝试	对要做的事感到迷惑
	追求创新	躲避创新
	坚持	遇到挑战就放弃
	冒险，有弹性	退缩、逃避——尝试太危险了
这些行动导致了	自我强化	挫折
	积极的自我实现预言	消极的自我实现预言
	承担责任	拒绝责任
	可管理的压力	压力很大
	感到成功就是一种奖励	没有成功感，没有得到奖励
	好奇、投入	厌倦、挫折、恐惧
	不断地适应	缺乏适应能力
	很容易恢复	很容易被击垮
	获得了未来成功的基础	没有在将来获得成功的前提

　　如果考试成为学生进一步学习的障碍，或者阻滞了学生的学习——实际上这种现象在我们的学校教育情境中并不罕见，许多学生厌学乃至被隐性地淘汰，原因就在于他们在学校教育的考试情境中经常反复地遭遇到失败——那么这种考试即使完全符合高质量考试的技术指标，也不能说是一种良好的考试。正如斯蒂金斯所说，评价的质量不仅要看它提供的关于学习的证据的质量，还得看它对学生未来学习的影响。如斯蒂金斯言，"评价所要关注的远不止是测验分数的可靠性，它也必须关注分数对学习者的影响，如果导致学生放弃，那么即使最有效、最可靠的评价都不能被认为是高质量的评价。"

　　资料来源：Stiggins, R., Assessment through the Studengs Eyes. Educational Leadership. 67(8),2007. 22-26

第 3 节　课堂教学的评价

　　课堂教学是学校教学活动的基本组织形式,是教育教学活动的主要渠道。课堂教学的质量会对整个教学质量乃至教育质量产生直接影响。当前素质教育的推行要改革过去以学生课余时间的牺牲和沉重的学业负担为代价换取质量的做法,而以课堂教学效率的提高来保证质量。课堂教学评价具有明显的发展性功能,是课堂教学质量提高的一个关键环节。所以在素质教育的推行中,课堂教学评价理应得到高度的重视。

　　课堂教学评价是一种真实性评价,即在真实的课堂教学情境中,观察教师的课堂教学表现并收集与教师教学相关的多种信息,进行分析,以为教师改进课堂教学提供依据。因此课堂教学评价必须遵循真实性评价的一般原则。

一、课堂教学评价的核心理念

(一)课堂教学评价必须以教学的改善为目的

　　课堂教学评价的目的不是简单地对教师的教学水平做一个鉴定,而应以教学的改善为目的,以促进教师的专业发展为目的。这样一种评价需要评价者充分尊重教师,将之当作平等的评价合作伙伴。尊重有助于创造出评价者与被评者之间的相互信任的积极的气氛,使评价过程成为参与评价者共同学习、共同提高的过程,最终促进教师的专业发展。这种评价也需要特别重视评价结果的反馈,应当向被评者提供基于证据的、清晰的、个人化的、建设性的反馈。

　　在课堂教学评价中,形成性评价因其改进性、教育性和发展性而理应受到更多的重视。但这并不表明诊断性评价和终结性评价应被放弃。两者都能对教师专业发展起着独特的促进作用。诊断性评价对于确定教师已有水平和起点状态,从而为其选择合适的工作岗位具有明显的作用;在一阶段工作结束后也应对教师的教学效能作一个总结或鉴定,所以终结性评价也是必要的。只是诊断性评价不应单纯为教师任用提供依据,也应为教师的进一步发展确定起点、明确方向;终结性评价不应是单纯为教师的奖惩提供依据,也应被当作教师进行反思性实践的重要前提。也就是说,教学评价最终应着眼于教学的改善和教师的专业发展。无论何种形式的教学评价都应是一种发展性评价。

(二)课堂教学评价必须基于专业思考

　　指向于发展的课堂教学评价意味着这种评价要促进被评价的教师的专业发展,同样意味着这种评价对于评价者也是一个重要的专业学习的机会。然而,课堂教学评价能否有效促进被评价者的专业发展和评价者的专业学习,关键取决于课堂教学评价是否具有专业性。实践中课堂教学评价经常地被"去专业化",或者使得课堂教学评价成为一种管理手段,将教师在一堂随机抽取或精心准备的课中的表现泛化为教师的教学水平,进而决定其奖惩、晋升或聘用;或者使课堂教学评价成为学校中的一种"仪式",而且经常是一种随意化的仪式。这样一种评价显然无助于被评价者的专业发展,也无法为评价者提供专业学习机会。

　　教学是一项专业活动,对课堂教学的评价是一项以促进教师的专业发展为目的的、专业性更高的活动,需要评价者与被评价者具有专业的态度——研究的取向、改进的目的、充分的准备等尤为重要。作为一种专业活动的课堂教学评价更需要有专业的知识和技能的支撑,比如评价前的准备工作、课堂观察以及对其他相关材料的分析、评价后的反馈等需要一定的程序,依赖于一定的工具和技术。如果缺少这些方面的专业知能,课堂教学评价的结果就很难准确,对被评价者很难公平,所期望的改进教学的目的也就很难达成。

(三)课堂教学评价必须基于协商参与

评价在本质上是一个心理建构过程,其核心问题是价值问题,无论是评价项目的设定、项目权重的确定、各项目的赋值,还是对评价材料的取舍,都会受评价本身的价值取向以及评价者隐含的价值观的影响。所以其结果必然是参与评价的个人或团体对评价对象所形成的带有价值依附的主观认识。单一主体的评价实际上是将某一种价值观视为唯一正确的并强加于人,显然是不足取的。

评价必须以个人独特的建构作为探讨的基础,不断地听取和吸收各方面的意见和观点,不断地协调各种基于不同的价值观而产生的心理建构之间的分歧,拉近各种观点之间的距离,最后达成共识。协商是评价流程中的一个关键步骤,是从"出发点"、"各方关注的焦点"通向共同建构的必由之路。评价的参与者之间需要互动,各方应在充分阐述解释的基础上通过协商和分析共享观念的意义,逐渐形成共识。课堂教学评价须将评价者评价、教师自己评价、学生的评价以及同事和其他相关者评价结合起来。评价者不仅需要自己对教师的教学活动作出尽可能全面和准确的判断,在这个过程中,他更重要的职责在于组织各评价主体进行协商,协调各方的观点,从而整合出一个各方都能接受的评价结果,并在共识的形成过程中使自己和其他各方都得到教育和发展。

二、课堂教学评价的内容框架

传统上教师课堂教学的评价通常局限于课堂教学的过程,而且局限于课堂教学过程的一个方面,即教师教的活动。因为课堂教学不仅涉及到教-学过程,而且涉及到大量的事先的准备,如目标的确定、内容的选择、方法的设计等。此外,课堂教学的结果最终体现在学生的学习上,因此,仅关注教师教的课堂教学评价是不完整的,甚至是有害的——当前实践中泛滥的"表演课"带来的消极影响足以说明问题。

课堂教学评价的焦点是在课堂教学上,但不能过于狭隘地理解课堂教学。尽管某些诊断性的课堂教学评价可以聚焦于教学的特定环节或者方面,但从总体上讲,课堂教学评价应当同时关注课堂教学的输入、过程和输出三个方面。

(一)课堂教学的输入

课堂教学的输入维度主要包括两大方面:情境因素和教师的教学准备。

教学总是在特定的情境中发生的,相关的人、地、内容等都会对教学发生重要影响,因此课堂教学评价切不可忽略这些情境因素,而是应当将课堂教学置于特定的情境进行评价,充分关注情境因素对课堂教学的影响。

教师的教学准备是课堂教学的一个重要环节,会直接影响教师课堂教学的过程和结果。尽管通过课堂教学评价的最常见做法——课堂观察——难以直接收集关于教师教学准备的信息,但课堂教学评价绝对不能忽略教师的教学准备。

(二)课堂教学的过程

课堂教学的过程维度也即课堂教学的实施,是实现课堂教学目标的关键,因此也是课堂教学评价的最重要的关注点。传统课堂教学评价关注这一维度,但通常只关注这一维度的一个方面,即教师的教,却忽视了这一维度中更重要的方面,即学生的学。课堂教学的过程是由教师和学生共同完成的,且教师的教的目的在于引起、维持与促进学生的学,不关注学生的学的课堂教学评价是没有任何意义的。

而对教师教的评价,过去的实践也存在不少偏差,比如着眼于一些笼统的教学品质,未能聚焦于可观察的教学行为,更没有基于充分的数据作出对教学品质的推断。这样一种推断是为评价而不是为反馈而作出的,对于教师的后续教学难以起到改善作用,因为它只能传达"好"或"不好"的信息,却不能告诉教师基于证据的好或不好在什么地方。

(三)课堂教学的结果

过去教师评价中对于教学的结果不可谓不重视,实际上教师评价中的一种极端做法就是将学生的考试成绩作为评价教师的唯一指标;而在所谓"优质课"评比之类的课堂教学评价中,只着眼于教师的教学行为,这种行为的结果尤其是在学生学习上产生的结果则几乎完全被忽略了。

教学的效果最终体现在学生学习上。不关注学生学习的课堂教学评价失去了它的意义所在,关注课堂教学在学生学习上产生的结果就是关注教学的效果,这是课堂教学评价的核心内容。过程评价之所以重要,是因为过程反映了得到某种特定效果或达到某种特定目标的效率,如果过程评价仅局限于过程本身,那么过程评价就没有意义。

课堂教学的结果主要反映在教学目标的达成上,因此,课堂教学结果的评价主要考查学生是否达到了教师预先设定的教学目标。这并不意味着要在课堂教学结束之后对学生进行检测,这方面的评价主要通过课堂教学中评价环节的实施来进行。评价实际上是教学的不可分割的一部分,教师在课堂教学过程中通常有大量的时间花在评价上——国外有学者认为,教师花在评价及与评价相关的活动上的时间占了总教学时间的一半。评价者可以通过学生在课堂评价上的表现来判断目标的达成状况。如果一堂课中教师没有实质性的评价行为,让评价者难以了解学生的学习结果,那么不管这堂课的过程中教师表现得有多好,学生多么投入,这堂课都不能成为一堂好课。

在实施课堂教学评价时,输入、过程和结果这三个方面应当进一步具体化。下面提供的课堂教学分析框架就是具体化的一种模式,它将课堂教学分成学生学习、教师教学、课程性质以及教学发生的环境(主要是课堂文化)四个维度。每个维度可以从多个视角去分析,每一视角又有多个观察点。这样形成了 4 个维度、20 个视角、68 个观察点构成的完整的课堂教学过程分析框架。

表 8 - 3

课堂教学分析的
视角和观察点①

维度一:学生学习	
视角	观 察 点 举 例
准备	● 课前准备了什么? 有多少学生作了准备? ● 怎样准备的(指导/独立/合作)? 学优生、学困生的准备习惯怎样? ● 任务完成得怎样(数量/深度/正确率)?
倾听	● 有多少学生倾听老师的讲课? 倾听多少时间? ● 有多少学生倾听同学的发言? 能复述或用自己的话表达同学的发言吗? ● 倾听时,学生有哪些辅助行为(记笔记/查阅/回应)? 有多少人发生这些行为?
互动	● 有哪些互动/合作行为? 有哪些行为直接针对目标的达成? ● 参与提问/回答的人数、时间、对象、过程、结果怎样? ● 参与小组讨论的人数、时间、对象、过程、结果怎样? ● 参与课堂活动(小组/全班)的人数、时间、对象、过程、结果怎样? ● 互动/合作习惯怎样? 出现了怎样的情感行为?
自主	● 自主学习的时间有多少? 有多少人参与? 学困生的参与情况怎样? ● 自主学习形式(探究/记笔记/阅读/思考)有哪些? 各有多少人? ● 自主学习有序吗? 学优生、学困生情况怎样?
达成	● 学生清楚这节课的学习目标吗? 多少人清楚? ● 课中有哪些证据(观点/作业/表情/板演/演示)证明目标的达成? ● 课后抽测有多少人达成目标? 发现了哪些问题?

维度二:教师教学	
视角	观 察 点 举 例
环节	● 教学环节怎样构成(依据/逻辑关系/时间分配)的? ● 教学环节是怎样围绕目标展开的? 怎样促进学生学习的? ● 有哪些证据(活动/衔接/步骤/创意)证明该教学设计是有特色的?
呈示	● 讲解效度(清晰/结构/契合主题/简洁/语速/音量/节奏)怎样? 有哪些辅助行为? ● 板书呈现了什么? 怎样促进学生学习的? ● 媒体呈现了什么? 怎样呈现的? 是否适当? ● 动作(实验/制作/示范动作)呈现了什么? 怎样呈现的? 体现了哪些规范?
对话	● 提问的时机、对象、次数和问题的类型、结构、认知难度怎样? ● 候答时间多少? 理答方式、内容怎样? 有哪些辅助方式? ● 有哪些话题? 话题与学习目标的关系怎样?
指导	● 怎样指导学生自主学习(读图/读文/作业/活动)? 结果怎样? ● 怎样指导学生合作学习(分工/讨论/活动/作业)? 结果怎样? ● 怎样指导学生探究学习(实验/课题研究/作业)? 结果怎样?
机智	● 教学设计有哪些调整? 结果怎样? ● 如何处理来自学生或情景的突发事件? 结果怎样? ● 呈现哪些非言语行为(表情/移动/体态语)? 结果怎样?

---

① 沈毅、崔允漷主编:《课堂观察:走向专业的听评课》,华东师范大学出版社 2008 年版,第 104—106 页。

续　表

维度三:课程性质

视角	观 察 点 举 例
目标	● 预设的学习目标是怎样呈现的? 目标陈述体现了哪些规范? ● 目标是根据什么(课程标准/学生/教材)预设的? 适合该班学生的水平吗? ● 课堂有无生成新的学习目标? 怎样处理新生成的目标的?
内容	● 怎样处理教材的? 采用了哪些策略(增/删/换/合/立)? ● 怎样凸显本学科的特点、思想、核心技能以及逻辑关系? ● 容量适合该班学生吗? 如何满足不同学生的需求? ● 课堂中生成了哪些内容? 怎样处理的?
实施	● 预设哪些方法(讲授/讨论/活动/探究/互动)? 与学习目标适合度? ● 怎样体现本学科特点? 有没有关注学习方法的指导? ● 创设什么样的情境? 结果怎样?
评价	● 检测学习目标所采用的主要评价方式有哪些? ● 如何获取教/学过程中的评价信息(回答/作业/表情)? ● 如何利用所获得的评价信息(解释/反馈/改进建议)?
资源	● 预设哪些资源(师生/文本/实物与模型/实验/多媒体),怎样利用? ● 生成哪些资源(错误/回答/作业/作品)? 怎样利用? ● 向学生推荐哪些课外资源? 可得到程度怎样?

维度四:课堂文化

视角	观 察 点 举 例
思考	● 学习目标怎样体现高级认知技能(解释/解决/迁移/综合/评价)? ● 怎样以问题驱动教学? 怎样指导学生独立思考? 怎样对待学生思考中的错误? ● 学生思考的习惯(时间/回答/提问/作业/笔记/人数)怎样? ● 课堂/班级规则中有哪些条目体现或支持学生的思考行为?
民主	● 课堂话语(数量/时间/对象/措辞/插话)是怎样的? 怎样处理不同意见? ● 学生课堂参与情况(人数/时间/结构/程度/感受)是怎样的? ● 师生行为(情境设置/叫答机会/座位安排)怎样? 师生/学生间的关系怎样? ● 课堂/班级规则中有哪些条目体现或支持学生的民主行为?
创新	● 教学设计、情境创设与资源利用怎样体现创新的? ● 课堂有哪些奇思妙想? 学生如何表达和对待? 教师如何激发和保护? ● 课堂环境布置(空间安排/座位安排/板报/功能区)怎样体现创新的? ● 课堂/班级规则中有哪些条目体现或支持学生的创新行为?
关爱	● 学习目标怎样面向全体学生? 怎样关注不同学生的需求? ● 怎样关注特殊(学习困难/残障/疾病)学生的学习需求? ● 课堂话语(数量/时间/对象/措辞/插话)、行为(叫答机会/座位安排)怎样? ● 课堂/班级规则中有哪些条目体现或支持学生的关爱行为?
特质	● 在哪些方面(环节安排/教材处理//导入/教学策略/学习指导/对话)体现特色? ● 教师体现了哪些优势(语言/学识/技能/思维/敏感性/幽默/机智/情感/表演)? ● 师生/生生关系(对话/话语/行为/结构)体现了哪些特征(平等/和谐/民主)?

三、课堂教学评价的方法

评价通常被看成一个做出价值判断的过程,但价值判断离不开事实判断。没有相关的事实,价值判断就失去了根基,也就没有任何价值。因此,评价其实也是一个事实判断的过程,当前越来越多的学者认同"评价就是一个收集信息的过程"的观点。的确,在特定的价值观框架中,评价的结果将会取决于所收集的信息,因此更好地收集课堂教学的信息是良好的课堂教学评价的关键所在。

课堂教学信息的收集需要多种专门的技术,课堂观察就是这样的专门技术之一。观察者在课堂教学过程中运用事先开发的观察工具对所需要的信息进行记录。观察时间通常是一节完整的课,但在预定的观察点比较小时,比如观察的目的只指向于教师的某一具体的技能时,观察时间也可以更短。在课堂观察过程中,观察工具的运用非常重要,它能帮助观察者有效地、完整地、准确地记录课堂教学事件。国外有众多的课堂教学观察工具,包括定量的和定性的,前者如编码体系(coding System)、等级量表(rating Scale)与项目清单(checklist),后者如叙述体系(narrative Systems)、图式记录(figure Records)和电子记录(technological Records),都可以为教师观察所用。

定量的课堂观察工具本质上是一种分类体系(category systems),即将课堂教学分解成不同的要素,然后进行记录。一般程序是:预先设定行为的类别;记录特定时间(如一堂课)内出现的不同类别的行为。弗兰德斯的互动分析分类体系是最著名的定量课堂观察工具之一,它属于编码体系。该体系首先将课堂的言语活动分成十个类别,分别用符号加以表示——即编码(见表8-4),然后每隔3秒钟记录下最能反映课堂中师生言语状况的那个类别的符号。

表8-4 弗兰德斯互动分类体系①			
	教师说话	间接影响	1. 接受感情 2. 表扬或鼓励 3. 接受或使用学生的主张 4. 提问
		直接影响	5. 讲解 6. 给予指导或指令 7. 批评或维护权威性
	学生说话		8. 学生被动说话(如回答教师提问) 9. 学生主动说话
			10. 沉默或混乱

表8-5就是一个定量的课堂观察工具的实例,用于收集学生的错误及教师对学生错误的处理情况。

---

① Hopkins, D., *A Teacher's Guide to Classroom Research*. 1993. p. 111.

	教师对学生错误后的反应分类	典型行为记录	频 次	表8-5
学生的错误	1. 知识性错误 2. 表达的错误(文字表述、图形等) 3. 不合理的错误(甚至学生哄笑) 4. 思考不全面 5. 教师无法判断正误(如异想天开型) 6. 未把握问题的指向			学生的错误和教师的处理观察表①
教师的态度	1. 赞许(如虽然错误但有想法的情况) 2. 接纳(微笑,偏肯定性语气) 3. 中性(指令) 4. 尴尬(不知如何应对) 5. 气愤			
教师的处理	1. 鼓励 2. 引导 3. 换其他学生回答 4. 教师自己指正 5. 进行解释和说明 6. 由学生评价 7. 由同伴补充完善(合作学习时) 8. 最终明确正确解答 9. 忽视或视而不见			

与编码体系一样,等级量表也要预先对观察点进行分类,在一段时间内对观察点进行观察,然后评价所观察的行为的等级。以下就是一个等级量表的实例。

序 号	评 价 项 目	等 级 评 分	表8-6
1	态度是否沉稳、愉快	☐ ☐ ☐ ☐ ☐	教师表现评价等级量表②
2	用辞是否浅显易懂	☐ ☐ ☐ ☐ ☐	
3	活动前是否向学生解释了学习目标	☐ ☐ ☐ ☐ ☐	
4	对课堂秩序的管理	☐ ☐ ☐ ☐ ☐	
5	对学习气氛的控制	☐ ☐ ☐ ☐ ☐	
6	对学习兴趣的激发	☐ ☐ ☐ ☐ ☐	
7	对学生反应的注意	☐ ☐ ☐ ☐ ☐	
8	对学生突发的问题和状态的处理	☐ ☐ ☐ ☐ ☐	
9	对主题的阐释、引导	☐ ☐ ☐ ☐ ☐	
10	被学生接受的情况	☐ ☐ ☐ ☐ ☐	

这一等级量表是五级量表,常用的还有三级、四级量表。

---

① 沈毅、崔允漷主编:《课堂观察:走向专业的听评课》,华东师范大学出版社 2008 年版,第 114—115 页。
② 黄光雄、简茂发主编:《教育研究法》,台湾师大书苑有限公司 1993 年版,第 185 页,引用时有改编。

　　项目清单是预先列出可能出现且需要观察的行为,在该行为出现时在记录表上做上记号,目的在于检核需观察的行为是否发生。

　　定量的课堂观察通常借助于预先确定的分类体系或者指标,这对于避免课堂观察的随意性很有帮助。但如果仅以各种预设指标为框框,那么就可能带着一种预期乃至偏见进行观察,从而遗漏观察项目表中没有而对教学评价却十分重要的信息资料。因此,一些定性的课堂观察也非常必要,比如:

　　描述体系(descriptive system):是定量记录与定性记录的过渡形式,偏向于定性。描述体系也借助于一定的分类框架,运用文字、个人化的符号等非数字的方式对观察目标进行描述。如下表:表的左侧是对教学技能的分类,也即预先对教学技能的成分的分解;右侧空白处用于观察者对观察项目的描述。

表 8-7

教学技能观察表[1]

呈现或导入	
间接教学	
直接教学	
声音	
反馈	
学科问题	
期待	

　　表 8-8 是一个用于观察学生对核心知识的理解和运用的描述体系实例。

表 8-8

学生对核心知识的理解和运用观察表[2]

观察指标(以认知层次为序)	典型行为记录					
	教学环节一		教学环节二		……	
	教师	学生	教师	学生	教师	学生
1. 用自己的话去解释、表达所学的知识						
2. 基于这一知识作出推论和预测,从而解释相关的现象、解决有关的问题						
3. 运用这一知识解决变式问题						
4. 综合几方面的知识解决比较复杂的问题						
5. 将所学的知识迁移到实际问题中去						

　　叙述体系(narrative systems):抽取一个较大的事件片断,对观察到的事件和行为做详细真实的文字记录,同时也可加入现场的主观评价。叙述体系比描述体系更为开放,没有预先确定的分类。人种学研究中的田野笔记是定性的课堂观察的最基本的记录方式。它要求进行更为细致的描述,不仅要描述课堂现场中所观察到的人、行为、事

① Hopkins, D., *A Teacher's Guide to Classroom Research*, 1993. P.89.
② 沈毅、崔允漷主编:《课堂观察:走向专业的听评课》,华东师范大学出版社 2008 年版,第 109 页。

件和语言,而且要记录观察者自己的主观想法、推测、印象,乃至情感,甚至还要了解被观察者对自己行为的解释。不过,在做记录时应当将客观描述与主观印象严格区分开来,所以叙述体系通常分为两栏,一栏作客观的描述,一栏记录自己的主观印象。

但课堂观察所能获得的往往只是有关课堂教学的外显行为方面的信息,对于教学中的心理过程常只能加以推断,而这种推断往往无法摆脱评价者个人主观因素的干扰,所以仅靠课堂观察来收集评价资料是不够的。访谈(包括对被评的教师、班级中的学生、学校的领导、同事的访谈)以及对教师作品(包括教案、教学日记、个人生活历史、个人叙事)的阅读等应被当作收集评价资料的重要途径。

四、课堂教学评价的主体

教师课堂教学评价有多种主体,一般来说,课堂教学评价的主体包括了同行、学生和教师自己。根据主体的不同,课堂教学评价可以分成三种类型:

(一) 同行评价

即由学校外部或学校的其他同学科的教师对某一教师的教学进行评价。由于同行有相同或类似的专业知识背景,对本学科的教学目标、意图、内容、方法等以及对师生的背景情况(如教师的专业水平、责任心、工作习惯,学生的基本学力、总体水平、学习热情等)较为熟悉,因此,同行评价易于作出恰如其分的判断,同时也有利于教师之间的相互学习、相互交流,提高教师的整体水平。但能否真正使同行评价成为参与者(包括评价者和被评价者)进行专业学习的机会,评价的指向和参与者的心态起着关键的作用。

同行评价的内容有:教师对本门学科(课程标准、教材)的掌握程度;学习目标是否适当? 是否反映本门学科的最新研究成果;是否尽到课程教学所承担的责任;是否利用了相关的课程资源等。本校的同行能够判断某一同事在某一相对长时间内的教学水平,但外部同行评价因为通常只能选用一些通过一次课堂观察就可以看出问题的项目,所以只能就课论课,不能做简单的类推,避免根据一堂课的表现对教师的教学能力、教学水平做出简单化的判断。

(二) 学生评价

学生是对教师教学的最直接的感受者,他们应该是最有发言权的。通过学生对教师的教学评价,可以反映出教师在学生中的威信、受欢迎程度以及师生人际关系,也能够反映出教师的教学方法、教学艺术是否符合学生的要求。将学生作为课堂教学评价的主体能够促使教师充分认识学生在教学过程中的主体地位,从实际出发,从学生出发来设计教学活动。

但是,由于学生的认知水平上的局限,对教学目的、方法和内容等缺乏全面的了解,而且往往只从自己的角度审视课堂教学,因此学生不可能对课堂教学的所有要素都做出适当的评价。学生对自己的学习是否得到有效的帮助和促进,教师教学中例子是否适当,讲述是否清楚,能否激发兴趣等具有最高的发言权,但对内容是否科学、必要,是否具有前沿性,学生则明显缺乏有效判断的能力。因此,学生评价的项目应当有所限制,将一些学生难以判断的项目纳入学生评教的指标之中,不仅没有意义,而且可能导致师生关系的恶化,甚至使教师产生消极、反感情绪,从而伤害教师、伤害教学。美国佐治亚州将学生评教定位于学生感受评价,让学生对自己能够感受、有能力做出判断的项目进行评价,这应当是比较合适的,而且也能够极大地提高学生评教的效度和信度。

表 8 - 9	学校名称:

美国佐治亚州中小学学生感受评鉴量表①

	从来没有	有时	常常
1. 我的老师乐于教学。	□	□	□
2. 我的老师使我对功课感兴趣。	□	□	□
3. 我的老师知道我们做了什么及将怎么做。	□	□	□
4. 我的老师和蔼可亲。	□	□	□
5. 我的老师关心我的情绪。	□	□	□
6. 我的老师有耐心并且了解我。	□	□	□
7. 我的老师让我知道我的行为是否正确。	□	□	□
8. 我的老师温文儒雅。	□	□	□
9. 我的老师以身作则。	□	□	□
10. 我的老师公平处理学生的犯规行为。	□	□	□
11. 我的老师能因材施教。	□	□	□
12. 我的老师使用教具如挂图、影片、幻灯片……等媒体。	□	□	□
13. 我的老师选用合适的教科书、作业单,帮助我学习。	□	□	□
14. 我的老师讲解课文清晰。	□	□	□
15. 我的老师对于我不懂的课业,会再讲解说明。	□	□	□
16. 我的老师倾听并采纳我的意见。	□	□	□
17. 我的老师会告诉我正确的答案。	□	□	□
18. 我的老师又说又写,让我了解。	□	□	□
19. 我的老师有条不紊地教导我们。	□	□	□
20. 我的老师使用多种方式教导我们。	□	□	□
21. 我的老师采用大班、小组及个别方式教学。	□	□	□
22. 我的老师让我对于新的功课感到有趣。	□	□	□
23. 我的老师在课堂上给我学习的机会。	□	□	□
24. 我在课堂上专心读书。	□	□	□
25. 我的老师在课堂上能使我专心一致。	□	□	□
26. 我的老师告诉我在学校所学为何重要的原因。	□	□	□
27. 我的老师对于教材知道很多。	□	□	□
28. 我的老师点名及批阅作业,动作迅速。	□	□	□
29. 我的老师教学进度适宜。	□	□	□
30. 我的老师把教室布置成一个美好的场所。	□	□	□

由于学生评教只能评价教师课堂教学中的某些方面,而且往往是专业性不是很强的哪些方面,因此学生评教的结果不能成为课堂教学评价的唯一依据。在课堂教学评价中,学生是不可或缺的评价主体,但学生评教的结果必须得到其他结果来印证,或者作为其他形式的评价的补充。尤其需要强调的是,学生评教的结果不能成为关于教师的人事决策的唯一依据。

① Georgia Department of Education, *Teacher Performance Instruments*: *A Handbook for Interpretation*, 1980. pp. 139 - 142.

（三）自我评价

课堂教学评价的价值在于评价的过程和结果对被评者的意义,而这种意义只有在被评者参与评价过程时才能获得。如果被评价的教师不认同评价的指标,不接受评价的结果,那么这种评价就不可能起到促进、改善教师教学的作用。发展取向的评价要求作为被评价的教师参与到评价过程之中,与评价者就评价过程、结果等进行协商、共同建构。而这显然以教师的自我评价作为基础。实际上任何外部评价要起到促进、改善教师教学的作用,都必须通过教师本人的自我评价。

教师本人也是课堂教学评价的一个重要主体,自我评价是教学评价的重要途径之一。尽管教师自我评价与学生评价的相关系数只有 0.21,并不足以说明教师自我评价的低效度——因为这种低相关完全可能是因为教师和学生关注点不同而造成的,但自我评价的效度难以保证(特别是评价结果对教师具有高利害关系时)也是一个不争的事实。但在发展取向的课堂教学评价中,自我评价所具备巨大的反思潜力足以使这种低效度忽略不计。

教师的自我评价实质上就是一种自我分析、自我反思。相对于他人评价,自我评价更能调动教师的主动性和积极性,更能激发教师对自己教学过程的反思,更有助于教师实现从经验中学习。教师可以用"教历"的形式记载教学工作的进程,同时记下过程中的所思所想,以便总结、改进。这样的教学才是"活"的循环,才是富有创造性的活动。当前教育教学改革的日益深化,要求教师在"行动"中开展研究,怎样才能实现从常规的教育教学活动向研究性的实践活动的转化? 在这里,对计划和过程的考察和反思是不可缺少的,而反思,就是描述出自己的教学的过程和结果,并对此作出评价解释,以利于形成对下一步行动的新的判断和构想。

当然,从评价的主体看,实践中还有领导评价。如果是专业领导的评价,那它实际上相当于同行的评价;如果是非专业的领导的评价,那么这种评价就没有讨论的必要,至少在本书中没有讨论的必要——如果有必要,那只能在有关教育管理的文献中。

若要对教师的课堂教学作出一个全面而准确的评价,任何单一途径的评价结果都是不够的,即使同行中的专家评价也是有缺陷的。因此,要对教师的课堂教学做出准确的评价,准确地反映教师课堂教学的优点和不足,并向教师提供有效的反馈,就必须是综合运用通过多种评价途径所获得的结果。除了用于人事决策,来自于不同途径的评价结果不宜运用简单加权的方式提供给教师,因为一个无法解释的数字(如分数或等级)对于教师改善其课堂教学是没有任何意义的。

本章小结

当前评价领域正在发生范式转换,从考试文化走向评价文化。评价文化需要建立一个平衡的评价系统,保证外部评价和内部评价、纸笔测验和表现性评价,以及输入、过程和结果评价的平衡。学生学业成就评价的方法和结果处理方式多种多样。对于学生学习的改善,评价结果的运用和报告特别重要,需要提供描述性信息作为有助于学生改善学习的反馈。教师的课堂教学评价包括同行评价、学生评价和自我评价,应当指向教学改善,基于专业思考和协商参与。基于合作、技术与研究的课堂观察是实施课堂教学评价的一种有效方法。

关键术语

评价文化　学业成就评价　促进学习的评价　表现评价　课堂观察

讨论与探究

1. 讨论:考试与评价的区别。

2. 讨论:关于学习的评价与促进学习的评价之异同。

3. 请你结合本章的叙述,列出课堂教学评价的要点。

4. 真正的反馈是不是有点像 GPS(全球定位系统)?比较一下评价反馈与 GPS,找出它们的共同点,并思考如何让你的反馈对学生的学习起到 GPS 的作用。

5. 案例分析:案例 8-2 是一个故事的节选,网上有这篇文章的全文,你可以找来读一读。结合你自己的评价经历,仔细思考这些评语对于促进学习的作用。

案例 8-2

老师的推荐信

端木在《中国青年报》2001 年 4 月 1 日发表了一篇文章《一个中国孩子在美国的学习》,叙述了他的女儿被老师评价为"没有数学脑子"、开始丧失自信的女儿在美国的学习经历。特别提到他女儿斯蒂芬在申请大学时,她的中学老师给大学的推荐信,这些推荐信令他震撼。他列举这些推荐信就是想回答他的疑问:"那个'没有数学脑子'的、只能上文科班的、垂头丧气感到'厌学'的女儿,消失了;取而代之的是一个看起来正全面获得进展、甚至有点出类拔萃的女儿!仅仅三四个月过去,女儿的学习状态和自信简直就像换了一个人,是什么起了如此奇妙的催化作用?"以下就是斯蒂芬的美国老师为她所写的推荐信节录。

法语老师凯瑟琳·M·特纳的推荐信:

我很高兴认识斯蒂芬。我教她法语。法语对她来说是一门全新的课程(她的第二外语),同时她不得不掌握英语(她的第一外语),还要适应新的文化氛围,但所有这些都没有难倒她。

斯蒂芬是个非常聪明的学生。她在沙龙高中的第一周,就问是否可以放学后留下,让我教她以前没有学的功课。令我惊奇的是,斯蒂芬在一个小时内就都学会了。她不时地展示她的语言天赋,在班里成绩最好(从开学第一天起,她的分数没有低于 A 的)。她对细节和微妙的语法差别有敏锐的目光,能成功地记住新词汇并在文章中创造性地运用。出语轻柔的斯蒂芬能轻松地表达自己的想法。我对她适应困难的法语发音的能力印象非常深刻。斯蒂芬学习勤奋、自觉,总是认真完成作业,以自己的努力和精确超出我的预期。

我相信,斯蒂芬在大学里会继续在个人学术方面取得进步,获取成功。我毫无保留地推荐她。

数学老师特雷西·史密斯的评语:

我很高兴写这封信,并以我的名誉担保,斯蒂芬今年参加了我的初级微积分课程的学习。学习期间,我发现斯蒂芬不仅勤学好问,而且富有同情心。她总是努力、认真地完成作业。她在数学和解决难题方面有显著特长。斯蒂芬经常以自己优雅而且具有创造性的方式解决难题、完成数学证明。斯蒂芬也常常帮助身边的同学做难题。

有斯蒂芬做学生我很高兴,她在任何校园都会受到珍视。为上述及更多原因,我向贵校推荐斯蒂芬。

英文老师约翰·C·科林斯的评语:

斯蒂芬从不在没有准备的情况下进行学术辩论。她的准备总是全面而准确,对每个可能的事件都有预测。她付出的代价是时间和努力,这在她优秀的作业中有所反映。

斯蒂芬不仅仅是学术机器。她对学习感到兴奋,她在探索智慧;与困难的概念搏斗;对有挑战性的问题,她不接受简单的答案。她所做的是把不同的想法结合起来,把众多概念放在一起,不怕在解决难题时碰壁。我很喜欢像她这样有毅力的学生。她能适应高水平的大学学业吗?我以性命担保她行。对此,一秒钟都不应该怀疑!

指导老师乔·贝克汉姆的评语:

斯蒂芬表现得很完美。在我做顾问的经历中,还没有听说过有外国学生比她更快地完成了学业转型。数学和其他理科方面的科目对她来说很轻松,遥遥领先于她的同班同学。她喜欢语言,学起法语来是个明星。然而在英语和美国历史方面,她的阅读和写作水平还需要努力。她的所有老师都有共同的想法,"她太不可思议了,请再给我们 20 个像斯蒂芬这样的学生!"他们一致赞扬她的勤奋、学术好奇心、专心学习和愿意帮助小组中其他同学的行为。平时斯蒂芬在课堂上很安静,但一被叫到回答问题时总是清楚无误,显示出极强的理解力。

她在美国有竞争力的大学里会非常成功。我满怀热情地赞同最具竞争力的大学接纳她。

进一步阅读的文献/网站

1. 钟启泉、崔允漷主编:《新课程的理念与创新——师范生读本第 2 版》,华东师范大学出版社 2008 年版。

2. 沈毅、崔允漷主编:《课堂观察:走向专业的听评课》,华东师范大学出版社 2008 年版。

3. [美]Wiggins, G. 著,"促进教师发展和学生成长的评价研究"项目组译:《教育性评价》,中国轻工业出版社 2005 年版。

4. [美]Stiggins, R. J. 著,"促进教师发展和学生成长的评价研究"项目组译:《促进学生学习的课堂参与式评价》(第四版),中国轻工业出版社 2005 年版。

5. [美]Airasian, P. W. 著,徐士强等译:《课堂评估:理论与实践》(第四版),华东师范大学出版社 2008 年版。

6. ［美］布卢姆等著、邱渊等译：《教育评价》，华东师范大学出版社 1987 年版。

7. ［美］Kauchak，D. P. 等著，丘立岗主译：《教学原理》，台湾学富文化事业有限公司 2006 年版。

8. 网站：http：//www. jyb. cn/Theory/jypj/

　　　　http：//www. edu. cn/

　　　　http：//www. ep-china. net/teacher/assessment/

　　　　http：//www. pep. com. cn/xgjy/xlyj/zhuaiti/pj/

　　　　http：//fzxpj. cersp. com

　　　　http：//www. washington. edu/oea/

　　　　http：//www. natd. org/links. html

　　　　http：//wiki. literacytent. org/index. php/Assessment_Weblinks

怎样教得更好

你遇到过一位让你永远也不会忘记的、非常热爱教学工作的老师吗？假如让你说说该教师为何教得如此"有意思"、如此钟情于自己的工作，他/她有哪些具体的行为表现，你会告诉我们什么呢？请在本页的空白处列出你想说的内容的提纲。等学完本章后，你再来讲讲该教师的故事。

通过本章的学习,你能够

● 知道中小学教师从事教学研究关键不在于能力,而在于态度;

● 举例说明从事教学研究对教师个人成长的意义;

● 理解研究才能使教学"教得更好"、"教得更有意思";

● 判断"我只想当教师,不想做研究型教师"的观点是错误的;

● 了解教学研究的一般步骤和方法,并能运用这套步骤和方法开展基本的教学研究。

本章内容导引

● 研究是一种态度
　一、对研究的两种理解
　二、对教师从事研究的理解

● 教师即研究者
　一、作为研究者才能顺利立足教师职业
　二、作为研究者才能走向职业发展高峰

● 教学即研究
　一、研究才能教得更好
　二、研究才能教得更有意思

● 教学研究的一般方法与规范
　一、对研究方法和规范的理解
　　(一) 两种误解
　　(二) 研究方法和规范是为了更好地研究
　二、开展教学研究的一般步骤和方法
　　(一) 发现问题
　　(二) 分析与选择问题
　　(三) 制定研究方案
　　(四) 实施研究方案和收集数据
　　(五) 回答和解决问题

....

　　当你开始阅读这一章的时候,我们相信你已经对"什么是教学"以及"怎样教得有效"这两方面的知识有了大致的了解。但即使这样,你可能还有许多疑问,甚至比当初没有阅读这本教材之前更多。例如,其中的一个疑问可能就是:按照这本教材所说的方法去教,就一定能教得很好吗? 或者那些优秀的教师难道都是这么教的吗? 如果你真的有这些问题,我们会感到很高兴。首先是为你感到高兴,因为你具备了成为一个优秀教师的重要素质——良好的反思、批判能力。其次也为我们自己感到高兴,因为每个作者都希望自己的成果能引起读者更多的思考。事实上,这是一个很好的问题,因为它揭示了有效教学的一个更高层次的内容,那就是教师的教学研究。教学过程就是教师的教学研究过程,教师自身的成长以及教学的乐趣都极大地依赖于教师的教学研究。这就是本章想向大家说明的主要内容。阅读完本章内容之后,你应该就可以开始尝试回答前面的疑问了。

第1节   研究是一种态度

前中国男足主教练米卢在分析了中国足球的情况后,强调球员要对足球比赛树立正确的态度,提出"态度决定一切"的口号。结果,他把中国足球带入世界杯,创造了中国足球史上的第一次。对教学工作来说,态度同样至关重要。在我们看来,教师应该树立一种态度,那就是以一种开放、积极的、"我可以做得更好"的心态来开展教学以及关于教学的研究。

一、对研究的两种理解

看到"研究"这个词,你的头脑中可能就浮现出一幅如图9-1的画面,觉得这才是

图9-1

专业研究场景

在研究。而如果有人告诉你,如图9-2中卖菜的阿姨其实也是在做研究,你可能就会觉得很难接受。是这样吗? 如果是,就说明你已经形成一个有关"什么是研究"的刻板印象。这就正如你一听到卡车司机这个职业就自然会想到是男的一样。这个刻板印象会影响我们对教师教学研究的认识,所以我们首先需要来讨论一下什么是研究。

图9-2

日常生活中的研究

在日常的学习和生活经历中,人们经常会使用研究这个词。但研究在不同的语境下所表达的意思经常是不一样的。你如果有兴趣,不妨自己或邀请同学用研究这个词造几个句子。例如,其中两个句子可能就是"学者做研究很辛苦"和"我对这方面有些研究",然后你再分析一下大家所使用的研究一词是不是指同一个意思。

为了表述和理解的方便,我们可以把人们对研究的理解大致地分为狭义与广义两类。所谓狭义的研究就是把研究理解为专业人员(如科学家、教授等)所从事的科研活动,是一种学术性研究。这种理解认为研究具有很高的准入性,有严格的程序和标准。如"研究中没有业务者的地盘"[1]中的"研究"就是指这个意思。如果我们给你们作一个访谈,询问你们"什么是研究"或者"研究是什么样的",我们猜想你们中的很多人就会给我们描述这类学术性研究。换言之,大

---

① Hogdknson,H. Action Research:A Critique. Journal of Educational Sociology,1957,31(4),137-153.

部分人都会把专业研究人员所从事的这些学术活动看作是解释研究的原型或者典型。

但如果认真分析我们的日常用语,又会发现,我们经常所说的研究往往不是指学术性科学研究活动,而是指一般性的探究活动。例如,我们经常会看到如下的这些句子,"这个事情我去研究一下","这次会议还讨论、研究了其他事项","这件事情,我们什么时候再坐下来研究研究","先研究清楚了,再下结论"。在这些用语中,研究其实就相当于商讨、思考、钻研等概念。换言之,常人的一般性思考活动都可以看作是研究活动。这就是对研究的广义理解。可见,即使是在卖菜的过程中,也是需要有许多研究的。顾客对哪些信息会比较敏感? 给每个顾客报同一个价格还是依据不同顾客报不同价格? 如何才能让顾客相信自己的菜比隔壁的要新鲜? 诸如这些问题,对卖菜者来说,都是需要研究的,都是有学问的。

补充材料
9-1

对"研究"的种种解释

研究:钻研,推求。《世说新语·文学四》:"殷仲堪精核玄论,人谓莫不研究。"谢庄《奏改定刑狱》:"督邮贱吏,非能异于官长,有案验之名,而无研究之实。"今谓用科学方法探求事物的本质和规律。如:研究问题;学术研究。(《辞海》,上海辞书出版社 2002 年 1 月第 1 版。)

研究:①探求事务的真相、性质、规律等:〜语言│学术〜│调查〜。②考虑或商讨(意见、问题):今天的会议,准备〜三个主要问题。(《现代汉语词典》(第 5 版),商务印书馆,2002 年 5 月。)

研究:① 钻研;探索。南朝宋刘义庆《世说新语·文学》:"殷仲堪精核玄论,人谓莫不研究。"唐李山甫《古石砚》诗:"波浪因文起,尘埃为废侵。凭君更研究,何啻直千金。"《元史·铁木儿塔识传》:"铁木儿塔识天性忠亮,学术正大,伊、洛诸儒之书,深所研究。"清刘大櫆《漱润楼记》:"日有余暇,则又自取六艺而研究之。"曹禺《北京人》第一幕:"袁先生并不是个可怕的怪物! 他是研究人类学的学者。"

② 商讨;考虑。明唐顺之《与洪方洲郎中书》:"近来讲学,多是游谈,至於为己工夫入细处,则其说颇长……何日得与兄一研究之?"老舍《茶馆》第二幕:"崔先生叫你,你快去! 咱们的事,有工夫再细研究!"

③ 仔细询问。南朝梁陶弘景《冥通记》卷一:"师既惋慨此事,追恨不早研究。巫令人委曲科检诸箧蕴,庶觊遗记,而永无一札。"清蒲松龄《聊斋志异·褚生》:"既起,见褚生在旁,惚惚若梦。屏人而研究之。"清和邦额《夜谭随录·阿稚》:"彼时未便研究,汝其密询之,勿作胡卢提,致人闷闷。"

④ 特指审讯。《元典章·刑部五·检验》:"官司多方缉捕,犯人得获,研究明白,依例处断。"("汉典"http://www.zdic.net/)

二、对教师从事研究的理解

如果你看过本教材的目录,你很容易就能够想到,本章与接下去一章的一个基本前提假设就是,教师需要从事教学研究。但你可能会问,教师应该或者能够从事研究吗?

这个问题的答案有赖于你怎么理解研究！换言之，对"什么是研究"抱有不同的理解，就会对教师是否需要从事研究有不同的理解。如果我们把研究看作是专家、专业研究人员的学术性研究，那么自然地就会衍生出这样的疑问，那就是：普通中小学教师可以做研究吗？为什么要做研究？这样的疑问具有一定的合理性。

首先，普通教师与专业研究人员的工作性质并不同。专业人员从事专业研究的目的主要是为了探索未知世界，发现新知，而教师的主要工作是教学实践，主要目的是把学生教好。工作性质的不同必然带来评价标准的不同。对研究者来说，能否建构一种新的理论，从另外的一个角度来理解现象，而且这个理论是否严谨等这些问题才是最重要的问题。而对教师来说，能否改进具体的教学实践，提高学生的素质，才是最重要的事情。

图9-3

科尔曼

我们可以通过一个例子更加清楚地说明这点。20世纪教育研究领域中一个最伟大的发现就是科尔曼（James Coleman）1966年发布的一项研究发现：相比学校教学设施和课程、教师、学生团体（student body）等因素，学生的家庭、社会背景对学生学习成绩具有更大的影响作用。这项研究极大地改变了我们对学校功能的原有认识，也在很大程度上改变了近几十年来教育研究的发展轨迹。但这项研究对普通教师的现实意义却不大，因为学生的家庭、社会背景是教师无法控制和选择的，教师唯一能做的就是帮助那些具有既定家庭、社会、经济背景的学生提高学业成绩。因此，告诉教师"学生的家庭、社会背景对学生学习成绩具有更大的影响作用"，可能还不如告诉教师"多布置家庭作业是否能够提高学生学业成绩"更加有价值。在这个例子中，我们就可以清晰地看出专家学者的学术研究标准、逻辑与教师的实践标准、逻辑之间的差异。

其次，普通教师是否具备从事研究的精力和能力，也是一个经常被人提起的问题。研究是教授、学者的本职工作，而教师的本职工作是教学，教师很难再抽出另外的时间从事研究。而且研究是一项具有较高准入性的活动，研究具有特定的规范、标准和程序，因此需要有大量的训练和能力基础。普通教师是否具备开展研究的能力，这又是一个很真实的问题。

正是在这样一种理解下，许多人就觉得研究跟普通的中小学教师无关，研究应该是大学教授该做的事情，他们研究出结果后向教师推广，然后由教师接受和实施。许多人认为，强制要求中小学教师从事研究是不适当的，是强加给教师的额外负担。

以上有关教师从事研究的这些怀疑、抱怨和批评，无论你曾经是否听说过，只要你以后从事中小学教学工作，那么你一定还会听到许多。正如我们前面说的，这些怀疑、抱怨和批评并非没有道理，并非就是消极对抗。相反，它们还具有相当的合理性。但当你读到这里的时候，你应该明白，我们之所以说这些对教师从事研究的怀疑、抱怨和批评具有相当合理性，那是因为我们的讨论是建立在把研究看作是高深的学术性探究活动基础之上的。换言之，如果我们按照第一种理解，把研究看作是脱离于日常实践的学术探究活动,那么,机械地要求教师从事研究,的确具有许多不周全之处。在这点上,我们和许多读者的想法是一样的。

教师成为研究者的理解

补充材料
9-2

虽然教师成为研究者作为一种流行的观念正在蓬勃发展,但是,应当承认它还没有真正成为一致的共识。无论是在中小学教师还是在专业教育研究人员中,都有相当一部分人认为中小学教师成为研究者是不可能的。究竟中小学教师是否应该和能够成为研究者,对这个问题的回答,关键在于对教育和研究如何理解。

……

研究是我们对待未知事物的一种态度。当一位教师走进教室,他将要教授的知识是他早已熟知的,但是他的学生将怎样理解却是每个人、每个时刻、每种情境中都不相同的。因此,教师的工作永远充满着未知的因素,永远需要研究的态度。教师永远要年复一年地迎来新的学生,并且每个学生的发展都是特定的、具体的、每日每时在每一种情境中都不相同的,这正是教师研究的所在。也正是从这个意义上,我们理解研究与教育没有根本的区别,研究学生如何理解,正能体现教育育人的根本意义。理解教师的工作是否具有研究的性质,关键在于我们如何理解教育和如何理解研究。如果仅仅从知识的传递出发去理解教育,教师只能是一个教书匠的角色;如果从每个学生的成长出发,那么,教师的工作就总是在实现着文化的融合、精神的建构,永远充满着研究和创造的性质。

资料来源:宁虹:《"教师成为研究者"的理解与可行途径》,《比较教育研究》2002年第1期。

但是,如果我们不是这么狭隘地理解研究的话,而是把研究理解为与日常生活实践密切相关的一般性探究、钻研、反思行为,那么情况又会是怎么样呢? 显然,情况就会有很大的不同。教师无论是在备课、上课还是在批改作业、与学生谈话中,都需要不断地揣摩、思考,也就是说,教学过程其实就是一个研究的过程。在这种情况下,教师从事研究就不再是一项强迫的任务,而是自身成长和教学实践的内在需要。对于这点,我们将在第二和第三节再仔细地向你解释为什么这么说。如果这样来理解教学研究,那么就不存在教师要不要研究的问题,而是教师怎么看待和从事研究的问题。这就正如不存在教师要不要与学生交往的问题,而是教师如何与学生交往的问题。

于是,教学研究就成了教师是不是愿意提升工作质量和个人发展速度的态度问题。"教育研究不应该是专业人员专有的领域,它没有不同于教育自身的界限。实际上,研究不是一个领域,而是一种态度。"[1]研究是我们对待未知事物的一种态度,而教学工作永远充满着未知的因素,永远需要研究的态度。我们认为,这是教师、教学与研究的汇

[1] Santa, C.M. & Santa, J.L. Teacher as Researcher. Journal of Behavior, 1995, 27(3).

集点,也是教师的教学研究的应有涵义。

苏霍姆林斯基对教师的一条建议

　　研究工作对教师来说,并不是什么神秘莫测和高不可攀的东西。不要一提研究就感到害怕。就其本来的基础来说,教师的劳动就是一种真正的创造性劳动,它是很接近于科学研究的。……无论就其本身的逻辑来说,就其哲学基础来说,还是就其创造性来说,教师的劳动都不可能不带有研究的因素。这首先是因为,我们所教育的每一个作为个体的人,他在一定程度上就是一个充满思想、情感和兴趣的,很特殊的、独一无二的世界。如果你想让教师的劳动能够给教师一些乐趣,使天天上课不致变成一种单调乏味的义务,那你就应当引导每一位教师走上从事一些研究的这条幸福的道路上来。这里有一个校长为每一位教师进行个别工作而提供的无限宽广的场地,这里有收获和发现,也有欢乐和痛苦。凡是感到自己是一个研究者的教师,则最有可能变成教育工作的能手。

　　不过要补充说明一点:这里谈的并不是严格意义上所指的那种科学研究工作。一个教师可能在创造性地进行工作,但他并不从事那种从研究事实中引出科学结论的意义上所说的研究。我们在这里所指的是研究一些这样的问题:这些问题虽然在教育科学上已获得解决,但是当一个创造性地工作的教师一旦成为理论和实践之间的中介人,这些问题就经常以新的方式出现在他的面前。

　　这里说的是在我们的工作中由于其性质本身而有必要进行的那种创造性研究。这种研究能丰富教师集体的精神生活。……

　　资料来源:〔苏〕苏霍姆林斯基著,杜殿坤译:《给教师的一百条建议》,教育科学出版社1984年版,第493—495页。

第2节　教师即研究者

　　自20世纪70年代以来,教师即课程、教师即研究者、教师即反思的实践者、反思性教学等等概念开始广为流行起来。有些人可能会觉得"教师即研究者"是一句空洞的宣传口号,或者只是在对教师作不切实际的要求。但事实上,如果我们从另外一个角度来理解它,我们就会明白,"教师即研究者"想阐明的一个简单道理是,若要做一个自己满意的教师,你就需要是一个研究者。我们相信,没人愿意虚度一生的。既然你现在已经选择了师范专业,选择了教师职业,那么你总是希望自己在这领域里做出一些自己满意的成绩。尽管每个人的满意标准不一样,但可以肯定的是,如果你在进入教师职业之初很长时间里得不到同事和学生的认可,在以后又没有职业发展的机会,那么你肯定不会满意自己作为教师的表现。而事实是,无论是最初的立足,还是后来的职业发展,都需要把自己定位为研究者,都需要研究的态度。

一、作为研究者才能顺利立足教师职业

任何教师都有几年"初为人师"的适应期，能否在这几年中坚实地立足，对教师今后的发展至关重要。"适应期是教师成长的关键时期。一个教师最终发展到什么层次，很大程度取决于适应期的发展状况。如果适应期内教师不能完全适应教育工作，随着激情的消减、倦怠的滋生，发展后劲会越来越小。相反，如果教师在适应期内很快找到感觉、找准路子、建立信心，后面的路则会越走越宽。"①

补充材料
9-4

新教师发展差异是怎么产生的

两个大学毕业生同样分到学校工作，同样兢兢业业地上班，三年后，其中一个无甚进步，最多就是所教学生考上了高一级学校，而另一位教师却硕果累累，这是什么原因呢？原因就在于，前者每一天都显得兢兢业业，其实却是盲目而麻木地工作，他表面上工作了三年，其实只工作了一天，因为他每天都在重复昨天的故事；而后者则的的确确工作了三年，他每一天都带着一颗思考的大脑在工作。这就是我说的反思型教师。所谓反思，在我这个语境里，不仅仅是"想"，而且是一种教育的状态，就是不断调整、改进、提升自己教育品质的行为。

资料来源：特级教师李镇西在一次会议上的发言稿。

但为什么有些教师能成功地在适应期内立足，为以后职业发展奠定坚实基础，而有些教师却在开始几年就"败下阵"来了呢？我们认为，造成这种差异的主要原因，不是在于他们成为新教师之前的知识储备多少，而是在于他们是否在成为新教师之后，积极地以研究者的态度对待新的职业生活。简而言之，是否积极地从事教学研究，才是造成新教师之间发展差异的主要原因。只有把自己定位为一位研究者，才能更顺利地立足教师职业。

为什么这么说呢？我们都知道，教师职业具有双专业性，也就是说，要成为一个合格的教师，至少需要具备两方面的专业知识。一方面是所教学科的知识，如数学知识、物理知识等，这被称作是本体性知识；另一方面是如何传授这些本体性知识的知识，这叫作条件性知识。一般来说，教师在接受大学教育时所储备的知识，是不足以确保他顺利应付在适应期内可能遇到的各种挑战的。对一个刚毕业的新入职教师来说，他所具备的知识，无论是本体性知识，还是条件性知识，都可能是不够的，需要在研究中继续吸收和运用。

难道大学物理系毕业的学生还不能够教中小学物理课程吗？这是很多人都会提出的质疑。在现实生活中，很多人都会认为，一个本科毕业的大学生的所学知识足以满足中小学教学需要。这在以前或许是这样，但现在可能不尽然。或者更准确地说，凭大学

---

① 李广生：《从教师的"最近发展区"中寻找出路》，《中国教育报》2007 年 8 月 28 日第 6 版。

所学的这些知识优势,只能够确保"教得下来",但不能确保就教得"游刃有余"。

首先,现在社会的知识更新速度很快,在课程改革之后,中小学的教材内容也更新很快。中小学教材中的许多学习内容,大学生并不熟悉,那也是很正常的事情。我们就经常听到许多中小学教师在抱怨,教材的许多内容他们自己都不熟悉。其次,现在网络高速发展,学生获取知识的途径很多,教师的知识优势逐渐在缩小。如果一个教师所讲的许多知识学生都早已知晓,那么学生很自然地会认为这个教师"没水平"。最后,现在学生的主体意识很浓,"口味也比较刁",教师即使比学生多懂一点点,勉强应付教学所需还是不够的。学生希望教师既能够"高屋建瓴",又能够"深入浅出"地上课。

自古以来,学生都喜欢有学识的教师。一代国学大师钱穆在回忆录《师友杂记》提到自己七八十年前的小学教师时,所记住的几位教师均是"有学识"之人。例如,其中有记载说"顾师(指顾子重老师)学通新旧,尤得学生推敬"。[1] 可见,即使是对一个小学生而言,能够"学通新旧"的教师也是更受尊敬的教师。另外,有段时间,上海一个知名高中的百度贴吧上,学生在评选"最优秀的语文老师"。根据贴吧留言,我们可以清晰地看到,学生心目中优秀老师最重要的标准是"有水平"。例如其中一位老师被大量的学生"热捧",主要是因为学生们认为他的水平可以堪比大学教授。

教育界有句老话:"要给学生一杯水,自己要有一桶水。"尽管现在许多人对这句话有许多不同的解读,但是在很多时候,它还是在传递着一些朴素的道理。尤其是在基础教育课程改革之后,教学的自主发挥空间大了,对教师的要求也高了。教师要把课上得精彩,就需要对相关的知识掌握得足够深,足够广,这样才可能在教学过程中对知识信手拈来,使教学过程张弛有序。一般来说,新教师的知识储备很难支撑他达到这个高度。

相比本体性知识,新教师在条件性知识上的不足就更加明显了。尽管许多教师在从事教学前都学过教育学、心理学等课程,但教学毕竟具有强烈的实践性,理论学习是一回事,能把理论运用于实践又是另外一回事。一个本科毕业的新教师在上课过程中,面对班上两个四年级学生的吵骂捣乱,却无计可施,一筹莫展,这是我们经常见到的情景。这充分说明,"入行"前所储备的知识,还远不足以让新教师在教师职业中从容立足。

这种情况在课程改革之后,又表现得尤其突出。课程改革提出了许多不同于以往的教育教学理念,对教师也提出了许多不同的要求。即使对老教师来说,如何把这些新的教育理念体现在具体的教学过程中,仍然是一个需要研究的课题。对于许多尚未掌握最基本教学策略的新教师来说,就更加具有挑战了。

那怎么办呢? 只有在日常的教学中多学习、多研究。在刚进入教师职业时,许多人都是本科毕业,而且很可能是差不多层次的师范院校毕业,大家的学识水平不会相差很多。但为什么过了些年,有些教师学识水平却有了很大提高,越来越得到学生喜欢,越来越觉得教学有意思呢? 这只能从研究态度上寻找原因。如果不学习、研究,就很难得

---

① 　周勇:《江南名校的中国文化教育》,教育科学出版社 2008 年版,第 71—72 页。

到学生和同事的认可，也就很难在教师职业中立足。换言之，要做一个被人认可的教师，就必须做一个研究者。

新教师如何才能加速成长

教学科研是教师尤其是年轻教师专业水平迅速提高的有力武器，这是很多基层学校管理者得出的宝贵经验。北京中关村第四小学成立不过三年多时间，一支创新型的年轻教师团队很快建立起来，这在很大程度上归因于学校自建校时就开始的"小班化教育实验"教学研究。"每一次研究，都能带来教学行为的改善，教师工作热情得到激发，逐步形成一种在研究状态下新的职业生活方式。"校长刘可钦说。

"应该开发以终身学习为导向的在职教师教育课程。"崔允漷认为，在职教师教育课程应反映相关领域研究的新进展，引导在职学习者主动探究问题，反思实践。而在陆士桢看来，还要充分重视教师运用社会资源实施教育的能力。一位好的教师除了要面对学生、传授知识，还要善于处理和家长、社区的关系，善于利用社会资源来影响教育学生，善于处理各种社会问题。

资料来源：《中国教育报》2006 年 12 月 4 日第 1 版。

二、作为研究者才能走向职业发展高峰

你能举出几个与你同学科的知名教师吗？例如，语文学科的于漪、魏书生，数学的邱学华等。如果你对此毫无了解，那么我们建议你从现在开始，抽出一些时间去研究一下他们的成长历程，研究他们的教学策略。你应该能从这些研究中获益良多。对绝大部分中小学教师来说，成为全国知名的特级教师，就代表着职业发展的顶峰和专业发展的最高阶段。这是一种荣誉，是社会对那些在教学上作出杰出贡献的教师给予的肯定和回报，我们应该抱着一份开放、健康的心态去追求，去拥有。我们认为，这也是教师实现自我的一种重要方式。

如果你研究过多个特级教师的成长历程，尤其是不同学科的特级教师的成长经历，你就会发现，他们的性格可能很不同，他们的教学策略和思想也可能相差很大，但有一点却是共同的，那就是他们都是研究者，都喜欢从事教学研究，而且也直接受益于教学研究。所以在这一部分，我们想向你说明这个道理：只有作为研究者，教师才可能走向职业发展的高峰。

首先，只有研究才能有创新，才可能脱颖而出。你知道全国有多少位中小学教师吗？根据国家统计局公布的《统计年鉴》(2007)资料显示，仅全国普通高中、初中和小学(不包括各种职业学校、成人学校)的专任教师(不包括职工)就有 10438217 位！这是一个非常庞大的数据。这些教师大多都具有大学学历，也都在研究思考怎么进行有效教学。在这种情况下，少数教师能够脱颖而出进入职业发展高峰是一件非常不易的事情。他们为什么能够在教学上脱颖而出？靠经验、靠热情都远不足以让他们

做到这点。只能靠研究,而且不是一般的研究,是持续的、深度的研究。只有研究,才可能有创新,才可能比别人发现多一点、深一点,才可能为自己的脱颖而出奠定坚实的基础。

其次,研究才能"成名",才能让自己的教育教学理念有更深远的影响。分析各知名特级教师"成名""成家"的过程,我们会发现,他们除了依靠研究积聚了深厚的内功之外,还依靠研究拓展了影响。在现实中,优秀教师大凡是通过上各种公开课,尤其是高级别的公开课,或者是通过发表大量的文章、出版著作,把自己的教学经验、教育理念传播出去,从而得到他人认可的。而这些都是要依靠研究的。发表文章、出版著作自不待言,即使是上公开课,教师也需要研读各种教育文献,才能把自己的日常经验适当地理论化,才能充分地解释、论证自己的教学行为。这也可以从知名特级教师大多具有自己的教育思想中可以看出,例如著名数学特级教师邱学华的"尝试教学法",语文特级教师钱梦龙"语文导读法"等等。

最后,从事研究、发表成果是社会对教师专业发展的硬性要求。在现实中,教师在从新教师到骨干教师,再到专家教师的职业发展过程中,经常都会遇到各种外部的评价考核标准。尽管这些考核标准在现实应用过程中容易被机械化、僵硬化,但对教师来说,能否符合这些标准是能否获得相应身份,如骨干教师、学科带头人、特级教师,能否得到社会认同的前提条件。在这些标准中,一个很重要的内容就是要求教师从事教科研,发表一定数量的文章。如中部一个省份对学科带头人的其中一个要求就是:"近5年来主持完成一项市级以上科研课题或作为骨干成员(排名前三)参与一项以上省级以上科研课题研究并结题或有阶段性成果;在省级以上公开发行刊物上发表本人独撰(或第一、第二作者)的学术论文2篇以上。"东部一个省份对特级教师的一项要求就是"近5年来正式出版过有一定学术价值的专著,或作为第一作者在省级及以上学术刊物上公开发表过3篇以上有较高学术水平的研究论文。"

我们说过,研究并非就是指高深的学术性研究,一般性的探究、反思也是研究,对教师来说,研究不是能不能、要不要的问题,而是做多少的一种态度问题。针对教学生活中的具体问题,查看书籍,观察他人做法,自己尝试摸索,这都是研究。这些研究的主要目的是在于实际问题的解决,自身学识的提升,而不在于成果的发表。但这并不意味着中小学教师的研究成果都没必要去发表。相反,如果教师在日常思考研究的过程中有成熟的想法,我们认为教师应该勇于投稿、发表这些研究成果。这不仅可以让更多的同事分享自己的研究成果,支持其他教师的专业发展,与此同时也扩大了自己研究成果的影响面。而且,又可以使自己的职业发展更为顺利。当然,在学术期刊上发表论文与撰写博客、教学随笔、日记有一些不同,前者需要教师掌握一定的写作规范和研究方法。要掌握这些规范和方法也并不是一件非常困难的事情,关键是有没有研究的态度。

第3节 教 学 即 研 究

从小学到大学,有许多老师教过你。你肯定会觉得有些老师教得更好一些,更优秀一些,是吗?但你知道为什么一些老师会教得更好一些呢?这些教学优秀的老师有的是男教师,有些是女教师;有的是专科毕业,有些是本科毕业,甚至有些是硕士、博士毕业;有些出身贫寒,有些则不然。这就说明,性别、学历、出身等因素都不是决定一个教师是否教学优秀的关键因素。那到底是什么因素在起关键作用呢? 研究! 教学过程就是研究过程,之所以能够教得更好,那是因为教学研究做得更好。换言之,只有在教学过程中自觉、不懈地进行研究探索,方能教得更好,更有意思。

一、研究才能教得更好

不知道你是否还记得本章开始部分提出的那个问题。对,就是只要"按照这本教材所说的方法去教,就一定能教得很好吗"这个问题。现在,我们先简单地来讨论这个问题。

对这个问题,我们的答案是"不一定"。更加准确地说是,本教材前面几章内容只是提示你追求有效的教学需要从这些方面努力,例如,除了需要关注主要的教学行为之外,还要关注教学的准备行为、辅助的教学行为等,并提供了一些基本的策略,但这一切都需要教师在具体的教学过程中加以灵活运用才有意义。因为教学是一项异常复杂的事务,以至于人类至目前为止,还无法归纳出一套能够放之四海而皆准的有效教学策略。在过去上百年的教学研究历史中,有大量的学者试图去提炼有效教学或者优秀教师的特征,但所得出的结论要么过于抽象而不具备实践指导意义,如"有效教学需要适应学生的已有知识基础",要么只是适合特定的学科、特定类型的学生。正因为目前还没有一套能够保证教师教得有效的具体策略,你才会觉得有些老师教得好一些,你才会觉得你和你同学之间会具有如此大的差异。否则,如果真的存在那么一套有效的教学程序,你会发现教过你的教师都差不多,你和你同学也会变得很相似。

所以,你不要期望按照某本教材的建议依葫芦画瓢地去做,就能教得很好。唯一能够保证你教得更好的因素就是研究。具体地说就是,你需要在教学过程中仔细、全面地研究学生特点、教材内容、课程标准、自身特质以及其他教学环境。其他所有的理论或者建议都只能帮助你如何更好地研究这些要素。所以,一个优秀教师的教学行为,不会因为是哪本书上这么说的他才这么做,而只能是因为他研究了具体的教学情境之后而做出的。

请记住这点:教学是一项异常复杂的事务,我们只能在研究考虑了多种因素之后,才能选择最有效的教学策略。所以,如果你要想教得更好,那么你就需要研究。可能你对这个道理还是懵懵懂懂,我们不妨举一个具体的例子来说明。提问是教学过程很小但很重要的一个部分(因为教学过程还包括备课、板书、陈述、演示等许多许多内容),在提问过程中,留多少时间让学生回答,这又是提问中的一个很小问题。但在这么一个小得不能再小的问题上,你觉得留多少时间给学生才是适合的呢? 你可能对这个问题还一头雾水,不知道怎么回答,这或许表明你对教学的复杂性还没有足够的认识。要知道,在一节课中,类似的问题可能有几百个。你也可能马上回答说"这要看具体情况"。对了,是要看具体的情况。但怎么看呢? 要看哪些情况呢? 我们相信,现在你肯定还难以回答这些问题。所以,你就需要研究!

补充材料
9-6

"马鞍形"现象的思考

当教研组长后,曹培英每年都要对学生的数学成绩作统计分析。一次,在进行整体比较分析时,他发现,本校小学生数学学习成绩存在着"马鞍形"现象:即一二年级高,到三年级较大幅度下降,四五年级又开始回升。曹培英对这个问题很感兴趣,就查阅各地的教育期刊。从文献检索看到,这似乎是普遍现象,而且一般认为主要原因有两条:一是三年级学生正处于从形象思维向抽象思维发展的转折点;二是学校师资配备上中年级的力量往往较弱。但曹培英加以对照后发现,第二条原因在他们学校并不成立。他进一步研究认为,这与教材各册的难度分布不尽合理有直接关系。他指出,三年级难点过于集中,跨度较大,以致不少学生的思维能力跟不上,拉大了学习成绩的差距。由此,曹培英开始认识到,解决"马鞍形"现象的根本措施在于调整教材的内容编排。

资料来源:郑慧琦等:《做有思想的行动者——研究型教师成长的案例研究》,上海教育出版社 2008 年版,第 218 页。

要使教学更有效,就需要教师大量的研究,这是教学的属性决定的。也就是说,这在任何时空范围内都是如此。但教学需要教师投入更多精力去研究,这趋势在当前呈现出加速的迹象,尤其是在第八次基础教育课程改革之后。

在建国后的很长时间里,国家都向教师提供统一编写的教学大纲,教学大纲会详细地规定每课时的具体教学内容、进程和策略。在这种情况下,许多教师只要按照教学大纲的安排,再参考教学用书,基本的教学也能完成,需要教师研究思考的空间相对要小。应该说,这种安排在客观上适应了当时教师的素质和教学水平相对不足的情况。但现在,情况发生了很大的变化。这与当前正在进行的基础教育课程改革密切相关。如果你对基础教育课程改革还不是很了解,那么我们建议你去图书馆或者书店借阅或者购买一些相关的书籍来看看。

在新课程改革中,课程标准取代了过去的教学大纲,前者只规定了期望学生达成的学习结果,而不再规定具体的教学内容、进程和方法。同时,打破了全国只用一本教材的局面,允许并鼓励教师自己选择所需教材。这些变化极大地改变了原来的教学生态系统。例如,《项链》一课之前都被列入官方教材,而且有具体的课时数建议,而在新课程改革之后,有些教材仍然把它列为必读篇目,有些教材就不再把它纳入。于是,教不教这篇课文就成了许多教师要研究的问题了。如果要教,为什么要教?如果不教,为什么不教?而原来他们是根本不需要考虑这些问题的。在这种情况下,教师就必须认真研究课程标准以及相关的文章篇目,才能决定教什么内容,以及怎么教。不研究,就可能做"无用功",就谈不上有效教学。

不研究就可能做"无用功"

上海的 S 版高中语文教材有一篇课文"鸿门宴和涪关宴",节选自《说三国话权谋》中的一节"从鸿门宴谈到涪关宴"。这篇课文的故事背景是庞统献计刘备,叫刘备趁与刘璋相会涪水关的时候杀掉刘璋,但刘备不听。作者以此展开议论,其基本观点是刘备当时不杀刘璋,与当初项羽不杀刘邦性质不同,是一种更高明的做法,是军事服从政治利益需要这一基本原则的体现。

对于这篇课文的教法,我研究过其他老师的教案,也去听过一位骨干教师的公开课。但我自己在备课的时候,突然想起了一个问题:好像其他版本的教材没有这篇选文,那么,这本教材为什么要把这篇文章选进去呢? 编者想通过这篇课文达到什么教学目的呢? 越想越觉得疑惑。因为我看到许多老师都花了许多时间用于诸如"庞统为什么要如此献计"、"刘备为什么不采纳这个意见"等问题的提问与回答上,把教学课变成了三国军事分析课了。难道编者是想通过这篇课文让学生多了解一些三国的内容?

这篇文章究竟应该怎么教? 后来当我把它与本单元的其他课文《论大丈夫》《改造我们的学习》《生存权是中国人民长期争取的首要权利》联系起来看的时候,才顿时"想起"这是一篇议论文。显然,这篇课文之所以被选入教材,不是因为它讲述的是三国的故事,而是因为它在议论方面有某些值得我们学习的地方。

搞清楚了这个之后,备起课来就觉得得心应手了。不过,后来想起来还真有点"后怕"。如果当初不加研究地凭经验和感觉去上这堂课,那不是犯"方向性错误"了? 辛辛苦苦搞住半天,却没抓住课程目标,那不是在做"无用功"?

资料来源:上海市建平中学张亚飞老师的备课笔记(2007 年)。

有关新课程对教师教学和研究提出的新要求,许多书籍都有详细的论述,这里就不再赘述。总而言之,这次课程改革的一个基本特征就是给一线教师在教学上以更多的自主空间。更多的自主空间,换个角度来说,就意味着教师要面临更多的不确定性。教学的自主空间越大,不确定性越高,教学就越依赖于教师的研究。对教师来说,这既是机会也是挑战。

二、研究才能教得更有意思

如果说"教得有效"的归属点还是外在的,要根据学生的学业成绩来体现,那么"教得有意思"就完全是教师自身的需要了。即使教得很有效,但自己觉得没意思,那也是一件很"没意思"的事情,不是吗? 那么,怎么才能让教学变得有意思呢? 对此,苏霍姆林斯基给出了精辟的建议:如果你想让教师的劳动能够给教师一些乐趣,使天天上课不致变成一种单调乏味的义务,那你就应当引导每一位教师走上从事一些研究的这条幸福的道路上来。研究,才能让教学变得更有意思。

我们不知道,你选择师范专业,选择教师职业,是出于无奈还是真心喜欢。但我们知道,的确有许多人是不喜欢当教师的。原因有很多,其中一部分原因在于很多人觉得教学没什么意思,非常枯燥,无非就是备备课、上上课、改改作业,没有挑战性。事实上,教学生活并不单调,而是很复杂。只要你愿意去观察、研究,你就会发现教学能够给你足够的智力刺激空间,外面世界能学到的,你在教学生活中都能学到。而如果你不愿意去研究、思考,做什么都会觉得枯燥。

图9-4

苏霍姆林斯基

我们不妨举一个例子来说明,只要有心钻研,你就可以从教学生活中发现许多有意思的事情。我们认识一位中学教师,他与其他许多教师一样,经常为每天催促学生准时交作业而心烦。在一次交谈中,我们跟他说,"你如果能研究出来怎么让学生自觉地、积极地交作业的方法,那么如果有机会,你去当税务局局长没有任何问题"。他一听觉得我们在开他玩笑。但事实上,叫学生交作业和叫企业交税在性质上其实是差不多的。学生和企业都知道,不交是不对的,也是绕不过去的,但他们在心里总是有些不乐意。所以,这位教师事实上在面临着一个非常复杂的公共管理难题,这个难题许多政府总理都很难解决。"治大国若烹小鲜",如果教师能够在催收学生作业上研究出一些有效经验和策略,那么向企业催缴税收又何尝不能遵循同一个逻辑呢?听我们这么一说,这位教师也觉得在理。后来,他真的就开始研究怎么更加合理有效地催收学生作业。而为了研究这个,他在业余时间也去阅读了一些公共管理的书籍,还时不时地写一些随笔,或者给其他老师介绍一些经验。可以想象,当以这种态度去对待教学生活时,许多看似枯燥的事情就不再枯燥了。

其实,在学校中,这些能够让你从枯燥中找到乐趣的研究问题还有很多。例如,许多老师进入学校后就发现学校各种各样的会议很多,一会儿学校教师例会,一会儿年级组会议,一会儿教研组会议,而这些会议往往都冗长而无多少实质意义,尤其是当你觉得许多会议都可以用电子邮件取代时,你就越发觉得参加这些会议是极其无聊的事情。但你知道为什么会有这么多看似没多大意义的会议吗?会议是不是以某种我们不知道的方式在维持着某种功能?其实,会议多不只是学校的现象,其他组织都有类似的现象。组织中为什么会有这么多的会议?这是一个让许多学科的学者都非常感兴趣的问题。你是否觉得如果把参加会议作为研究对象去思考,要比完全被动地参加会议要"有趣"一点?或许,你就能在这个问题上提出某些深刻的洞见或者理论呢。当然,你是在研究一些具有较强学术性色彩的问题,可能无法直接改善你的工作质量和环境。但这些研究和思考可以开阔你的视野,锤炼你的分析、洞察能力,而这些是更为重要的人生财富。我们认为某种工作有意义、有挑战性的时候,经常会说"这工作能锻炼人",只要你去研究,教学就是这样的工作。

不要想当然地认为,中小学教师就不能研究这些学术性问题。小学教师中也可以出钱穆这样的一代国学大师,中学教师中也可以出朱自清这样的文学家。就以参加会议为例,相比那些不需要参加这么多会议的教授,中小学教师对这个问题有更多的体验,有更多的原始资料,这就是教师最大的优势。如果再适当地提炼研究方法,琢磨研究成果的表达形式,那么这些优势就会转化为胜势。如果真的取得了某些研究成果,你就会从中得到更强烈的职业成就感。

　　其实,最容易让人倦怠的职业是那些不需要多大智力活动的职业。给你一份不错的工资,但你每天的任务就是把地上的图钉捡起来放在桌上,一周 5 天,每天 8 小时,这样的工作你愿意去做吗? 很幸运的是,教学生活具有足够的多样性和复杂性。正如著名特级教师魏书生所说的,君子兰栽培、金鱼养殖、微型雕刻这些小技术若钻研进去,都能成就一片天地,何况是教书育人这种大事呢? 所以,只要我们不轻易放过一个问号,以研究的态度对待教学生活,那么我们自然就会发现教学工作很精彩,可能直到退休,你都觉得还有许多东西是新鲜的,想去尝试的。

　　最后,我们读一篇一位优秀美术老师的博文,从中体会一下如何使自己"教得有意思",分享一下什么叫做教学与研究的乐趣。

牛年第一课[①]

作者:风儿,日期:2009 - 2 - 11

　　牛年春节的主题就是"牛",到处可以看到各种福牛的形象,如玩具、挂历、红包……

　　让我高兴的是在假期里我收到了一张别致的"牛年贺卡",还收到了朋友发给我的各国牛年的邮票。当时一看就非常高兴,马上想到可以把它作为课程资源,上一堂美术课。

　　于是,今年我任教的四年级的牛年第一课,题目就是《牛年快乐》,呵呵～～～

　　这节课从感受牛年春节的快乐、送牛年的祝福开始,我把牛年贺卡以及牛年邮票作为送给孩子们的牛年礼物,带领大家一起欣赏……中国喜气神气的红牛、韩国清新可爱的卡通牛、越南花纹美丽的彩牛……让孩子们觉得很新鲜很有趣……我们是不是也能来设计一张牛年的邮票,表达快乐牛年的想法呢? 接着,大家一起讨论了两个问题:1.怎么画牛——牛有怎样的造型特点? 你心中的牛是什么样的? 2.怎么设计邮票——邮票由哪些部分组成?

　　特别让我觉得开心的是每个孩子都饶有兴趣地参与,画前没有人犹豫观望,他们都胸有成竹地迅速动手,并且画出来的牛各有各的造型和特色……

　　寒假刚过去,孩子们对于上课有点不适应,一些孩子不愿倾听,尤其是其他同学发言的时候经常七嘴八舌地讲话,于是,我们约定做个小游戏,提醒过还不改的同学得来表演一下"牛"。当这三五个调皮的男孩子表演的时候,其他孩子们都乐不可支,还有一些同学自告奋勇一起参与表演,我被一个小男

---

① http://san.xhblog.com/archives/2009/385059.shtml.

孩的"牛角"顶了三次,在讲台边左躲右闪,哈哈!

　　课的最后,我送给孩子们两句话,"记住,你是这个世界的唯一⋯⋯""学会感受快乐⋯⋯"

　　孩子们谈自己这节课的快乐感受,虽然只是寥寥数语,却让我感动:

　　老师送给我们祝福的PPT让我觉得很快乐!

　　欣赏到那么多牛年的邮票觉得很快乐!

　　表演"牛"觉得很快乐!

　　设计了很棒的牛年邮票觉得很快乐!

　　⋯⋯

第4节　教学研究的一般方法与规范

　　我们希望通过前面三节内容的论述,成功地打消一些人的顾虑和偏见,即认为教师是没必要也不可能从事教学研究的。但我们也怀疑,当你阅读完这些内容后,会不会产生另外一个感觉,那就是觉得只要在教学过程中做一些思考、反思就是在做教学研究。如果是这样,那么本节所呈现的内容就显得特别有意义和针对性了。本节试图说明,与其他研究一样,教师所从事的教学研究也需要遵循一定的研究方法和规范,并介绍一套基本的教学研究步骤和方法。在这里仍然需要强调指出的是,教师要掌握这种研究方法和规范同样不是一件难事,关键还是态度问题。

一、对研究方法和规范的理解

　　在常识层面许多人也知道,做研究需要特定的研究方法与规范。但就是因为这些看似严谨、高深和繁琐的研究方法和规范,许多教师觉得日常教学活动与研究根本不是同一回事。他们觉得自己日常的许多探索"好像"没有运用什么规范的研究方法,就认为这些不是研究。而本章我们一直在倡导"教学即研究"、"教师即研究者"。所以,一些相关的疑问就会自然地衍生出来:教师的教学研究与专业研究人员所从事的研究是不是不一样呢? 这些研究是否也需要研究方法和规范? 或者说,是否有专门适合中小学教师的研究方法和规范呢?

　　(一)**两种误解**

　　事实上,在这个问题上,一直有人试图在协调这两者的关系。其中包括两种比较流行的观点。

　　一种观点认为,教师需要进行研究,但是教师的研究与专家学者们的研究在性质上是不一样的,前者不需要具备规范的研究方法。例如,专家们需要严格界定研究问题,需要数据分析,需要文献综述,而中小学教师则一般不需要这些研究规范[①]。另外一种观点则认为,教师的研究也需要研究方法,但这些研究方法与专家学者们的研究方法不

----

① 刘良华:《校本行动研究》,四川教育出版社2002年版,第143—144页。

一样。所以,许多大学教授在讲述"中小学教师怎么做研究"时,往往会根据一般的研究方法和规范再提炼出一套被认为是适合中小学教师的研究方法和规范。

持以上这两种观点的人往往喜欢用"行动研究"这个概念来描述和定义中小学教师所从事的研究。无论他们在行动研究是否需要具备一定的研究规范上的认识略有不同,但是他们普遍都认为,教师的行动研究与常规的研究是不一样的,是适合中小学教师的另外一类研究方法。

但在我们看来,以上这两种观点都不是非常准确和全面。首先,我们认为,既然是研究,那么必然有研究方法和规范,这是不依赖于具体研究者的身份而变换的基本道理。在这个问题上,我们不能"削足适履":为了把更多的教师教学行为定义为"研究",就把"研究"定义为教师的行为。如果这样,那么倡导"教学即研究"和"教师即研究者"也就失去了意义。

其次,我们认为,不宜人为地去划分和界定大学教授的研究方法和规范是这样的,而中小学教师的研究规范和方法是那样的。事实上,作为教育科学研究方法,其基本准则和规范是统一的。人们在评判是不是一项研究,以及是不是一项高质量的研究的时候,其标准只能是一套大家大致认同的研究方法和规范,而不可能因研究者的身份不同而有不同的标准。同样的道理,我们也很难想象,如果医生所遵循的研究方法和规范与医学院教授所采用的研究方法和规范不一致,会是一个什么样的情形。

至于许多人所倡导的行动研究方法,它的贡献主要在于突出了中小学教师所从事的教学研究的某些重要特征,如强调研究结果直接应用于实践,把研究与日常教学行为紧密结合起来等等,但它依然还不是一套"另外的"研究方法和规范[1]。事实上,正如博格(M. Borg)所说的,行动研究其实是"实践者用科学的方法解决教育实践问题"。刘良华在综述了各种相关定义后也认为,"行动研究的程序并不神秘,甚至可以说行动研究没有自己的程序,因为它与一般'科学研究'基本上保持了一致的逻辑程序"。[2]

所以,在我们看来,与其他研究一样,中小学教师所从事的研究也同样需要遵循一般的研究方法和规范。而且,也并不存在一套专门适合中小学教师的研究方法和规范。

评价研究论文质量高低的三条基本标准

补充材料 9-8

首先,是否提出了一个有价值,能够给人以启发的结论或者观点。

第二,结论和观点的得出是否基于证据。遵循证据原则(principle of evidence)是科学研究最重要的法则。

第三,证据和结论之间的逻辑关系是否合理。研究者在论文中应该合理地呈现证据(如实验结果、访谈资料、他人的研究结论等),并清晰地阐明证据与结论之间直接的推理过程。

---

[1] Hammersley, M. Action Research: a contradiction in terms? Oxford Review of Education, 2004, 30(2).
[2] 刘良华:《校本行动研究》,四川教育出版社 2002 年版,第 176 页。

(二) 研究方法和规范是为了更好地研究

读到这里,许多读者可能会质疑:难道中小学教师也要像大学教授那样从事教学研究? 如果是这样,中小学教师怎么可能是研究者? 教学怎么可能就是研究?

事实上,我们说不存在一套专门适合中小学教师的研究方法和规范,这并不意味着他们的研究就与大学教授的研究是一致的。相反,由于中小学教师与大学教授所处工作环境与工作质量的评判标准很不一样,他们之间的研究可以而且应该是很不一样的。但这种不一样,并不是因为有两套不同的研究方法和规范,而是因为两者的研究兴趣和时间精力等方面的不同造成的。

对于中小学教师来说,由于要承担大量的教学与学生管理工作,每天能够用于思考和钻研的时间相对要少很多。而且对他们来说,教学质量的提高是外界评价他们工作效能的最重要的标准,所以他们的思考和研究往往集中在与自身教学实践密切相关的问题上,如怎样才能提高自己所教班级学生的阅读兴趣。但对大学教授来说,他们往往关注更为一般的问题,往往都希望提炼出能够适用于大部分学校情境的一般性阅读兴趣提高策略,这就直接决定了他们需要采用更为严密的实验控制方式。而中小学教师所从事的这些研究一般就不需要进行如此精确的控制。在这个例子当中,尽管从表面上看,大学教授的研究在研究方法方面要规范一些,但实际上这种差异是因为研究需要的不同而造成的,并不是两者所遵循的研究方法和规范本身不同。换言之,如果中小学教师也像大学教授一样希望提炼一套超越情境的阅读兴趣提高策略,那么他也必须要对实验进行精确的控制。

这种由于研究兴趣和内容不同所带来的具体研究方法的不同,具有很大的普遍性。由于评价标准的不同,许多大学教授往往不怎么关注他的研究是否能够直接地解决学校教师所面临的具体问题,如怎样提高学生的阅读兴趣,而是更关注是否提出了一套新的观点和理论。本章第1节所提到过的科尔曼的研究就是一个很好的例子。科尔曼提出了学生家庭的社会、经济背景比教师和课程对学生学业成就影响更大的观点,他因此成为一个具有跨世纪影响力的学者。但对绝大部分中小学教师来说,他们是没有兴趣去做这些研究的。在这种情况下,我们看到中小学教师和大学教授采用不同的具体研究方法,那是很正常的事。这并不是因为其他,只是因为他们是在研究不同的问题。

明晰了中小学教师所从事的研究也需要遵循一定的研究方法和规范,而且这套方法和规范并不是只适合他们之后,我们再回过头来讨论,强调教师的研究也需要遵循必要的研究方法和规范,与强调"教师即研究者"、"教学即研究"之间的关系问题。在我们看来,这两者是完全不矛盾的。后者只是从教学的性质上说明教学过程需要教师做大量的教学研究,而要求教师的教学研究遵循研究方法和规范是为了使这些研究活动能够产生更大的效果。前面几节论述过,同样是教学,之所以有些老师教得更加有效,更加有意思,那是因为他们不断地在研究。那么同样是在研究,我们也会发现有些教师的研究质量会更高,能够产生更大的教学效益,这是因为他们的研究能够遵循科学的研究方法和规范。

二、开展教学研究的一般步骤和方法

正如前面多次论述过的,中小学教师开展教学研究的步骤和方法,其实与一般的教育科学研究步骤与方法是一致的。一般来说,从事一项教育教学研究,需要经过发现问题、分析与选择问题、制定研究方案、实施研究方案和收集数据、解决和回答问题这几个步骤。但需要指出的是,由于不同的教学研究问题在性质和范围上都存在着许多差异,所以这套研究步骤和方法在不同的教学研究中会有不同的表现。例如,对有些研究来说,每一个步骤都需要进行一段时间,而对有些研究来说,其中好几个步骤是在短时间内一起完成的。

(一) 发现问题

任何研究都是从问题开始的。教师在教育教学过程中总会遇到一些需要解决的问题,比如班上的学生对某门课的学习积极性可能不高,班上的课堂纪律可能不好,某种教学方法可能对某个班的学生不能产生预期的效果,教师想知道某种新的教学方法在这个班上应用会有什么样的效果等等。这些问题就理所当然地构成了教师的教学研究问题。

这里有一个很有意思的现象是,尽管每位教师都身处问题的海洋中,但由于长久地沉湎于以重复为特征的日常教学活动中,许多教师往往会对诸多问题习以为常,而一直找不到可研究的问题。因此,教师必须学会发现问题。发现问题可以有多种方式:

(1) 通过不断反思自己的教育教学活动和效果,以及整理自己的亲身感受和困惑来发现问题。

(2) 努力学习新的教学观念、思想,不断提升专业理论素养,并在与自己的教学实践的主动对照中发现问题。如对照课程标准、素质教育、创新教育等新的理念,查找自己的教学存在哪些值得思考和改进的问题。

(3) 通过与专家、同行经常性的互动,扩大自己的专业眼界,提升专业敏感性,分析自己的经验或实践,发现存在的问题。

研究问题必须是真实的

"问题解决"首先意味着教师发现并提出了某个教育问题。在研究中,提问者必须"讲述"自己遭遇了一个什么"教育事件",这个事件是如何发生的,它是如何被处理的,处理之后遇到了什么"困惑"。处理某个教育事件之后,"残留"、"剩余"下来的"困惑"就是"提问"。

在一次合作研究的过程中,曾有一个老师问:"怎样处理学生自由发言与课堂纪律的矛盾?"对这类"提问",我们往往会建议"您能不能说得具体一些呢? 在您的课堂教学中您是否采用了自由发言这种方式呢?"这实际上是考察这位提问的教师是否"参与"、"介入"这个问题。这里有两种可能。

一种可能是,这位教师的提问是假设式的,她只是听说有人使用了"让学生在课堂上自由发言"这条教学策略,然后自己想象这种方式会导致课堂纪律

混乱；或者这位教师只是简单地、浅尝辄止、先入为主地尝试了"让学生在课堂上自由发言"这条策略，然后果然不出所料，出现了课堂纪律混乱的问题。如此，当这位教师提出"怎样处理学生自由发言与课堂纪律的矛盾"时，只说明这位教师看到了一个现象，或者说这是一个普遍的、他人的现象，这位教师只是就这个普遍的、他人的现象"发牢骚"，却没有真实地"提出问题"。

另一种可能是，这位教师"参与"、"介入"了这件事，自己已经想办法解决相关的教育问题，而想办法解决这个相关的问题之后，遇到了新的障碍或困惑。这样，她提出的问题就不再是一般的、普遍的、他人的教育现象，而是具体的、独特的、个人化的教育生活中的真实问题。

资料来源：刘良华：《校本行动研究》，四川教育出版社2002年版，第179—180页。

（二）分析与选择问题

教师在发现了特定的研究问题之后，需要在第一时间内对这些问题的种类、范围、性质、形成过程及可能的影响因素进行确认和分析。在明确、分析问题的过程中，尽量用自我追问的方式，从不同层面、不同角度对该问题进行把握，进而使要研究的课题变得更具体、更清晰。例如：我（我们）遇到的是一个什么问题？是教学方法问题，还是学生的心理问题？是课堂纪律问题，还是学习动机问题？这个问题是普遍的（几乎所有的学校、所有的班级都有这个问题，这个问题是这个年龄阶段的学生普遍具有的等），还是特殊的（只有我这个班上的学生有这个问题，只有这门课有这个问题，只有某一个学生小团体有这个问题等）？这个问题是长期的，还是临时出现的（暂时性问题）？产生这个问题的原因可能有哪些？等等。

对于一些主要依靠反思、推理来研究的问题，这一步尤其重要。因为对这些研究问题来说，解决的关键不是教学实验行为，而是思路。主要思路清楚了，研究方案和实施过程就变得非常简单了。本章第2节补充材料9-7《不研究就可能做"无用功"》中所列举的研究问题就是属于这种情况。张老师感觉到了问题存在，然后对这个问题进行分析，最后确定它是教学目标定位的问题。如果她没有进一步打算要研究这两种教学方法对学生考试成绩的影响，那么这个问题到此也就基本解决了。

而对一些仅凭以上分析还无法解决的问题，则还要确定是否有必要进行专门的研究设计和研究实施。因为教学中所面临的问题会有许多，但并不是每一个问题都需要教师去专门从事研究的，这就需要对所发现的问题进行适当的分析与选择。在这个过程中，有两条基本标准可供参考。

第一，问题必须是教师在教学生活实践中遭遇到的真实问题。许多教师在选择研究问题的时候经常会出现的一个现象就是，选择一个"想象中"的问题，而不是将自己亲身经历过的困惑作为研究问题。我们在前面说过，研究兴趣和问题的不同是决定中小学教师和大学教授采用不同研究方法和策略的重要原因。如果中小学教师试图研究的问题不是直接来源于自己的教学实践，而是来源于抽象的思辨或者"书本上的问题"，那么这项研究从一开始就在往另外一条路径上发展。根据我们的经验，除非教师具有极为浓厚的学术探究兴趣，以及宽裕的研究时间和精力，而且具备很高的研究素养，否则这样的研究到最后很可能是一个糟糕的结果,既不能具体地指导教学实践,又不能在理论上有所贡献。在这点上,本节补充材料9－9《研究问题必须是真实的》提供了一个很好的例子。

第二,研究问题应该没有成熟的答案或解决办法,具有足够的不确定性。在发现和提出特定的真实的研究问题之后,我们还要分析这个问题是否已经有了较为成熟的答案或解决办法。这就需要教师在决定开展这项研究之前,首先去翻阅和查询有关资料,以及向身边同事讨教。现实中,我们经常发现,一些老师所提出的许多问题,其实已经有较为成熟的解决方案了,只是教师本人现在还不知道而已。在这种情况下,教师只要通过适当的资料查阅,或者向同事讨教,一般就能解决这个问题,而不需要专门为此开展研究。当然,由于教师所能接触到的资料和同事毕竟有限,所以我们不能要求教师在开展研究之前去穷尽所有的资料。这里就有一个适度、经济原则。如果教师查阅了自己所方便获得的资料,并且询问了身边的同事之后,还是没有获得一个成熟的办法,或者仍然对这种办法的有效性存有怀疑,那么就可以确定把它作为研究问题。而没有必要先花上大量的时间精力去查询已有研究文献,去确定这个问题是否已经有成熟的解决办法。

（三）制定研究方案

对问题做了分析与选择之后,接下来要考虑如何解决这一问题,提出一个总体的研究方案。制定研究方案的主要内容是选择具体的研究方法。前面说过,研究问题是决定选取哪种研究方法的主要依据。具体的研究方法有许多,中小学教师经常会用到的就有实验研究、相关研究、个案研究、叙事研究等。每种研究方法对不同的研究问题具有不同的解决能力。例如,许多教师一般都喜欢研究这样一类问题:"我如果这样做,那结果会怎样。"对于这类研究,最好的方法就是采用实验研究。因此,我们就用这类研究来说明研究方案的设计应该考虑哪些方面的内容。

1. 阐述研究实验预期达到的目标

目标的陈述要尽量清晰,而且具体、可测量。比如要提高学生对某门学科的学习兴趣,应对"学习兴趣"这样一个比较模糊的概念进行更详细的分析,分解为一些可操作、可监测的目标,比如注意持续时间、提出疑难的数量、课后自学时间等等。

2. 设计研究的操作变量和因素

"结果会怎么样"是关于预期目标的问题,而"我如果这样做"是研究试图改变或者操作的变量。比如为了提高学生对某门学科的兴趣,教师可能要考虑到改变教学内容的呈现形式,或改变教师的语言风格,或改变学生座位安排等等实施策略,这些策略就是研究所要操作的变量。一般而言,为了便于分析研究结果,一次改变的因素不宜太多。

3. 剔除其他因素的影响

假如我们是研究"增加测验次数是否会提高学生的考试成绩"这个问题,那么我们希望的是在测验次数(操作变量)与学生考试成绩(因变量或者预期目标)之间建立联系。但是我们知道,影响学生考试成绩的因素有许多(如学生原有的基础),如果我们不把这些因素有效地排除掉,那么即使实验的结果是提高了学生的考试成绩,我们也不知道这个结果是不是由于增进测验次数造成的。一种较为有效的控制办法就是设立平行班对照组,例如一个班不增加测验次数,而在另外一个各方面情况都差不多的班级增加测验次数,等过了一段时间后测量两个班级的考试成绩。这样我们就可以较为确切地获得研究结论。

4. 行动的步骤与时间安排

行动的步骤设计是研究方案制定过程中非常重要的一个环节,为能适应没有预料到的效果和以前未曾认识到的制约因素,行动研究的总计划要有灵活性,并具有暂时性和尝试性。因此在研究的进程及采取行动的大致时间安排上也要反映出这个特点。

5. 研究条件分析

教师的教学研究不是在实验室里进行的,而是直接嵌入现实的教学生活之中的。因此,制定研究计划时有必要充分考虑到现实中一些可能的有利与不利的因素,以期对计划的现实性有一个客观的认识。需要考虑的问题如:教师本人有无从事研究工作的经验?研究能力如何?所遇问题在以往的研究或实践中已有什么样的解决方案?它们对本研究有什么参考价值?有哪些可资商讨、交流或合作的人?计划实施可能会受到哪些人或事的影响?在多大的时间跨度上(几个月,一学期或一学年)实施这一计划?在所处的实际情境中,有哪些物力、人力方面的限制?

6. 决定是否采用团队研究的方式

不同中小学教师所感兴趣的研究问题往往是相似的,所以我们非常鼓励教师能合作地开展教学研究,这不仅可以在研究过程中集思广益,优势互补,还能及时、高效地分享研究发现,同时也能相应地减轻教师的研究负担。

(四) 实施研究方案和收集数据

对教师来说,根据研究设计开展教学工作,就是研究方案的实施过程,而不是"在另外的时间做另外的事情"。由于教学实践受到诸多现实因素的影响,所以教师在研究的实施过程中,除了尽可能地按照研究计划进行实践之外,还要根据实际情况做出必要的调整。但在这个过程中,需要作出详细的记录和说明,因为这种调整本身也就能说明某些重要的问题。如果调整很大,那么最好回过头来修订计划,以保证整个研究过程能够有序地进行,并使研究的出发点与结果尽量一致起来。所以,在实施计划的过程中,一个重要的任务就是对行动情况进行观察和记录,收集有关资料,以便及时地对计划实施情况有一个大致的了解,并最终对本研究的过程和结果作出比较全面、透彻的分析。教育教学研究中的一般数据收集方式主要有:

1. 观察

在教学过程之中或之后观察学生的各方面表现,是教师获取数据从而作出相应判断的重要方式和方法。同时,我们也鼓励教师邀请自己的同事或者相关领域的专业研究者到自己的课堂中来,帮助对课堂教学情况进行观察和记录。一方面大家有一些共同的经验和兴趣点,可能更容易发现问题;另一方面这也易于促进交流与合作。如果有条件能够对课堂教学情况进行录音、录像,那么,对行动研究的资料收集、结果分析将有很好的帮助。

2. 访谈、问卷调查和测量

访谈可以包括结构性访谈、半结构性访谈、开放性访谈和非正式访谈,是教育研究中重要的数据收集方式。相比许多面上的调查,它的优势在于能够帮助我们更深入地了解现象和过程背后的原因和运作机制。

问卷调查是收集数据的另外一种重要手段。它的优势在于能够进行大面积的调查,而且数据比较容易分析。但在问卷调查之前,设计一份高质量的问卷至关重要。

测量与问卷调查在性质上比较相似,只不过前者在规范程度上要高一些。在教师的教学研究中,测量学生所学知识的掌握程度如何是一个很重要的问题。在日常的教学研究中,教师一般是采用试卷作为策略工具进行数据收集的。

3. 学生个人资料的收集与记录

收集与记录学生个人资料也是理解课堂教学的重要方法。学生的个人资料包括学生的家庭背景、简历、以往成绩表现、兴趣爱好、个性特点等等,根据需要,也可以涉及其他的内容。鼓励教学实践中的重要主体——学生参与到行动研究过程中,并把他们在这一过程中的一些体验表述出来,不但对行动研究的进行具有积极的意义,而且也可以收集到许多有价值的资料,有利于全面地分析研究结果,为进一步的研究工作打好基础。

4. 教师个人资料的收集与记录

教师的个人资料也是行动研究的重要材料。教师通过分析自己的实践经验、个人历史,可以获得对于自己所从事的教学实践的清晰认识,并在这一认识的基础上提高自己的实践能力。教师有意识地记录自己从事教学工作的所见、所闻、所感,并适时地分析和总结这些材料,往往能够获得对于自己实践的比较全面的认识。

(五) 回答和解决问题

研究的目的都是为了回答问题或者解决问题。所以,当研究实施到一定程度的时候,教师就需要把所收集到的信息整合起来,提炼出主要的研究发现和结果(如学生的考试成绩的变化情况、课堂不良行为发生的频率等等),然后再分析这些发现和结果是否能够回答或者解决最初的研究问题。

对教师来说,研究如果能够一次性地解决问题,则是再好不过了。但在现实中,通过一次研究就能比较满意地解决问题的研究很少,更多的是某项研究在某些问题上取得了效果(比如原来后进的学生学习成绩有了较大提高),而在某些方面没有什么变化。在这种情况下,教师往往就需要对研究方案进行改进,保留有效的做法,改进无效的做法,从而开始后续一轮的教学研究。

....

本章小结

研究在许多时候指的就是对未知事务的追问、探索和思考,而并不一定是高深的、技术性的学术活动。因此,对教师来说,从事教育教学研究,不存在"能不能"和"要不要"的问题,而是教师如何对待自己工作和自身发展的态度问题。从事教学研究对教师个人成长和发展具有重大的意义。首先,新教师要成功地度过适应期,立足教师职业,就需要研究。其次,只有开展持续的、高质量的教学研究,教师才能在众人中脱颖而出,走向职业发展的高峰。同理,教学过程其实就是一个研究过程。要使教学教得更好、更有意思,教师没有任何理由不从事教学研究。与其他研究一样,教师的教学研究也必须遵循基本的教育科学研究方法和规范。教师从事教学研究一般需要包括五个步骤:发现问题,分析与选择问题,制定研究计划,实施研究计划和收集数据,回答和解决问题。

关键术语

教学研究　教师即研究者　教学即研究　研究方法与规范

讨论与探究

1. 讨论:你是如何理解"教师即研究者"的。

2. 请你提出两个你认为中学教师会感兴趣的研究问题。

3. 请你回到本章开头时你写的那位"教得如此有意思"的教师的行为表现提纲上,并以"研究"为主题编写一个关于该教师的故事,至少 500 字。

4. 下面的案例是来自教学实践的真实问题。你能解决这个问题吗? 请你向同学们简单地介绍你准备采取的策略和思路。

如何才能让学生少写错别字

认字教学是小学语文教学的重要内容之一。学生也都会花很多时间在抄写、听写上,但学生错别字居高不下仍然是语文教师一件很头疼的事情。而且,我们发现,现在学生作业中的错别字较之以往,出现的频率更高。二年级写话、写日记和语文综合性学习用字的练习机会增多,要运用到许多学生没写过的字。"认写分开"使得部分学生只知道字音,不知道字形,于是想当然地凭着第一感觉胡乱写一个自己认为"好像是"的字,或者索性找个同音字或形近字代替,有的干脆就用拼音代替。所以错别字现象比较普遍和明显。随手翻开一、二年级学生的写话本和课堂作业本,随处可见各种各样的错别字,有的情况还很严重,一句话里竟出现四五个错别字。比如"做、坐、座、作"四个字,一年级的学生经常混淆。错别字的高频率发生,严重影响了小学生的书面表达质量,对学生提高整体语文素养带来极大的障碍。而且,大部分老师对此都没有一套很成熟的处理办法。

资料来源:浙江嵊州逸夫小学语文教研组。

进一步阅读的文献/网站

1. 郑金洲:《教师如何做研究》,华东师范大学出版社 2007 年版。

2. 刘良华:《校本行动研究》,四川教育出版社 2002 年版。

3. 刘良华:《校本教学研究》,四川教育出版社 2003 年版。

4. 柳夕浪:《教师研究的意蕴》,教育科学出版社 2007 年版。

5. 余文森等:《探索以校为本的教学研究》,华东师范大学出版社 2005 年版。

6. 池春燕:《切磋:教师如何做教研》,中国人民大学出版社 2008 年版。

7. [美]高尔等著,许庆豫等译:《教育研究方法导论(第六版)》,江苏教育出版社 2002 年版。

8. 网站:http://xbyx.cersp.com/xxzy/wzxd/200703/1322.html

　　　　http://www.labahua.com/lunwen/jiaoyanfangfa/103748966.html

　　　　http://ucerc.edu/teacherresearch/teacherresearch.html

这是本书的最后一个景点。当你来到这里时，我们很想知道你想问什么："我碰到问题怎么办？向谁请教？""我可以利用哪些路径开展研究？"……如果你这样问，我们会感到很开心！我们期待本章能够回应你的问题，能够像一根旅行时的手杖，帮助你走上风光旖旎而又充满挑战的研究之旅，期待你与我们分享属于你自己的故事……等你！

通过本章的学习，你能够

● 明确教师开展教学研究的基本方式和类型；
● 理解自我反思的意义并尝试开展基于主题的自我反思；
● 理解同伴互导的意义并叙述自己经历过的同伴互导的故事；
● 理解专家引领的意义并描述自己在观念上存在哪些问题需要被引领。

本章内容导引

● 自我反思
　一、自我反思及其意义
　二、基于自我反思的教学研究
　　（一）事件记录型
　　（二）他人比较型
　　（三）自我批判型
　三、自我反思应注意的问题
　　（一）教师应注意的问题
　　（二）学校应提供的支持
● 同伴互导
　一、同伴互导及其意义
　二、基于同伴互导的教学研究
　　（一）目标发散型
　　（二）目标聚焦型
　　（三）目标多重型

　三、同伴互导应注意的问题
　　（一）合作者应注意的问题
　　（二）合作体建设应注意的问题
　　（三）学校应提供的支持
● 专家引领
　一、专家引领及其意义
　二、基于专家引领的教学研究
　　（一）构件需求型
　　（二）支架需求型
　　（三）心智模式型
　三、专家引领应注意的问题
　　（一）专家在哪里
　　（二）教师如何利用专家资源
　　（三）专家应注意的问题

．．

　　要想赢得一场足球的话，离不开球员的比赛态度、脚法以及教练的技战术安排。如果把教学研究比作球赛的话，通过前一章的学习，你一定养成了比赛的态度（研究态度）和基本脚法（研究规范）。那么这一章我们讨论的就是技战术安排问题：如何制定教学研究的行动路线。自我反思、同伴互导和专家引领就是教师开展教学研究的基本路径。自我反思是教师研究的内在动力，同伴互导和专家引领则是教师研究的外部支持，三者共同构成了教师从事教学研究的完整系统。当你真正理解了这三者的内涵和关系，熟知他们的程序和技术，并加以运用和操练时，相信你一定会在教学研究的赛场上高奏凯歌，百战百胜。

第 1 节　自 我 反 思

　　公元前 8 世纪，古希腊人把"认识你自己"作为铭文，刻在希腊北部德尔斐小镇的阿波罗神庙的门柱上。苏格拉底把它作为自己人生哲学的信条,并提出著名的论断:"未经反思的生活,是不值得过的生活。"在日复一日的教学生活中,每一个人都有过这样那样的问题,也都有过这样那样的期待。如果你想寻找问题的答案,让自己的教学生活充实而有意义,那么,就先从自我反思开始吧。

一、自我反思及其意义

自我反思是教师开展教学研究的一个重要路径,已经成为一个被广为认可的观念。杜威(J. Dewey)早在20世纪30年代,就提出了反思的概念。他认为,在人的各种思维形式中,最好的是反省思维。反省思维就是"对于任何信念或假设,按照其所依据的基础和进一步导出的结论,去进行主动的、持续的和周密的思考"[①]。此后,众多的学者对教师的反思进行了深入的研究,提出了众多的理论和模型。自20世纪90年代以来,自我反思日渐成为我国教师教育研究的热点。

自我反思是教师立足于自己的实践经验,通过深刻的内省来调控自己的情绪和行为,整合自己的知识和信念的活动。它是"思考"的一种形式,但又不同于一般的思考。

首先,自我反思强调对问题的深度思考。苏霍姆林斯基说过:"教育,首先是活生生的、寻根究底的、探究性的思考。"[②]自我反思追求的正是这样的思考品质,它力图回到问题的原点,顺藤摸瓜、寻根究底,而不是浮光掠影、浅尝辄止;它不满足于既定的结论,而是敢于对那些"习以为常"的"道理"提出质疑。比如在第9章的《"马鞍形"的思考》那则案例中,分析小学生数学成绩随着年龄的增长呈"马鞍形"分布的原因时,曹老师不是停留在已有的解释上(如把问题归因于学生思维的变化和学校师资力量的配备等),而是寻根究底,发现导致这种现象的根本原因在于数学教材内容的难度分布不当,继而在教材的研究中取得了一定的突破。

其次,自我反思是循环推进、逐步深入的。自我反思的过程大致包括这样几个步骤:(1)反思者因某一实践情境而产生探究的冲动;(2)确定情境中隐含的需要解决的问题,并思考解决的路径;(3)在实践中检验问题解决的思路;(4)如果问题成功地解决了,这种解决的路径就成为一种经验的模式,用以指导以后的行动;如果问题没有解决,反思者就会重新思考新的解决办法。自我反思不断深入的过程,就是教师研究能力提高的过程。

自我反思对教师的教学研究和专业发展有重要的意义。美国学者波斯纳(G. J. Posner)于1989年提出了著名的教师成长公式:经验+反思=成长。我国古代也不乏对反思的陈述,如"吾日三省吾身""见贤思齐焉,见不贤而内自省""知不足,然后能自反也""切己体察,着紧用力"等等,这些都强调了自我反思的重要作用。

那么,自我反思教学研究到底有什么样的作用呢?

第一,自我反思是提升经验的桥梁。经验扎根于具体的情境之中,但由于情境是不确定的,是瞬息万变的,所以经验的知识往往也是难以传授甚至是无法表达的。它只能

---

① [美]杜威著,姜文闵译:《我们怎样思维·经验与教育》,人民教育出版社1991年版,第6页。
② [苏]苏霍姆林斯基著,杜殿坤译:《给教师的建议》,教育科学出版社1984年版,第297页。

依靠教师自己在具体的情境中反复体验和琢磨,不断梳理和放大,这一过程就是反思。反思是把经验提升为"实践性知识"的桥梁。因为有了反思,经验才有价值。

第二,自我反思是锤炼思维的工具。一个研究型的教师首先是一个有思想的教师,一个能够像专家一样思考的教师。而这一品质的形成离不开反思。反思能使教师思维敏捷、思维开阔,从整体出发对问题作出综合的考虑,理清问题背后的复杂关系;反思能使教师思维深刻,不膺服权威,不盲从惯例。

第三,自我反思是追求卓越的动力。按照马斯洛的需求层次理论,人的最高需求是认识到自我存在的价值。繁忙的日常工作和繁重的生活压力,常常让人迷失自我。而自我反思则会提醒我们不断地去审视自我。我们不断否定自己,又不断肯定自己;不断应对挑战,也不断战胜困难。反思的过程就是追求卓越的过程,正如于漪老师所说:"不论人生有多精彩,也不论人生有多无奈,千万不要失去自己的思辨能力,要用反思和质疑不断为人生做出选择和判断,学习做一个不仅有学识,而且有见识的教师。"[①]

二、基于自我反思的教学研究

人们按照不同的标准,把反思分为不同的类型。按反思的对象,可分为对教学理念的反思、对教学策略的反思、对教学计划的反思、对教学实施的反思等;按反思的时间,可分为行动前的反思、行动中的反思、行动后的反思;按反思的呈现方式,可分为内隐的反思、外显的反思。

其实,从反思的对象来分类,就只能是列举,很难穷尽,因此这种分类并不科学;而从时间的角度给反思分类,则可能忽视反思过程的循环特征,因而也值得商榷。我们尝试一种新的分类方法,即按照自我反思的水平和层次,将其分为三种类型:事件记录型、他人比较型、自我批判型。

(一)事件记录型

事件记录型反思是指教师把自己经历过的或正在进行的关键活动/事件记录下来,以供分享、保存或后续研究之用。所记录的事件往往蕴涵着值得探询的教育问题或有价值的思想。这些"实践中的问题可能是特定的、清晰的,也可能是隐含的、模糊的,可能是理智层面的,也可能是情绪层面的,或者两种因素兼而有之"。[②] 准确地描述问题的情境是我们教学研究的开始,是我们作出判断和决策、选择工具和行动方案的前提。有时,发现和聚焦一个问题甚至比解决一个问题还要重要,因为它决定了我们的研究方向。

常用的事件记录方法有教后记、教学日志、教学录像、教学录音、随笔、故事、案例等。记录的内容是多方面的,无法穷尽,关键在于记录者是否清楚"为什么要记录"。思考下列问题有助于我们确定值得记录的活动/事件。

● 这节课上,我在目标设置/情境创设/引起动机/课堂组织/环节过渡/重点把握/难点突破/问答/理答/作业设计等方面处理得怎么样? 表现在哪些地方?

① 郑慧琦等:《做有思想的行动者:研究型教师成长的案例研究》,上海教育出版社 2008 年版,第 148 页。
② 王少非:《在经验与反思中成长:案例开发与教师专业发展》,山东人民出版社 2008 年版,第 116 页。

● 在今天的教学中,最令我兴奋/沮丧/激动的事情是什么?

● 本周我最成功/失败/有风格的课是哪一节?哪些事件能证明这一点?(是充分的准备,教学手段的更新,教学方法的变化,教学环境的布置还是其他?)

● 本学期,我在课堂教学/师生关系/教学观念上是否发生了一些变化?哪些事件能够体现这种变化?

● 在我的教学生涯中,我印象最深的关键事件是什么?

……

确定了要记录关键活动/事件以后,我们要尽可能地运用各种方式(如文字、录音、录像等)原生态地记录事件发生的过程和场景等,但这并不是要我们记"流水账"。事实上,记录一切是不可能的,也是不必要的,过于繁杂的记录反倒会遮蔽我们研究的问题,甚至改变我们反思的方向,导致错误的理解。因此,事件记录型反思的另一个关键就是根据确定的问题,选择记录的重点,详细描述那些与反思问题相关的场景,放大那些能够揭示问题意义的细节。

案例 10-1

课堂上的尴尬

那天,我捧着课本、教案立在教室门口,用眼神向学生发出无声的信号,希望躁动不宁的学生停下来,喧哗交谈的静下来……我轻盈地步入教室,踏上讲台,把早已熟诵的教案绘声绘色地讲了起来。我热切地希望自己的讲课能满足所有学生的需要,一心一意渴望成为一个好老师。

谁知,一个小男孩偷偷带来的一只小乌龟爬到了我的脚趾上。这一突如其来的惊吓,把从小害怕小动物的我吓懵了,我"哇"地叫了起来,本能地一脚把小乌龟踢开。学生们向地上一看,有的也"哇呀"惊呼起来,有的却笑出声来,教室里顷刻乱了……课后,我满怀怨气地批评了那个小男孩,责令他以后不许把小乌龟带来。可是小男孩却固执地表示:"不行,我太喜欢小乌龟了。"我一气之下就把小乌龟没收了。可那小男孩竟把头一扬,再也不理会我了。

面对个性迥异的学生如何引导,课堂教学秩序如何维持等等这些现实而又棘手的问题使我焦虑、困惑。当晚,我失眠了。回想起白天发生的那件事,既感到委屈、难受,又感到无可奈何、无所适从。我该怎样面对这件难堪的事件呢?

资料来源:郑慧琦等:《做有思想的行动者:研究型教师成长的案例研究》,上海教育出版社 2008 年版,第 169 页。

有人认为事件记录型反思是一种低层次的反思,因此对它不屑一顾,其实这是一种很大的误解。事件记录型反思既是我们研究的开始,也是进行更深层次反思的基础。一件看似普通的教学活动,经过事件记录型反思之后,往往能显示出巨大的意义。无数事实已经证明,有效地开展事件记录型反思,是教师成为专家的必由之路。使用以下方法可以帮我们更好地开展事件记录型反思。

● 改变教案的格式。把你的教案的右侧空出来,下课之后,想想这节课上感触最深的地方,记录在相应的空白处。不要小看这个改变,因为灵感稍纵即逝,很多有价值的东西有时候就是因为我们没有及时书写下来,白白地流逝了。

● 使用便笺本。随身带一个便笺本,随时记录教学中的感悟。这样,我们可以随时随地记下自己的感悟。一个星期以后,翻一下你的便笺本,你会惊奇地发现里面藏了很多有价值的东西。

● 使用数码存储设备。例如,使用 mp3 给自己的课堂录音。上课之前,把它设置为录音的方式,下课以后,回放你的讲课录音,你会发现许多值得自己反思的东西。如果采用数码录像,提供自我反思的素材会更丰富。

补充材料
10 - 1

我怎样写教育日记(节选)

　　我想再一次提醒校长要有一个记事簿。只要你是认真地对待自己的工作的,你就要尊重这个记事簿和尊重自己,把它一年又一年地记录和保存下去。这实际上是一种教育日记,同时也是你对一个较长时期的教学和教育工作进行概括性分析的准备工作。凡是引起你的注意的,甚至引起你一些模糊的猜想的每一个事实,你都把它记入记事簿里。积累事实,善于从具体事物中看出共性的东西——这是一种智力基础,有了这个基础,就必然会有那么一个时刻,你会顿然醒悟,那长久躲闪着你的真理的实质,会突然在你面前打开。

　　……

　　思考记事簿里所记的东西,是我对自己一天工作的总结。我的记事簿里另外分出一栏。我把那些带一般性的结论、概括,专门记入这一栏里。这种记录不多,不是每天都有的。而到了一周的末尾,我把这个期间所听过的课通盘考虑一遍,从大量的事实中抽象出来,着重研究最主要的东西。

　　资料来源:〔苏〕苏霍姆林斯基著,杜殿坤译:《给教师的建议》,教育科学出版社1984 年版,第 444、447 页。

(二) 他人比较型

　　他人比较型反思是把自身经验与他人经验对比,从不同的视角,发现并澄清自己的问题或优势。每个人都有自己独特的文化背景、生活经历、教学经验和思维方式,这些因素决定了每个人理解问题的角度和处理问题的方式不可能相同。

　　比如解读同一篇文章,有的教师可能采用诗意的描述,有的教师则可能进行冷静的剖析;证明同一个理论,有的教师可能侧重课堂上的逻辑推演,而有的教师则可能强调学生的自主发现。这种差异为我们开展比较型的自我反思提供了丰富的资源。有时候,某一个问题可能让我们陷入百思不得其解的研究困境中,此时,我们不妨把别人当作"镜子",看看别人是如何处理这个问题的,尝试把别人的经验纳入到自己的经验体系中。借助比较反思,我们可能获得对问题的全新理解或深刻洞察。

　　比较反思的对象可以是自己的同事,也可以是本学科知名的专家或专家型教师。

本书第9章里曾经提醒我们思考这个问题:对于本学科的专家或专家型教师,我们了解多少? 了解的程度如何? 他们在哪些方面表现杰出? 如果你能很好地回答这些问题,就表明你不但具有专业研究的兴趣,而且具有进行他人比较型反思的意识和基础。

目前盛行的同课异构、案例研究等教学研究形式,都意在给教师提供多个比较的例子,引导教师进行比较型反思研究。

进行他人比较型反思,关键是要选准角度,即同别人比什么? 是技术层面的比较,还是理念层面的比较? 但是不管从哪一个层面进行比较,角度都要尽量小而具体,聚焦一个问题,不可面面俱到,这样的反思才更有可能深刻有效。思考下面的问题或许有助于我们确定他人比较型反思研究的问题。

- 我的课/教案/作业设计与某人的课/教案/作业设计有什么不同?
- 我的讲解和某人的讲解有什么不同?
- 我的课堂组织/教学评价和某人有什么不同? 效果有什么差异?
- 某人的课件制作/情境创设/问题设计/作业设计与批改/课堂组织与管理/教学环节等给我有什么启示?
- 我的教学风格与某人的教学风格最大差异在哪里? 各有什么优缺点?
- 我对问题学生的处理和某人有什么不同?
- 我在激发学生学习动机/自我效能感方面与同事有什么不同?
- 我和学生/家长交流的方式与别人有什么差异? 各有什么利弊?

......

案例 10-2

对一节录像课的反思

今天,看了一个教学录像,课题是何其芳的《秋天》。执教这节课,老师把很长的时间交给学生开展小组讨论,而小组讨论正是我这一年多来所困惑的问题。因为新课程要求培养学生自主、探究、合作的能力,教研组要求每个教师在课堂上体现学生的合作研究,开展小组讨论。可是,组织小组讨论,并非一个简单的问题。我多次尝试,效果并不好,要么学生合而不作,要么不合而作,课堂表面上热闹,实则是一团糟,教学效果并不好。外出听课,尽管很多观摩课上组织了小组讨论,但我觉得绝大多数也是流于形式。听了这位老师的课,我却得到了很大的启发。

开始小组讨论之前,这位老师用将近1分钟的时间明确讨论的问题和规则(我原来以为这是浪费时间,事实证明,这是完全必要的,也是值得的)。

他提出了这样四个问题:"透过这幅画面,你看到了什么? /听到了什么? /闻到了什么? /感受到了什么?"

明确问题之后,老师给小组中的四个学生分配了明确的任务:"请各小组的同学在小组内讨论这四个问题,其中一位同学负责记录讨论的内容;第2个同学负责把这些讨论串联起来,形成一篇短文;第3个同学把这篇短文修改、润饰;最后一个同学就负责宣读你们的作品。"

> 接下来,这位老师给学生 12 分钟的时间开展小组讨论。而以往我听公开课的时候,老师交给学生讨论的时间一般不超过 7 分钟。事实证明,这是学生讨论充分的重要条件。
>
> 学生的讨论是富有成果的。几个小组对画面的感悟都很具体,呈现的作品也很完整,其中一个小组还提出了自己的疑问,而这个问题是老师始料未及的,老师建议学生课下继续研究,体现了课堂的生成性。
>
> 看来,明确讨论的问题和任务,给予充足的时间,是小组讨论富有成效的关键。

(三) 自我批判型

如果说事件记录是为了积累自身的直接经验,他人比较是为了分析自己的片断经验,那么,自我批判则是立足于经验之上的或者说超越经验的理性加工。面对一个教学事件或情境,批判反思不仅仅关注它的现象和过程,更关注它的根源和背景,关注它与别的事件或情境的联系,关注经验背后的诸如规律、信念等理性的东西。例如观摩同一节课,一般教师最可能关注的是这节课"教了什么","是怎么教的",而专家教师更多考虑的则是"为什么这样教"。前者关注的是技术,而后者在关注技术的同时,还考虑到支撑技术的教学理念。

自我批判型反思的显著特征是挑战自我,并且对他人和权威不迷信、不盲从。因为善于自我批判反思的教师,自身已经具备了一定的知识储备和经验积累,对教学已经有了较深的感悟和认识。当教学中的事件或情境与自己已有的知识和观念产生分歧和冲突时,他们不是盲从和膺服,而是能够运用批判的眼光寻找自己的立场,确立自己的观念。

需要强调的是,自我批判型反思对于传统和权威的态度固然不是盲从,但也绝不是夜郎自大、盲目否定。而是从经验和事实出发,以细致的观察、充足的证据和严密的推理明晰问题,澄清观念、指导行动。因此,自我批判型反思的深度,代表了教师研究的高度。思考下面的问题或许有助于引领我们走向自我批判型的反思。

● 我知道自己的教学理念吗? 在我的所有行为中,哪些行为是体现自己的教学理念的? 哪些行为是违背自己的教学理念的?

● 我的课程/教学/评价观是什么? 合理性的依据又是什么?

● 我理想中的语文/数学/体育/美术……课是什么样的? 为什么?

● 在我的各种教学惯例中,哪些是合理的、哪些是有待改进的? 为什么?

● 我该依据什么来分析自己的教学经验?

● 我能够借助某种理论分析/解释/证明自己的某种做法吗?

● 就某个教学事件,我的观点是什么? 依据是什么、是否充分?

● 我能否从自己的事件记录/他人比较的反思素材中发现对自己发展/促进学生学习有价值的问题?

　……

运用以下方法有助于我们开展自我批判型反思:

● 头脑风暴。针对一个问题,和同事或者学生一起想主意,把自己所有的想法展示出来,反思其利弊。

● 画思维图。针对一个问题,自己反复思考,把想到的各种因素写在纸上,然后画出重要的因素,并用图表的形式显示各因素之间的关系。

● 开答辩会。模仿论文答辩或者大学生辩论会的形式,确定自己的观点并为它辩护。

● 生存警告备忘录。想像这是你从事当前工作的最后一天,你的继任者将要在明天来代替你的工作,你决定为他写一份备忘录,让他免于承受你自己在实践中所经历的痛苦和紧张。备忘录包括你在以下方面最好的表现:一个教师在目前的这份工作中要想求得生存应该知道什么? 一个教师要想在这份工作中出类拔萃应该知道什么? 如果你刚开始这份工作,现在希望别人告诉你什么? 你的继任者必须保证不去想、不去做或不去设想哪些事情?

在了解了自我反思的三种分类之后,你有兴趣对自己的反思能力做一个自我检测吗? 请阅读并完成补充材料 10 - 2 中的内容。

补充材料 10 - 2

反思能力发展的自我评估

下列问题可以帮你判断当前的反思能力发展水平。在每句话后面最符合你的情况的数字上画圈。

其中,4=总是这样,3=经常这样,2=有时这样,1=极少这样。

当我遇到问题时:

1. 我能够鉴别问题的情境	4 3 2 1
2. 我根据学生的需要分析问题	4 3 2 1
3. 我会为自己的决策寻找支持性(或反对性)的证据	4 3 2 1
4. 我在伦理的背景下分析问题	4 3 2 1
5. 我能有条理地解决问题	4 3 2 1
6. 我凭直觉做出判断	4 3 2 1
7. 我会创造性地理解问题情境	4 3 2 1
8. 我的做法因情而异	4 3 2 1
9. 我对固定的常规最放心	4 3 2 1
10. 我坚持一些观点(比如,所以学生都能够学习)	4 3 2 1
11. 我对学生的需要积极做出回应	4 3 2 1
12. 我常常评价各种教学方法的目标与行动	4 3 2 1
13. 我思维灵活	4 3 2 1
14. 我爱提问	4 3 2 1
15. 我欢迎同时评价我的做法	4 3 2 1

当我进行教学计划、实施、评价时:

16. 我常常运用创新性的观点	4 3 2 1

17. 我关注的焦点是教学目标	4	3	2	1
18. 我认为不存在最好的教学方法	4	3	2	1
19. 我拥有一名好教师所需的技能	4	3	2	1
20. 我拥有一名好教师所需的知识	4	3	2	1
21. 我会自觉地调整教学以适应学生的需要	4	3	2	1
22. 我能够充分地完成任务	4	3	2	1
23. 我理解概念、基本事实、步骤以及技能	4	3	2	1
24. 我理解那些被公认为不错的教学实践的社会意义	4	3	2	1
25. 我设定长期目标	4	3	2	1
26. 我对自己的行动进行自我监控	4	3	2	1
27. 我评价自己教学的有效性	4	3	2	1
28. 学生实现了我的教学目标	4	3	2	1
29. 我有规律地写日志	4	3	2	1
30. 我参与行动研究	4	3	2	1

计算每个数字被画圈的总次数,然后乘以该数字本身,最后将四个乘积相加,得出总分。

根据下面的标准可以判断你的反思能力:75 分以下:一般;75—104 分:较强;104 分以上:很强。

资料来源:[美]塔格特等著,赵丽译:《提高教师反思力 50 策略》,中国轻工业出版社 2008 年版,第 39—40 页。引用时有修改。

三、自我反思应注意的问题

提高教师的自我反思能力,既需要教师的努力,也需要学校的支持。

(一)教师应注意的问题

第一,在学习中提升自我反思的品质。教师要主动地学习教育教学的理论知识,这些知识可以提高我们对教育问题的认识能力,增强我们对教育实践的敏感;这些知识可以让我们站在理论的高度去思考问题,从而更容易从"习以为常"的教育事件中发现不寻常的意义。知识学习和自我反思是相辅相成的关系。

第二,在坚持中提升自我反思的品质。自我反思是一种思考的方式,更是一种思考的意识和思考的习惯。反思的价值不在于一时一地,它是成年累月甚至持续一生的工夫。那些指望凭借一两次反思就能走上研究之路的想法既是急功近利的,也是不切实际的。我们听到过很多老师的抱怨,说自己也反思过、记录过,可是觉得并没有什么作用就懒得再去想了,这是多么可惜!开展自我反思需要的是滴水穿石的精神。

第三,在反思材料的整理中提升自我反思的品质。坚持记录自己的思考而不对材料进行定期的整理,就像是拥有一处富矿而不开掘一样。"温故而知新",事件的意义往往是丰富的,在不同的时间、不同的环境、不同的经历中往往能看到不同的内容。而且,对事件的深刻反思往往需要经历一个"泡渍"的过程,即把事件搁置一段时间,使反思材料中的我与真实的我产生一定的距离。[①] 这样有利于我们完全跳出当时的情景,对问题做出更为客观的判断,我们也不妨把这一过程称为反思中的"冷处理"。

(二) 学校应提供的支持

高素质的教师队伍是学校发展的核心竞争力,而自我反思又是教师素质提高的重要路径,因此,学校应着力培养教师的自我反思能力,为教师的自我反思提供良好的环境。具体可以从以下几个方面着手考虑。

首先,给教师提供反思的时间和空间。目前很多学校,为了争取眼前利益,过度关注教学成绩,校内考试的次数过多,排名过多,这给教师带来了巨大的精神压力。教师们忙于应付各种考试和检查,根本没有时间和心情去反思自己的经验。实际上,教师的工作是无形的,过度的压力或许能够从形式上增加他们的工作时间,但是却可能损伤他们的创造精神和主动性,从而导致教学效率的下降甚至思想上的对抗。一个明智的校长总是善于给教师"松绑",给教师创造自我反思的时间和空间。

其次,要提供教师自我反思的平台。可以定期召开以自我反思为主题的教研沙龙,让教师交流反思的心得;可以在学校的网络平台上,开辟教师自我反思的专区;尽可能为教师提供充足的教学资源(如图书、音像资料等),增加教师的知识储备;组织教师外出学习交流,扩大教师的视野等。

最后,培育自我反思的学校文化。这需要学校把自我反思作为一种制度来安排,必要时实施利益分配上的引导。如把自我反思作为教师教学研究的制度之一,并且以一贯之地认真执行(避免仅仅是为了执行制度而执行或流于形式),以发挥那些善于反思的教师的引领作用,引导和激发更多的教师积极主动地开展自我反思,进入教学研究的领域。

第 2 节　同 伴 互 导

我们先打个比方吧。让你去深山老林探险,你需要旅伴吗? 教师专业生活就是一种探险。教育是一项合作事业,合作是教师的专业品性,你有没有想过找一个专业的合作伙伴? 教育情境如此复杂,教师专业生活如此艰难,教师仅仅依靠自我反思来开展教学研究是远远不够的,这就需要教师合而作之,一起面对眼前的"艰难险阻"。在现实生活中,教师能借助也最容易借助的力量就是自己的同伴,通过合作开展研究,日渐成为教师的一种专业生活方式。

一、同伴互导及其意义

同伴互导,在英语中是 peer coaching, peer 是指同等的人,coaching 是指集指导与受指导于一身。尽管我国学界对此还有些不同的译法,诸如同伴互助、同事互导、小组互导等,但它们的内涵基本相同:"具有相当身份如职称、教龄、学科、地位的教师结成伙伴关系,在一起工作,通过共同阅读与讨论、示范教学、课例研究,特别是有系统的课堂

---

① 　王少非:《在经验与反思中成长:案例开发与教师专业发展》,山东人民出版社 2008 年版,第 124 页。

观察与反馈等方式,学习并彼此分享新的知识,改革教学策略,进而提高教学质量,并促进自身的专业发展。"①

同伴互导作为一种源于西方的教学研究模式,其对教师专业发展的促进作用,早已得到了实践的证明。乔以斯和肖斯(Joyce, B. & Showers, B.)的一项实证研究表明,学校内教师之间的相互听课和指导能使教师将在职培训中所学到的知识和技能运用到日常课堂上。研究者对两组参与了三个月课程的在职培训教师进行了对比研究,其中一组教师所在的学校在培训期间推行了在同事之间相互听课和指导的方式,而另一组教师所在的学校则没有这样的活动。结果发现,前一组有 75% 的教师在课堂中能有意识地,并且比较有效地应用所学的知识和技能,而后一组只有 15% 的教师有同样的表现。以后的几项研究也都发现,校内同事之间互助指导的效果明显超过单元式的工作坊。②

近年来,同伴互导在我国越来越多地受到学界、学校和教师的重视,一些学校在大力推进同一层级教师之间的互助支援,认为这样做既能避开上司对下属评价考绩的"干扰",又能促进教师的专业发展,长期坚持还可以促成研讨与培训一体化的校本发展机制。正是因为各界的共同努力,同伴互导在实践中呈现了多姿多彩的局面。

二、基于同伴互导的教学研究

同伴互导,可以按不同的逻辑进行分类。譬如,以同伴合作的紧密程度分,有正式的、非正式的;以同伴合作的约束力分,有合约型、非合约型。实际上,分类更多的时候是为了研究的方便,在实践中,老师们并不是考虑清楚了互导的类型,然后按照某种类型照葫芦画瓢的。鉴于这样的实践逻辑,我们也不再拘泥于分类上的绝对严谨,对每种类型都深入地探讨,我们只讨论老师们在专业生活中经常采用的几种同伴互导方式。基于这样的设想,我们以合作的目标类型为依据,将同伴互导分为目标发散型、目标聚焦型、目标多重型三种类型。

(一)目标发散型

目标发散型是指同伴合作各方没有明确的目标指向,只是就即时的问题开展相互研讨并获得问题的完全或部分解决。具体地说,在正式合作研究前,没有认真梳理自己的专业发展需求,没有明确的研究目标,也没有确切的研究计划;在开展合作研究的过程中,每次研究的内容都可能不同,不是围绕一个主题持续展开合作,研究处于一种弥散的状态。彼此具有合作意愿是这一类型的主要特征。

在教学实践中,下列问题如果置于一定的研究情境中,都有可能成为目标分散型同伴互导的话题。

- 面对那位学生的不完全回答,我该如何追问?
- 我的情境创设为何引不起学困生的学习动机?

---

① 崔允漷:《指向专业发展的教师同伴互导》,《当代教育科学》2005 年第 20 期。
② Joyce, B. & Shower, B., The Coaching Of teaching、*Educational Leadership*,1982,Vol.40, No.1.

- 如何设计这节课的板书以便于学生形成大观念？
- 如何给全班同学分类别地写作业评语？
- 如何指导学生读教材中的图形？
- 如何按教学环节分配这一节课的时间？

……

这些问题看起来都比较"小"。事实上，教育情境是如此的复杂，每个简短的问题如果深挖下去，也可以成为需要长时间、许多人才能完成的大问题。但如果我们从教师的日常工作出发，这些都有一次性解决的可能，而这也正好吻合目标游移、话题不断的目标分散型的合作研究。特别是对一些从事教育教学工作时间不长的教师而言，它们更有着独特的魅力。因为这种合作研究能让教学工作充满挑战并富有收获，能让我们体会到合作互助的同事协作关系，但相对而言也难以解决一些难度较大的、需要持续深入研究的问题。

案例 10-3

同 伴 互 导

我和 T 老师都是 8 年教龄的数学老师。数学教研组是一个大组，20 多个人，大组活动一般一个学期只举行一两次，所以，数学老师间的专业交流更多的是在备课组内。我和 T 老师一直不在一个备课组，相互间切磋教学问题的机会并不多，但我们志趣相投，能力相当，对一些教学问题有着共同的兴趣。为了增加彼此交流探讨的机会，我们决定开展较为紧密的合作研究，双方还订了口头的君子协定，正式地进行为期一年的合作研究。但研究什么，怎么研究，要想达到什么目标，却不在规定之列。

合作开始后，我们就是这样"玩"的，彼此坚守着那个口头约定，每次都相聚甚欢。在学年结束时，教研组要我们谈谈一年合作研究的成果时，我给大家列出了这一年来我们聊过的话题：

第一学期，有近五个月的时间。我们基本上每个月聚一次，聊了 5 个话题：如何分解不等式的学习目标，不等式的典型题型及典型解法，设计一份关于圆锥体积计算的分层评价的试卷，追问要注意哪些问题。

第二学期，四个月时间。我们聊了 3 个话题：怎样利用学生的板演，课堂的最后 5 分钟干什么，合作编了一份期末模拟卷。

以前也跟老教师做过一些课题，但还是觉得这种同一个层次的老师在一起合作研究，比较容易找到话题，感觉比较"实"，"我们下学期还想继续下去，初步想法是想确定一个主题，能集中研究一段时间"。

（二）目标聚焦型

目标聚焦型是指经过合作各方的充分协商，在一定的合作期限内，围绕一个明确的研究主题，有计划地开展合作研究的同伴互导类型。这种合作需要合作者在合作研究行动开展前，认真分析自己的专业发展情况，梳理出若干个对自己专业发展有重要影响或迫切需要解决的问题。然后,合作者从中挑选出能让彼此接受的、大家都认为比较关键的问题,作为合作期间的研究主题。相比于目标分散型同伴互导而言,这是一种更为正规的合作研究。

在教学实践中,下列问题都有可能成为目标聚焦型同伴互导的研究主题:

- 如何规范地分解课程标准以便叙写学习目标?
- 如何处理来自学生或情景的突发事件?
- 如何基于课程标准开展命题研究?
- 如何以问题驱动教学?
- 如何获取和利用课堂教学中的评价信息?
- 如何指导学生自主学习?

……

这些问题看起来都比较"大",显然不适合用"打一枪换一个地方"的游击战方式解决,它需要合作者制订一份比较详细的研究计划,[①]制定一个切实可行的研究路径,才有可能取得预期的研究成果。为保证研究过程的顺利开展,合作各方可能还需要签订一份合作协议,明确各自的权利和义务。相比于目标分散型同伴互导,这种类型的合作更有利于提升合作者的研究素养,将合作者的专业发展水平提升到更高层次,有利于提高教师的课堂教学效率。

案例 10-4

行走在"行为"与"目标"之间

2006年9月,浙江省高中实施新课程。此时,W老师教高三生物,M老师教高一化学。M老师认为,新课程对自己是很大的挑战。希望找一位和自己差不多的同事开展比较紧密的合作研究,共渡难关。W老师认为,下一年自己也要面对这个挑战,如果能与先行者结伴,是个不错的选择。对专业发展的共同追求,让两个学科背景不同的人萌生了合作研究的意愿。

为慎重起见,他们对互导可行性进行了认真的商讨,并拟定了一份《同伴互导合约》。摘录如下:研究主题:运用行为动词叙写教学目标。互导方式:研讨、课堂观察、录像分析。互导程序:每次互导前确定主题——互导——总结。互导时间:2006年9月至2007年6月;每月最后一周的星期四下午第四节课。互导规则:守时不拖时;讲真话不生气;争论不争吵;求同不强迫;共享不自私。其他约定:若活动被耽误,应酌情弥补;若一方多次不能履行约定,另一方有权视作约定无效,互导自行解散;每次互导结束由W老师做好文字总结,汇总存档。

开展互导行动研究前,他们分解了研究主题,确定了研究路径。度过了一段伙伴共生的岁月,很多情景让两位老师至今记忆犹新。

---

① 吴江林:《基于合作的课堂观察:教研组的视角》,《当代教育科学》2009年第2期。

"我还以为三维目标是并列关系,原来是递进关系。可以这样理解吗?知识目标和过程方法目标是每节课都要有的,知识传授是基础,关注学生的知识是怎么获得的是关键。而情感态度目标则可能是阶段性的或长期性的,未必每节课都要制定,但在模块或单元教学计划中是一定要有的。"这是第一次互导后,M老师听完了W老师的讲解后,对三维目标关系的理解。

"我觉得化学课程标准的各层次行为动词间的关系可能有问题",W老师指着简报(摘录如下图)谨慎地报告自己的研究结果。"哎,有道理!我怎么一直没看出来啊。"M老师露出了惊讶的目光。这是第三次互导时,两位老师的研究结果,两位老师都兴奋不已,但两位老师意识到,兹事体大,应向有关权威人士求证。

> ◆ 认知性学习目标的水平
>
> 从低到高
> 知道、说出、识别、描述、举例、列举
> 了解、认识、能表示、辨认、区分、比较
> 理解、解释、说明、判断、预期、分类、归纳、概述
> 应用、设计、评价、优选、使用、解决、检验、证明
>
> ⇩ 改进
>
> 从低到高
> 知道:说出、识别、描述、举例、列举
> 了解:认识、能表示、辨认、区分、比较
> 理解:解释、说明、判断、预期、分类、归纳、概述
> 应用:设计、评价、优选、使用、解决、检验、证明

"我感觉用行为动词叙写教学目标,最难的是明确相关动词的教学含义。例如,什么样的教学行为就是'解释'而不是'解决'呢?"面对W老师的困惑,M老师做出了自己的解释,"例如,我问学生什么是金属钠的性质,学生能把金属钠的各种性质说出来,并能指出这些性质彼此间的关系,这就是解释。如果我要学生利用金属钠的性质设计一个实验,来检验金属钠是否有某个性质时,这就是解决"。这次研讨,让两位老师意识到,他们进入了新课程的核心地带。

令两位老师意想不到的是,他们的互导得到学科内很多同事的关注,而随着研究的深入,学科背景的重要性也日益显现。于是,在深入商讨后,他们决定吸收更多的有志于此的同伴加入进来,聚集更多人的智慧,对行为动词的教学含义进行深入的研究。

如今,他们的互导还在继续,在"行为"与"目标"之间书写着精彩的专业生活。

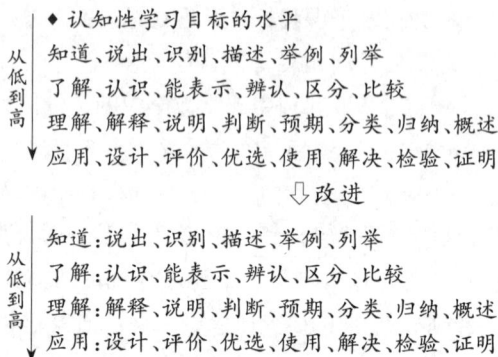

(三)目标多重型

目标多重型是指合作各方在合作期内,围绕一个较大的主题持续地开展研究,不断地解决具体的问题。一般来说,由于这种合作所面临的问题复杂而多样,需要组建一个比较正式的、多人参与的合作团队,作为研究的载体。合作团队应该有一个组织者,各成员应该有比较明确的分工,有一套切实可行的合作体运行的机制或程序。

在教学实践中,下列研究活动都可以通过目标多重型同伴互导来开展研究:

- 撰写《课程纲要》
- 合作备课
- 课堂观察
- 协同教学
- 复杂课件制作

- 学科网建设
- 课题研究
- 开发校本课程
- 指导学生开展课题研究
- 课程标准、教材、教学与评价一致性研究

······

这些活动对教师个体而言,都是很"大"的一些活动,也就是我们所说的"较大主题"。这些活动有一个共同的特征:都可能涉及到一项专业活动的方方面面。所以,每项活动都可以分解为若干个研究目标,而这些研究目标又都不是孤立的,而是有机地联系为一个整体,这正好为同伴的分工合作提供了基础。

三、同伴互导应注意的问题

基于同伴互导的合作研究,既需要自身的努力,也需要同伴的协作,还离不开学校的支持。为了更好地开展同伴互导的合作研究,我们在此提供三个方面的建议。

(一) 合作成员应注意的问题

第一,要积极参与合作。我们应该有改变自己的专业生活方式的意识,要改变自闭于自己的小天地里,过"自给自足"的专业生活的状态。要在日常工作中积极寻找并创造合作机会,通过对话、倾听、讨论等交流方式,开展多样化的合作。

第二,要心态平和,坦诚相待。合作关系建立的一个重要基础就是优势互补,作为同伴在享受优质资源的同时,也要学会包容对方的缺点。所以,合作过程中保持一颗平常心是非常重要的。但这并不是说在合作的过程中要一味地迁就或没有原则地忍让,相反,更多的时候,合作成员扮演的是诤友的角色,只有这样才会赢得对方的尊重,才能让合作在良性的竞争中完成预定的任务。

第三,要学会如何合作。合作是一项需要一定专业技能的活动,因此,在合作中我们应该积极学习合作的知识与技能。比如,我们应该学会自我剖析,以便明晰自己的合作需求,开展有针对性的合作活动;我们应该积极参与合作体的建设,以便保证合作的顺利进行;我们应学会如何处理人事关系,以便营造和谐的合作氛围等。

第四,要积极行动,共同担当。合作研究是双方共同的责任,作为同伴不要总是等到对方来分配自己的工作,否则就不是"互导"了。要主动地做好自己分内的事,不要让分工成为你我之间的隔阂,要勇于担当,不计较得失,这样的合作才能持续下去。

(二) 合作体的建设应注意的问题

同伴互导所形成的合作组织叫做合作体。合作体是合作研究的平台,合作体的建设是同伴互导中的重中之重,为此,我们对合作体的建设提供以下五点建议。

第一,合作体应出于参与者的自觉自愿。合作体的人员应都有共同的合作目标和平等的身份认同。

第二,合作体要有适切的研究主题。合作研究的主题只有与教师的常态工作结合在一起,并聚焦于教师专业发展或课堂教学中的问题,合作才比较容易持续和深入,教学即研究、教师即研究者才可能成为现实。从我们已有的经验看,适切的研究主题还意

味着把一个大目标解构成若干个具有一定逻辑结构的小目标,这样的研究主题在实践中更具有可操作性。

第三,合作体要有一定的组织架构。一般来说,合作体应确定一位召集人,他是合作的示范者和引领者,能够规划、组织、落实合作活动,激发每位参与者的合作动机或智慧,让每位参与者真正享受互惠的效益。合作体的架构并不意味着它的封闭自守,相反,合作体应摈弃"小团体"思想,以开放的态度吸纳新成员,冲破自身边界,主动寻求与其他合作体的合作,实现资源整合的最优化和最大化。

第四,合作要有一定的规则。身处日常繁杂事务之中的教师,要集中精力持续地关注和研究一个问题,并不是一件容易的事。面对各种考核压力和种种诱惑,要保持内心的宁静和淡泊,也不是那么容易做得到的。因此,合作双方签订一份君子之约,是必要的。它的主要意义体现两个方面,一是会让双方在行动前审慎考虑,考虑清楚我想要什么,我将要做什么,我是否有能力有兴趣做下去等问题。二是避免合作过程中发生不愉快,所谓先议后不乱。

第五,合作体要做好文档工作。首先要制定合理的详细的研究计划,记录并保存合作过程中的相关资料,为合作体成员提供必要的反馈、具体的建议和及时的专业支持。

(三)学校应提供的支持

同伴互导研究基于学校,在学校中。学校在教师开展同伴互导研究中,应注意以下两点:

第一,学校要提供制度上的支持。学校应积极鼓励教师开展同伴互导合作研究,创造各种有利于合作的条件或机制,保障合作行动的健康运行。学校应建立或完善配套的管理制度,如教师考核与评优制度、教师研修制度等,保障教师开展同伴互导合作研究的专业发展行动。

第二,学校要提供服务上的保障。学校应强化为教师合作服务的意识,为教师的同伴互导研究提供物力、人力、财力、时间、空间与信息等资源,为合作体之间、合作体与其他人员之间提供分享交流的平台,并积极为教师寻求校外专业支持创造条件与提供便利。

第3节 专 家 引 领

读到这里,你是否觉得自己已经可以顺利迈上研究之路了?然而,当你真的上路后,你可能又要抱怨了。因为还有些复杂的问题靠自我反思、同伴互导不能解决,让你和你的同伴百思、百试而不得其解,如同身处迷宫,不知哪是正确的出口。这个时刻,你多么希望像雅典王子忒修斯那样,拥有"阿里阿德涅之线"(Ariadne's thread)并借此走出迷宫啊。专家引领就是你走出教学与研究迷宫的"阿里阿德涅之线"。

一、专家引领及其意义

专家引领是当你因某个问题不得其解而处于困惑状态时,专家给予你启发、点拨而使你破解问题、消除困惑的过程。

专家引领在教师教学研究、专业发展等方面具有自我反思、同伴互导所不可替代的作用。有学者以《人民教育》杂志 2003—2005 年《名师人生》栏目中 36 位特级教师撰写的人生经历为样本,对影响优秀教师成长的因素进行了研究,结果表明:"优秀教师的成长主要不是天赋,而是后天的因素;后天因素对优秀教师成长的影响程度依次为个人的努力、教学互动、专家引领、师傅指导、同伴互助和领导支持。"①尽管这一研究的样本量不大,但足以让我们明白专家引领的作用。其实,如果你感兴趣,调查一下你认识的或你身边的颇有建树的老师,相信可以提供更多的佐证。

具体地说,对教师而言,专家引领在教学实践与研究的意义,主要表现在三个方面:

首先,有助于教师解决眼前所面对的实践问题。教师的教学实践是复杂的,比如我们实践基于标准的教学和评价,即使弄清有关的理论问题,在实践操作中也会遇到各种各样的问题。对于某些问题,可以界定其性质,从而找到解决之道,但是也有些问题却是说不清,道不明。作为当事人的你,如果能与专家分享你的问题,也许专家的只言片语就能点燃你智慧的灯火。

其次,有助于教师开展规范的、有效的教学研究。教师的教学研究,植根于复杂的实践,但由于教师的思维相对比较感性和具体,教育理论、科研素养的缺欠,难免被复杂的实践遮蔽,不能作开阔而又深刻的思考和梳理。如果你有专家的引领,就可以在研究中少走弯路,减少行动的盲目性,提高研究的有效性,可使你远离"教书匠",走向专家型教师。

最后,有助于教师对自己的经验进行概念化加工。教师的教学实践蕴藏着许多智慧与经验,但教师常常难以将感性的经验理性化、隐性的经验外显化,如同"茶壶里煮饺子",这就限制了经验的提升和传播。而专家则有这方面的优势,他们擅长对经验的概念化加工。

事实上,许多先行研究和教师成功案例都表明了专家引领的作用。如李吉林"情境教学"等优秀成果的形成,无不凝聚着专业研究人员和一线教师共同的努力与智慧,包含着理论知识和科研方法的指导与引领。

案例 10 - 5

"体悟教学"的催生

无数次自问自己:教学究竟是什么? 怎样教才是有效的? 如何科学评价学生的学业成就? 思考一次次陷于困惑,困惑又一次次触发思考。

朦胧中意识到,仅在语文教学的圈子里打转,对上述问题的寻解是困难的。我需要课程论、教学论、学习论、教育评价学等教育理论的支撑,需要目及国际教育改革潮流的视野,需要搭建起教育科研方法的平台。桌上的读物变

---

① 胡定荣:《影响优秀教师成长的因素:对特级教师人生经历的样本分析》,《教师教育研究》2006 年第 7 期。

了类型，曾被鄙薄为"你不说我还明白，你越说我越糊涂"的艰涩的理论专著，重又被捧起硬着头皮来读，并力图将其专业话语转译为我的经验话语，这样倒增添了兴味。尤其高兴的是，当与学者、教授们交流时，我的鲜活的案例可以准确注解他们的"概念"，新一层次的"对话"从而实现。毋庸讳言，教育理论确有远离实践的痼疾，但实践工作者对理论的畏惧自疏和骨子里怀疑鄙薄的偏见，无疑更拉远了"两张皮"。实际上，尽力地靠拢、交流、对话，完全可以使双方获得更大的滋养。

……

还应庆幸有了与大师、专家、学者对话、交流的机会。钱梦龙、于漪老师听课点评，誉不溢美，批及痛处；崔教授、王博士更是连续跟踪，录音摄影，晚来争吵，非得把你分析得七开八透、体无完肤不可。不必奢求专家们指点迷津，他们仅仅提供有关背景框架的坐标图，能回答该怎么走的还是自己。渐渐地，我研究的视角发生了转变：由研究分几个步骤来形成模式，用什么材料来构建体系，创设什么样的情境来显示特色，转向研究学生能否在这些形式中真正获得内部体验，能否对所教的内容产生富有个人意义的理解。同时，开始大量积累有关教学过程的事实性材料（教历）。在此基础上，提出了"体悟教学"的策略方法体系。

资源来源：http://www.oldq.com.cn/blog/tangjiangpeng/200803/82805.html

二、基于专家引领的教学研究

作为一线教师，重要的还是要思考如何在教学研究中利用好专家引领。由于专家的来源、结交关系、个人优势不同，专家引领的分类方式也是不同的。比如，以专家对象分，有中小学专家型教师（校内的、校外的）的引领、专业研究人员（教育科研人员、教学研究人员和大学教师等）的引领；以与专家的关系分，有随机型的专家引领、既定型的专家引领（长期的、短期的）；以提供的专家引领方式分，可以是学术报告、专题培训、专家咨询、合作研究、专业对话等。

我们试图从教师开展教学研究所表现出来的专业需求来分析专家引领，并将它分为构件需求型、支架需求型和心智模式需求型。这种分类既体现了教师的专业需求，又体现了专家引领的内容，同时也能说明引领的三个不同层次。

（一）构件需求型

在你的教学或研究中，你经常会遇到一些具体的问题，它们又是你解决更大问题的一个方面，我们把这类问题称作构件。如你想撰写一份基于课程标准的教学设计方案，但你可能不清楚其中最关键的一步即如何分解课程标准，你若向专家请教，专家的指导或提示让你解决了该问题。我们把这一过程称之为基于专家引领的构件需求型教学研究。

构件是个比喻的说法，指具体的技术、局部的问题，犹如造房子所需的砖、钢筋、水泥等。同时，也是相对的概念，相对于更大的问题领域而言。下列问题如果置于一定的问题领域中，都有可能属于构件需求型的问题。

- 在开展基于课程标准的教学设计中,如何把课程标准转换成学习目标?
- 在撰写教案时,如何叙写学习目标?
- 如何在语文课上有效展示 PPT?
- 如何在美术课中组织小组讨论?
- 如何设计数学课的课后作业?
- 在小组合作学习中,如何指导学生分工?
- 在小组分工后,如何进行个人问责?
- 在写作专业论文时,如何规范地注释?

……

这些局部的、具体的教学问题,需要掌握一些具体的技能,专家可以提供操作的技术和方法。这一类型的专家引领,往往有"头疼医头,脚疼医脚"的感觉,它所解决的是局部的教学问题,具体的操作技术,彼此之间缺乏关联,对教学这一系统缺乏整体思考。虽然如此,这却是每一个教师成长不可逾越的阶段。你要获得教学的一个个构件,自当经历一个艰辛的过程。这一过程,需要我们自我反思和同伴互导,同时也需要专家的示范和点拨。

学无止境,即使你是成熟期的教师,当你面对一个新的专业问题时,开始也离不开构件需求型的引领。比如你为配合课题研究而设计一份问卷,问卷回收后又需要用 SPSS 统计分析软件,这时向有这方面专长的专家询问便是合适的选择。

（二）支架需求型

何谓支架需求?还是以造房子的比喻来说明。如果说砖、水泥与钢筋是构件,那么造房子用的脚手脚就是支架。教师自己解决问题需要支架,如同建筑工人施工需要脚手架。你一定遇到过这样的困境:明知有这样的问题,但就是不知如何着手解决这个问题。于是你会想到请教专家,专家没有给你提供完整的答案或是答案的某一具体部分,而是提供了一种问题解决的思路或框架,这就是支架。你在支架的帮助下,结果解决了该问题,我们把这一过程称之为基于专家引领的支架需求型教学研究。下列问题如果置于一定的问题领域中,都有可能属于支架需求型的问题。

- 如何设计教学环节?
- 如何进行课堂观察?
- 如何将教学问题转化为课题?
- 如何分析、整理研究中收集的资料?
- 如何构建教学论文的结构?
- 如何将自身的优秀经验概念化?

……

在很多情况下,解决某一个问题,并不是通过提供某一操作技术就能解决的,而是需要专家依据一定的分析框架或思路引领你一步步分析,区分主要问题和次要问题,研究问题之间的关联。因此能提供支架引领的专家,一般需有比较扎实的教学理论功底和丰富的教学实践经验,对教学问题具有敏锐的洞察力,能创造性地解决问题。

案例 10 - 6

原来可以这样思考

　　《义务教育语文课程标准》提出:"阅读是学生的个性化行为,不应以教师的分析来代替学生的阅读实践。"我个人很赞赏这一提法,在教学中也不断实践,上出了一些自己满意、学生开心的课。后来学校组织课题申报,我想我就申报"个性化阅读"课题吧。我对这个课题感兴趣,也觉得很有价值。

　　申报课题对我来说不是第一次。课题研究方案中的研究背景、研究意义、研究方法等一路写下来都没有问题,却在研究内容、研究步骤上始终理不清,实在有太多的问题要研究。

　　比如要不要研究个性化阅读的定义,是否所有的作品都适合个性化阅读,个性化阅读需要建立怎样的程式,可以提出怎样的原则,课堂教学如何操作……

　　这些问题都值得研究,我不知道我能研究什么,或者先研究什么再研究什么。我脑子里一团糟,怎么办?我总不能把这些问题一股脑儿杂乱地写上去。

　　可以说是急中生智吧,我想到了我曾经的同事,现在高级中学的林老师。电话的那一端没有犹豫:"这个话题不仅对初中有价值,对我们高中教学也很有意义,我邀请我的几位同事一起来思考吧。"

　　2008年1月23日晚上,我和林老师,还有他的同事陈老师、李老师等,就在百岁坊茶室的包厢内,一边喝茶一边研究我的课题申报。林老师带着大家围绕"个性化阅读"思考可以研究的问题,大家你一言我一语,想了十多个问题,我在稿纸上涂涂改改,都满满一张了。

　　"换一张纸,"林老师说,"我们要把问题梳理梳理。"

　　也不知过了多少时间,纸也不知换了几张,最后我们按宏观理论问题(大图式)——实践构建问题(中图式)——具体运作问题(小图式)等三个层次罗列,原本琐碎的问题得到整合,原本杂乱的问题得以条理化。

　　乘胜追击,在林老师和大家的指导下,我把研究的问题锁定在个性化阅读的课堂操作上,课题名称就叫《文学作品个性化阅读的课堂操作》,研究的内容包括:(1)教师如何创设个性化阅读的情境;(2)如何设计开放性问题,指导学生阅读;(3)如何组织阅读成果的小组、班级交流;(4)个性化阅读如何取得基本共识;(5)学生"误读"的处理。

　　课题后来顺利立项,同是语文老师的教科室主任还说:"这个课题很新潮嘛,我可以参加研究嘛?"我笑了笑,答道:"那你得请我喝茶。"

(三) 心智模式型

　　仍是用以造房子作比喻,如果说构件只是造房子的原材料,支架只是根据搭建好的脚手架,那么为什么这样搭建脚手架?脚手架本身有问题怎么办?是否可以搭建更合理的脚手架?这样思考的过程就涉及到心智模式问题。所谓心智模式是指人们的思想方法、思维习惯、思维风格和心理素质。心智模式需求型,就是教师就教学实践与研究中重大的问题,需要专家提供思维方法的引领,以寻求问题创新性的、方向性的、观念性的解决对策。下列问题,属于心智模式需求型问题。

- 如何基于某种视角分解课堂教学?
- 如何思考教材/讲授的利与弊?
- 如何从基于教材的教学走向基于课程标准的教学?
- 如何改变原来的教案以撰写基于课程标准的教案?
- 如何才能实现"评价设计先于教学设计"?
- 如何从"对话"的角度来总结我的教学经验?
- 如何批判自己的教学观以求嬗变?
- 如何确定一个核心理念来做好自己的专业发展规划?

……

提出这类引领需求的教师,多为成熟期和走向专家型的教师,这两类教师有能力解决一般性的问题,但还没有能力创造性地解决问题。此时专家侧重在教学理念和思维方式上引领教师,而具体的实践则交由教师独立进行。这是专家引领的最高境界,即引领教师能像专家一样思考,具有专家思维的特质。

专家和非专家都运用专业知识分析解决问题,但专家更能创造性地解决问题,他们的解答方法既新颖又恰当,往往能够产生独创的、有洞察力的解决对策。专家型教师在教学中能够鉴别出有助于问题解决的信息,并能够有效地将这些信息联系起来,重新加以组织。通过这些过程,专家型教师能够对教学中的问题作出新颖而恰当的解决。

案例 10-7

"庖丁"分解课堂

……

要观察课堂,首先要分解课堂。我们一向熟悉的课堂,面对"分解"两字,顿时又陌生起来了。我们一直迷茫地左看右看,不知道脚要往哪个方面迈!是教授一次次指点我们。教授说,课堂就像一头活猪,研究必须要分解,可以人为地把活猪分成猪头、猪身、猪尾巴。我们不是天生的分解课堂的庖丁,只能用最老土的办法——查资料,做摘录,扫描,电脑录入。无所谓八小时内外,也放弃了寒假的休息,直到 2006 年 3 月 5 日,我们才抖抖索索地拿出四种分解思路:

(1) 依据新课程理念,切分为师生关系、教学互动、主动探究、预设生成、回归生活、合作学习、信息技术与学科整合、多元评价等八个维度;

(2) 依据课堂教学的主体、客体的互动关系,切分为教师、学生、教学信息、教学媒体等四个维度;

(3) 依据课堂教学的传统执行流程,切分为教学目的、教学任务、教学过程、教学组织、教学方法、教学手段、教学评价等七个维度;

(4) 以教学的基本范畴,切分为教学结构与教学组织、教学理念与教学要素、教学设计与教学操作、教学预设与教学生成、静态教学与动态教学等五个维度。

> 　　四种分解孰优孰劣？是否还有更好的方案？教授应邀来到学校,听完我们的汇报,不急不躁地说:"课堂是为了什么？教师的教为了什么？一句话,为了学生的学习,我们能否从影响学生课堂学习的因素有几类出发来思考课堂分解问题呢？"后来,我们知道,这叫原点思考。依着这种思考方式,我们将课堂教学分解为学生学习、教师教学、课程性质与课堂文化四个维度。
> 　　……
> 　　原来,复杂的课堂问题可以这样去思考,做简单的还原。这一刻,我们才真正体悟到"科学就是使复杂的事情简单化"的内涵,才明白什么叫专家思维。

三、专家引领应注意的问题

(一)专家在哪里

在对专家引领有了清晰的认识之后,你可能会提出一个非常尖锐的问题:"专家引领虽然好,可是我的身边没有专家,教研人员很少光顾我们的学校,大学的专家无缘碰到,那该怎么办？"罗丹说,生活不是缺少美,而是缺少发现。专家也需要发现,拥有"能者为师"的心态,你可以找到校内的专家,你可以通过读书、培训、网络等途径找到校外的专家。

这里特别值得一提的是学校。学校领导要充分认识专家引领在教师专业发展上的作用,搭建校内专家教师引领平台(如名师工作室等),提供各种机会让教师有更多的接触、选择、跟随专家开展教学实践和研究机会;积极引入校外的专家(如教研人员和大学教师等),通过校本培训、合作研究等方式,让更多的教师与专家对话;在条件许可的情况下,选派教师参与各种教学研究学术活动,让教师拥有更多的机会接触专家。

(二)教师如何利用专家资源

有了与专家对话的机会,你还需注意如下几点,以充分利用专家资源。

第一,要平等对话。专业活动的本质就是一个平等协商的过程,而且,在科学的理论和实践中,任何人都不可能永远把握绝对真理,不可能永远正确。专家固然有专家的优势,但他们也必然有研究和思维的盲点。从这个意义上说,专家引领的过程应该是一个平等协商的过程,一个优势互补的过程。

第二,要明晰问题。要善于梳理问题的具体情境,善于从具体的情境中导出问题,在与专家的平等对话中界定问题,让问题尽可能地清晰起来,这需要你独立思考。你提出的问题要明确聚焦,同时不要仅仅局限于构件与支架。他能让你摆脱"只见树木、不见森林"的思维误区,能让你从细枝末节的困扰中走出,因此你不仅要向专家请教技术性的事务,更要取得他们思考问题的"经",从而使自己形成一种对于教学的"大观念"。

第三,要提供足够的信息。专家对你的正确引领,离不开必要的信息支持。应要让专家及时地了解包括教师、学生、课程标准、教材、环境、学科改革信息、学校研究资源等方面的情况,便于专家作出准确的判断,把握实际的情况。教师要充分利用专家的理论优势,对自己的教学实践不断地进行理性追问,帮助专家将源于实践、高于实践的理论回归到实际的教学情境中去。

第四,要学会判断。教师对专家是依靠而不是依赖,是信任而不是迷信,对专家的建议不要盲从。在专家引领的过程中,教师要保持自己独立的、批判性的思考,不要放弃教师自身的主体地位。对专家的意见和建议,要学会判断和质疑。著名画家齐白石曾说:"学我者生,似我者死。"要多学习专家的思考方式,最终希望从"跟着做"到"带别人做",自己也成为专家型教师。

(三)专家应注意的问题

作为教师,在与专家对话中不要畏惧自疏;作为专家,也当注意如下几点。

第一,要平和真诚。每个人都是一个丰富的世界,要把教师作为一个生命体加以关注,以自己对教育理想的追求、人格魅力和学识去唤醒教师职业的尊严,提升教师的思维品格。不要居高临下,而要以平等平和的心态,创造和谐的师友关系。

第二,要基于证据。科学研究都要基于证据,教学研究也不例外。教学研究的情境千差万别,研究的方法也因随情境而异。最好的对策是基于实际情境的对策,必须基于对证据的获取、分析、整理,以寻求理想的解决方法。

第三,要关注需求。要增强指导的针对性,及时了解教师教学研究的现状,了解教师在研究过程中产生的一些问题和困惑,从教师的研究实际出发。教师的现状与专家的理想有一定差距,对教师一时不能做到的研究,也不要包办代替、越俎代庖,应让教师亲历亲为。

第四,要学会鼓励。要增强教师参与研究的自信心,善于调动教师研究的积极性,把教师的兴趣、爱好、特长和教学经验给予放大并聚焦。要组织灵活多样的交流与展示活动,为教师多创造显露才华、展示个人研究成果的舞台。

专家引领不是专家一方的单向信息传输,而是专家与教师双向信息传递与共振。教师充分主动地投入教学研究与实践,发挥自己的创造性;专家适时点拨,充分施展其聪明才智。这是一种基于合作的优势互补、共同成长,这是一种基于研究的智慧碰撞、生命交往。

本章小结

自我反思、同伴互导和专家引领是教师开展教学研究的基本路径,它们所聚焦的问题、采取的方法是不同的,教师可以根据自身的发展水平和研究对象的性质,选择相应的路径。自我反思按水平和层次,可分为事件记录型、他人比较型与自我批判型;常见的同伴互导有目标发散型、目标聚焦型与目标多重型;专家引领按教师的专业需求,可分为构件需求型、支架需求型与心智模式需求型。教师教学研究的持续和深入,都需要教师自身的努力和学校在制度和服务上的支持。

关键术语

自我反思　同伴互导　专家引领

讨论与探究

1. 用事件记录型反思记录自己教学生活的一个关键事件/活动。

2. 请你结合第9、10两章的学习,评析下述观点:

(1) 我只想做教师,不想做研究型教师。

(2) 家长只关注成绩,我只要把成绩搞上去就行了,为什么要做研究?

(3) 现在当教师哪有时间做研究啊。

3. 收集本学科领域的知名教师的传记,和同事讨论他们成功的原因。

4. 罗列自己需要专家引领的3—5个问题,并考虑解决这些问题所需要的专家引领模式。

5. 案例分析:阅读案例10-8,请你分析一下"我"在成长过程中的教学研究路径。

案例 10-8

问题引领我成长

1998年,我是一名新教师。当时我最大的困惑是"想上好课但上不好"。因为我本是一个木讷腼腆的人,不太善于与人交流,更害怕在大庭广众之下说话,所以刚开始工作时,好多课上得索然无味,经常草草收场,这样的课不但自己觉得不满意,更感到学生也在浪费宝贵的时间,痛苦和挫败感一直和我如影随形。

多亏学校的"蓝青工程"让我和学校的宋老师结对,我便成了她的徒弟。情感上,宋老师待我如子;业务上,宋老师传教帮带,毫无保留。而我自己呢,不明白就问,不会就模仿,学然后知不足,知不足然后加倍学习,在一个良性循环的过程中学到了很多实践智慧。

后来在师傅提议下,我又开始观摩名师教学录像,研读名师教学实录……"操千曲而后晓声,观千剑而后识器"——超负荷地听课让我积累了一些教学技术,例如用怎样的语言节奏表述学习要求;怎样用心记录学生的回答并给予恰当的回应;当学生答非所问时,如何自然地追问;如何使教学层层递进……对于一个新老师来说,技术大于思想,这些技术让我受益匪浅,我可以轻松驾驭课堂了。

大概过了4年吧,我开始面临新的困惑:我能上好课,但是我不知道什么样的课是好课。在很多次教研活动中,我痛苦地发现,我欣赏的课别人不喜欢,我不认同的课别人却很推崇。我不想盲目地听从别人,也不想固执己见。

在这关键时刻,是全国著名特级教师沈老师让我的痛苦得以解脱。在这个阶段,因为要参加一些赛课的缘故,我得到他指点、和他交流的机会就比较多。在磨课过程中,沈老师一般不和我讨论具体的教学操作问题,而是提醒我多琢磨琢磨语文学科的本质到底是什么? 什么样的语文课是好的语文课? 然后就是不断地给我开书单。在这种与众不同的学习和交流中,我逐渐形成了自己的"好课观"。

有了一定的教学技艺,又有自己明确的好课观,我在各级教学比赛中取得了不俗的成绩,我先后10余次参加全国、省、市语文课堂教学评比,都获得第一名……也出版了一本专著。

近两年,我的困惑不减反增:我能上好课,并且知道什么样的课是好课,但我不知道"我自己的课是怎样"的。我觉得,一个教师的教学,可以不完美,但必须有特色,并且这种特色不是简单地诸如在"教学语言"、"板书设计"等方面呈现独特,而是在课程及教学理念上有所创新、突破。

我知道这并不是一件容易的事,除了艰苦的积累外,还需要很多契机。这两年,我开始有机会参加一些培训,有幸得到了一些教授的指导。在与专家的接触中,我拓展了教育理论的视野,明晰了教学研究的路径与方法。我开始习惯作形而上的思考,开始关注、学习各种"大观念",从中选择并尝试运用在自己的教学实践中。例如这段时间我用"全语言教学"、"班级读书会"等理念来指导自己语文教学的改良。很多朋友反映,我的语文课和语文课程已经有了不同于以往的面貌,我想,这种"不同"只是一种开始……

进一步阅读的文献/网站

1. 熊川武:《反思性教学》,华东师范大学出版社 1999 版。

2. 郭元祥:《教师的 20 项修炼》,华东师范大学出版社 2008 年版。

3. 郑慧琦等主编:《做有思想的行动者:研究型教师成长的案例研究》,上海教育出版社 2008 年版。

4. 崔允漷、赵丽萍主编:《我思故我教:校本教研的故事》,华东师范大学出版社 2009 年版。

5. 沈毅、崔允漷主编:《课堂观察:走向专业的听评课》,华东师范大学出版社 2008 年版。

6. 〔日〕佐藤学著,钟启泉译:《课程与教师》,教育科学出版社 2003 年版。

7. 〔美〕塔格特等著,赵丽译:《提高教师批判反思力 50 策略》,中国轻工业出版社 2008 年版。

8. 〔美〕Brookfield, S. D. 著,张伟译:《批判反思型教师 ABC》,中国轻工业出版社 2002 年版。

9. 网站:http://www.whjy.net/jyjx/jxsd/26770.shtml

   　　　http://fzxpj.cersp.com/JSPJ/200705/2588.html

   　　　http://www.vtaide.com/png/ERIC/Teacher-Researcher.htm